贾益民 胡培安 主编
胡建刚 副主编

华文

世界华文教育年鉴(2017)

THE YEARBOOK OF CHINESE EDUCATION IN THE WORLD (2017)

SSAP
社会科学文献出版社
SOCIAL SCIENCES ACADEMIC PRESS (CHINA)

2016年3月30日，“全国华文教育工作会议”在湖北武汉召开。

2016年4月27日，“国务院侨办第一届华文教育工作专家指导委员会”在广东广州成立。

2016年5月22日，“世界华文教育发展专题研讨会”在华侨大学（厦门校区）举行。

2016年12月29日，“第五届中华文化大赛”总决赛在福建厦门成功举办。

美国旧金山南侨学校参加“华文教师完美远程培训”项目培训。

德国波恩中文学校教师参加“华文教师完美远程培训”项目开课仪式。

西班牙塞维利亚中文学校教师参加“华文教师完美远程培训”项目培训。

“华文教师完美远程培训”在韩国开课。

▲ 至2016年，全球已有1000余所华文学校或机构加入中国华文教育基金会“华文教师完美远程培训”项目。

菲律宾著名侨领陈永栽先生荣获2016“中华之光——传播中华文化年度人物”奖。

华教人物

（按音序排列）

蔡昌杰

陈瑞平

陈晓红

陈之权

陈志成

徐松华

本书系“海外华文教育与中华文化传播协同创新中心”研究成果。

华侨大学

中国社会科学院文化研究中心

香港凤凰卫视

中国华文教育基金会

台湾世界华语文教育学会

社会科学文献出版社

《世界华文教育年鉴（2017）》

编 委 会

振兴华文教育事业
助力中华民族复兴

——《世界华文教育年鉴》序言

国务院侨办主任　裘援平

据不完全统计，目前海外至少有6000多万华侨华人，分布在近200个国家和地区。海外华文教育，就是面向广大华裔青少年开展的中华语言学习和文化传承教育。自印度尼西亚雅加达明诚书院——海外第一所有文字记载的华文学校——1690年创办至今，华文教育已经走过300多年的历程，成为在海外植根最深、覆盖最广、相对正规、最为有效的中华语言文化教育形式；它既维系着华侨华人的民族特性和对祖籍国的深厚情感，又是在海外展示和传播中华文化的重要平台。

2014年6月，习近平主席在会见第七届世界华侨华人社团联谊大会代表时指出："中国梦是国家梦、民族梦，也是每个中华儿女的梦。广大海外侨胞有着赤忱的爱国情怀、雄厚的经济实力、丰富的智力资源、广泛的商业人脉，是实现中国梦的重要力量。"而华文教育，就是华侨华人为实现中国梦贡献力量的重要渠道。

当今的中国，正逐步迈向国际舞台中心，既需要更多地发出中国声音，表达中国立场，提出中国方案，贡献中国智慧，体现中国作用，也需要让世界更全面深入地了解中国。而语言和文化，正是打开不同国家和民族之间沟通交流之门的“金钥匙”，以教授华文和传播中华文化为核心要务的华文教育，就是这把“金钥匙”的重要锻造者。

与此同时，随着中国成为世界第二大经济体，中外各领域交流合作日益紧密，作为世界第二大国际通用语言的华文，成为各国人民外语学习的重要选项，世界范围内“汉语热”“中华文化热”持续升温。华文学校长期扎根海外，为数众多，分布广泛，基础牢固，在教授汉语、传播中华文化方面具有得天独厚的优势，一直深受各国华人社会和当地友族的好评。华文教育迎来大发展、大繁荣的历史性机遇期。

新一届中央领导集体高度重视侨务工作，非常关注华文教育事业的发展。2013年10月，李克强总理在访泰期间，专程前往清迈崇华新生华立学校，看望慰问当地华校师生，勉励大家为增进中泰人文交流做出更大贡献。2014年4月，全国政协俞正声主席专门主持召开以“努力破解海外华文教育发展瓶颈”为主题的政协“双周协商座谈会”，邀请政协委员和有关专家研讨华文教育问题，这在全国政协历史上还是第一次。国家“一带一路”建设规划也为发挥华文教育的独特功能提供了广阔舞台。

国务院侨办将秉承“为侨服务”的宗旨，继续大力支持和发展华文教育，推动建立更多、更广泛的与各国政府交流合作机制，为华文教育发展营造良好的社会环境；鼓励和引导海外侨社、华文教育组织及各界人士支持华教事业，为华文教育夯实可持续发展的基础；同时，完善国内华文教育资源统筹协调机制，充分利用国内资源为华文教育发展提供强有力的保障。在此基础上，我们正着力打造“施教体系、教材体系、培训体系、帮扶体系、支撑体系、体验体系”，引导海外华文学校转型升级，推动华文教育向“标准化、正规化、专业化”方向发展。国务院侨办在大力推进以下工作：

第一，实施“海外惠侨工程”，提升华文教育发展内生动力。2014年，国务院侨办向海外侨胞发出建设“和谐侨社”的倡议，并推出“海外惠侨八项计划”，包括加强侨团建设、建立华助中心、发展华文教育、扩大文化交流、推动繁荣中餐、实施中医关怀、扶助侨胞事业、为侨信息服务等，以此为渠道把祖（籍）国的关爱，送到华侨华人心上。推动“和谐侨社”建设，既能促进海外侨社的团结互助，向世人展示中华民族的良好形象，又能让侨胞体会到中华文化的博大精深，提升作为中华民族一分子的自豪感，提高大家学习中华语言文化的热情，增强华文教育发展的内生动力。

第二，着力研制办学标准，把华文学校打造成海外中华语言文化基础教育的首选。经过多年发展，华文教育发展水平显著提高，华文学校原有语言补习性质的教学定位远远不能满足形势发展的需要，加快原有华文学校标准化和专业化建设势在必行。国务院侨办针对不同国家和地区的需要，启动了华文学校办学标准、华文教师从业水平测试标准、华裔青少年华文水平测试标准研制工作，海外周末制华文学校教学大纲、华文教材编写大纲等也已委托相关院校进行研制。通过标准化和专业化建设，将着力把近2万所华文学校打造成海外中华语言文化基础教育的首选平台。

第三，建立“三位一体”教师培训机制。为逐步解决海外华文教师数量不足、专业素养不够、断层严重等问题，国务院侨办组织开展了《华文教师证书》制度研究，目前该项工作已进入试测阶段。依托《华文教师证书》制度，将建立起“培训—考核—认证”三位一体华文师资培养模式，全方位、多渠道、多专题、系统化培训海外华文教师，为华文教育输送合格的教学人才。在继续做好招收海外优秀华裔青少年到办属院校和基地院校接受学历教育的基础上，鼓励办属院校和基地院校到华文教育重点国家设立师范学院或者培训中心，就地培训更多的华文教师。

第四，构建“通用型＋本土化”教材体系。教材是华文教育的基础，也是中华文化传播的重要载体。经过长期努力，目前基本建成了涵盖幼儿园到高中阶段的通用型中文主干教材体系，每年向海外提供各类华文教材达400万册，基本做到了有求必应，足量供应。今后，将针对不同国家和地区的个性化需求，尤其是周边国家和华文教育重点国家，重点开发具有针对性的国别化教材，建立通用型华文教材和本土化教材相互补充、相得益彰的华文教育教材体系。

第五，探索和完善华文教育帮扶措施。全力支持华文学校和华教组织发展，进一步探索和完善对华文学校和华教组织的帮扶措施。截至2014年底，国务院侨办已遴选出208所华文教育示范学校，确定162所贫困学校和19个华教组织为扶持对象，设立了340个华星书屋。在此基础上，国务院侨办将进一步加大帮扶力度，争取到2017年，再建立100所华文教育示范学校，再扶持200所贫困学校和新兴学校；再支持30个华教组织开展工作，提升其服务质量；再建200个“华星书屋”，满足华校师生学习中华文化的需求；将外派教师规模由800人增加到1200人。此外，在基础较好、规模较大、条件较成熟的华文教育重点国家，还将探索设立华文教育师范学院或华文教育服务中心，更好地为华文教育发展服务。

第六，丰富中华文化体验体系。“中国寻根之旅”夏（冬）令营、海外华裔青少年中华文化大赛、华人学生作文比赛等大型活动已成为华文教育的重要品牌，产生了广泛的影响力。今后将努力提升这些品牌活动内涵及其功能和成效，同时推动有实力的省市侨办和基地院校组织有特色的专业艺术团组到海外举办“中华文化大乐园”，把中华文化送到华裔青少年的家门口、校门口，让更多的华裔和其他族裔青少年受益，培育他们对中华文化的感知与热爱。我们还鼓励各相关单位通过建设“互联网+”型的华文学校或中华文化学校，研发华文教育与中华文化传播资源，利用新媒体创新中华语言教育与文化传播形式，帮助海外华裔青少年学习、了解和体验优秀的中华语言文化。

华文教育是海外侨社最大的民生工程。相信通过我们不懈的奋斗与努力，海外华文教育水平必将不断提高，为“传播中华文化、讲好中国故事”创建出更广阔的平台，为实现中华民族复兴梦想贡献应有的力量。

华侨大学、海外华文教育与中华文化传播协同创新中心组织专业团队自 2013 年以来编撰出版了《世界华文教育年鉴》，详细记录了华文教育领域发生的年度事件，客观评述了华文教育领域的探索和创新，为业界和学界提供了分享与交流华教资讯的平台，为管理部门提供了信息服务和决策参考。《世界华文教育年鉴》的编撰与出版，是华文教育学科建设的重要成果，也是华文教育事业发展的重要见证，意义重大。

是为序。

新时代
世界华文教育的新发展

贾益民

2017年10月18日，习近平总书记在中国共产党第十九次全国代表大会上作报告指出："经过长期努力，中国特色社会主义进入了新时代，这是我国发展新的历史方位。"中国进入了新时代，这一重要判断无疑具有重大的历史意义，而且必将对世界产生巨大而深远的影响。这对世界华文教育来说，同样是意义重大、影响深远的。

近五年来，新时代下的中国正日益走进世界舞台的中心。伴随着这一进程的，是"汉语热""华文热"风靡全球且持续升温。面向海外华侨华人进行中华语言文化传承教育的华文教育，不仅是海外华族培育后代、绵延发展的头等大事，也担负着新时代下促进中外人文交流，向世界展现真实、立体、全面的中国的重要使命。为了全面、准确地记录世界华文教育的发展历程，为国家及地方侨务部门提供决策参考，为有关专家学者研究世界华文教育现状提供事实依据，为海内外各类华文教育办学机构、华文教育从业者提供系统、全方位的资讯平台，2012年我提出策划并组织华侨大学华文教育研究院、海外华文教育与中华文化传播协同创新中心开始着手编撰《世界华文教育年鉴》。2013年，全球第一部《世界华文教育年鉴（2013）》由社会科学文献出版社正式出版。这是华文教育界第一次尝试以年鉴的形式系统反映华文教育发展态势，开创维艰，但意义重大。

在华侨大学华文教育研究院、海外华文教育与中华文化传播协同创新中心和社会科学文献出版社的共同努力下，《世界华文教育年鉴》（以下简称《年鉴》）至今已顺利连续出版了5部，受到了有关部门和学界同仁的充分肯定与高度评价。《年鉴》编撰之初，编写组就确立了“权威性、学术性、真实性”的编写理念：资料力求代表性和权威性，记录世界华文教育界发生的重要事件，反映华文教育的重大发展；重视华文教育学科建设与学术研究，注重在资料搜集的基础上总结华文教育的规律与特点，凝练新观点，强调学术性与描写性的紧密结合；尊重事实，求证事实，确保材料的史料性文献价值。五年来，编写组在这三大原则指导下，以“全、新、精”为目标，科学设计体系框架，不断完善、丰富和创新年鉴内容，取得可喜的进步。

《世界华文教育年鉴（2013）》在总体内容上分为“综述、大事记、资讯、文献资料”四大部类。“综述”类包括华文教育发展历史的简要回顾、华文教育发展态势的年度概述；“大事记”类汇聚了华文教育工作、教学、研究各领域的年度大事；“资讯”类涵盖年度华文教育政策、华文教育工作、华文教育交流与合作、华文教育活动、华文师资培养、华文资源建设、华文教育学术会议等方面的要事、新事，以及五个侨务大省的华文教育工作情况；“文献资料”类包括华文教育论著摘要、重要华文教育期刊简介、代表性华文教育组织简介、华文教育学科建设重要历史文献。以2013年版为基础，《世界华文教育年鉴（2014）》在三个方面进行了改进：一是精练“资讯”类的信息，二是丰富“综述”类的内容，三是整合“学术会议”与“学术论著”，增加“2004～2011年华文教育主要著作辑录”。此外，增补了“华文教育人物”栏目，以每辑介绍10位对华文教育做出重要贡献的杰出人士的形式，凝心聚气，树立华教事业榜样。《年鉴》从2015年版开始，又增加了“台湾地区华文教育活动”和“海外示范华校华文教育活动”两大栏目，将《年鉴》内容覆盖面进一步扩展到中国台湾地区、海外相关国家和地区，以更全面反映华文教育在全球的发展态势。

在过去的五年，中国的国际政治地位和经济地位发生了翻天覆地的变化，华文教育也走进了一个新时代，迎来了前所未有的发展机遇。在党和国家的高度重视下，在国务院侨务办公室的正确领导下，华文教育事业在人才培养、师资培养、学科建设、学术研究、海内外互动交流等方面获得了突飞猛进的发展。基于5部《世界华文教育年鉴》客观、真实的记录，我们可以看到新时代下世界华文教育这五年来所取得的显著的新发展。

第一，明晰了新时期世界华文教育发展的新方向。

根据《年鉴》记载，2014 年 12 月，第三届世界华文教育大会在北京召开，大会达成了“抓住机遇，推动华文教育转型升级，促进华文教育向标准化、正规化、专业化方向迈进”的共识，为今后华文教育发展指明了方向。为适应华文教育发展的新形势和新要求，国务院侨务办公室以改革创新精神全面推进新时期的华文教育工作，努力建设两大机制（与华侨华人住在国政府交流合作机制，国内华文教育资源统筹协调机制），着力打造六大体系（施教体系、教材体系、培训体系、帮扶体系、支撑体系、体验体系），为华文教育发展提供强有力的保障，以期全面提升世界华文教育发展水平。如今，海外周末制华文学校教学大纲、华裔青少年华文水平测试标准、华文学校办学标准等项目的研制工作已完成或基本完成，基于华文教师证书的“培训 - 考核 - 认证”三位一体华文师资培养模式开始运行，华文教育示范学校获得长足发展，中国寻根之旅、中华文化大乐园、中华文化大赛、“文化中国、四海同春”等品牌活动广受好评。国务院侨务办公室领导下的新时期华文教育工作取得了阶段性成效，“为侨服务”实现新发展，迈上新台阶。

第二，向本土化、自主化转变取得新进展。

以本土化为目标，谋求华文教育的发展与突破，成为海外华校、华教组织的自主行为，包括形式多样的自我师资岗前培训或岗中教学研讨、激发中文学习热情的各类竞赛活动、华校之间的交流与合作等等。同时，海外华文师资队伍的建设，从“输血”向“造血”转型。《年鉴》系统记录了暨南大学、华侨大学等国内高校与海外相关华教组织的合作项目，反映了各校及各机构在印度尼西亚、马来西亚、泰国、缅甸、菲律宾、新加坡、日本、英国等国家开设华文教育及汉语国际教育硕士研究生班、培养海外本土化高层次师资的进展。

第三，融入主流教育体系取得新突破。

为争取华文教育良好的生存环境，获得可持续发展的动力，华侨华人、华文教育融入主流社会是大势所趋。在这一方面，这些年也取得了可喜进展，有了新突破，其相关内容在各年度《年鉴》中都得到了充分反映。如华文教育向外国政府官员层面的拓展，华侨大学自 2005 年起启动“外国政府官员中文学习班”项目，迄今已为各国培养近千名高级汉语人才；2013 年，马来西亚向当地官员开放汉语教育；汉语水平考试成绩成为泰国移民局警官入职考试外语测试部分的汉语能力评定标准。再如在华文教育与主流教育体系的融合方面，从 2013 年版《年鉴》就可以看到马来西亚将华文科目列为该国教育文凭考试（SPM）的必考科目；之后陆续可以看到，2014 年汉语进入英国教育部拟定的全国 7～11 岁小学生必修的外语课程名单；从 2016 年开始，俄罗斯正式试行将汉语作为国家统一考试科目之一；芬兰教育委员会将汉语正式列入 2016 年高中外语教学大纲。这些项目的开展、政策的制定，是汉语学习的需求，更是海外华侨华人社会、华文教育界长期以来不懈努力的结果。

第四，“互联网＋”时代华文教育创新发展取得新成绩。

2015 年 3 月，李克强总理在第十二届全国人民代表大会第三次会议上提出制定“互联网＋”行动计划，昭示中国正全速开启通往“互联网＋”时代的大门。华文教育顺应时代发展，积极利用“互联网＋”、大数据、云计算等现代教育技术手段，提高海外华文师资培训、华文教育普及的效率和质量。已出版的 5 部《年鉴》，真实记录了“互联网＋”时代世界华文教育创新发展的基本历程。我们从中可以看到，中国华文教育基金会主办的“华文教师完美远程培训”项目的成长及发展历程，该项目目前全球已有逾千所华校定制了培训课程，创新了互联网时代华文师资培训模式；还可以看到，华侨大学于 2014 年建立中国第一间华文教育智慧教室，探索华文智慧教学模式，并于 2016 年发起召开“‘互联网＋华文教育’暨汉语国际教学研讨会”，深入探讨“互联网＋”形势下如何协同创新，共同开展国际面授与网络相结合的学历教育。此类内容及事件等，都在《年鉴》编撰中得到了重点关注。

第五，华文教育学科建设与学术研究取得新进步。

华文教育人才培养与教师队伍建设是华文教育工作持续发展的重要保证，也是华文教育学科建设的重要内容。根据《年鉴》记载，近五年，基于“请进来”“走出去”以及远程教学方式，华文教育人才培养在诸多方面都取得了突出成果。在学历教育方面，本科和研究生层面的人才培养硕果累累。以最早开设华文教育本科专业的暨南大学和华侨大学为例，2012 年两校仅有 87 名华文教育本科学生毕业并获得学位，至 2016 年毕业并获得学位的学生已逾 300 人。海外华文教育本科函授教育也取得很大成绩，仅暨南大学 2016 届函授华文教育本科毕业生就有 150 名。面向海外华文教师的研究生培养也不断发展，规模日益扩大，如华侨大学面向日本、新加坡、菲律宾、泰国、越南、老挝、缅甸、印度尼西亚等国家开办的“华语与华文教育”“汉语国际教育”研究生班，学生数量逐年增加。同时，华文教育非学历教育培训也获得长足发展。以国务院侨务办公室为主体的各级侨务部门及华文教育基地院校等相关单位先后培养中国外派华文教师 3000 余人，培训海外华文教师及华文学校校长等有上万人之多，尤其特别关注到“一带一路”国家华语人才和华文教育管理人才的培养。分别以中国海外交流协会、中国华文教育基金会为主导的华文教育“名师巡讲团”足迹遍及五大洲30多个国家的重要城市，培训一线华文教师2万多人次。越来越多的华文教育机构开始尝试利用网络远程教育手段开展华文教师培训，如中国华文教育基金会开设的“华文师资完美远程培训”项目，上海市侨办和上海市远程教育集团对加拿大蒙特利尔地区开展的新型远程视频培训，等等。

华文教育学术研究及教育资源开发利用是华文教育学科建设的重要内容和标志。《年鉴》真实记录了华文教育研究及相关领域五年来的重要学术成果，包括重大学术会议、代表性学术著作与教材、学术论文等。据《年鉴》记载，2012年至2016年世界范围内共召开了140余场华文教育学术会议，出版代表性学术著作与教材150余部，发表重要学术论文400余篇。这些成果的取得不仅有力地促进了华文教育学科建设的发展，而且强有力地推动了世界范围内华文教育事业的长足进步。

在《世界华文教育年鉴》连续出版5部之际，我们衷心感谢五年来和我们共同奋斗的社会科学文献出版社的诸位领导和同仁，是他们的大力支持和倾心工作，才确保了5部《年鉴》的高品质。在肯定成绩的同时，我们也看到了《年鉴》撰写工作还存在若干不足。今后，我们将在习近平新时代中国特色社会主义思想指引下，积极主动地服务于新时代国家侨务工作需要，服务于海外华侨华人社会发展，服务于“一带一路”建设，服务于世界人类命运共同体构建，服务于祖国和平统一大业，服务于中华民族伟大复兴事业；积极探索新时代世界华文教育发展规律，进一步贯彻“大华文教育”理念，增强对中华文化传播现状的关注，强化对海外华文教育动态资讯的全面有效搜集，丰富和充实华文教育发展态势综述，更有力地发挥“华文教育人物”专栏在宣传海外华校负责人、国内华教人士先进事迹方面的作用。我们将认真总结经验，改进不足，与时俱进，创新思维，保证《年鉴》的连续性出版，为新时代世界华文教育事业和华文教育学科建设的大发展添砖加瓦，为实现中华民族伟大复兴的“中国梦”做出更大贡献。

2017年10月于华侨大学

目录
Contents

第一部分

2016 年世界华文教育发展综述

一　华文教育政策综述

纵观2016年世界华文教育形势，我们发现随着中国国际地位的日益提升以及世界影响力的日益扩大，汉语继续受到世界各国政府的高度重视。据统计，2016年度共有16个国家的中央政府或地方政府主动出台政策措施强化汉语教学及中文人才培养。汉语国际传播的政策环境越来越好，汉语国际传播的政府关注度越来越高。

汉语国际教育与传播在以下5个国家取得了实质性的突破，具有里程碑意义。亚美尼亚教育科学部正式颁布《亚美尼亚初级汉语教学大纲》批准令和亚美尼亚中小学汉语教学许可证书，这标志着汉语正式被纳入该国基础教育课程体系；马耳他教育部决定将在全国公立中小学全面推广汉语课程，并把汉语作为马耳他高中毕业考试（SEC）的外语科目之一；芬兰教育委员会将汉语正式列入高中外语教学大纲，这是芬兰首次将汉语正式列入高中教学大纲；斯洛伐克中部城市班斯卡－比斯特里察米库拉沙·科瓦察中学正式启动“中斯双语教学试点项目”，这是斯洛伐克首家以汉语和斯洛伐克语为教学语言的双语学校；孟加拉国国立达卡大学现代语言学院正式设立中文系，这是孟加拉国高等院校的首个汉语本科专业，该专业的设立在孟加拉国乃至南亚国家和地区开了先河，是汉语国际教育进入孟加拉国国民教育体系的重要标志，也是汉语国际教育在孟加拉国迈出的具有突破性和实质性的一步。

许多国家的中央政府或地方政府主动出台政策或措施强化汉语教育与中文人才培养，大大促进了汉语在这些国家的传播。俄罗斯已经决定将汉语作为国家统一考试的科目，正在加紧制定实施计划和实施方案，实验性的测试也在开展，预计两年后全面铺开；美国纽约州教育厅、纽约市教育局多管齐下，丰富包括汉语在内的多语言教育资源，推进多语言教学，这些措施包括为同等学力考试者提供中文试卷、提出更为科学的阅读建议、推荐阅读书单、提供便利的阅读资源、开设9门过渡性的双语教育课程和29门扩充性双语教学课程等；澳大利亚的南澳大利亚州政府与中国山东省教育厅签署协议，共同建设该州首所中英文双语学校；南非制定了国家层面上的汉语教学推广计划，未来5年内，要在9个省500所学校推广汉语教学，每年派100位教师到中国接受汉语培训，针对警察系统的汉语培训也要同步展开；印度尼西亚政府为了适应中国游客日益增多的形势，旅游部与该国多所大学签署联合培养中文导游人才的协议，位于巴厘岛的乌达雅纳大学也将开设中文专业；越南教育与培训部出台新计划，将汉语列为该国的第一外语，与英语享有同等地位；韩国首尔教育厅、德国法兰克福地方政府出台政策，培训汉语师资，增加中文课程数量；新加坡政府在O水准考试中增加华语口语考试，旨在提高高级母语者的华语口语水平；新西兰政府设立专项资金，拨付巨款，资助63所中小学拓展或新设亚洲语言（包括中文）教学。

马来西亚教育部在华文教育方面依旧展现出矛盾心态。一方面，十分强调汉语作为一种国际语言的商业价值，宣布要在中学开设更多的华文班，规定国民型中学最低的华文课课时，在华人密集区增建华文小学等；另一方面，对以马来西亚董教总为主体的民间华文教育采取限制措施，在华小推进“双语言课程计划”，大幅度减少华小以华语为教学媒介语的上课时间，引起华人社会的不满。马来西亚华人社会不改抗争的传统，努力为华文教育争取更大的发展空间和更为宽松的政策环境。马来西亚华校董事联合会总会（以下简称董总）2016年全面检讨2005年发布的《马来西亚华文独立中学教育改革纲领》，并将拟定新的教育改革纲领，新纲领强调多语平衡，强调与国际接轨，强调改革统考方式。同时，董总也宣布3年内拟定出《马来西亚华文独中教育蓝图（2018～2027）》，该文件将引领未来10年华文独中教育事业，开创新境界，以确保马来西亚华文独中教育能持续发展。董总指出该蓝图将以“乐教爱学，成就孩子”为整体目标，实现学生爱学习、老师乐意帮助学生学习的愿景。马来西亚行动方略联盟改制中学委员会、马来西亚国民型华文中学发展理事会及马来西亚国民型华文中学校长理事会决定联手推动《国民型华文中学行动路线图》，为国民型华文中学的未来发展描绘出宏图及远景，这一路线图已经基本编制完成，正在华人社会中征求意见和建议。

二　华文教育工作会议综述

2016年世界华文教育工作会议一个突出的议题是，继续贯彻第三届世界华文教育大会“抓住机遇，推动华文教育转型升级，促进华文教育向标准化、正规化、专业化方向迈进”的会议精神，积极部署，广泛发动，从各个方面强化“三化”建设。

首届华文教育工作专家指导委员会成立大会在广州召开，国务院侨办裘援平主任为境外10名专家和境内17名专家颁发了聘书。成立华文教育工作专家指导委员会，对于健全国务院侨办侨务工作决策咨询制度，提高华文教育工作的科学化、正规化水平具有重要的意义。英国中文教育促进会专门举办校长论坛，来自全英国50多个中文学校的校长参加了会议，会议以“如何促进华文教育向标准化、正规化、专业化方向迈进”为议题，校长们就教材、教师、教学、考试的标准化展开讨论，针对英国华文教育现状提出了相应的对策和建议，达成了初步共识。菲律宾华教中心举办第二届华校高峰论坛，96所华校的187名代表参加会议，会议就“华语教师专业化激励机制的实施”“华校教学质量评价机制的实施”等议题展开讨论，形成共识。会议强调华文教师专业化发展要以“华文教师证书的认证”为中心，强调华文教师只有通过专业的培训，提高专业水平，才能更好地提高教学质量，得到社会的认可。与会代表一致认为非常有必要建立菲律宾华校教学质量评价机制，以检测华校的教学质量及成果并及时进行督导，以达到以考促管、以考促教、以考促学的目的。2016年底，全美中文学校协会第十一次全国代表大会暨华文教育研讨会在美国华盛顿举行，国务院侨办文化司司长雷振刚在发言中也强调希望与会代表通过此次研讨会总结在美华文教育的经验和不足，探索在师资、教材等方面的进步空间，希望所有华文教育工作者不忘初心，继续前行，引导华文学校转型升级，推动华文教育向标准化、正规化、专业化迈进，建设在美华人的“留根工程”。

2016年世界华文教育工作会议另一个核心议题是配合中国政府“一带一路”倡议，开拓创新，转变华文教育理念，实现华文教育工作转型升级。

暨南大学《新丝路华语》编写出版工程、“一带一路”语言人才平台研发工程、“一带一路”语言文化出版资源平台研发工程启动仪式暨暨南大学“一带一路”语言工程联合研究所筹备会议于2016年初在暨南大学华文学院举行。此次会议是为响应中央“大众创业、万众创新”号召而举办，以实际行动落实国家“一带一路”倡议。北京市侨办举行全市侨办主任工作会议，提出2016年全市侨办系统要紧紧围绕国家“一带一路”倡议、京津冀协同发展战略和首都城市战略定位，坚持为侨服务、为首都经济社会发展服务和为国家侨务工作大局服务相统一的工作原则，着力加强侨务法治建设，加大依法护侨力度；着力深化侨务引智引资工作，服务首都经济社会发展；着力推进和谐侨社建设，精心涵养侨务资源；着力促进华文教育发展和对外文化交流，强化首都侨务公共外交。中国华文教育基金会第三届理事会六次会议也通过决议，设立“一带一路”专项基金，重点支持“一带一路”沿线国家发展华文教育事业。华侨大学举行世界华文教育发展专题研讨会，与会代表围绕当前世界华文教育的现状、面临的新形势以及发展前景等问题纷纷发言，提出了许多新观念、新思路和新概念，包括基于大华语的“世界华人责任共同体”，基于人才培养的社会需求和文化传播需要的“华文+”，基于市场化、产业化发展的“产、教融合”，基于信息化科技发展的“互联网+”国际华文教育等概念，并提出“一带一路”倡议下如何抓住机遇拓展华文教育以及华文学校如何融入主流社会等新问题。

2016年世界华文教育工作会议还有一个鲜明的特色，就是中国驻各个国家大使馆、领事馆对所在国华文教育工作的深度参与。在本年鉴收录的以境外为办会主体的22次华文教育工作会议中，中国驻外大使馆、领事馆的大使、公使、总领事、领事、参赞、秘书等参加的会议达12次之多，占比达54.5%，其中有3次会议是由大使馆自主举办的，这充分说明中国驻外机构对华文教育工作的高度重视，也说明华文教育工作已经成为中国驻当地使（领）馆开展外交工作、文化传播工作和侨务工作的重要抓手。

三　华教机构发展与变迁综述

“一带一路”建设为沿线国家和地区的华文教育发展带来黄金机遇。在“一带一路”沿线国家和地区的语言教学中，华文教育所占比重、所起作用均越来越大。华文教育机构作为华文教育重要组成部分，其变化与华文教育的发展息息相关。2016年，华文教育机构的发展与变迁主要表现为：海外华校数量增加，教育层次扩展；国内华文教育基地类型更加丰富；国内外华文教育机构合作形式多样。

1. 海外华校数量增加，教育层次扩展

在世界上推广和促进汉语与中国文化教学是连接中国与世界的纽带，2016年，新华校在欧洲、亚洲与非洲纷纷成立，西班牙、葡萄牙、意大利等国家一些华校在原有华校的基础上启用新校区，华校数量的增加一方面在于社会对华校的需求不断增长，另一方面也显示出海外华侨华人对中华文化的认同和传承中华文化的需求愈加强烈。

德国诞生首家中德双语教学公立幼儿园，意味着幼儿园阶段华文教育被纳入德国国民教育体系，在德华文教育层次得以扩展。当前国际背景下，海外国家和地区对中文教育采取了更加包容甚至鼓励的态度，海外中华语言文化传播的阻力减小。这些努力和希望也得到中国政府和民间回应，国务院侨办等部门一直在对外交往中与各国加强沟通合作，增信释疑，努力营造有利于发展华文教育的政策环境，促进海外华校的“正规化、专业化和标准化”，支持海外华文学校转型升级发展。

2. 国内华文教育基地类型更加丰富

国内各级华文教育基地仍在不断增加，并与海外华校建立紧密联系。基于书法、武术、汉字文化等主题，依托中学、大学、传统书院等场馆，这些华文教育基地的成立和使用进一步丰富了华文教育基地的类型，对华文教育的发展起到积极的作用，真

正使国内外华文教育机构的交流落到实处。例如，南京求雨山文化名人纪念馆是江苏省 34 家华文教育基地中唯一文化场馆基地，其围绕海外华文教育工作的目标、要求，充分发挥场馆特色，承担华文教育理论研究和举办华裔青少年活动等方面的工作。山东省华文教育基地莱州中华武校“中华武校对台交流”项目被列为国务院台湾事务办公室重点交流项目，学校入选“山东省海峡两岸交流示范点”单位，曾与 30 多个国家的武术团体和组织建立了长期友好合作关系，先后接待世界 40 多个国家和地区的武术团体及友好人士来访，受邀组团到 20 多个国家进行武术文化交流、表演比赛，充分展现了中华武术魅力。泉州市外侨办授予 14 个单位首批“泉州市海外华裔青少年实践基地”称号，这些单位充分发挥其地域文化特色，为加强海外华裔和港澳台青少年的“爱国爱乡”教育发挥了独特的作用。多样化的华文教育基地建设适应了新时期海外华文教育工作的要求，要加强华文教育基地建设，充分发挥国内优势，利用社会资源拓展华文教育的渠道和内容。

3. 国内外华文教育机构合作形式多样

教育交流构筑长远合作基础，当前全球经济走向一体化，世界更加紧密地连在一起。而随着中国的崛起，世界需要了解中国、分享中国发展机遇，中国也需要对外“讲好中国故事、传播中国好声音”，要做到这些就要靠作为沟通载体的语言及其承载的文化，华文教育发展空间巨大、潜力无穷，今后一个时期促成“大华文”环境的形成愿景可观。通过捐建书屋、图书室，成立国家间文化研究中心，设立海外招生处等形式，可加强国内外组织机构的对话与交流，使华文教育机构朝着健康、规范、持续发展的方向前进。美国《侨报》国际教育中心、美国新泽西州中国文化中心、葡萄牙淑敏语言文化中心、中泰文化研究中心、斯德哥尔摩中国文化中心、广西师范大学与东帝汶高校共建的“汉语文化中心”等语言文化教育机构的成立，无不体现着语言文化在对外交流中起到的重要作用。随着海外华文教育事业日益壮大，华文教育机构抓住“一带一路”建设契机，致力于建立、完善其话语体系，培养华文教育领域的高层次复合型人才，保证华文教育机构的可持续发展。

四　华文教育交流与合作综述

华文教育交流与合作是华文教育工作的重要组成部分。2016 年华文教育交流与合作日趋活跃，覆盖范围进一步扩大，形式多样，内容丰富，成效显著，为促进“一带一路”的人文交流做出了重要贡献。

2016 年华文教育交流覆盖政府机构、民间组织和海内外各层次的华文教育机构。国内外华文教育机构之间的互访一直是华文教育交流的重要形式。国内各级政府机构、教育机构和民间团体本年度或主动访问海外华文教育机构，或邀请海外华校师生来中国访问，国内外华文教育交流更加频繁。在华文教育合作方面，2016 年华文教育机构、组织之间签署了多项合作办学协议，在 2015 年的基础上又有了大幅提高。此外，在缔结姐妹学校和其他项目合作方面也取得了明显成效。

总体来说，2016 年华文教育交流与合作呈现以下特点。

1. 华文教育交流活动更加活跃，覆盖五洲四海

2016 年国内、国际以及华文教育组织之间的交流合作呈现良好的发展势头，各类交流活动的数量比 2015 年均有明显的增长。值得注意的是，华文教育交流活动的范围进一步扩大，覆盖全球各大洲近 50 个国家和地区。亚洲和北美洲的华文教育交流合作继续保持良好的发展势头，其中泰国、菲律宾、印度尼西亚、缅甸等国仍是华文教育交流最为密集的国家。

欧洲、非洲、大洋洲和南美洲的华文教育交流活动也有新的亮点。欧洲华文教育交流活动的影响力显著提升，共覆盖了英国、爱尔兰、法国、荷兰、比利时、卢森堡、意大利、希腊、德国、奥地利、匈牙利、俄罗斯、西班牙、葡萄牙 14 个国家。其中，意大利长期以来一直是欧洲华文教育发展较好的国家，目前正在向着更高层次、更广阔的领域发展，国务院侨办华文教育基地——温州大学校长李校堃率团赴意大利锡耶纳大学阿雷佐分校访问，洽谈建立温州大学欧洲分校事宜。该分校的开办对

欧洲华文教育的发展以及中华文化的传播都具有重要意义。

非洲的华文教育交流活动进一步拓展，纳米比亚、莱索托、加纳、坦桑尼亚四国大使访问温州大学，洽谈华文教育合作事宜，四国大使表示在非洲大部分国家和地区取得独立后，中国在教育、科技、医疗等方面向非洲提供了大量的支援。培养高素质的年轻人对于促进双边发展、构建和平的国际秩序有着重要意义。南非、毛里求斯、赞比亚、马达加斯加等国也进行了不同形式的华文教育交流活动。

南美洲的华文教育交流活动继续发展，覆盖了巴西、阿根廷、智利、玻利维亚、厄瓜多尔、苏里南等国家。巴西和厄瓜多尔代表团分别赴宁德、广州的学校交流，中国驻阿根廷使馆参赞访问当地华校，福建省副省长慰问国务院侨办外派到智利工作的教师。

大洋洲的华文教育交流活动覆盖面进一步扩大。华侨大学校党委副书记朱琦环率团赴新西兰、澳大利亚。在澳大利亚，朱琦环访问了西悉尼大学，洽谈本硕联合培养项目。在新西兰，朱琦环访问了林肯大学、新西兰商学院，并与两校校长座谈。汤加广东同乡会会长访问广东省侨办，目前汤加华侨华人社团正在筹划开办中文学校，计划 2017 年开始招生办学，双方就广东省侨办支持汤加华社开展华文教育的具体举措、举办华裔青少年寻根夏令营等项目交换了意见。

2. 华文教育交流活动文化内涵更加丰富，形式更为多样

2016 年华文教育交流活动的形式包括参观、访问、考察、视察、观摩、巡讲、座谈、调研、看望慰问等多种形式，活动主体包括政府机构、民间团体和海内外各类华文办学机构。政府机构主要包括各级侨（外）办、各驻外使领馆，民间团体主要包括各级海外交流协会、各国的华侨华人组织等。

2016 年华文教育交流活动内容十分丰富，除了语言教学的交流合作外，武术、书法、剪纸、中医、茶艺等中国传统文化成为华文教育交流合作新的增长点。韩国全罗南道广英中学代表团访问瑞安安阳实验中学，安阳实验中学的老师为韩国学生讲授书法课；长城匈中友好协会、国际禅武联盟和匈中双语学校三方于匈牙利外交部签署了合作协议，匈牙利匈中双语学校学生将定期赴中国访问，他们将前往广州禅武中心学习中国文化、传统中医、功夫、书法艺术。集知识性、趣味性于一体的文化交流为华文教育交流注入了新的活力。

2016 年华文教育交流活动成效显著。特别值得注意的是，各类华文教育机构之间签署了多项合作办学协议，在 2015 年的基础上又有了大幅提高。国（境）内外华文教育机构之间的合作由来已久，近年来又有了新的发展。2016 年新加坡幼儿园与《联合早报》旗下的学生报合作发展学前华文教育；温州永嘉外国语实验小学与意大

利基督教罗马华人中文学校签署协议缔结为友好学校；马来西亚兴华中学和北京大学附中签署友好合作协议书；暨南大学与泰国汉语教学中心签订了华文教育专业函授本科学历教育协议；云南师范大学与缅甸曼德勒恩瓦教育培训中心签署协议共建“缅甸云华职业学院”。上述协议的签署反映出华文教育机构间的合作已经覆盖了学前教育、中小学教育、高等教育以及职业教育等各个阶段。华文教育机构间的合作机制进一步完善，合作领域进一步拓宽，合作层次进一步提升，合作方式更加灵活，合作内容更加实际。海内外各华文教育机构通过合作办学，互相取长补短，充分利用各自的优势和资源，有效提升了学校和学生的竞争力，也开创了华文教育的新局面。

五　华文教育活动综述

“华教活动”是指“华文教育活动”，即日常教学秩序以外的、以华裔青少年为活动主体、以学习华语与中华文化为主要内容的游学、竞赛及实践体验活动。华教活动是华文教育的重要内容，是课堂教学活动的重要补充，是开展汉语学习与中华文化传承、传播的重要平台。本年鉴收录了 2016 年海内外举办的以华文教育与中华文化传播为核心的各类夏（冬）令营、竞赛及文艺演出等活动。

1. 2016 年华教活动开展情况

2016 年，在国务院侨办及各级地方侨办、中国海外交流协会、中国华文教育基金会、华侨联合会、华教基地院校等单位的精心组织下，“中国寻根之旅”“中国文化行”“中国文化海外行”“中华文化大乐园”等品牌项目在海内外顺利开展，广获好评。

“中国寻根之旅”与“中华文化大乐园”是华教活动坚持“请进来”与“走出去”两条腿走路、两种模式有机结合的成功实践，有力地促进了境内外的双向交流。“中国寻根之旅”一向是国务院侨办开展华文教育工作的重点。2016 年共办营 165 次，惠及 15000 余人次。“中国寻根之旅”侧重“寻根”，通过汉语与文化知识教学、中华才艺学习与体验、寻访祖籍地、走进中国家庭、游览各地名胜古迹、参观现代化中国等活动帮助华裔青少年了解历史中国与现代中国。“中华文化大乐园”在美国、加拿大、澳大利亚、新西兰、印度尼西亚、泰国、缅甸、老挝、马来西亚、菲律宾、柬埔寨、文莱、日本、韩国、德国、英国、西班牙、荷兰、智利、毛里求斯 20 个国家的 27 个城市办营，开设中华文化知识、朗诵、声乐、书法、国画、手工、民族舞蹈、武术等课程，以传授基础汉语并让当地华人体验中华文化为主，参与学生及家长众多，受到当地侨界热烈欢迎。

竞赛是华教活动的重要形式。它旨在通过有效的组织，以趣味化的形式，激励海外华裔青少年去接触、学习汉语与中华文化。2016年的竞赛活动内容丰富，包括朗诵、演讲、辩论、作文、中文歌曲、书法、绘画、摄影、电脑、话剧表演、知识问答、阅读等主题。其中有中国方面组织、主办的比赛（如“中华文化大赛”“华人少年作文大赛”“中文歌曲大赛”），更多的是依托海外华人社团、华文学校自主举办的比赛（如泰国的“泰华青少年华语演讲比赛”已举办13届，马来西亚的“全国中学华语辩论赛”已举办18届）。

向海外传播中华文化，促进中华文化在海外华族的传承，是华文教育的重要使命。通过各类富有中国特色的文艺演出、蕴含中华文化元素的节目表演，能让海外华人华侨更真切也更深切地体会到中华文化的博大精深，激发他们对母族文化的热爱之情。“文化中国·四海同春”是国务院侨办和中国海外交流协会倾力打造的春节系列文化品牌活动。每年以中华民族传统节日——春节为契机，组织国内高水平艺术团组到海外侨胞聚居国家开展慰侨演出、图片展等活动，与海外侨胞共庆中国传统农历新年。2016年，国务院侨办和中国海外交流协会组派9个艺术团组分赴欧洲、亚洲、非洲、大洋洲、北美洲和南美洲24个国家及港澳地区共42座城市，开展“四海同春”慰侨访演活动，共计80余场，观众达116万人次。演出内容包括歌舞、声乐、器乐、戏剧、武术、杂技、魔术、龙狮、民俗等多种艺术形式。除在各地剧院、剧场内演出外，艺术团成员还参与到当地举办的新春庙会等中华文化活动中。“中华文化大乐园”优秀才艺学生交流团也赴美国、澳大利亚、英国、印度尼西亚、泰国、日本、留尼汪、塞舌尔等多个国家和地区演出交流，在海外侨界引起热烈反响。此外，泰国、老挝、缅甸、西班牙、意大利等多个国家，常以春节、儿童节、教师节、中国国庆节、华校校庆为契机，举办联欢会、游园、中国文化周等活动，深受华裔青少年喜爱。

2. 2016年华教活动的特点

（1）立足品牌，凝练特色

良好的品牌效应，有助于扩大活动在海外的影响力，增强海外侨胞对活动的认同感。国务院侨办、中国华文教育基金会等部门着力打造的“中国寻根之旅”“中华文化大乐园”“中华文化大赛”“中国文化海外行”“中文歌曲大赛”“华人少年作文大赛”等一系列华文教育品牌项目，参与人数众多，反响热烈，效果显著。这一优势在2016年得以延续。

这些项目自实施以来，短则五六年，长则近20年。在年年举行的常规活动中寻求突破，凝练特色，是活动组织者重点思考的方向。2016年“中国寻根之旅”的创新可喜。相较以往活动内容的广泛性，2016年的“中国寻根之旅”更注重特色营的打造。一是主题特色。如 2016 年 7 月北京集结营，分成舞蹈、武术、戏曲、书画 4 个分营；温州举办了摄影与形象设计特色营，围绕数码摄影技术和个人形象设计开展系列体验活动；杭州作为中国首个跨境电商综合试验区，举办以“跨境电子商务”为主题的夏令营，开设了覆盖跨境电子商务理论、实践的课程，由阿里巴巴商学院授课；上海“丝路青年行”优秀华裔大学生微电影参访团要求营员以“一带一路”为主题，进行微电影创作；“未来领袖・青春使者”国际青年夏令营广东站组织来自“一带一路”沿线 35 个国家的 60 余名青年代表走访广州、深圳，并与广东省“一带一路”研究学者进行交流；由广西大学中加国际学院承办的“一带一路・壮乡行”广西冬令营组织营员到防城港、横县等广西“一带一路”重点开发地区学习、参访。二是项目特色。2016 年福建省重点打造“中国寻根之旅”相约福建营 Home Stay（民宿）项目，挑选澳大利亚、中国香港和澳门等 6 支团队，围绕“五个一”——一张全家福、一餐团圆饭、一次同学会、一次民俗体验、一件才艺作品，由《海外少年到我家》节目制作团队跟随拍摄，在行程中融入海丝文化、闽都文化等主题策划，极大地增进了海外华裔及港澳台地区青少年对福建故乡本土的了解和情感认同。三是对象特色。广东省举办了“中国寻根之旅”中山大学海外校友子女营，以中山大学海外校友子女为对象，有针对性地开展营团组织工作；福建泉州组织闽籍新加坡华裔青少年赴祖地进行文化寻根；海南省首次迎来印度尼西亚巴厘岛的琼籍华裔；新疆营组织了数十名海外新疆籍华裔青少年到吐鲁番、克拉玛依等地参观并体验中华文化；福建龙岩营带领马来西亚的客家华裔参访祖籍地，学讲方言，学唱方言歌。

（2）主办者众，参与面广

从活动组织者来看，有效地整合“国－省－地方”的资源，形成政府部门、地方院校、民间组织、企业通力合作的局面。2016 年“中国寻根之旅”活动均由国务院侨办主办，省、市（县）、区各级地方侨办与华文教育基地单位承办。其中，2016 年 4 月举办的福建晋江营，是夏令营第一次拓展到镇级，开创了由国家、省、地级市、县级市、乡镇五级政府部门共同合作举办的先例。“中国文化行”项目由中国华文教育基金会、中国海外交流协会及其地方组织及学校等单位联合举办，并获企业资助。

从活动举办地来看，承担各营团活动组织教学工作的省份多，几乎覆盖全国范围。2016 年，全国除西藏、青海及港澳台地区以外的 29 个省、自治区、直辖市承办了“中国寻根之旅”营团活动，1 万多名华裔青少年足迹踏及祖籍国大好河山。其中，又以福建、北京、广东、浙江等地寻根、游学者最为密集。暨南大学、华侨大学两所国务院侨办直属高校，以及北京、广东、福建、宁夏、山东、河北、山西、河南、浙江、湖南、湖北、云南、陕西、重庆、广西、四川、甘肃、江苏等 18 个省

（自治区、直辖市）相关高校承担“中华文化大乐园”教学任务。

从参与境内举办的夏（春、秋、冬）令营的对象来看，参营的华裔青少年来自全球65个国家和地区，分布范围之广创历史之最。美国、马来西亚、印度尼西亚、泰国、加拿大、西班牙、德国、缅甸、意大利、英国、澳大利亚、法国、中国香港、日本、越南、菲律宾、老挝、中国台湾、巴西、荷兰等国家和地区参营次数居前20位。东南亚作为全世界华侨华人最集中、传统华文教育最发达的区域，仍然是“中国寻根之旅”和“中国文化行”的重要力量。北美洲、欧洲作为华人新移民聚居之地，是新时期华文教育工作的重点地区，也是华侨华人到中国大陆参加营团活动极为活跃的地区。尤其是欧洲，西班牙、德国、意大利、英国、法国、荷兰几个主要国家与祖籍国均保持密切联系。同时，国家重视大陆与香港、台湾地区青少年一代的交流、学习，对维护祖国统一、维护社会稳定具有重要意义。

值得关注的是，这65个国家和地区中，包含了26个“一带一路”沿线国家，即新加坡、马来西亚、印度尼西亚、缅甸、泰国、老挝、柬埔寨、越南、文莱、菲律宾、蒙古、埃及、土耳其、阿联酋、巴基斯坦、斯里兰卡、尼泊尔、哈萨克斯坦、乌兹别克斯坦、塔吉克斯坦、吉尔吉斯斯坦、俄罗斯、波兰、捷克、匈牙利、希腊。有的国家参营次数虽然不多，但以此为开端，随着“一带一路”建设的推进，华文教育的星火也必将燎原。

六　华文教育师资培养综述

2016年，海外华文教育师资的培训和培养工作不断融入新元素，方式、手段和平台等都在不断继承和创新。

1. 面向“一带一路”倡议大力开展华文教育师资专项培训

专项培训的拓展是华文师资培训深入发展的重要表现。国家“一带一路”倡议的提出，为华文教育发展提供了一个更为广阔的舞台。紧扣“一带一路”这一主题，华文教育师资培训也在积极创新形式，丰富内容。2016年，暨南大学华文学院先后举办了两期“一带一路”华文教育高级管理人员培训班。该班先后面向泰国和印度尼西亚举办，都为期20天。其中仅印度尼西亚班就培训了来自印度尼西亚8个省的18位教育官员、校长或教务主任。

2016年，云南省海外交流协会主办了“博览华文书苑图书管理员培训班”。这是中国第一次举办专门针对华文教育图书管理员的培训项目，受到海外华文教师的普遍欢迎，缅甸曼德勒、腊戍、东枝等地区的30所华文学校的42位资深华文教师积极参加了该项培训活动。同时，由广西昆明华文学校承办的“海外华校艺术类师资培训班”培训了40名来自缅甸和越南的艺术类学员，他们系统学习了舞蹈、声乐、葫芦丝、剪纸等课程；来自马来西亚的30名华文教师在武夷学院参加了“马来西亚华文教师中华才艺研修班”，学习了武夷文化、朱子理学、茶文化等富有特色的课程。

面向特定教材的教学教法培训也继续受到重视。2016年，昆明华文学校先后举办了春季和秋季共两期“九年义务制教育教材教法培训班”，就义务制教材的教学方法培训了80位来自缅甸曼德勒云华师范学院的学员和50位来自老挝和越南的学员。

暨南大学举办的《中文》教材使用培训班2016年面向加拿大举办了一期。来自加拿大BC省中文协会的28位华校校长和校董在暨南大学听取专家讲座，与各项目组教师充分讨论《中文》教材在加拿大的使用。

中小学华校校长和校董是华文教育工作开展的主导力量之一，针对这一特定目标人群的培训项目2016年持续开展。如国务院侨办主办的“华文教育·校长研习班”在暨南大学培训了来自印度尼西亚的81位校长及机构负责人，在华侨大学培训了来自马来西亚的42位中小学骨干教师，在云南华文学院培训了120余位缅甸、老挝、泰国华校校长与教师，在广西南宁华侨学校培训了来自老挝、泰国的63名华校负责人，在云南省德宏州培训了20名缅北的华校校长。中国华文教育基金会则依托“海外红烛故乡行”等项目，在浙江杭州和温州共培训了35位主要来自欧美国家的华校校长和资深教师，在北京培训了来自德国、澳大利亚等7个国家的15位海外华文学校校长及校董。商务部的对外援助培训项目“东盟国家中小学校长交流研修班”培训了来自缅甸、泰国、伊朗、斯里兰卡、巴布亚新几内亚五国的17名中小学校长。

2. “华文教师证书”培训境内、境外同步进行

自全面推广以来，“华文教师证书”师资培训班已经成为国务院侨办开展师资培训的重要形式。2016年，国务院侨办“华文教师证书”培训班先后在辽宁师范大学、暨南大学、陕西师范大学、四川大学、青岛大学等院校开办，共培训学员约400人。作为“华文教师证书”认证体系的开发单位，受国务院侨办委托，暨南大学先后举办了3期“华文教师证书”培训班，并于2016年10月首次专门开设了“华文教师证书”承办单位教学人员培训班。来自北京语言大学、华侨大学、北京华文学院等国内16所高校的40余名相关领导及教学骨干参加了此次培训。培训期间，项目组专家围绕测评大纲、教学内容和计划、试卷体系设计，以及“华文教师证书”培训、考试、认证操作流程等方面进行了详细解读和说明，让参训人员对“培训－考核－认证”三位一体的师资培养思路有了全面认识。

在境外，2016年，“华文教师证书”培训班先后在奥地利、荷兰、马来西亚、老挝、澳大利亚、新西兰、菲律宾、印度尼西亚等国家举办，培训海外华文教师达三四百人。

3. 学历型师资人才培养成果丰富

2016年，华文教育的学历型师资培养成果丰富。云南师范大学云南华文学院主办的2012级泰国南邦、大谷地地区汉语言文学函授本科班在云南师范大学进行了毕业论文答辩；湖南师范大学首届印度尼西亚华文教师汉语言本科学历班毕业，92名毕业学员参加了在雅加达举行的毕业典礼；湖南师范大学2016级印度尼西亚华文教师汉语言专业本科学历班也于2016年6月开班，该班共招收学员近70名；共有42位马来西亚华文教师在华中师范大学汉语言文学专业本科毕业；总计46位马来西亚

华文教师在上海师范大学对外汉语学院毕业，获得汉语言本科学历和学士学位；暨南大学2016届华文教育专业海外函授教育本科共有150名来自印度尼西亚、泰国和英国的学员顺利毕业，其中，来自印度尼西亚的唐根基是首位在中国华文教育基金会奖学金支持下获得博士学位的华文教育专业海外博士生。

4. 远程华文教育师资培训范围日益扩大

在互联网时代，基于“互联网+”的华文教育远程师资培训形式日益受到欢迎，其中表现突出的是由中国华文教育基金会主办的品牌项目“海外华文教师完美远程培训”。2016年，“海外华文教师完美远程培训”项目先后在澳大利亚标准中文学校、美国旧金山南侨学校、西班牙塞维利亚中文学校和金钥匙国际语言学校、泰国华文教师公会、瑞典瑞京中文学校、阿联酋迪拜“你好语言学校”、德国北威州和黑森州、法国巴黎、墨西哥梅里达市、塞浦路斯、挪威、新西兰等地举办，通过远程网络上课方式培训了大批的海外华文教师。

“海外华文教师完美远程培训”项目2016年还开创了多平台全球直播课这一新形式，邀请法国著名汉学家、法国首任国民教育部汉语总督学、世界汉语教学学会副会长白乐桑教授做客多平台全球直播课，先后两次授课，与来自澳大利亚、泰国、法国、荷兰、加拿大、英国等30多个国家和地区的3700位华文教师共同探讨文化教学的方法。上海市侨办主办的华文远程师资培训也以远程教育形式培训了来自美国匹兹堡中文学校等华校的50多位华文教师。

5. “名师巡讲”成为境外华文教育师资培训的品牌项目

“名师巡讲”是华文教育师资培训“走出去”的重要形式。经过多年的积累和发展，“名师巡讲”已经发展成为广受海外欢迎的华教师资培训项目，它既包括由中国海外交流协会主办的“华文教育·名师巡讲”系列活动，也包括由中国华文教育基金会主办的“2016华文教育名师北美洲/亚洲巡讲团”系列活动。2016年，中国海外交流协会主办“华文教育·名师巡讲”系列活动，先后组织专家赴澳大利亚、菲律宾、法国、英国、美国、缅甸、泰国、南非等国家的多个重要城市巡讲，为海外华文教师重点讲授中文教学、武术教学、中华文化教学等各方面内容。仅在美国一地，巡讲团就先后赴密苏里、俄亥俄、密歇根和明尼苏达4个州共5站进行巡讲活动，来自当地20多所华校的260余名一线华文教师踊跃参加并获得培训证书。为有效满足海外华文教育的实际需要，“名师巡讲”的内容也在不断丰富。2016年，中国海外交流协会专门组织了“中华武术·名师巡讲”团赴印度尼西亚楠榜授课，此次活动由河南省海外交流协会与印度尼西亚楠榜武术协会等单位共同承办，吸引了当地200多名武术爱好者参加。

2016 年，由中国华文教育基金会主办、完美（中国）有限公司资助的“华文教育·名师巡讲”团先后赴亚洲的蒙古、韩国、日本，北美洲的加拿大、美国、墨西哥，欧洲的西班牙、葡萄牙、英国、丹麦、瑞典，大洋洲的澳大利亚、斐济、新西兰，中南美洲的巴拿马、阿根廷和巴西进行专家巡讲，有效提升了当地的华文教师素养，提升了华文教育在当地的影响力。

6. 外派华文教育师资培训有序开展

国务院侨办外派教师已经成为海外华文教育工作的重要力量。为更好地保证这支力量的质量，相关单位对外派教师的行前培训都非常重视。2016 年，国务院侨办先后委托河南省侨办、福建省侨办、安徽省侨办、重庆市侨办、山东省侨办及郑州大学、华侨大学、安徽大学等举办 2016 年国务院侨办外派教师行前培训班，文化司汤翠英副司长多次专程前往培训班讲授“海外侨情、华文教育”内容，各培训单位也精心挑选了专家，就外事纪律、涉外礼仪礼节、海外侨情、跨文化交际、海外华文教学方法等对外派教师进行综合培训。国务院侨办的“中华文化大乐园”活动、中国华文教育基金会的“华文教育名师亚洲巡讲团”“名师北美洲、大洋洲巡讲团”“中国文化海外行·金辉西班牙/印度尼西亚营”等在行前都对外派教师进行了严格的选拔和充分的培训工作，保证了外派教师的安全和高效工作。

在 2016 年的华文教育师资培训中，大量的基于综合性内容的教师培训班/团/营仍然发挥着提升华文教师整体教学素养的核心作用。而海外华文教育机构和单位开展的自主教师培训也是华文教育师资培训的重要形式，更接地气，更有针对性。如意大利佛罗伦萨中文学校就举办了关于“如何激发华校学生学习中文的热情”的专题研讨会和探讨低年级学生识字教学的研讨会。同时，由各当地华文教育机构组织的系统性教师培训也在不断涌现，如 2016 年 8 月，美国现代中文学校就和亚特兰大孔子学院一起主办了第七届美国夏季汉语教师培训班；菲律宾棉兰老华文教育协会在国务院侨办巡讲团专家的支持下，举办了协会的年会和教师培训会，共组织了 8 堂中小学与幼儿园公开课、3 场教学案例分析研讨会和 3 场国务院侨办专家专题讲座，参会者就关心的教学问题积极交流，相互学习借鉴，有力地促进了教师华文教学能力的提升。

七　台湾地区华文教育工作综述

2016年，台湾地区以“加速华语文教育产业输出”“推动世界华语文学习”为核心，展开海外华文教育工作。长期以来，台湾地区促进侨教与主流教育接轨，大量输出华语教师、华语教材，持续开展海外华裔青少年活动，培训海外华语师资，大力支持各项中华文化推广活动，提供经费支持海外华校、中文班经营发展。其工作特点主要体现在以下几个方面。

1. 秉承侨务理念、贯彻侨生政策，推动“台湾区域、侨生群体”双赢发展

海外华文教育在台湾地区被视为侨务的重要组成部分，由侨务主管部门规划、主导并实施。2016年，时值侨务主管部门成立85周年之际，台湾地区继续恪守保障海外侨胞经济生活的侨务理念，贯彻实施60年来的侨生政策，鼓励侨生人才留台深造并为其生活提供优越保障，用以推动台湾地区的经济建设，从而实现台湾区域、侨生群体的双赢发展。

2016年，为提升侨生教育质量，提高侨生整体素质，台湾地区举行了年度侨生教育国际研讨会。金融“亚洲杯”侨生人才培育暨企业媒合商谈会、首届东南亚台商企业揽才媒合会、侨生保荐单位工作研讨会、侨生技职专班招生及辅导工作经验分享会等多场会议的举行，为侨生到台湾地区学习深造、留台就业创业提供技术指导、创设平台。同时，台湾地区特设奖助学金吸引全美台联会等海外侨社组织为侨生捐款，以保障侨生学习生活。此外，为丰富侨生文化生活，台湾地区还组织2016年侨生春季活动、首届蹲点侨世界摄影大赛等多项大型活动，帮助侨生提高华语水平，推进华文教育教学。

2. 优化华教师资、传播中华文化，推广全球范围的华语文教育

为提升海外华语教师、民俗文化教师师资水平，台湾地区多年来依托海外华校、

华文教育组织举办海外华文教师研习会（班）、海外民俗文化种子教师培训班等活动。2016 年，根据搜集数据统计，台湾地区共举办海外华文教师研习会 16 场，其中东南亚地区 3 场，北美地区 7 场，南美地区 2 场，大洋洲地区 3 场，非洲地区 1 场；举办海外民俗文化种子教师培训班 10 场。此外，为提高文化教学质量，还特别于美国西雅图、加拿大多伦多、澳大利亚悉尼、新西兰奥克兰举办海外华语文教师文化教学培训班活动 4 场。

2016 年，台湾地区的海外华文教育践行“文化本位、文化创新”的思想理念。为传播、推广中华文化，台湾地区侨务主管部门继续以海外华校、侨教中心为依托，围绕汉字文化节开展各种形式的侨教活动，包括美国西北地区的园游会活动、阿根廷爱育学校的全校朗读比赛、阿根廷的捏面人活动、泰北地区的艺文竞赛、法国的创意绘画比赛、华盛顿地区的书法比赛等，共计 16 场。除此之外，各地侨教中心、海外华校仍以春节、冬至、教师节、侨校毕业典礼（结业式）、侨校校庆等常态化活动为载体，以竞赛、展览、教学、表演等形式开展丰富多彩的文化推广活动，包括洛杉矶侨教中心书画作品联展、美国橙县侨教中心第二届冬至文化节活动、荷兰台北学校手工纸体验教学活动、纽约地区校际中文歌唱比赛等，共计 25 场。

为了推广全球范围的华语文教育，吸引更多海外华裔青年学习汉语及中华文化，2016 年台湾地区侨务主管部门开展海外青年研习活动 3 场，依其活动特性可分为“海外华裔青年暑期研习班”和“海外华裔青年语文研习班”。此外，台湾地区还支持各地海外华校、侨教中心及中文学习机构在地举行多场短期活动，包括第一届泰北华文文学研习营、旧金山湾区 2016 海外华裔青少年夏令营、第五届旧金山湾区青少年中华文化学习团、东方中文学校“爱有双营”夏令营、2016 大阪中华学校华语暑期班中文夏令营、2016 美东美南地区海外华裔青少年中文夏令营、2016 美西北区海外华裔青少年中华文化夏令营等，共计 7 场。

值得一提的是，台湾地区还在促进华文教育与主流教育接轨方面做出了不懈的努力。2016 年，在多位侨胞的捐款助力下，台湾侨务部门成功促成了与美国主流教育机构休斯敦独立学区的合作，在得克萨斯州市民学校试办为期 10 周的中文班。双方共同推动了汉语和中华文化在海外的推广与传承。

3. 深化交流合作、开展华教研讨，推进全球华教圈互访互信

2016 年，台湾地区侨务主管部门负责人多次奔赴各地区海外华校、侨社及华教组织机构，深化交流合作。海外华校、相关华教机构、华裔青年、游学团体等也组团前往台湾地区进行参观访问。台湾地区选派代表深入当地主流学校，进行切磋交流。另外，台湾地区各“驻外机构”还联合当地华校、华教机构举办华文教育相关研讨

会，以推进全球华教圈的互访互信，推动世界华语文教学。

在出访方面，台湾地区侨务主管部门高层赴海外华校参访共计10次，分别与中山工商学校、泰北地区多所华校、美国华府中文学校、西班牙华语教师协会、美国洛杉矶侨教中心、巴拉圭中正学校、南非斐京华侨公学、马来西亚董教总、日本中华学校、泰国曼谷侨社等海外侨校、侨社、华教组织、“驻外机构”等进行合作交流。其中，具有代表性的是：侨务主管部门吴新兴前往泰国曼谷与当地侨社进行交流，深入了解到泰国侨社侨教推广的现状与未来发展趋势；为宣传推广台湾新编国别化二语教材《学华语向前走》，侨务主管部门吕元荣与西班牙华语教师协会展开座谈，介绍教材特色与开发方向。

在来访方面，台湾地区侨务主管部门共接待了来自世界各地华校、华教机构、华裔青年及游学团体访问参观13次，其中包括加拿大侨校参访团、马来西亚大同韩新传播学院、菲律宾华文学校教育参访团、印度尼西亚西爪哇省华文教育协调机构、非洲阿弥陀佛关怀中心、旅居南洋乡侨青年返金寻根团、台湾宝岛游学团及亲子团等。这些参访活动加强了海外华教圈对到台湾地区留学、深造等台湾地区华教政策的了解，使其深入台湾地区感受民俗文化，也使其加深了对中华文化的理解与认同。

在访问主流学校方面，西雅图侨教中心颜国裕受邀参访俄勒冈州谷心市的私立主流学校，了解学校的教学设施、环境及其第二语言教学的实施情况，体验该校中文班的数字化软硬件设施及其教学方式。文藻外语大学行政副校长陈立言也赴美参访伊利诺伊州54学区Capanelli公立小学，感受中文沉浸式教育教学。两次访问均对推动海外汉语教学、提高汉教水平与质量具有启发式意义。

此外，2016年，为提升华语教学水平、促进华语教学的建设和发展，台湾地区的“驻外机构”还联合当地华校、华教机构开展华文教育相关研讨会共计5场，分别为2016冬季海外教师教学研讨会、2016全加（加拿大）华文教育会议、全美中文学校联合总会“全球参与·创新教学”主题研讨会、2016全美华文教育菁英研讨会、2016华盛顿主流学校华语文教师研讨会。这些学术研讨会以华语文在国际经济和社会领域的机遇、课堂教学法、海外华文教材、中华文化艺术等为内容，对侨校发展、师资水平的提高、教学经验分享、教学资源共享、华文教育的发展趋势等问题进行深入探讨。

4. 宣传新编教材、顺应网络潮流，推行华语文数字教学计划

2016年，台湾地区新编国别化二语教材《学华语向前走》问世。它顺应全球华语教学趋势，广泛采纳海外华校的建议，力图将中华传统文化融入侨居国的历史文化和地理特色，贴近侨胞生活实际，帮助第二代、第三代华裔子弟学习汉语，传承中华

文化。为了宣传该教材，侨务主管部门分别于澳大利亚布里斯班、美国旧金山举行示范教学座谈会、侨教宣传座谈会，并于台北举办媒体发布会。此外，为顺应网络化发展潮流，2016 年台湾地区侨务主管部门继续推行语文数字教学计划，整合学术力量、产业资源，凝聚产、官、学、研各界知识与经验，以发展高水平的华语文数字教材，培养具备数字教学专业能力的华语文教师，推动全球范围的华语文教育不断发展。据统计，2016 年台湾地区在世界各地举行数字化教学推广活动共计 4 场，分别为阿根廷新兴中文学校数字化教学推广研习会、纽约地区华语文数位教学研习会、旧金山湾区数位师资培训研讨会、休斯敦侨教中心数位学习示范点教学观摩会。此外，2016 华文教师在线远程研习班成功举办，来自全球 14 个地区共 70 名学员利用数字化教学工具进行了相互切磋、教学相长的群体式学习，为数字化华语文教育探索了可行、有效的新范式。

八　海外示范华校华文教育工作综述

海外示范华校是海外华文教育事业发展的重要力量。在国务院侨办倡导的海外华教“三化”建设下，海外示范华校朝气蓬勃、继续向前，努力开创发展新模式。由于新媒体技术的推动，不少学校运用新媒体平台，利用网络传播、微信，扩大宣传范围，加强对外联系，扩大海外影响力。海外华校的朋友圈越来越大、越来越强。2016年，党和国家对华文教育的发展非常重视。9月，国务院总理李克强、国务院侨办主任裘援平到访老挝万象寮都公学，看望学校的师生，慰问华文外派教师，体现了党中央和国家对华文教育的关怀，也极大地鼓舞了海外华文院校的发展。

海外示范华校在交流合作、提升水准、培养学生、融入当地等方面在这一年都有收获。

华校之间、华校与国内相关部门、华校与国内外学校互通往来，在交流合作中开发新项目，为未来发展埋下伏笔。菲律宾华文教育研究中心接待了中国国务院侨办文化司、北京市教委、湖南省湘潭市人民政府、吉林省侨办、中国西北教育文化考察团、福建省三明市侨联、四川侨联、甘肃人大、闽南师范大学、辽宁教育代表团等单位的参观访问；菲律宾中正学院与福建省晋江市养正中学缔结为姊妹学校并为福建师范大学教育实习队的教学实习提供便利；老挝万象寮都公学在校庆之际，与老挝重要侨领、万象中华理事会、寮都公学校友代表、寮都公学各董事、老挝国立大学孔子学院相聚交流；云南民族大学与曼德勒云华示范学院就具体合作事宜表达意向；葡萄牙里斯本中文学校与中葡文化书院共同举办暑期国学课堂；意大利罗马中华语言学校分别与意大利 Cedis 文化协会、意大利国立高中 GIOVANNI XXIII 学校签署协议。

在提升学校质量、提高教师专业素养上，华校通过加强学校教学研究能力，不断反思、不断改进。佛罗伦萨中文学校定期开展主题教学研讨会，并与其他学校积极分享教学经验，找寻教学方法，组织教师参加教学研讨会议。美国希望中文学校举办教学管理研讨会。曼德勒云华示范学院开展华文教师教学技能培训。美国华夏中文学校举办教务会议、教师年会。奥地利维也纳中文教育中心鼓励并派送教师到中国参加培训，邀请著名教育家到校举办讲座。葡萄牙里斯本中文学校组织多位家长开展听课评课活动。同时，华校之间不断展开教学研讨、教学互动，形成校际共同帮助、共同进步的良好局面。例如，澳大利亚丰华中文学校邀请其他学校资深中文教师举行教师年度培训；荷兰丹华文化教育中心与荷兰安多芬中文学校就如何提高教学质量相互交流。同时，国务院侨办派出的“名师巡讲团”为海外华校举办华文教育系列专题讲座，大力支持了海外华校教学工作。

在培养学生方面，华校为鼓励学生热爱中华文化，以多种形式、多种活动帮助学生了解祖（籍）国，增强其对祖（籍）国的认同。西班牙马德里爱华中文学校举办以“中”为主题的摄影比赛，并鼓励学生参加西班牙华裔学生第三届“我是超级演说家”演讲决赛、USERA 区首届中西少儿绘画作品展览；美国南侨学校为五、六年级的学生安排《六尺巷的故事》中文专题课，举办系列中华文化比赛；佛罗伦萨中文学校为学生举办中国传统剪纸、书法书写、中国古典名著阅读推介、传统课文道德礼仪学习、查字典、作文大赛、中文辩论、二十四节气文化及中华知识竞赛等活动，陶冶学生情操。值得一提的是，海外示范华校发挥自身优势，创立学校品牌活动，如瑞典瑞青中文学校举行第五届“瑞青杯”中文朗诵比赛；菲律宾华文教育研究中心举办第二十五届汉语夏令营汇报作品展示活动；西班牙马德里爱华中文学校举办第五届中华知识竞赛等。

在融入主流社会方面，海外示范华校与当地文化深度融合，参加当地所举办的文化活动或与当地联合举办文化活动，宣传推介中国文化。如美国匹兹堡中文学校加入第二届匹兹堡中华文化节，展示学校风采；澳大利亚丰华中文学校同麦考瑞大学联合举办中国文化节；泰国春府大众学校的孔子课堂联合泰国东方大学孔子学院、泰国中医师总会、春府明慧善坛、春府保福坛举办“中医养生保健泰国行”中医义诊和中医宣传活动，对中国的中医文化进行了较好的推广和宣传。

总体而言，2016 年海外示范华校的外部力量持续增强，内生动力源源不断，在此良好的发展势头下，海外华校必将迎来大繁荣。

九　华文教学与研究综述

2016年世界范围内具有一定规模、涵盖较大地域的华文教育学术会议共有30余场，高质量学术论文80余篇，代表性学术著作30余部。

1. 华教学术会议

2016年“世界华文教育学术动态”收录的34场学术会议中，中国大陆举办22场，占总数的64.7%；中国港澳台地区举办6场，所占比例为17.6%；美国举办3场，占8.8%；韩国、新西兰和印度尼西亚各举办1场，所占比例均为2.9%。具体情况参见图1-1。

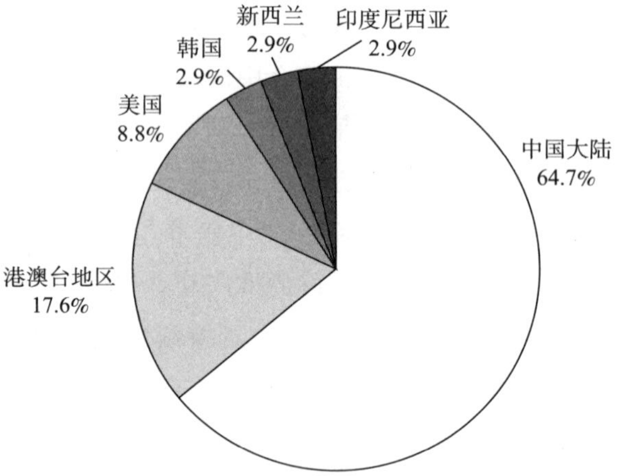

图1-1　2016年度华教学术会议地区分布

从图1-1可以看出，2016年“世界华文教育学术动态”收录的34场学术会议中，在港澳台地区及美国举办的会议场次所占比例仅次于中国大陆，说明华教学术会议的举办顺应了当今全球化、信息化、多元化和国际化的社会环境，华文教育的影响力不断增强，吸引了越来越多国家学者的关注和参与。

从华教学术会议的参会主体来看，34 场学术会议中有 3 场研究生论坛，1 场博士生论坛，几乎涵盖了从事华文教育的各个层次的人员，既有专家学者、一线教师，又包括硕士生和博士生。从参会人员的地域分布来看，在 2016 年度收录的 34 场华教学术会议中，共有 23 场国际会议和论坛，与会的专家学者涵盖了美国、法国、韩国、新加坡、澳大利亚、印度尼西亚、泰国、越南、菲律宾、马来西亚等 40 余个国家和地区。

2016 年度收录的 34 场学术会议议题涉及华文教育的内涵研究、面向华文教育的华语文本体研究、华语文教学与习得、华语文教材与数位化教学研究、华语文师资培训、商务汉语教学与传播、多元文化背景下的汉语教学与研究、“一带一路”与语言教育规划研究、全球化与“互联网 +”时代国际华文教育发展的研究、华文教育的类型转型与质量提升、汉语中介语语料库建设研究等方面。通过对 34 场学术会议所讨论的问题进行归纳和梳理，可以看出 2016 年度华教学术会议讨论的相关热点议题如下。

（1）华文教育的“三教”问题。34 场会议中有 19 场围绕“三教”问题展开讨论，议题分别为如何利用教学软件帮助学生有效学习中文字词并进行评估、如何活用教材辅助汉语听说读写的教学、面向多样化需求的国际汉语教学与研究、华语文教学与习得、商务汉语教学与传播、商务汉语教材编写、商务汉语课程与教法研究、多元文化背景下的汉语教学与研究。

（2）“互联网 +”时代的华文教育创新。相关的会议有 10 场，议题分别为华语文教材与数位化教学研究、虚拟课堂、电脑辅助教学、“互联网 +”形势下如何协同创新、共同开展国际面授与网络相结合学历教育、虚拟生活中的语言规划研究、中文教学现代化的理论实践应用与反思、互联网时代对外汉语教学学科发展、信息化条件下汉语作为第二语言的教学与研究、如何利用教学软件帮助学生有效学习中文字词并进行评估等。

（3）华文教育的师资培养问题。相关的会议有 9 场，议题分别为德国中文教学概况、一线华语文教师及相关专业研究生的学术交流、面向“一带一路”的多层次国际汉语教育人才培养模式研究、语文教师培养等。

2. 华教学术论文

2016 年度辑录的各类学术论文共有 88 篇，其中所涉及的七大主题包括华文教育理论与华文教育史研究、华文教学研究、华文测试与习得研究、华文教材研究、华文教师发展研究、跨文化传播及华文传媒研究和海外华语特点与使用现状研究。2016 年度有期刊论文 32 篇，硕、博士论文有 56 篇。具体见图 1－2。

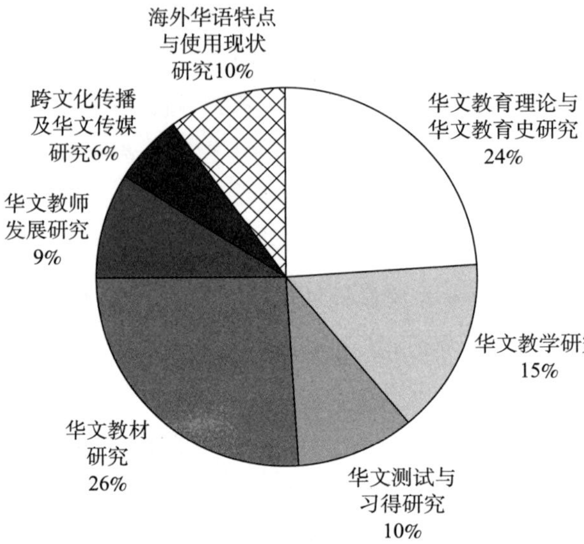

图 1－2　2016 年度华文教育学术论文主题分布

从图 1－2 可以看出，2016 年度收录的学术论文中，所占比例最高的是华文教材研究，占 26%；其次是华文教育理论与华文教育史研究，占 24%；再次是华文教学研究、华文测试与习得研究等。

主题一“华文教育理论与华文教育史研究”共有 21 篇学术论文，其中有 16 篇研究东南亚国家的华文教育发展问题，其中包括刘玉红《印度尼西亚华裔新生代中华文化认同与华文教育研究》，沈玲、姚文放《同根共荣：东南亚华文教育与华文文学的历史回顾》，杨莉《印度尼西亚华裔学生课外汉语环境对汉语学习的影响——以印度尼西亚泗水崇高基督教学校为例》等，多数硕士论文都是以具体的地区或学校来研究的。此外，廖瑞钦在《华文教育研究成果统计与分析（1990～2014）》中，以 1145 篇文献为研究对象，对华文教育的研究成果进行统计分析研究，纵观 25 年来华文教育研究领域的研究成果。

主题二“华文教学研究”共有 13 篇学术论文，主要内容有汉语教学现状、课堂教学问题和教学模式探讨等。研究的地区还是以东南亚为主，如李志凌在《泰北地区大华语语境下汉语教学发展业态与评估》中针对泰国北部地区的汉语教学做了评估，并给出了相应的发展建议。易薇在《缅甸东枝东华语言与电脑学校汉语拼音教学现状和教学策略分析》中从有代表性的阶段入手来调查该校的学生对拼音的掌握情况，对拼音教学中出现的问题进行了原因分析，并且提出了对缅汉语拼音教学的可行性教学对策。郑彦南在《印度尼西亚中文世界学校幼儿汉语综合课教学设计》中依据印度尼西亚华裔儿童的特点，进行了汉语综合课的教学设计，基本达到了预期的教学目标，同时对部分未达到预期效果的做了思考。

主题三“华文测试与习得研究”共9篇学术论文，主要内容包括习得发展、汉语学习者习得研究、偏误调查与研究等。如杨黎在《不同水平的美国汉语学习者在目的语环境中语用能力的发展》中以美国汉语学习者为研究对象，从感谢言语行为的角度，通过书面语篇补全测试考察了不同水平的汉语学习者在目的语环境中语用能力的发展。朱少义在《老挝华文学校学生汉字书写偏误调查与研究》中，通过收集整理作者任教学校学生的汉字书写偏误，以偏误分析理论为基础，对语料中出现的偏误汉字进行统计和分析。

主题四“华文教材研究”共23篇学术论文，主要内容有具体教材分析、教材对比研究、教材编写问题探讨等。如刘美丽在《印度尼西亚高中华语教材的语音编排分析》一文中选取印度尼西亚高中使用广泛的8套华语教材，对其语音教学部分进行研究，对编写不合理部分做了深入探讨，并在对这8套教材语音教学考察基础上，给出了教材编写的相关建议。王杰在《意大利国别化汉语教材中的文化因素研究》一文中，以两部教材为研究对象，总结了两部教材在文化内容选取和处理上的特点，并对教材编写提出了建议。李晓琪在《汉语教材编写的两个问题》中着重从理论和实践两个方面讨论了有关汉语教材编写的两个问题，并认为教材编写与汉语作为第二语言、汉语作为外语教学法理论关系密切。

主题五“华文教师发展研究”共8篇学术论文，主要内容包括师资培养、师资现状分析等。张志远在《基于学生需求视角的国别化汉语教师培养探索》一文中，进行了基于学生需求视角的国别化汉语教师培养探索，文章从高校和国家汉办两个角度为国别化汉语教师的培养提出了建议。阮文清、曾小燕在《越南高校汉语师资现状分析》中从宏观和微观两个角度总结了8个越南高校师资存在的问题，并对改善高校汉语教师的现状提出了相应的建议。

主题六“跨文化传播及华文传媒研究”共5篇学术论文，主要内容包括华人身份认同、东南亚各国政策对汉语传播的影响等。例如，韩晓明在《东南亚华人身份认同变化对汉语传播的影响及前瞻》一文中，提出在汉语国际传播的新形势下，有必要重新审视华人移民对东南亚汉语传播的影响，把握华人身份认同的变化趋势，充分利用华人资源，构建星状传播模式。吴应辉、何洪霞在《东南亚各国政策对汉语传播影响的历时国别比较研究》中，在对20世纪以来东南亚国家汉语传播发展历程进行国别比较研究后发现，国家政策是语言传播的重要决定因素之一。

主题七“海外华语特点与使用现状研究”共9篇学术论文，主要内容包括华人的语言使用情况调查、华语词汇研究等。例如，郑军在《印度尼西亚棉兰华裔青少年语言使用状况调查》中运用社会语言学的方法，对印度尼西亚棉兰华裔青少年的语言使用状况进行了调查分析。宋飞在《东南亚特色华语词汇的区域和国别比较研究》中基于《全球华语词典》建立数据库，界定并提取出东南亚特色、特有词等，对词进行研究比较。沈玲的《认同转向之下菲律宾华人家庭民族语言文字使用研究》结合对500多名菲律宾新生代华裔的问卷调查，对华人家庭成员对几种主要语言文字的掌握程度与使用现状和华人家庭三代人民族语言文字使用现状及其形成原因进行了分析阐述。

3. 华教学术著作

2016年度收录华教类著作33部，研究主题涉及华语教育的性质、华文教育的研究重点及其方向、华文教育的特征、华文教育在海外的发展、华文教育师资建设、华语传承与语言认同、华文教育与普通话推广、教学理论研究、课堂教学研究、教材教法研究、跨文化语用失误研究、汉语课堂活动设计研究、对外汉语学习词典研究等，具体分布情况见表1－1。

表1－1　2016年度华教学术著作研究主题分类

学科理论研究		汉语教学研究		跨文化研究	学习词典研究
论文集	非论文集	教师技能	学生教材		
《对外汉语教学论丛》（第三辑）	《对外汉语教材开发与研究纵览》	《国际汉语教师非言语行为与规范》	《看图学最有用的汉语》（第2版）	《汉语国际教育跨文化交流理论与实践》	《对外汉语学习词典学》
《对外汉语教学与研究》	《面向中亚留学生的汉语国际教育研究》	《实用汉语教学语法》	《东盟留学生实用汉语入门》	《面向中亚的中华文化传播研究》	共计1本
《汉语应用语言学研究》	《近代来华传教士汉语教材研究》	《国际汉语课堂活动设计与应用》	《“黑脚”的汉语之路：法国汉语总督学白乐桑口述》	共计2本	
《汉语速成教学研究》	《华语与华文教育“走出去”研究》	《一个对外汉语教师的手记》	共计3本		
共计4本	《任务型教学法新理念与国际汉语教学（英汉对照）》	《对外汉语课堂用语手册》			
	《国际汉语综合课教材引论》	《汉语语法点教学案例研究——多媒体课件设计运用》			
	《不同母语背景的汉语学习者词语混淆分布特征及其成因研究》	《汉语教师应有的素质与基本功》			
	《词语搭配研究与对外汉语教学》	《汉语阅读教学研究》			

续表

学科理论研究		汉语教学研究		跨文化研究	学习词典研究
论文集	非论文集	教师技能	学生教材		
	共计 8 本	《语篇知识建构与对外汉语写作教学研究》			
		《华文听说教学研究》（华文教学研究丛书）			
		《汉语语法教学课件设计 100 例》			
		《国际汉语课堂教学参考案例初级综合课》			
		《韩国人学汉语常见语法错误释疑》			
		《汉语报刊课研究》			
		《对外汉语教学课堂教案设计》			
		共计 15 本			

从表 1－1 可以看出，2016 年度收录的 33 本著作中，以针对教师的汉语课堂教学研究为主题的著作最多，其中针对教师技能的有 15 本，针对学生教材编写的有 3 本，分别占据 45% 和 9% 的比例；针对学科理论建设的学术研究次之，有 12 本，其中有 4 本论文集，共占据 36% 的比例；而针对跨文化和学习词典的研究则相对较少，分别占 6% 和 3% 的比例。可以看出 2016 年度学者们最为关注的是课堂教学和学科理论建设问题，而相对忽略了对跨文化和学习词典的研究。

第二部分

2016年世界华文教育大事记

1. 李克强参观访问老挝万象寮都公学

2016年9月9日，正在老挝进行正式访问的国务院总理李克强前往老挝万象寮都公学参观，并同学校师生亲切交流。

访问中，李克强亲切慰问在寮都公学工作的20多位中国志愿者教师。李克强说，志愿者教师远离祖国和家人，在异国他乡传播中国语言文化，播撒的不仅是知识的种子，更是友谊的种子，必将获得“双丰收”，志愿者教师走出国门教书育人，真正是“桃李满天下”。李克强希望寮都公学的中国志愿者教师做中国形象的代言人、中华文化的传播者、中老人文交流的使者。

李克强代表中国政府向寮都公学赠送了一批电脑、书籍和体育用品，并传达了中国政府将于2017年邀请100名老挝华文教师访华的好消息。李克强亲切地招呼教学楼上欢呼的同学们来到操场一起合影留念，并深情寄语广大师生。他表示，此次访问老挝时间短暂，参观寮都公学是唯一安排的同老挝社会直接接触的活动。寮都公学历史悠久，中老双语教学为增进两国人民理解、深化友好关系培育了一代又一代学生，成为中老友谊的桥梁。中老同饮一江水，不仅有牢固的政治互信，更有长久深厚的友谊和密切的人文往来。正如寮都公学的办学宗旨“桃李芬芳世界”一样，李克强希望中老友谊如桃李般芬芳东盟、芬芳世界。

寮都公学创办于1937年，是一所华侨集体公办华文学校，开设幼儿园至高中课程，以中老双语教学而闻名，在校生人数2800余人。

2. 2016年全国华文教育工作会议召开

2016年3月30日，由国务院侨务办公室、中国华文教育基金会联合举办的2016年全国华文教育工作会议在湖北武汉召开，国务院侨务办公室文化司司长雷振刚、中国华文教育基金会秘书长左志强，全国各省、自治区及部分市州侨办，中国国务院侨务办公室基地院校的155名代表出席了会议。湖北省副省长甘荣坤致欢迎辞，国务院侨务办公室副主任任启亮出席并讲话。

任启亮指出，华文教育是一项全局性、战略性、长期性的工作，各级侨务部门和华文教育基地院校要充分把握当前海外华文教育的变化和特点，突出重点，强化“为侨服务”的宗旨意识；注重创新，强化善谋意识，注重发挥地方特色及地域优势；加强统筹，强化各侨务部门之间的协作意识；注重积累，强化学习意识；开源节流，加强监管，提高华文教育专项资金使用效益，为华文教育事业大发展大繁荣作出应有贡献。

任启亮表示，华文学校规模不断扩大，华文学校所承载的功能已经由单一的语言教育中心转变为传播中华文化、开展侨务工作的多元平台。其功能可概括为七个方面：中国语言文化教育培训中心、当地华裔群体的联谊活动中心、向主流社会展示和传播中华优秀文化的传播中心、参与当地华人社会活动的重要力量、居住国与中国开展文化教育交流的桥梁、中国驻当地使（领）馆开展工作的重要抓手、配合中国政府开展侨务工作的重要平台。

任启亮向与会人员介绍了国务院侨务办公室近期在华文教育教材研发方面的进展，指出目前华文教材研发领域已初步打造从幼儿园到高中、从语言教学到文化教学、从学生使用到教师使用、从平面到多媒体的较为完备的华文教育教材体系。

甘荣坤在致辞中希望以大会为契机，学习兄弟省市的好经验、好做法，进一步加大支持力度，推动湖北华文教育事业再上新台阶，促进侨务工作朝着全方位、多层次、宽领域方向发展。

根据会议议程，国务院侨务办公室文化司、中国华文教育基金会系统总结了2015年华文教育工作开展情况，并围绕中华文化大乐园、师资培训、外派教师、海外红烛故乡行等重点活动，全面安排部署了2016年华文教育工作。

3. 第一届华文教育工作专家指导委员会成立

2016年4月27日，中国国务院侨办第一届华文教育工作专家指导委员会成立大会在广东广州召开。国务院侨办主任裘援平、副主任任启亮、文化司司长雷振刚，教育部语用司司长姚喜双，暨南大学校长胡军、党委书记林如鹏及海内外近30位华文教育界的专家学者出席大会。

第一届华文教育工作专家指导委员会专家分为国内专家和国外专家，来自11个国家，共27人，聘期3年（2016~2018年）。裘援平为首批受聘专家颁发聘书。

裘援平表示，成立华文教育工作专家指导委员会，对于健全国务院侨办侨务工作决策咨询制度，提高华文教育工作的科学化、正规化水平具有重要的意义。她建议科学地定位华文教育工作专家指导委员会的职责与作用，支持和宣传华文教育事业，扩大华文教育的社会认知度，加强对海外华文教育现状的调查研究，为华文教育发展提供咨询和指导。同时，中国国内相关部门要为发挥专家指导委员会的作用创造条件。

与会专家就“华文教师证书认证”“海外华裔青少年华文水平测试”两个项目进行了研讨。

国务院侨务办公室第一届华文教育工作专家指导委员会组成人员名单如下：

一、委员会主任

裘援平（国务院侨务办公室主任）

二、委员会副主任

任启亮（国务院侨务办公室副主任）

三、委员会秘书长

雷振刚（国务院侨务办公室文化司司长）

四、委员

（一）国内

1. 姚喜双（教育部语用司司长、教授）
2. 李宇明（北京语言大学党委书记、教授、博导）
3. 贾益民（华侨大学校长、教授、博导）
4. 刘　嘉（北京师范大学心理学院院长、教授、博导、长江学者）
5. 吴勇毅（华东师范大学对外汉语学院院长、教授、博导）
6. 邵　宜（暨南大学华文学院院长、教授、博导）
7. 郭　熙（北京华文学院副院长、教授、博导）
8. 王立群（河南大学文学院教授、博导）
9. 齐沪扬（上海师范大学教授、博导）
10. 张　英（北京大学对外汉语教育学院教授）
11. 陈学超（陕西师范大学国际汉学研究所所长、教授）
12. 郦　波（南京师范大学教授）
13. 陈进超（广西华侨学校校长）
14. 张明军（云南昆明华文学校校长）

（二）国外

1. 黄端铭（菲律宾华教中心常务副主席）
2. 李祖清（缅甸曼德勒福庆学校校长）
3. 梁　冰（泰国华文民校协会主席）
4. 王超群（马来西亚华校教师会总会主席）

5. 许月兰（文莱中华学校校长）
6. 张岩松（日本横滨山手中华学校校长）
7. 伍善雄（英国中文教育促进会会长）
8. 许　易（澳大利亚中文教育促进会会长、澳大利亚丰华中文学校校长）
9. 肖思佳（巴西华侨天主堂中文学校总校长）
10. 顾丽青（美国旧金山黄河长江中文学校校长）

4. 中国华文教育基金会第三届理事会第六次会议召开

2016 年 12 月 22 日，中国华文教育基金会第三届理事会第六次会议在北京召开。

会议审议并通过了中国华文教育基金会秘书处 2016 年工作报告和 2017 年工作规划。会议决定设立“完美中华文化传承公益基金”和“‘一带一路’人才培养专项基金”；讨论并通过《设立中国华文教育基金会新闻发言人的议案》，任命邱立国为基金会新闻发言人；通过任免事项并改选了部分理事及监事，选举刘奇、张健青、邱立国、方文国、周虹为理事，选举张永文为监事；经秘书长提名，任命邱立国为常务副秘书长，主持秘书处日常工作，方文国为副秘书长，左志强不再担任副理事长兼秘书长；魏永乐、陈志斌、陈迈、庄荣文、王晓萍、周锋不再担任理事。

华文教育是让中国了解世界、让世界了解中国的重要方式。当下，许多国家掀起了“华文热”，华文教育发展面临良好机遇。中国华文教育基金会长期以来开展了大量工作，成绩有目共睹。在新形势下，中国华文教育基金会拟从以下三方面开展工作：一是要创新工作方式，拓展募资渠道，扩大影响，走可持续发展之路；二是举办活动要树立品牌意识，抓住“互联网 +”机遇，通过现代化科技手段，更好地推动华文教育发展；三是要严格遵守慈善法，强化基金会内部建设和管理监督，用好每一分钱。

中央统战部、外交部、财政部、文化部、国家新闻出版广电总局、全国政协港澳台侨委员会、教育部、中国侨联、国务院侨办、暨南大学、华侨大学、北京华文学院、完美（中国）有限公司、深圳耀华实验学校等理事单位参会并进行了选举。

5. 全球逾千所华校加入“华文教师完美远程培训”项目

由中国华文教育基金会主办、北京四中网校承办、完美（中国）有限公司资助的“华文教师完美远程培训”项目进展顺利，卓有成效。截至 2016 年，共有来自全球五大洲 29 个国家的 1077 所华校参加并定制了中国华文教育基金会“华文教师完美远程培训”项目培训课程，开启了互联网时代华文师资培训新模式。

“华文教师完美远程培训”项目自 2006 年开展至今，先后有 29 个国家的 1077 所华文学校加入，参与培训的海外华文教师18300余人次。远程培训顺应时代潮流，利用网络直播平台高效、快捷、方便的特点，有效促进华文教育的进一步发展。

2016年，远程培训项目在已有的培训模式基础上整合创新，形成了“一点对全球直播+一点对一点专属课程+高清点播课+网络答疑”的培训体系。2016年度新加入中国华文教育基金会“华文教师完美远程培训”项目的华文学校和组织有澳大利亚标准中文学校、美国旧金山南侨学校、德国北威州波恩文德书院、塞浦路斯中文学校、西班牙塞维利亚中文学校、西班牙金钥匙国际语言学校、泰国华文教师公会、挪威中华文化教育促进会、美国匹兹堡中文学校、韩国首尔职业教育中国学校、英国苏格兰华夏中文学校、新西兰奥克兰西区华人教育中心、阿联酋迪拜“你好，语言学校”、德国华达中文学校、瑞典瑞京中文学校、墨西哥尤卡坦半岛华侨中文学校等。

6. 陈永栽获评“中华之光——传播中华文化年度人物”

2016年12月16日，第五届“中华之光——传播中华文化年度人物”颁奖典礼在中央电视台举行，祖籍泉州的菲律宾著名侨领陈永栽荣获2016“中华之光——传播中华文化年度人物”奖。组委会给陈永栽先生的颁奖词中写道：“实业大王，稳扎稳打，雄踞菲律宾；华人巨子，一树常青，名震东南亚。践行公益，投资办学，振兴华文教育，传续故土乡音。德高望重的华商领袖，举国盛典的座上之宾，放舟南洋去，不改中国心。侨乡血脉，商业传奇。”

陈永栽年逾八旬，是菲律宾航空公司董事长、菲律宾联盟银行董事长、菲律宾烟草公司董事长、菲律宾啤酒集团董事长、菲律宾华商联合总会名誉理事长。早在20世纪80年代，陈永栽就开始支持华文教育，扶持建立菲律宾东方大学，支持成立华文教育研究中心，开办以其父亲名字命名的菲律宾最大的华文图书馆——陈延奎纪念图书馆，资助华裔学生回福建参加中华文化夏令营等。陈永栽在菲律宾大力呼吁要振兴华文教育，并多次出资开展“挽救行动”和“留根工程”。

陈永栽呼吁全菲华校在华语教学中采用“汉语拼音方案”和“简化字”进行教学，使之与祖（籍）国文化教育接轨。陈永栽设立一项“华教工读奖学金”，资助华校中文程度优良的中学毕业生在菲律宾境内任何一家大学进修。此外，陈永栽还拨专款用于华文教师培训，通过“菲律宾华文教育中心”每年暑假资助华校华语教师来中国短期进修，资助菲律宾华裔青少年来中国学习汉语和中国文化。从2001年起至今，陈永栽连续16年，总计资助逾12000名菲律宾华裔学生到中国各地学习汉语、书法、国画、舞蹈、武术、中文歌曲等，提高了菲律宾华裔青少年的华文水平，让他们了解了中华历史及优秀传统文化。

为了表彰陈永栽对传承中华文化所做出的贡献，国务院侨务办公室专门向他颁授了“倾心华教，泽被侨胞”的牌匾。在2011年第二届世界华文教育大会上，陈永栽获得了中国国务院侨办与中国海外交流协会授予的“热心华文教育杰出人士”荣誉称号。

“中华之光——传播中华文化年度人物”评选由国务院新闻办公室、国务院侨务办公室、中国人民对外友好协会、孔子学院总部/国家汉办、中国文联和中央电视台共同主办。获奖的10位个人和1个集体来自世界五大洲，代表了不同的文化领域，每一位都是推动中华文化走向世界的代表性人物。

7. 汉语教学被正式纳入多个国家的国民教育体系

2016年，亚美尼亚、马耳他、芬兰等多个国家教育部门决定将汉语教学正式纳入不同层次的国民教育体系。

1月28日，亚美尼亚教育科学部向埃里温“布留索夫”国立语言与社会科学大学孔子学院正式颁发了《亚美尼亚初级汉语教学大纲》批准令和亚美尼亚中小学汉语教学许可证书，标志着汉语课被正式纳入亚美尼亚基础教育课程体系。4月25日，马耳他教育部决定将在全国公立中小学全面推广汉语课程，并将把汉语作为马耳他高中毕业考试（SEC）的外语科目之一。芬兰教育委员会将汉语正式列入2016年高中外语教学大纲，这是芬兰首次将汉语正式列入高中教学大纲，根据新大纲，从2016年9月起，中文被正式列入芬兰高中的B3语言教学方案。10月，孟加拉国达卡大学现代语言学院中文系正式获批设立，这是孟加拉国高等院校首个汉语本科专业，现已开始招收第一批学生，该校汉语本科专业即汉语作为第二语言专业，设文学学士学位，学制4年。越南教育与培训部于2016年9月下旬公布了一项新计划，提议从2017年起将汉语、俄语和日语增列为初级教育的第一外语（越南学生的必修语言），与英语享有同等地位。

8. 华文教育走向“互联网+”时代

2016年，与“互联网+”时代相关的华文教育学术会议有10多场，呈现探讨并推动“互联网+”时代华文教育创新与发展的新趋势。主要议题有华语文教材与数位化教学研究、虚拟课堂电脑辅助教学、面授与网络相结合办学、虚拟生活中的语言规划研究、华文教学现代化理论、互联网时代华文教育学科发展、如何利用教学软件帮助学生有效学习中文字词并进行评估等。

其中，由台湾世界华语文教育学会、新加坡华文教研中心、华侨大学共同主办的“世界华文教育发展专题研讨会”于2016年5月22日在福建华侨大学厦门校区举行，来自新加坡、澳大利亚、印尼、泰国、菲律宾、马来西亚、中国等12个国家和地区的30余位代表与会，共同探讨世界华文教育的现状，展望其发展前景，为其转型升级提出对策，提出了基于信息化科技发展的"互联网+"国际华文教育等概念，共谋华文教育的未来发展。

再如，澳门大学和美国科技与中文教育协会合办的"第九届国际汉语电脑教学研讨会"上，来自16个国家和地区的150余位专家学者就虚拟课堂、电脑辅助教学等议题进行讨论，剖析语言教学和技术应用的最新动向。

此外，由华侨大学和北京唐风汉语教育科技有限公司举办的"'互联网+华文教育'暨汉语国际教学研讨会"的与会代表就"互联网+"形势下如何协同创新，共同开展国际面授与网络相结合学历教育，实现优质教育资源的共建共享、学分互认以及海外招生合作等问题进行交流。与会专家共同倡议，成立全球"互联网+汉语"国际教育协同创新联盟，以共同开展国际面授与网络相结合学历教育为共同目标，统一构建网上华文教育/汉语国际教育的平台，共同推进汉语教育事业的发展，开创教育对外开放新模式。

9. 菲律宾成立"红烛华文教育基金会"奖助本土华语教师

2016年3月11日，菲律宾"红烛华文教育基金会"成立典礼在务端市BIG DADDY大酒店举办。菲律宾华教中心常务副主席黄端铭，务端市侨领林中央、洪丽卿、尤意莉、黄文种等以及务端市周边城市的华人华侨出席典礼。

为解决华语教师匮乏的问题，提升华语师资的专业化、规范化水平，提高华语教师的工资福利，在务端信心基督教学校董事吴武龙、校长兰建民以及热心华教事业的蔡建新、李志兴的倡议下，菲律宾红烛华文教育基金会成立。该基金会是菲律宾第一个通过第三方评价机制专门奖助本土华语教师的基金会。"尊师重教，奖教助教，促进华教发展，弘扬中华文化"是基金会的创会目标。

第三部分

2016年世界华文教育资讯

一　华教政策

1. 福建省出台教育对外开放发展规划

《福建省教育对外开放“十三五”发展规划》（以下简称《规划》）于2016年1月6日出炉。根据《规划》，“十三五”期间，福建将新增中外合作办学机构（含非独立设置的二级学院）10所、中外合作办学项目100个，推动福建省高校在海外新设立1所分校、新建2所孔子学院和6个孔子课堂，争取到2020年，设立1所具有独立法人资格的两岸合作高水平大学。

《规划》提出，建立起国家公派、省公派、学校公派和自费留学四位一体的出国留学服务体系。2016年至2020年，国家公派、省公派、学校公派和自费留学的教师人数力争达到4000人，学生人数力争达到2万人；实施“福建省高校学生海外学习、实习计划”。资助省属高校在校生赴海外知名院校、研究机构、跨国公司和国际组织学习或实习，让更多优秀学生获得拓展国际视野的机会，提升福建高校学生的国际交往和竞争能力。

2. 亚美尼亚教育科学部颁布中小学汉语教学许可

2016年1月28日，亚美尼亚教育科学部向埃里温“布留索夫”国立语言与社会科学大学孔子学院正式颁发《亚美尼亚初级汉语教学大纲》批准令和亚美尼亚中小学汉语教学许可证书。这两份文件由亚美尼亚教育科学部于2015年5月和9月分别签发，自此标志着汉语课被正式纳入亚美尼亚基础教育课程体系，成为孔子学院下设孔子课堂和教学点的第二或第三外语。

3. 马来西亚将推出《国民型华文中学行动路线图》

2016年2月1日，马来西亚行动方略联盟改制中学委员会、马来西亚国民型华文中学发展理事会及马来西亚国民型华文中学校长理事会决定联手推动《国民型华文中学行动路线图》，为国民型华文中学的未来发展描绘宏图及远景。

该路线图预计在2016年6月完成，届时将向华社报告。马来西亚行动方略联盟改制中学委员会主席廖国华指出，参与蓝图设计的上述三个组织将联手搜集资料、编写大纲，并聘请专人执行整合及编辑工作，将为各个国民型中学提供明确方向及路线。

4. 汉语两年后将被纳入俄罗斯中学国家统一考试科目

2016年2月6日，俄罗斯副总理奥莉加·戈洛杰茨宣布，汉语将在2年后正式被纳入俄罗斯中学国家统一考试。首批“高考”开设汉语科目考试的试点地区包括莫斯科、圣彼得堡、远东和哈巴罗夫斯克边疆区。

俄罗斯联邦教育与科学监督局首次拟定在国家统一考试命题框架下普通学校汉语教学的计划方案，并已将相关材料公布在官网上，以进行公开讨论。整合所有意见和建议的最终计划方案于2016年7月递交。在该计划的基础上进而准备国家统一考试的题目。国家统一考试的外语科目是俄罗斯中学毕业生的自选考试科目。目前，外语考试有英语、法语、德语和西班牙语等语种。俄罗斯联邦教育与科学监督局表示，2016年秋季将再次进行国家统一考试汉语科目测试。预计，汉语最终被纳入国家统一考试还需要2~3年的时间。

5. 马来西亚国民型华文中学发展理事会认同国民型学校命名华中

2016年2月16日，太平华联国民型华文中学董事长林荣华在该校的牌楼落成开幕仪式后表示，国民中学，一般社会人士称为国中，国民型华文中学则称为华中，希望社会人士认清。他同时表示，华联国民型中学，在名称上加上“华文”二字，并不需要教育部的批准。

2月17日，马来西亚国民型华文中学发展理事会一致同意在校名中加上“华文”二字，并以“华中”来称呼。据悉，马来西亚全国共81所国民型中学中，有一部分已在名称上加上“华文”二字，成为国民型华文中学。

6. 马来西亚“独中”教改纲领即将出台

2016年2月19日，马来西亚华校董事联合会总会（以下简称“董总”）介绍2016年重点计划之一，欲全面检讨2005年发布的马来西亚华文独立中学（以下简称“独中”）教育改革纲领，并且希望初步拟定的纲领可在2016年年内出台。独中推行中华文化，此次教改将有利于华文教育在马来西亚更好地发展。

为配合2017年至2018年独中教育大蓝图，董总将陆续招揽30名包括博士、硕士在内的教育专业人士，从事研究专案、课纲、课程修订。此次独中教改目标明确，刘利民和张应龙都表示，多语平衡和统考方式将是此次独中教改的着重点。

此次教改欲与国际接轨的态度，得到社会普遍认可，而具体的成效值得保持关注。

7. 美国纽约教育局中文阅读辅导建议出炉

2016 年 2 月，纽约市教育局于全市五区范围内推广“纽约 365 天阅读计划”，为学前班至 12 年级学生提供推荐阅读书单以及便利的阅读资源。2 月 28 日，教育局网站更新了包括中文在内的 11 种语言翻译的家长阅读辅导建议，为子女处于学前班至三年级的家长在子女阅读引导方面指点迷津。针对学龄前儿童家长，提示中强调尽早阅读与经常阅读对于子女成长的重要性。针对三年级的学童，教育局则建议家长帮助孩子成为一个快乐且有自信的读者，包括指导子女学习使用字典、阅读来自不同作者的作品以及在阅读后尝试自己写作等。

8. 美国高中同等学力考试将有中文卷

2016 年 3 月 17 日，美国纽约州参议员史葛静（Daniel Squadron）和众议员罗兹克（Nily Rozic）提出议案，呼吁为高中同等学力考试提供中文和韩文考卷。州教育厅长 Mary Ellen Elia 宣布将为高中同等学力考试增加中文和韩文等语言版本的考卷，为华裔或韩裔等不擅长英文的考生提供平等机会。Elia 指出，当前举行高中同等学力考试的 3 所机构中，没有一家为考生提供中文或韩文考卷，而纽约州教育厅的考试合同将于 2016 年底到期，州府将在下一份合同中再为该考试制定除英文和西班牙文以外的更多语言版本，其中就包括中文和韩文。

9. 马来西亚华教机构呼吁华文老师参与校长培训课程

2016 年 3 月 22 日，马来西亚国民型华文中学发展理事会要求教育部和教育局接受由国民型华文中学董事会推荐的校长及副校长人选。该会表示，由董事会推荐的正副校长，具中华文化资格、熟悉华校传统、了解校园情况、属资深合格教师。改制初期，教育部认同董事会的做法，可以登报公开聘请或推荐符合董事会意愿的人选当校长。

该会也吁请谙熟华文的资深老师积极参与校长培训课程，目前华中缺乏深谙华文的行政人员（校长和副校长），此空缺必须由资深华文老师填补。

马来西亚国民型华文中学发展理事会在太平华联国民型华文中学会议室召开的第二届第一次会员大会上通过多项提案。理事会主席林荣华在会议后召开记者会，发布通过的提案。

10. 美国纽约2016年9月推出包括中文在内的全新双语教学课程

2016年4月4日，美国纽约市教育局长法瑞娜召开记者会，宣布将在全市范围内扩充多语言教学课程。此次扩充后的双语教学项目将新增覆盖全市范围的27所小学、7所中学以及4所高中，预计受益学生将超过1200名。项目教学语言则包括中文、法语、阿拉伯语、西班牙语、波兰语以及海地克里奥尔语（Haitian – Creole）等。届时市内38所学校将于9月开始全新双语教学课程（Bilingual Programs）。目前教育局已与市内多所大学接洽，正在加紧招聘相关专业教师。

同时，教育局将于2016～2017学年投资100万美元用于扩充全市范围内学校的多语言教学项目，其中包含扩充29门双语教学课程与9门过渡性双语教育课程（Transitional Bilingual Educational Programs）。市教育局正在与教育部积极合作，希望启动互动授权协议（Reciprocal Licensing Agreement）以帮助持有资格证的教师实现跨州教学。

11. 南澳大利亚州打造首个中英双语学校

2016年4月14日，南澳大利亚州州长魏杰代表州政府与山东省教育厅签署了相关协议，南澳大利亚州的威廉·莱特学校将成为该州首个开展中英双语教学的学校。2017年起，该校三年级课程中将有约一半的课程用中文普通话进行授课，并计划在未来10年全面实现双语教学。双语班最初会配置2名教师，分别负责中文及英语教学，随着教学需求增长，学校将招聘更多双语教学人员。

12. 南非计划5年内在500所学校引进汉语教学

2016年4月20日，南非基础教育部部长安吉·莫采卡表示，根据南非政府制定的推广汉语教学计划，南非4个省的15所学校自2016年1月开始正式引进汉语教学，包括西开普省、东开普省、豪滕省和夸祖鲁－纳塔尔省。一些公立学校4年级至9年级从2016年1月开始开设汉语课，然后逐渐推广至10年级、11年级和12年级。在未来5年内，推广至另外5个省份，并计划在500所学校引进汉语教学，让更多南非人有机会学习汉语。

莫采卡指出，师资不足是推广汉语教学面临的最大问题。根据南中双方制定的培训计划，今后5年内，南非每年将派100人到中国接受汉语培训。

与此同时，汉语学习也开始在南非警察中推广。4月19日，开普敦第三期警察汉语培训班开学典礼在当地中国商贸城举行。此次汉语培训班设置了汉语中级班和高级班，每周4课时，预计于10月结束。

13. 马耳他公立学校将全面引入汉语课程

2016 年 4 月 25 日，马耳他教育部决定将在全国公立中小学全面推广汉语课程，并把汉语作为马耳他高中毕业考试（SEC）的外语科目之一。这一计划将在近年内逐步实施。

目前，马耳他教育部已指定中小学教育方面的专家进行课程框架设计。马耳他大学孔子学院将提供教学方面的指导和师资。

14. 中国设阿盟汉语翻译项目奖学金以培养中文人才

2016 年 5 月 10 日，中国驻黎巴嫩使馆文化专员陈中林表示，中国政府自 2016 年起，为阿拉伯国家联盟（阿盟）专门设立了汉语翻译项目奖学金，为阿盟秘书处培养汉语翻译。

陈中林当天在黎巴嫩大学举办的“中国文化日”活动上透露，这一奖学金项目每期 1 年，将持续 5 年，每期培养 15 人。他鼓励黎巴嫩大学中文专业的学生认真学习中文，争取机会参加这个项目。

陈中林说，近年来中黎文化交流蒸蒸日上，中国文化受到越来越多黎巴嫩青年学生的喜爱，越来越多的黎巴嫩学生开始学习中文。他希望黎巴嫩学生通过学习中文，了解和亲近博大精深的中国文化，为中黎友好贡献自己的力量。

15. 印度尼西亚国家旅游部与印度尼西亚高校合作培养汉语导游人才

2016 年 5 月 11 日，印度尼西亚国家旅游部与亚洲国际友好学院签订合作协议。根据协议，亚洲国际友好学院将为印度尼西亚特别是苏北省旅游业提供汉语普通话语言人才培训。亚洲国际友好学院将依照旅游部制定的一系列导游专业计划进行人才培训。

亚洲国际友好学院将在已有的中文本科专业基础上，增加旅游方向、商贸方向及师范方向的课程，旨在协助国家培养实用型人才。

印度尼西亚国家旅游部选择了包括亚洲国际友好学院在内的全印度尼西亚 8 所高校合作培养导游人才。

16. 马来西亚华校董事联合会总会宣布 3 年内拟定出《马来西亚华文独中教育蓝图（2018～2027）》

马来西亚华校董事联合会总会（以下简称“董总”）于 2016 年 5 月 15 日宣布 3 年内拟定出《马来西亚华文独中教育蓝图（2018～2027）》，该文件将引领未来 10 年华文独中教育事业，开创新境界，以确保马来西亚华文独中教育能持续发展。董总指出该蓝图将以“乐教爱学，成就孩子”为整体目标，实现学生爱学习、老师乐意帮助学生学习的愿景。《马来西亚华文独中教育蓝图（2018～2027）》召集人孔婉莹指出，《马来西亚华文独中教育蓝图（2018～2027）》专案小组会在2016年完成华文独中普查，2017年拟出初步报告并展开全国咨询，计划于2018年完成最终版本，推广至全国各独中。专案小组将以6种课程门类为主要工作内容开展工作，包括教育管理课、课程课、考试课、教师课、学生课及科技应用课。

17. 韩国首尔教育厅为大林洞、加里峰洞学校教职员开设中文课程

位于韩国首尔的大林洞、加里峰洞等地是中国移民者的聚集地，也被称为“中国城”。韩国首尔市教育厅决定为“中国城”附近的小学、初中、高中的韩国籍教职员提供中文课程，鼓励韩国老师积极学习汉语。

根据首尔市教育厅南部教育支援厅2016年6月7日消息，7月末，将面向来自小学、初中、高中的20名教职员开设30个小时的中文会话课程。该课程主要以在华裔学生人数较多或与中国交流频繁的学校里任职的教职员为对象，除了教授中文基础会话，还包括中国文化理解、多文化家庭学生生活指导等内容。此外，教育厅还计划在两个学期后开设高级中文课程。同时，韩国相关部门还在积极探讨为中华圈移民者及多文化家庭子女开设韩国语学堂的方案。

18. 马来西亚华校董事联合会总会会员代表大会反对在华小推行“双语言课程计划”

2016年6月26日，马来西亚华校董事联合会总会（以下简称“董总”）会员代表大会通过提案，反对政府在华小执行“双语言课程计划”，以保持华小的特色与本质。董总提出，一旦在华小实行“双语言课程计划”，华小以华语为教学媒介语的上课时间将大幅度减少，华小低年级组以华语为媒介语的每周上课时间将由目前的900分钟减少至660分钟，华小高年级组则由目前每周上课时间的1050分钟减少至690分钟。此举不但严重违反了母语教学的原理，更破坏了华小以华语作为各科目主要教学媒介语的特征。此外，大会吁请政府即刻全面承认华文独中统考证书，作为进入国立大学及公共服务机构的录取资格。

19. 法兰克福保尔·欣德米特学校决定开设中文课程

在法兰克福中国语言及文化社团的主导下，在当地众多华侨华人及德国民众家庭的支持下，法兰克福保尔·欣德米特学校决定开设中文课程，并希望将来能将中文作

为英语之外的第二外语向学生们提供。

20. 马来西亚未来会在华人密集区增建华文小学

2016 年 7 月中旬，马来西亚教育部部长张盛闻在出席芙蓉中华中小学 103 周年校庆晚宴时透露，未来会在华人密集或有需要的地区增建华小或迁建微型华小，以满足华社对华文教育的需求。

21. 新加坡中学 O 水准高级华文考试增设口试

从 2016 年起，新加坡中学 O 水准（Ordinary Level Examinations）高级华文考试增加口试。中学高级华文考试以往包括只测试写作能力的试卷一以及主要评估阅读理解能力的试卷二；从 2016 年起将加入试卷三，即结合听说能力测试的口试项目。

为中学高级母语加入口试是 2010 年母语检讨委员会的提议，旨在帮助学生加强口语能力，实现该委员会倡议的“乐学善用”教学愿景。2016 年的 O 水准高级华文口试于 7 月 25 日至 8 月 2 日进行。

22. 印度尼西亚巴厘岛乌达雅纳大学拟设中文专业

2016 年 8 月 8 日，中国驻登巴萨总领事胡银全前往印度尼西亚乌达雅纳大学访问。该校校长苏阿斯蒂卡表示，近几年来巴厘岛的中国游客不断增多，在巴厘岛引发了“中文热”，乌达雅纳大学正在积极筹划开设中文专业，希望能够得到中国驻登巴萨总领事馆的支持。

乌达雅纳大学是巴厘省历史最悠久的高等学府。

23. 新西兰政府拨款支持亚洲语言教学

2016 年 8 月 30 日，新西兰教育部部长赫基娅・帕拉塔在一份声明中宣布，将在 63 所中小学新设或扩展亚洲语言教学项目。其中，近 40 所学校的亚洲语言教学项目中涉及中文教学。声明说，新西兰政府将向这些学校提供 236 万新西兰元（约合 1140 万元人民币）资助，以便让更多学生获得学习亚洲语言的机会。这笔资助来自新西兰政府 2014 年设立的专项基金。2014 年 8 月，新西兰政府曾宣布要在 5 年内拨款 1000 万新西兰元（约合 4800 万元人民币），推动新西兰中小学亚洲语言教学。

24. 芬兰首次将汉语列入高中教学大纲

随着中芬交流日益密切，在芬兰有中文学习需求的人越来越多。近年来，芬兰中小学对汉语教学的重视程度也有所增加。2016 年，芬兰教育委员会将汉语正式列入高中外语教学大纲，这是芬兰首次将汉语正式列入高中教学大纲。根据新大纲，从2016年9月起，中文被正式列入高中的B3语言教学方案。中文课堂将教授拼音、简体汉字以及基本表述等初级汉语知识，并介绍中国文化，如中国人的日常生活、历史和传统节日等。

25. 斯洛伐克一中学启动“中斯双语教学试点项目”

2016年9月5日，“中斯双语教学试点项目”在斯洛伐克中部城市班斯卡－比斯特里察米库拉沙·科瓦察中学正式启动。

在未来5年中，参加试点项目的学生将分两个阶段完成汉语学习。在第一学年将主要对学生进行汉语培训；在第二至第五学年，学生除继续学习汉语以外，还将用汉语和斯洛伐克语学习数学、物理、化学和生物等课程。

中国驻斯洛伐克大使林琳在出席当天的活动时说，中斯两国传统友好，教育合作更是两国关系发展的重要组成部分。米库拉沙·科瓦察中学选择汉语作为教学语言，是一项具有开创性和富有远见的工作，对于增进中斯教育合作和友好交往具有重要意义。双语教学是斯洛伐克一个很有特色的中学教育类型，当地用斯洛伐克语和英语、法语、德语、俄语、西班牙语、波兰语等外语进行双语教学的中学有40多所，而以斯洛伐克语和汉语开展教学的双语中学目前只有米库拉沙·科瓦察这一所中学。

26. 越南教育部门提议将汉语列为初级教育第一外语

2016年9月下旬，越南教育与培训部公布了一项新计划，提议从2017年起将汉语、俄语和日语增列为初级教育的第一外语，与英语享有同等地位。

这份关于2016～2020年外语教学和研究的提议将第一外语设为必修语言。越南3～12年级的学生可从英语、法语、汉语、俄语和日语中任选一门，第二外语为选修语言，可从5门必修外语和德语、韩语中选择一门。为此，该部门还将拟定5门第一外语的十年课程表。

27. 孟加拉国达卡大学设立高校首个汉语本科专业

2016年10月，孟加拉国达卡大学现代语言学院中文系正式获批设立，这是孟加拉国高等院校首个汉语本科专业。

该专业的设立依据达卡大学孔子学院提出的专业设立建议方案，由达卡大学现代语言学院进行组织申报设立，现已开始招收第一批学生。该校汉语本科专业，即汉语作为第二语言专业，设文学学士学位，学制4年。该专业运行前5年所需教师将由中国政府外派。此外，达卡大学将在近期与中国云南大学合作在该校孔子学院设立汉语国际教育硕士专业。

该专业的设立在孟加拉国乃至南亚国家和地区开了先河，是汉语国际教育进入孟加拉国国民教育体系的重要标志，也是汉语国际教育在孟加拉国迈出的突破性和实质性的一步。

达卡大学汉语教学已有十几年的历史，是孟加拉国最早、历史最长的汉语教学机构。

28. 马来西亚教育部将在中学增设华文班

2016年10月26日，马来西亚教育部副部长张盛闻在参加马六甲武吉波浪华小与厦门何厝小学签署缔结为姐妹校协议仪式上表示，教育部将在中学开设更多华文班。

他指出，如今中文成为重要的国际语言，具有商业价值，成为大家都想要学习的语言，孔子提倡有教无类精神，这是马来西亚华教必须坚持的方向，如果更多非华裔能说一口流利的中文，了解和欣赏中华文化，则国家越来越和谐、团结。

29. 意大利教育部正式发布高中汉语教学大纲

2016年11月9日，意大利高中汉语教学大纲正式亮相意大利教育部官网。这是意大利教育部、中国驻意大利大使馆教育处与罗马大学孔子学院共同努力的成果。意大利教育部特别表彰了意大利教育部外语教育主任兰婕和罗马大学孔子学院外方院长马西尼，以此感谢他们在大纲制定过程中做出的突出贡献。

近年来，随着意大利高中孔子课堂的蓬勃发展，该国高中汉语学习者的数量出现了几何增长趋势。根据意大利教育部初步统计，仅2015～2016学年就有超过200所意大利高中开展了汉语教学活动。目前，意大利全境有51名本土汉语教师、149个班级正在进行汉语教学。

教学大纲的正式推出为高中汉语教学提供了及时有效的规范化指导，为高中汉语学习者提供了必要参考，也体现出汉语教学在意大利高中教育体系中不断深化和有机融合的过程。

30. 马来西亚教育部规定国民型中学华文课一年最少108小时

2016年11月24日，马来西亚教育部副部长张盛闻透露，教育部总监已发出通令，国民型中学在正课上华文课的时间一年最少108小时或平均每个星期3.5小时。

目前国民型中学的华文课上课时间是每星期200分钟，但许多国民型中学误认为华文课不能被纳入正课，因此教育部课程局研究决定，国民型中学华文课学习时间一年最少108小时，或者每周大约3.5小时。这是教育部规定的最少课时，各学校可以弹性确定华文课授课时间。

二　华教工作会议

1. 中国驻印度大使为国家汉办公派教师举办送别座谈会

2016年1月6日，驻印度大使乐玉成为即将离印的18位国家汉办公派中小学教师举办送别座谈会。乐玉成介绍了近年来中印关系的发展特别是人文交流成果，指出中国教师团赴印是落实中印领导人共识、增进两国民间友好关系的重要举措。

自2012年中印签署《中国国家汉办与印度中等教育委员会谅解备忘录》以来，这是中国国家汉办首次派遣中小学教师分赴印度德里、孟买、加尔各答等10座城市的中小学开展为期2年的汉语教学和师资培训工作。

2. 暨南大学华文学院召开会议落实国家"一带一路"倡议

2016年1月14日，暨南大学《新丝路华语》编写出版工程、"一带一路"语言人才平台研发工程、"一带一路"语言文化出版资源平台研发工程启动仪式暨暨南大学"一带一路"语言工程联合研究所筹备会议在暨南大学华文学院举行。此次会议是为响应中央"大众创业、万众创新"号召而举办的，以实际行动落实国家"一带一路"倡议。

暨南大学华文学院院长邵宜教授在讲话中指出，要建好"一带一路"，语言及语言相关服务要先行。面向实际需求，与中国企业密切合作，并借助先进的传播媒介和手段，语言研究者才能真正服务于"一带一路"的建设。

广东国际商会副会长马东山先生指出，中国企业乃至中国产品走出去，都面临一个"在地化"的问题，首先就是语言问题，需要大量的语言人才，这是语言院校和出版业的一个重大机遇。

"一带一路"语言工程联合研究所（筹）所长、国家社科基金重大项目首席专家、暨南大学范俊军教授说，"语言"和"工程"，重点在工程，"联合研究所"，重点在"联合"，以后将定期与企业、出版机构举办联席会议，共同协商和解决"一带一路”建设中的具体语言问题，同时还将策划一系列面向“一带一路”的语言文化项目和课题，作为研究所的第一个项目。《新丝路华语》编写出版工作即日启动。

3. 北京市举行全市侨办主任会议

2016年1月14日，北京市侨办主任会议在北京国际会议中心召开。各区侨办负责人、市政府侨办各处室、全市侨办系统干部100余人参加会议。

北京市委、市政府领导对全市侨办主任会议的召开高度重视，市委常委、统战部部长戴均良，副市长程红分别对此次会议作出重要批示，对全市侨办系统2015年工作给予了充分肯定，对2016年工作任务提出了明确要求。

会上，北京市政府侨办主任刘春锋作《解放思想，凝聚共识，以首善标准推动首都侨务工作创新发展》的工作报告，提出2016年全市侨办系统要紧紧围绕国家“一带一路”倡议、京津冀协同发展战略和首都城市战略定位，坚持为侨服务、为首都经济社会发展服务和为国家侨务工作大局服务相统一的工作原则，着力加强侨务法治建设，加大依法护侨力度；着力深化侨务引智引资工作，服务首都经济社会发展；着力推进和谐侨社建设，精心涵养侨务资源；着力促进华文教育和对外文化交流，强化首都侨务公共外交；着力调动海内外侨界力量，助力2022年冬奥会筹办；着力健全为侨公共服务体系，夯实基层侨务工作基础。不断完善首都大侨务工作格局，以首善标准推动首都侨务工作创新发展，为北京率先全面建成小康社会、建设国际一流的和谐宜居之都作出积极贡献。

会后，分别召开了侨办主任座谈会和全市侨务干部培训会。

4. 国务院侨办“华助中心”2016年度工作会议在北京召开

2016年2月2日至3日，海外“华助中心”2016年度工作会议在北京召开。国务院侨办主任裘援平、副主任谭天星，北京、上海、福建、广东、浙江等省市侨办领导，来自24个国家的28家“华助中心”负责人及代表参加会议。与会代表围绕“华助中心”存在的困难、今后设想、华助基金会和华助中心网站建设等主题展开热烈的讨论。

“华助中心”结合侨胞在住在国遇到的困难和需求，发挥侨团或服务机构自身能力和优势，逐步建设惠及侨民、扶助友族、回馈社会、促进融入、团结互助的和谐侨社。“华助中心”计划是国务院侨办本着“以人为本、为侨服务”宗旨推出的“惠侨工程”八大计划的重要内容之一。针对“华助中心”定位，裘援平提出：“华助中心”立足华社，面向全侨，各方参与，政府支持，依法运营，侨胞自办，侨办挂牌，属于民间非营利为侨服务机构。

谭天星在2月2日对“华助中心”提出了八个字要求，即合法、有用、和谐、担当。裘援平2月3日表示，希望通过各界共同努力，不断改进丰富为侨服务的手段和内容，把“华助中心”建成关爱帮扶侨胞的“温馨之家”。

目前，随着“华助”工作的不断深入，各地“华助中心”也开始面临资金短缺、信息传播不畅等发展困境。对此，与会代表纷纷表示，将进一步整合侨界资源，通过成立“华助基金会”，建设网站、微信平台等，拓展“华助中心”为侨服务的手段和方式。

5. 英国中文教育促进会举办校长论坛

2016年2月21日，英国中文教育促进会在伦敦华人社区中心举办首届英国中文学校校长论坛。此次校长论坛旨在就“华文教育向标准化、正规化、专业化方向迈进”的具体内容达成共识，促进英国中文学校管理水平的提高，加强学校之间的沟通。论坛由英国中文教育促进会常务副会长、雷丁中文学校校长刘彦主持，来自英国各地的50多所中文学校校长及代表参加论坛。

促进会会长伍善雄提出，促进会所属学校的校长要在英国率先行动，推进新时期的华文教育工作，引导华文学校转型升级发展。

当天，校长们就四大主题进行集体讨论和分组讨论。有校长提出，“校长论坛”的建立亦可作为平台凝聚力量，发出呼声，争取英国政府部门和考试局的帮助。同时，校长们呼吁实现教材、教师、教学及考试的标准化，并就很多学校师资未达标准的现状提出对策、建议。此外，论坛还就学校管理、法律安全等问题展开讨论。

6. 英国中文教育促进会举办助学金颁发暨年刊发布会

2016年3月8日，英国中文教育促进会迎来一年一度的中文学校助学金颁发暨年刊发布和新春联欢盛会。中国驻英大使馆费明星总领事、李辉参赞和卢海田参赞，全英华人华侨中国统一促进会总会长单声博士，英国中华传统文化研究院院长单桂秋林女士等出席盛会。近70所中文学校的校长和学校代表共190多位嘉宾出席活动。

英国中文教育促进会会长伍善雄致辞，总结了过去一年中英国中文教育促进会上下一心、共同奋斗所取得的累累硕果。李辉参赞和新任卢海田参赞分别表示会一如既往地支持和帮助华文教育在英国的发展。

随后，费明星总领事、李辉参赞、卢海田参赞和伍善雄会长共同主持了《中国心·中国梦》文集和《怎样写毛笔字》字帖以及英国中文教育促进会2015年年刊的首发式。

全英50余所中文学校接受了助学金捐赠。伦敦普通话简体字学校的教师陈扬光博士代表2016年接受捐助的学校致谢英国中文教育促进会和各界华侨华人。

7. 菲律宾华教中心召开会员学校代表大会

2016年3月12日，菲律宾华教中心召开会员学校代表大会，通过民主选举，产生第七届工作委员会委员。中西学院蔡蕊沓校长连任会长。

会员学校代表大会由华教中心秘书长林文诚主持。华教中心常务副主席黄端铭、副主席杨美美、各部门主任以及来自马来下游尼拉地区16所华校的代表出席。全体代表对《菲律宾大马尼拉地区华文教育协会章程》展开讨论，并顺利通过。

选举结束后，华教中心常务副主席黄端铭肯定了第六届工作委员会在蔡蕊沓会长的领导下所取得的成绩，并分析了菲律宾华文教育的严峻形势，针对菲律宾教育部推出的K－12新学制、师资力量短缺、华文教师待遇等问题与各校代表进行了沟通。

8. 泰国东北部华文民校联谊会第四届理事会就职典礼举行

2016年3月12日，泰国东北部华文民校联谊会18所理事学校代表100多人齐聚坤敬公立华侨学校礼堂，参加华文民校联谊会第四届理事会就职典礼仪式。坤敬华侨学校校董会主席洪泽荣担任新一届理事会主席。

大会特邀请中国驻坤敬总领事李名刚担任典礼主席，梁冰女士担任永远名誉主席。同时还邀请了民教委官员黄淑环女士以及坤敬23个侨社领导参加观礼。就职典礼结束后，李名刚总领事向泰国东北部获得中国国务院侨办“海外华文教育示范学校”称号的华校颁发国务院侨办奖励金，并向贫困学校颁发国务院侨办赞助金。

9. 福建省侨办召开涉侨基金会工作座谈会

2016年3月16日，福建省侨办召开涉侨基金会工作座谈会。福建省侨办主任杨辉、巡视员叶康勇参加座谈会，胡文虎基金会、福建江夏慈善基金会、福建省黄仲咸教育基金会、南安市芙蓉基金会、厦门中山医院基金会、武平县蓝启林慈善教育基金会、平潭县林光炜教育基金会、仰恩基金会的代表参加座谈会。

杨辉充分肯定了华侨基金会做出的贡献，高度赞扬华侨念祖爱乡的情怀，希望华侨基金会更好地融入“扶贫攻坚”国家战略，发挥积极作用。

10. 马来西亚国民型华文中学发展理事会召开第二届第一次会员大会

2016年3月22日，马来西亚国民型华文中学发展理事会在太平华联国民型华文中学会议室召开第二届第一次会员大会。会议通过了请求马来西亚教育部和教育局接受由国民型华文中学董事会推荐的校长及副校长人选等多项提案。理事会主席林荣华在会议后召开记者会，发布通过的提案。

会议认为由董事会推荐的正副校长，深谙中华文化，熟悉华校传统，了解学校情况，属资深合格教师，教育部理应给予认同。会议吁请熟悉华文的资深老师积极参与校长培训课程，目前华文中学缺乏熟悉华语和中华文化的行政人员，包括校长和副校长，这些空缺必须由专家型华文教育人才填补。

11. 菲律宾华教中心召开学中文夏令营营务会议

2016 年 3 月 28 日，由陈延奎基金会主办、菲律宾华教中心协办的 2016 年暑期菲华学生厦门/泉州学中文夏令营在马尼拉世纪公园大酒店世纪厅召开营务会议。菲律宾华教中心领导、夏令营带队老师、全体营员以及家长共 2000 多人与会。

3 月 28 日上午，召开马来下游尼拉地区营务会议。菲律宾华教中心师资部主任郝海庭从基本情况介绍、主要活动时间安排、出发前的准备工作、出发须知、丰富多彩的学习生活等五个方面进行了详尽的阐述，让营员和家长清楚地了解注意事项及夏令营的各项安排。下午两点，召开吕宋、米沙鄢、棉兰老地区的营务会议。

2016 年度暑期菲华学生学中文夏令营 1000 多位营员于 3 月 30 日和 31 日分 4 批乘坐菲航专机和班机离开马尼拉，前往华侨大学华文学院、集美大学海外教育学院、泉州师范学院、厦门外国语学校和泉州南少林国际学校展开为期约 2 个月的夏令营活动，并于 5 月 23 日和 24 日返回马尼拉。

12. 泰国清迈地区华人村华文教师联谊会召开联席会议

2016 年 3 月 29 日，泰国清迈地区华人村华文教师联谊会在大谷地教联高级中学召开联席会议。23 所华校董事长、校长和老师与会，清迈地区华人村华文教师联谊会会长王相贤先生携联谊会骨干出席会议，会议由泰北华文教育中心陇睿主任主持。

联席会议上，王相贤会长致欢迎词并向各校通报了中国驻清迈总领事馆和中国国务院侨办 2016 年“示范学校”“贫困华校”“华星书屋”的评选情况。陇睿主任就公派教师和实习教师的申请、华人村校董回国参访、学生回国升学、泰北华文教育教学研究等作了具体说明，并传达了中国国务院侨办在吉林长春召开的外派教师工作会议的会议精神，对清迈总领事馆 2016 年组织的各类华校教育研习班和华夏行活动做具体安排。

目前，清莱、清迈两区共有 10 所华校获得中国国务院侨办“贫困华校”资助，8 所华校获得中国国务院侨办“华星书屋”资助，1 所华校获评“海外华文教育示范学校”。

13. 2016年度全国华文教育工作会议在湖北武汉举行

2016年3月30日，全国华文教育工作会在湖北武汉举行。来自全国各省、自治区和部分市州侨办以及国务院侨办基地院校的155名代表参会。会议由国务院侨办和中国华文教育基金会联合举办。

国务院侨办副主任任启亮指出，华文教育是一项全局性、战略性、长期性的工作，各级侨务部门和华文教育基地院校要充分把握当前海外华文教育的变化和特点，突出重点，强化“为侨服务”的宗旨意识；注重创新，强化善谋意识，注重发挥地方特色及地域优势；加强统筹，强化各侨务部门之间的协作意识；注重积累，强化学习意识；开源节流，加强监管，提高华文教育专项资金使用效益，为华文教育事业大发展、大繁荣做出应有贡献。

任启亮同时指出，华文学校规模不断扩大，华文学校所承载的功能已经由单一的语言教育中心转变为传播中华文化、开展侨务工作的多元平台。其功能可概括为七个方面：中国语言文化教育培训中心、当地华裔群体的联谊活动中心、向主流社会展示和传播中华优秀文化的传播中心、参与当地华人社会活动的重要力量、住在国与中国开展文化教育交流的桥梁、中国驻当地使（领）馆开展工作的重要抓手、配合中国政府开展侨务工作的重要平台。

任启亮也向与会人员介绍了国务院侨办近期在华文教育教材研发方面的进展。目前，华文教材研发领域已初步打造从幼儿园到高中、从语言教学到文化教学、从学生使用到教师使用、从平面到多媒体的较为完备的华文教育教材体系。

14. 湖南师范大学举行华文教育教案赛评审会

2016年4月5日至8日，由国务院侨办、中国海外交流协会主办，湖南师范大学承办的第二届“华文教育·教案比赛”评审会在长沙举行。此次华文教育教案比赛从2015年5月开始征稿，得到了广大海外华文教师和外派教师的热烈响应，共收到五大洲近40个国家和地区各类华文教案近800份。

开幕式由国务院侨办文化司华教处副处长王匡廷主持。国务院侨办文化司司长雷振刚阐述了目前汉语国际教育和华文教育的基本形式，并重点解析了海外华文教育的发展现状，认为开展华文教案比赛有利于规范华文课堂教学，提高海外华文教师教学水平与教研热情，促进海外华文教育专业化、正规化、标准化。湖南师范大学国际汉语文化学院院长杨玲对教案比赛的前期工作作了简要介绍，并汇报了第二届教案比赛的新特点。教案评审专家组组长、北京华文学院副院长郭熙教授向各位评审专家介绍并解读了评审标准、细则、方案。

评审会期间，来自北京语言大学、华侨大学、辽宁师范大学、北京华文学院、长沙市教育科学研究院和湖南师范大学的10多位专家通过两天的评审、讨论，从初审、复审入围的来自近40个国家和地区的217份教案中评选出特等奖及一、二、三等奖共110个。

15. 第二届菲律宾华校高峰会议召开

为进一步明确新形势下菲律宾华校的地位和管理方向，使菲律宾华校适应菲律宾教育部新学制的改革，建立华校教学和教师专业化的激励机制，在陈永栽先生的一再建议和大力支持下，陈延奎基金会和菲律宾华教中心于2016年4月8日至10日在马尼拉世纪公园大酒店联合举办“第二届菲律宾华校高峰会议”。来自马来下游尼拉地区、吕宋地区、米沙鄢地区和棉兰老地区的96所华校的187名代表出席会议。

会议以顺应当前形势、规范华校管理、提高教学质量为宗旨，围绕“华校何位？华校何为?”“新学制下的华校模式”“华语教师专业化激励机制的实施”“华校教学质量评价机制的实施”四个中心议题展开讨论，形成共识。本届峰会就规模而言是菲律宾华校菲化之后40多年来绝无仅有的，可谓是规模空前。这充分体现了全菲各华校对华教事业的重视、对本届会议的重视、对本届会议议题的重视。

大会副主任委员、菲律宾华教中心常务副主席黄端铭在会上强调，只有充分理解华校的三个角色定位，达成共识，才能开创新学制华校模式。所有华校一定要顺应时代的需要，克服困难，要开设高中，设置专业课非常重要，至少要有一个专业，这是避免学生流失的有效途径。开办高中虽然困难，但只要去做，完全可以办到，这是一项巨大的工程，需要大家共同探索，相互借鉴。无特色就无前途，不顺应时代，必将被时代所抛弃。

杨美美副主席从指导思想、现状分析、目标要求、实施颁发、激励机制五个方面阐述了华文教师的职业发展。她提出华语教师专业成长与发展的总目标是“一个中心，两个转变，三个提高”。“一个中心”即以“华文教师证书”认证为中心，“两个转变”即华语教学观念与教学方式的转变，“三个提高”即华语教师学历水平、教学能力、教研水平的提高。黄端铭副主席就此议题强调，教师只有通过专业的培训，提高专业水平，才能更好地提高教学质量，得到社会的认可。他还提到，教师的待遇非常低，很多年轻人不愿意从事华文教育事业，希望社会各界广泛关注教师待遇问题，帮助教师提高薪资和福利。

随后，与会代表就菲律宾华教中心华语师资“造血计划”、“华文教师证书”和华语教师的激励机制等相关问题进行提问并展开讨论。与会代表一致认为非常有必要出台菲律宾华校教学质量评价机制，以检测华校的教学质量与成果并及时进行督导，以达到以考促管、以考促教、以考促学的目的。

16. 印度尼西亚举办“开放与交流”华文教育主题座谈会

印度尼西亚于2016年4月21日举行以“开放与交流——掌握语言，抓住机遇”为主题的交流座谈会。此次座谈会由西加华文教育协调机构和共同希望语言学院联合主办。出席座谈会的有中国驻印度尼西亚大使馆金洪跃文化参赞及秘书王智显、西加省政府第二助理 Lensus Kandri，以及在坤甸支教的中国志愿者、华校教师等共300多人。

金洪跃参赞致辞表示，中印两国已经成为全面战略伙伴，在建设方面迫切需要培训大批懂技术、懂专业、懂语言的人才，大范围区域性的对汉语人才的需求是紧迫的，这为华文教育发展提供了良好的机遇。金洪跃参赞表示，中国政府每年会不断增加留学生奖学金名额，这是开放交流的具体措施之一，并特别给予西加符合条件的学生在接下来的一周内申请奖学金的机会。

西加省政府第二助理 Lensus Kandri 先生高度赞扬共同希望语言学院的建立，认为共同希望语言学院是在协助政府提高人力资源素质，做出了积极奉献。他在列举省政府地区建设的数据时，特别提到将会有20多个中国企业入驻西加省投资，需要大量精通汉语的人才，希望社会各界抓住机遇，迎接挑战，大力培养语言人才。

17. 首届华文教育工作专家指导委员会成立大会在广东广州召开

2016年4月27日，中国国务院侨办首届华文教育工作专家指导委员会成立大会在广东广州召开。国务院侨办主任裘援平、副主任任启亮、文化司司长雷振刚，教育部语用司司长姚喜双，暨南大学校长胡军、党委书记林如鹏及海内外近30位华文教育界的专家学者出席大会。

首届华文教育工作专家指导委员会专家分为国内专家和国外专家，来自11个国家，共27人，聘期3年（2016～2018年）。裘援平为首批受聘专家颁发聘书。

与会专家就“华文教师证书认证”“海外华裔青少年华文水平测试”两个项目进行了研讨。

18. 第九届全美中文大会在芝加哥召开

2016年4月28日，第九届全美中文大会在芝加哥召开，这是时隔8年之后芝加哥再一次主办全美最大规模的汉语教学研讨会议。来自美国48个州和华盛顿特区、多个国家的1300余名教育官员、校长、教师、高等教育工作者以及国际组织和专业化组织的代表参加，人数创历届之最。

本届全美中文大会以“文化大使”为主题，围绕教师、教材、教学法等举办4场全会和80余场分会。4场全会主题分别是“大使在行动”“讲述中国故事”“中餐蕴含的文化”“汉语学习者之路”，这些话题受到了参会代表的广泛关注，同时也说明不仅仅是语言学习者，每个人都能够在各自的岗位上成为传播汉语和中国文化的大使。会议探讨的项目包含K－12中文项目、针对残疾人士的汉语手语、为企业量身定做的培训项目、远距离授课、课堂多媒体使用等内容。大会期间还举办了汉语教学资源展、芝加哥当地特色中文项目的参观与交流等活动。

美国亚洲协会主席施静书、美国大学理事会主席科尔曼（David Coleman）、中国教育部汉办主任许琳参加会议并发言。

19. 泰国华文教师公会举行常年联欢大会

2016年5月20日，泰国华文教师公会在曼谷举行常年联欢大会暨第三届全泰在职华文教师奖励金颁发盛典。北京华文学院院长周虹应邀参加此次会议并致辞，并对大会的胜利召开表示衷心的祝贺，对荣获奖励的华文教师表示崇高的敬意。周虹院长指出，华文教师公会自开创以来一直致力于华文教育事业的发展。罗宗正主席就任7年以来，与公会的各位董事戮力同心，开拓进取，公会的各项事务蒸蒸日上，华文教育事业有了长足发展，赢得了社会各界的赞誉。

20. 马来西亚举办全国“非华裔大专生华语高峰会”

2016年5月20日至21日，马来西亚莎阿南玛拉工艺大学华文学会首次联合本校学生事务部，举办全国首届“非华裔大专生华语高峰会”，以培育更有华文素质及更具创造力的大专生。

峰会汇集全马来西亚各大专华语作为外语的学习者（仅限马来西亚人）到莎阿南玛拉工艺大学，座谈讨论他们在学习华语路上所面对的困难及挑战，交流经验，互相促进，提高学习效率。

21. 世界华文教育发展专题研讨会在华侨大学召开

2016年5月22日，由台湾世界华语文教育学会、新加坡华文教研中心、华侨大学共同主办的“世界华文教育发展专题研讨会”在华侨大学厦门校区举行。来自新加坡、澳大利亚、印度尼西亚、泰国、菲律宾、马来西亚、中国等12个国家和地区的30余位代表与会，共同探讨世界华文教育的现状，展望其发展前景，为其转型升级提出对策，共谋华文教育的未来发展。

与会人员主要为来自海内外的华文教育专家、华文教育机构负责人、中文学校校长、汉语国际传播企业代表等。与会代表围绕当前世界华文教育的现状、面临的新形势以及发展前景等问题纷纷发言，提出了许多新观念、新思路和新概念，包括基于大华语的“世界华人责任共同体”，基于人才培养的社会需求和文化传播需要的“华文＋”，基于市场化、产业化发展的“产、教融合”，基于信息化科技发展的“互联网＋”国际华文教育等概念，并探讨了“一带一路”建设背景下如何抓住机遇拓展华文教育以及华文学校如何融入主流社会等问题。

开幕式上，华侨大学贾益民校长指出：“华文教育进入了一个由规模拓展向内涵提升的转型期，也进入了一个与主流社会的融合期。”他认为，当前华文教育除了面临师资队伍、教学体系等传统挑战外，还面临文化和安全等方面新的挑战。华文教育也面临着政治、经济、文化传播、企业投资、科技创新等多元驱动发展的新机遇。他说：“推动华文教育的发展，除了发挥政府的政策推动力外，还要充分发挥民间的力量。”

22. 菲律宾外派教师工作会议

2016年5月29日，由菲律宾华教中心主办、陈延奎基金会赞助的2016～2017年度中国国务院侨办外派教师工作会议在马尼拉召开。陈延奎基金会董事长陈永栽，中国驻菲律宾大使馆总领事罗刚、领事陈美銮，原菲律宾移民局局长米顺，菲律宾华教中心领导，中国国务院侨办外派教师等近300人出席开幕式。

国务院侨办2016年度向菲律宾华教中心派出来自中国18个省区市的260位教师，将分配到马来下游尼拉、吕宋、米沙鄢和棉兰老等地区的51所华校任教。

23. 甘肃省召开2016年华文教育工作会

2016年5月31日，2016年甘肃省华文教育工作会在兰州召开。甘肃省侨办副主任唐晓玲参加会议并讲话；国务院侨办文化司华文教育二处处长王梦黎专程赴兰州参加大会并遴选教师；白银市外侨办、庆阳市外侨办、临夏州外侨办、兰州市外侨办和教育局的负责人、侨务处全体干部以及外派教师、“中华文化大乐园”出访教师等90余人参会。

会上甘肃省侨办还对25名在华文教育工作中表现突出的优秀教师予以表彰。

24. 泰国南部举办欢迎外派教师到任座谈会及安全教育讲座

2016年6月3日，中国驻宋卡总领事馆、泰国南部华文民校联谊会联合举办“2016年泰国南部欢迎外派教师到任座谈会及安全教育讲座”。中国驻宋卡副总领事马翠宏、泰南地区学校负责人代表以及来自中国山东、重庆、河北、陕西、福建五省市的国务院侨办外派老师等50余人出席。

此次会议是为了使外派教师进一步增强安全意识和了解把握泰南地区汉语教育发展形势，以便更好更快地融入海外教学任教岗位。

25. 云南省侨办召开2016年华文教育联席会议

2016年6月7日，云南省侨办与云南省财政厅、教育厅、公安厅出入境管理局、新闻办、新闻出版广电局、外事办等相关单位召开2016年华文教育联席会议。

会上，云南省侨办刘云娥副主任通报了云南省近年来开展华文教育工作情况及下一步开展华文教育工作的措施和打算，并讨论通过了“华文教育联席制度”。各联席会议成员单位就云南省开展华文教育工作提出意见与建议，并表示在今后的工作中将大力支持、通力合作，共同协作做好云南华文教育工作。

26. 云南普洱市与老挝丰沙里省开展教育合作会谈

2016年7月29日，云南省普洱市教育局与老挝丰沙里省教育体育厅在普洱市教育局开展工作会谈。老挝丰沙里省教育体育厅厅长一行9人参加了会谈。普洱市教育局局长邱承勇、市外侨办副主任赵瑜以及市教育局、市职教中心对口科室负责人参加了会谈。

27. 2016年泰国北部华文民校联谊会召开

为进一步推进泰国北部各华校间的交流合作与发展，2016年8月12日至13日，由泰国北部华文民校联谊会主办、泰国北部南邦育华学校协办的“泰北华文民校联谊会”召开。

出席此次联谊会的嘉宾有中国驻清迈代总领事王秀胜，泰国教育部民校教育委员会黄淑环处长，泰北华校联谊会主席、智民学校主席陈汉展先生，泰北华文民校联谊会汉语教学专家辛一江教授、崇华新生中文部校长张静女士及各民校董事代表，以及来自泰北14所民校教师150余人。会议针对泰北华文学校的教学历史和现状进行了回顾与总结，同时对部分华文示范学校的办学特色和教学经验进行了交流。

28. 菲律宾棉兰老华教协会举行2016年年会

2016年8月28日至30日，由菲律宾棉兰老华教协会主办、树里爻孙逸仙小学承办的2016~2017年度棉兰老华教协会年会在树里爻市举办。菲律宾华教中心领导和来自棉兰老地区12所华校的董事、校长、主任、教师等100多人参会。会议期间，召开了会员学校代表大会，通过民主选举，产生了第七届工作委员会成员。鄢市恩惠学校校长徐奋忠荣膺新一届会长。

全体代表对《菲律宾棉兰老地区华文教育协会章程》展开讨论，进行了部分修改，并顺利通过。选举结束后，菲律宾华教中心常务副主席黄端铭肯定了第六届工作委员会在王建生校长的领导下所取得的成绩，并向本会新一届工作委员会成员表示热烈祝贺。

29. 中国驻柬埔寨大使馆举行援柬华校教师安全教育座谈会

2016年8月30日，中国驻柬埔寨大使馆举行2016~2017年度援柬华校教师安全教育座谈会。驻柬埔寨临时代办檀勍生出席并讲话。檀勍生对中国国家汉办派遣的142名志愿者教师和中国国务院侨办派遣的79位教师到柬埔寨华校执行援教任务表示热烈欢迎，勉励各位教师尽快熟悉情况，融入当地社会，发挥各自优势，完成好当地教学任务，并努力弘扬中华优秀文化，宣传中国发展成就，做中柬人民友谊的使者，为两国关系发展贡献力量。檀勍生强调，使馆将一如既往支持和帮助援柬华校教师，为教师们在柬开展援教工作提供优质服务。

使馆有关部门负责人还介绍了柬埔寨基本情况以及当地华文教育情况，并提醒各位教师保重身体，注意安全。会上，使馆向与会200多位援柬华校教师发放了《中国公民安全防范和领事保护与协助知识问题》手册。

30. 海外华文幼儿师资培训教材专家评审会在广东广州召开

2016年9月22日，海外华文幼儿师资培训教材专家评审会在广东广州召开。国务院侨办文化司司长雷振刚、广东省侨办副主任郑建民一行出席了评审会。负责编写教材的广东外语艺术职业学院、广州市幼儿师范学校、江门幼儿师范学校的负责人、各教材主编及评审专家等参加了会议。

郑建民简要回顾了“海外华文幼儿师资培训教材”编写工作。他表示，这是自《千岛娃娃学汉语》外，广东省侨办第二次承办教材编写工作。

会上，教材编写组介绍了教材编写工作情况，各教材主编对教材编写宗旨、目标、特色、结构等作了简要说明。来自华南师范大学和来自广东第二师范学院的4位评审专家从专业的角度提出意见和建议。

雷振刚充分肯定广东省侨办和各教材编写单位的工作，对为编写教材付出辛勤劳动的主编和给予专业意见的专家表示感谢，他对下一步工作提出了具体要求：一是教材编写既要抓精品又要抓进度。二是抓紧成立统筹小组，聘请专家对教材进行统稿。

31. 中国驻德国汉堡总领事馆举办2016年华文教育座谈会

2016年10月25日，中国驻德国汉堡总领事馆召开领区华文教育座谈会。领区内8所中文学校校长和教师代表应邀出席，共同商议华文教育和中德文化交流现状及发展。中国驻汉堡领事馆总领事孙从彬参加座谈。

各中文学校代表就北德地区华文教育的发展情况和遇到的问题进行了深入交流和探讨，内容涉及教师培训、教材类型、教学方法、校际交流等方面。孙从彬认真听取了各中文学校的意见和建议，指出总领事馆将尽力协助解决好华文教育存在的问题。

32. 华侨大学召开第七届董事会第二次会议

2016年10月29日，华侨大学第七届董事会第二次会议在福建泉州举行。华侨大学第七届董事会董事长王刚出席会议。会上，新增胡瑞连、施荣恒为华侨大学第七届董事会董事。许连捷、李碧葱、蔡素玉等18位华侨大学捐资校董获颁感谢状。

多年来，华侨大学以建设“特色鲜明、海内外著名的高水平大学”为目标，恪守“为侨服务，传播中华文化”的办学宗旨，深挖内涵、凝练特色、锐意改革，各项办学事业取得丰硕成果，在服务福建经济社会发展、服务国家侨务工作大局等方面做出了积极贡献。

33. 泰北华文民校联谊会召开2016年度第三次理事会

2016年11月27日，泰国北部华文民校联谊会2016年度第三次理事会在南邦育华学校召开，泰北华文民校联谊会15所会员学校的校董主席、校长以及部分教师代表近百人参加会议。中国驻清迈总领事馆领事任义生作为特邀嘉宾出席。

泰北华文民校联谊会陈汉展主席对第二次泰北华文民校理事会召开以来联谊会的各项工作进行了全面总结，对下一阶段的工作做出了安排。中国驻清迈总领事馆领事任义生在讲话中从宏观视角总结分析了对汉语教育以及中华文化传播有利的几个国际潮流与趋势，并阐述了中国政府对泰中教育文化交流的有关支持性政策。他还表示，作为领事，他将为泰北华教事业提供自己力所能及的协助与支持。联谊会特聘教育专家、来自中国云南的辛一江教授受联谊会委托做了工作报告。大会还就留任外派教师的延聘、新聘外派教师的数量、各会员学校新学年所需教材数量的统计以及申请加入联谊会的学校需要具备的条件等问题进行了研究探讨。

34. 全美中文学校协会第十一次全国代表大会举行

2016年12月16日至18日，全美中文学校协会第十一次全国代表大会暨华文教育研讨会在美国华盛顿举行。来自全美各中文学校的450多位代表参加会议。中国驻美国大使馆公使李克新、中国国务院侨办文化司司长雷振刚、全美中文学校协会会长张星钰出席会议。中国驻美国大使馆崔天凯大使，美国国会参议员Tim Kaine、Richard Durbin，国会众议员 Barbara Comstock、赵美心，弗吉尼亚州州长 Terry McAuliffe，中华全国归国华侨联合会等个人和组织分别发去贺信。

李克新公使表示，全美中文学校协会在过去 20 多年的时间里始终致力于在美弘扬中华文化，加强在美华文教育，不断促进中美教育交流，功不可没。他表示，中国驻美使馆将一如既往地支持协会发展，期待在美华文教育有更大的发展。雷振刚司长指出，华文教育发展面临着新形势、新机遇，同时也依然存在不少“老问题”和“新烦恼”。为此，中国国务院侨办从 2014 年起与海内外华文教育工作者一道，全面推进新时期的华文教育工作，引导华文学校转型升级，推动华文教育向标准化、正规化、专业化迈进。两年来，工作取得积极进展。雷振刚表示，全美中文学校协会对在美华文教育做出了巨大贡献，希望与会代表通过此次研讨会总结在美华文教育的经验和不足，探索在师资、教材等方面的进步空间，希望所有华文教育工作者不忘初心、继续前行，建设好在美华人的“留根工程”。第十一届全美中文学校协会会长张星钰在讲话中回顾了协会过去两年中的发展状况。

年会于 12 月 18 日上午讨论修改协会章程，选举新一届会长、副会长和理事。经过无记名投票，刘申、胡国荣分别当选第十二届全美中文学校协会会长和副会长。新任会长刘申表示，协会将一如既往地为会员学校服务，搭建平台，资源共享，互惠互利，在信息时代，还要发挥网络优势，引领大家在中文教育和多学科教学方面有新的尝试和突破。

35. 中国华文教育基金会第三届理事会第六次会议在北京召开

2016 年 12 月 22 日，中国华文教育基金会第三届理事会第六次会议在北京召开。赵阳理事长主持会议。

基金会副理事长兼秘书长左志强代表秘书处向大会作《中国华文教育基金会秘书处 2016 年工作报告和 2017 年工作规划》主题报告。报告从募集资金、实施项目、内部建设等方面，全面回顾总结了基金会 2016 年的工作情况。报告指出，2016 年是中国华文教育基金会各项工作全面深入展开、注重实效的一年。在国务院侨办和各理事单位，以及社会各界的大力支持下，全年募集资金 4446 万元人民币。秘书处严格按照工作计划认真组织实施，全年共开展了 49 个各类项目，在参与人数、举办规模、品牌创新、获得实效等方面，都较 2015 年度有新的发展和提升，受益群体不断扩大。根据规划，2017 年，秘书处将认真贯彻党的十八大以来历次中央全会精神，严格执行慈善法和《基金会管理条例》的有关规定，按照《国家侨务工作发展纲要（2016～2020 年）》的部署，以募集资金、创新项目、强化管理为重点，按照工作定位，充分发挥对华文教育主渠道资金投入和工作手段的补充作用，积极扩大资金来源，努力打造品牌项目，强化内部建设，力争为华文教育事业作出新的、更大的贡献。

会议审议并通过《中国华文教育基金会秘书处2016年工作报告和2017年工作规划》，讨论并通过《中国华文教育基金会专项基金管理办法》，决定设立“完美中华文化传承公益基金”和“‘一带一路’人才培养专项基金”；讨论并通过《设立中国华文教育基金会新闻发言人的议案》，任命邱立国为本会新闻发言人；通过任免事项并改选了部分理事及监事，选举刘奇、张健青、邱立国、方文国、周虹为理事，选举张永文为监事；经秘书长提名，任命邱立国为常务副秘书长，主持秘书处日常工作，方文国为副秘书长，左志强不再担任副理事长兼秘书长；魏永乐、陈志斌、陈迈、庄荣文、王晓萍、周锋不再担任理事。

中国华文教育基金会通过民间渠道开展华文教育的作用日益显现，社会影响力和公信力不断增强，事业不断发展壮大，充满生机与活力，赢得海内外的广泛关注和积极评价。在新形势下，基金会工作在以下几个方面力争突破。一是要挖掘潜力，切实做好募资工作，走可持续发展之路。要深入研究当前资金募集的特点和规律，加强对捐赠人的鼓励和反馈；谋求长远，逐步形成一种稳定、良性的资金募集机制。二是要贴近主渠道抓好项目实施，加强协调配合，形成工作合力。基金会作为民间公益组织，要充分发挥自身优势与特色，并根据海外华社的实际需要，认真策划和实施好有特色的工作项目，通过特色品牌项目不断扩大基金会自身影响力，走出以项目带动募捐、良性循环的可持续发展之路。三是严格各项规章制度，强化内部建设，依法办会。要严格执行慈善法和《基金会管理条例》等法律法规和本会的各项规章制度，健全对资金使用、项目立项、成本核算、分期管理、日常行政开支等的内部审批、核查制度。要不断增加透明度，接受捐赠者和社会各界监督，在法治化轨道上办好基金会的各项事业。四是进一步发挥理事会的领导作用，凸显基金会的整体优势。理事单位应携起手来共同努力，使华文教育基金会在建立行之有效的工作协调和合作机制方面取得突破，更好地发挥领导作用，切实激活工作资源，使基金会释放出其自身蕴藏的巨大能量和潜力，把基金会的工作推向更高水平。

36. 温州市召开华文教育基地示范单位表彰会暨2016年夏令营总结会

2016年12月25日，温州市外侨办、市教育局共同召开温州市华文教育基地示范单位表彰会暨2016年夏令营总结会，表彰有突出贡献的华文教育基地和“中国寻根之旅”夏令营活动中表现突出的先进个人。温州市外侨办副主任许捷、教育局国际合作交流处副处长陈炜出席会议，并为获奖单位颁奖。

会议总结回顾了2016年夏令营工作，并对2017年夏令营工作提出了许多有价值的意见和建议。会议宣读了温州市外侨办、教育局表彰决定，对华文教育基地示范单位和2016年夏令营工作先进个人进行了表彰。温州大学、温州市体育运动学校、温州市少年艺术学校、温州华侨职业中等专业学校、瓯海第一高级中学（任岩松中学）、瑞安市外国语学校、文成县实验小学等7个华文教育基地被授予“温州市华文教育基地示范单位”荣誉称号，钱仁海等23位同志被授予“2016年度夏令营工作先进个人”荣誉称号。

三　华教机构发展与变迁

1. 西班牙特内里费华侨华人中文学校南部分校成立

2016年1月25日，西班牙特内里费华侨华人中文学校南部分校正式成立。分校坐落于 Ed. Valdes Local B31 Los Cristianos Arona，占地面积约150平方米，目前有在读学生70余名。学校每周一至周五的下午及周末全天开设中文课程，采用中国国务院侨办指定的专业课本为教材。

特内里费南部城市生活着5000多名侨胞。特内里费华侨华人协会结合当地侨民情况，经过统筹规划，决定在南部地区开设分校，帮助当地华侨华人下一代系统学习中国文化，继承中华优秀传统。

2. 法国圣日耳曼昂莱国际学校成立中文国际部

2016年2月19日，法国巴黎大区著名高中圣日耳曼昂莱国际学校举行中文国际部成立仪式。中国驻法使馆教育公参马燕生，圣日耳曼昂莱市市长拉米，国民议会议员、尚布尔希市市长莫朗日，学区汉语总督学奥布里·伊尔吉克等出席成立仪式。

圣日耳曼昂莱市中文教育的开展得到中国教育部、汉办及中国驻法使馆的大力支持。此次中文国际部的成立将会吸引越来越多的青年学习中文，成为中法关系未来的栋梁，为两国关系的发展贡献力量。

3. 美国《侨报》国际教育中心成立

2016年2月27日，美国《侨报》总裁游江宣布，美国《侨报》国际教育中心正式成立。

《侨报》成立26年来，一直秉承“服务华人社区、读者，维护华人权益，促进中美交流”的宗旨。《侨报》国际教育中心的成立，将在加强中美两国教育间的交流与互动，扩大中美两国青少年的交往与沟通方面发挥重要作用。

4. 葡萄牙淑敏语言文化中心启用新校区

2016年3月3日，葡萄牙淑敏语言文化中心举行新校区启用庆典。中国驻葡萄牙大使蔡润、中心所在的干谷区区长马丁斯女士、使馆政务参赞聂泉等官员及葡萄牙中华总商会蔡文显会长等旅葡侨团负责人，以及中心全体师生、家长代表等近百人出席活动。

淑敏语言文化中心前身是“喜洋洋幼儿园”，在韩淑敏校长的带领下，全体员工克服困难、坚持办学，为解决旅葡侨胞照顾学龄前子女问题，培养侨胞后代，传承中华文化辛勤工作。

5. 泰国华文民校协会第十届理事会就职典礼在曼谷举行

2016年3月10日，泰国华文民校协会第十届理事会就职典礼在曼谷潮州会馆举行，梁冰女士蝉联第十届理事会主席。中国驻泰国大使馆侨务参赞张东浩，泰国教育部次长甘庄，泰国各侨团首领、各华校校董、校长及部分师生代表等出席。

张东浩参赞代表中国驻泰国大使馆对梁冰主席蝉联泰国华文民校协会第十届理事会主席表示祝贺。梁冰主席感谢中国国务院侨办、中国驻泰国大使馆多年来的大力支持，并表示泰国华文民校协会在第十届理事会的领导下，将继续加强各华校师资队伍建设，举办丰富多彩的活动，推动华文教育的全面发展，提高华文教育在泰国社会的影响。

6. 菲律宾成立“红烛华文教育基金会”奖助本土华语教师

2016年3月11日，菲律宾红烛华文教育基金会成立典礼在务端市BIG DADDY大酒店成功举办。菲律宾华教中心常务副主席黄端铭，务端市侨领林中央、洪丽卿、尤意莉、黄文种等嘉宾，以及务端市周边城市的华人华侨出席这一盛会。

这是菲律宾第一个通过第三方评价机制专门奖助本土华语教师的基金会，以“尊师重教，奖教助教，促进华教发展，弘扬中华文化”为创会目标。

7. 阿曼马斯喀特中国学校开班

2016年3月21日，由阿曼华侨华人联合会主办的马斯喀特中国学校在阿曼华侨华人联合会会馆开班。中国驻阿曼大使于福龙、华侨华人协会理事、中资机构代表、学生家长及首批入学的小朋友共同参加开班仪式。

马斯喀特中国学校在阿曼社会发展部和中国驻阿曼使馆备案，属非营利中文学校，是中东地区首个专门对华侨华人子女和中资机构人员随任子女进行汉语教育的学校。

8. 美国新泽西州成立中国文化中心

2016年3月24日，美国新泽西州中国文化中心在密尔本社区中心宣告成立。该中心旨在打造有实体的多功能华人社区文化与活动中心，并为华人和其他族裔的人群学习中国语言与文化提供便利。成立仪式由李文斯顿华夏中文学校校长张炳湖主持。

中国文化中心将以传承中国文化为本，着重青少年培养开发、提供老年人活动与服务、中美文化交流，为社区各族裔和谐相处铺路搭桥。“新州中国日”主席林洁辉出任中心董事会主席，他在成立仪式上宣布向中心捐款1万元作为启动资金。

9. 温州外侨办为3所海外华校捐建蒲公英图书室

2016年4月6日，温州市外侨办主任邱华萍为意大利中意学校Nspoli分校、西班牙巴塞罗那中西友好学校Sant Bol分校颁授“蒲公英图书室”牌匾，并向两校各赠送600余册中文课外读物。

2016年4月20日，温州市外侨办副主任许捷代表市外侨办向意大利布雷西亚中文学校捐赠600余册中文课外读物，帮助该校建立一个图书室。这是温州市外侨办为海外温籍华校捐建的第20个“蒲公英图书室”。

10. 南非华文教育基金会中文学校正式开学

2016年4月18日，南非华文教育基金会中文学校正式开学。学生们顺利通过学前测试，随后入学登记，分班级开始上课。

南非华文教育基金会中文学校招生对象主要为广大旅居南非的、有志于学习中文及中华文化的华裔学生。在课程设置上包括中文课、太极课、书法课。学校与中国国家汉办、国务院侨办达成合作协议，引进专业老师授课。目前主要授课老师为中国汉办约堡孔子学院老师。中国国务院侨办外派老师到位后，学校将开设更多的课程。

11. 意大利中意学校“百汇书屋”揭牌

2016年6月16日，中意学校“百汇书屋”在意大利中意学校揭牌并正式对外开放。“百汇书屋”是在温州市外侨办捐建的“蒲公英图书室”基础上兴建的，那不勒斯南部贸易总会、那不勒斯华商会、意大利坎帕尼亚华商会、那不勒斯唐人商城4个侨团和许建成、林国荣、焦国林等22位爱心人士，陆续为“百汇书屋”捐赠了7950册图书。图书种类繁多，包括课标读物、课外读物、科普读物、绘本故事等书籍。中意学校还特地购置了扫描仪、激光打印机、适合青少年阅读使用的桌椅等设备，并实现了图书室微机管理。

12. 罗马华文学校开设分校

2016年6月，罗马中华语言学校华人仓库区分校正式开学。

为了方便罗马华商集聚的Via dell'omo仓库区华侨华人子女及当地中文爱好者更好地学习中文，传承和弘扬中华文化，罗马中华语言学校与华人仓库区旁的意大利国立高中GIOVANNI XXIII学校于2016年5月3日签署协议，在该校开设罗马中华语言学校华人仓库区分校。此次在Via dell'omo仓库区开设罗马中华语言学校华人仓库区分校，旨在充分挖掘罗马中华语言学校现有教学和师资资源，利用意方优越的教学环境与设施，实现资源共享，为社会培养出更多的中文人才。

13. 南京求雨山文化名人纪念馆挂牌成为省级华文教育基地

2016年7月26日，南京浦口区求雨山文化名人纪念馆正式挂牌成为“江苏省华文教育基地”。江苏省侨办副主任杜伟、南京市侨办副主任谈德荣等相关领导出席授牌仪式。

求雨山文化名人纪念馆是目前江苏省34家华文教育基地中唯一文化场馆基地。其位于南京市浦口区求雨山上，馆藏1000余件大师级书画，是国家三级博物馆，国家AAA级旅游景区。

14. 中泰文化研究中心落户贵阳

2016年8月1日，中泰文化研究中心在贵阳学院举行揭牌仪式。该中心是贵阳学院和泰国加拉信大学共同创办的研究机构，将成为中国对东盟政策、对东亚区域合作研究对策的思想库之一。

中泰文化研究中心以“政、产、学、研、信”相结合为原则，以服务中国－东盟自由贸易区建设、贵州地方发展为目的，以贵阳学院为牵头单位，将汇集民族文化、公共外交、东盟研究等学科和研究领域资源，以“文化传播”为主攻方向，开展中国－泰国的公共外交、文化外交理论和实践案例的研究，提出对策，积极推进中国－东盟关系向健康的常态化方向发展，培养具有创新精神的新型公共外交、文化外交人才，服务于国家“睦邻、友邻、富邻”的战略需求，构建科研、产业、人才培养一体化创新体。

15. 山东省华文教育基地莱州中华武校入选“山东省海峡两岸交流示范点”单位

2016年8月30日，经山东省台办审核批复，山东省华文教育基地莱州中华武校入选“山东省海峡两岸交流示范点”单位。

中华武校现有国内分校4所，国际分校7所，在校学生1万多人。近年来，学校与30多个国家的武术团体和组织建立了长期友好合作关系，受邀组团到20多个国家进行武术文化交流、表演、比赛。2009年，中华武校被授予“山东省华文教育基地”称号；2015年6月25日，被中国侨联授为“中国华侨国际文化交流基地”称号；2016年，“中华武校对台交流”项目被列为国台办重点交流项目。

16. 瑞典斯德哥尔摩中国文化中心揭牌

2016年9月1日，斯德哥尔摩中国文化中心正式成立，中国驻瑞典大使陈育明、瑞典外交国务秘书奥斯卡·斯滕斯特伦和瑞典学会会长安妮卡·伦贝共同为斯德哥尔摩中国文化中心揭牌。瑞典政府代表、驻瑞典多国大使、瑞典当地文化艺术人士以及中资企业代表、华侨华人代表230余人出席揭牌仪式。

中国文化中心位于瑞典首都市中心，面积约为328平方米。中心的成立，将为当地瑞典人提供更好地了解中国文化的机会，并进一步加强中瑞双方的对话和交流，为双方在政治、经济、文化等领域更好地展开合作做出贡献。

17. 泰国合艾县德教树强学校为新教学楼揭幕

2016年9月8日，中国驻宋卡总领事周海成出席合艾县德教树强学校新教学楼揭幕典礼。合艾县县长桑西里、泰国中华总商会主席陈振治等各界热心华文教育人士200余人参加庆典。

周海成对德教树强学校新楼竣工表示热烈祝贺。他说，树强学校的建立和发展，寄托着老一辈华侨华人对子孙后代的殷切期望，体现了广大华侨不忘故土、传承中华文化的赤子真情。他祝愿德教树强学校开拓进取、继往开来，为推动中泰文化交流、华文教育事业的进一步发展发挥更大作用。

18. 希腊萨洛尼卡成立中文学校

2016年9月10日，希腊萨洛尼卡市中文学校成立。中国驻希腊大使邹肖力、驻希腊使馆领事部主任刘敬东，以及萨洛尼卡市主管教育副市长克里斯都女士应邀出席成立仪式。希腊中希友好华侨华人协会会长兼中文学校首任校长李锋平、中文学校教师、学生及家长代表50多人出席活动。

萨洛尼卡是希腊第二大城市，也是中国侨民聚居人数较多的城市。在这里办一所中文学校，让侨胞子女和希腊儿童有机会学习中文，了解中国文化，是当地华侨华人和萨洛尼卡市民多年以来的愿望。这所中文学校由侨团和当地公立学校合作办学，形式新颖、务实，开创了华社与主流教育体系合作办学的先例。

19. 马来西亚仁嘉隆华小综合大楼落成

2016 年 9 月，马来西亚仁嘉隆华小颜林明珠综合大楼落成。仁嘉隆华小经过了第一期和第二期的建设，第三期建校计划在郑联荣董事长、颜俊才主席和徐文环主席的带领下筹建，并于 2016 年完成一座四层综合大楼。这座现代化大楼有现代化礼堂、讲堂、体育室和食堂。

郑联荣董事长指出，该成果归功于全村人，在大楼筹款中，获捐总额逾 740 万令吉，村内 4000 户中，至少 600 户捐款，其中捐款逾万令吉者超过 180 人。村内、村外的人士，都热心于仁嘉隆华小建设。

20. 德国诞生首家中德双语教学公立幼儿园

2016 年 10 月 3 日，由德国杜塞尔多夫市政府青少年局出资、杜塞尔多夫职工福利协会运营、杜塞汉园中文学校协办的杜塞尔多夫首家中德双语教学公立幼儿园在该市汉园中文学校举行签约成立仪式。杜塞尔多夫市市长盖泽尔、中国驻杜塞尔多夫总领事冯海阳等出席仪式。

近年来，学习中文的需求在杜塞尔多夫显著增强，这一需求既来自华侨华人、中资企业员工群体、中德联姻的“中德家庭”，也来自不少希望子女学习中文的德国家庭。中德双语教学公立幼儿园建立的意义正在于此。

21. 暨南大学在意大利米兰、罗马新设两个海外招生处

2016 年 10 月 17 日，暨南大学副校长张宏率团赴芬兰、意大利、法国进行访问，并在意大利米兰、罗马新设立两个海外招生处。

在意大利米兰，张宏与米兰龙甲中文学校校长李群来签署合作协议，建立海外招生处。双方就暨南大学对华侨华人的招生政策、学校教学科研、学生生活条件进行深入交流。

在罗马，张宏与意大利中国总商会秘书长戴小璋签署暨南大学海外招生合作协议。访问团与意大利多家华文教育机构负责人进行了座谈，宣传暨南大学对海外华侨华人招生政策，助力海外华文教育发展。

22. 北京师范大学与河南漯河共建国际汉语教师培训学院

2016 年 11 月 7 日，北京师范大学留学生教育实践基地、汉字文化研究基地、国际汉语教师培训学院揭牌签约仪式在河南省漯河市举行。漯河市许慎文化园由此成为

北京师范大学的留学生教育实践基地、汉字文化研究基地。双方还联合设立国际汉语教师培训学院。

23. 成都市5所学校成为首批成都华文教育基地

2016年11月18日，四川省成都市外侨办和成都市教育局共同主办的成都市首批华文教育基地授牌仪式举行。成都市石室中学、成都市第七中学、成都市新都一中、成都市龙江路小学分校、成都市财贸职业高级中学5所学校成为首批成都华文教育基地，被授予牌匾。

授牌仪式上，成都市教育局相关负责人宣读了《关于确定成都市石室中学等5所学校为首批成都华文教育基地的通知》，其中明确成都华文教育基地要根据华文教育特点和需求，积极选拔优秀教师赴海外华文学校任教，多形式开展对外文化交流，举办好海外华裔青少年夏（冬）令营和联谊交流活动，加强与海外华文学校的校际交流与合作，为成都建设西部对外交往中心贡献力量。

24. 温州大学意大利分校揭牌

2016年11月26日，在第六届世界温州人国际学术研讨会开幕式上，温州大学校长李校堃与意大利锡耶纳大学校长Francesco Frati就在锡耶纳大学阿雷佐校区合作举办“温州大学意大利分校（阿雷佐校区）”（Wenzhou University Italy Campus – Arezzo Branch）事宜签订合作协议，并举行分校揭牌仪式。

温州大学意大利分校（阿雷佐校区）前期将设立华文教育学院，开展本科、硕士学历教育，开设汉语言文学、商务汉语等专业，同时还将设华文教师培训课程并颁发相关证书，使之成为海外华文教师培训基地。

该分校预计2017年招生，两校将采用灵活的“2+2”和“1+3”的合作培养模式，符合要求的学生将获得双方学位。

25. 广西师范大学与东帝汶高校共建“汉语文化中心”

2016年12月13日，广西师范大学副校长覃卫国和东帝汶教育部副部长阿贝尔在东帝汶首都帝力共同为广西师范大学与东帝汶商学院共建的“汉语文化中心”揭牌。

双方于2016年12月12日举行共建“汉语文化中心”新闻发布会。广西师范大学副校长覃卫国与东帝汶商学院校长奥古斯多在东帝汶教育部长安东尼奥、中国驻东帝汶大使馆经贸参赞刘振华的见证下，共同签署合作协议。

此次建立的“汉语文化中心”，是广西师范大学与东帝汶高校建立的首家汉语言文化中心，旨在加强中国－东帝汶双方高校在高教领域的合作，进一步推进汉语言教学与文化交流，为两国人才交流与合作提供一个崭新的平台。

26. 中华文化华侨教育基地在浙江瑞安高楼崇德书院挂牌

2016 年 12 月 16 日，浙江省瑞安市侨联在高楼崇德书院举行中华文化华侨教育基地授牌仪式。瑞安市侨联党组书记、主席叶应东，向华文教育基地负责人、中共瑞安市委党校原党务副校长、崇德书院创办人郑超豪老师授牌。

中华文化华侨教育基地的成立，将充分发挥崇德书院在传播中华传统文化方面的独特优势，加强海外侨胞和侨联干部的中华文化教育培训，助力海外侨胞更好地在旅居国传播真实的中国声音，促进中华优秀文化的传承与发展，促进中外文化的交流。

27. 广西柳州市职业技术学院挂牌成为“华文教育基地”

2016 年 12 月 23 日，国务院侨办授予广西柳州市职业技术学院“华文教育基地”称号。广西侨办文宣处处长史荣平，柳州外侨办主任庞智勇、副主任甄毅翔，以及该校师生共 70 余人出席揭牌仪式。

国务院侨办目前已在广西 18 所学校设立华文教育基地，其中柳州占有 4 所。柳州职业技术学院成为继柳州城市职业学院、柳州第一职业技术学院、柳州铁道职业技术学院后第 4 个华文教育基地。

28. 福建泉州成立首批“泉州市海外华裔青少年实践基地”

2016 年 12 月 24 日，泉州市外侨办授予 14 个单位首批“泉州市海外华裔青少年实践基地”称号，授牌仪式在永春县余光中文学馆举行。14 个单位分别为中国闽台缘博物馆、泉州海外交通史博物馆、泉州木偶剧团、源和堂创意产业园、领 SHOW 天地创意产业园、洛江区青少年学生校外活动中心、泉州市大福古船模制作有限公司、南安市九日山文化保护管理中心、石狮市博物馆、五店市传统街区、惠安霞飞石雕工艺有限公司、溪韵茶叶有限公司、福建彬达香业有限公司、泉州顺美集团有限责任公司。基地的成立，旨在进一步适应海外华文教育工作的需求，充分发挥社会各方面的资源和地方优势，拓展海外华裔青少年夏（冬）令营办营渠道和内容。

29. 首个海外“昆明书屋”在缅甸落成

2016 年 12 月 26 日，云南省昆明市向云华师范学院捐赠图书暨“昆明书屋”揭牌仪式在云华师范学院举行。首个海外“昆明书屋”在缅甸曼德勒云华师范学院落成。云南省昆明市委常委、云南省海外联谊会副会长杨砳女士，中国驻曼德勒总领馆副总领事刁明，云华师范学院董事长尚兴玺等嘉宾出席捐赠仪式。

在捐赠仪式上，云华师范学院董事长尚兴玺致辞，感谢昆明市自云华师范学院建校以来给予的支持，并表示将为促进滇缅经济的合作与文化交流贡献一分力量。云南省海外联谊会副会长杨砳畅谈推广华文教育在推动中国同东南亚各国交流与合作中的重要作用，以及对推动"一带一路"周边合作的重大作用。她代表昆明市政府，为打造"书香四溢的校园文化"向云华师范学院捐赠3000册图书。

四　华教交流与合作

（一）国内交流与合作

1. 国务院侨办文化司领导赴温州华文教育基地调研

2016 年 1 月 3 日至 4 日，国务院侨办文化司副司长周虹赴国务院侨办华文教育基地温州少年艺术学校和温州大学国际合作学院调研华文教育工作。在温州少年艺术学校，周虹深入了解由国务院侨办主办、温州市外侨办和温州市少年艺术学校联合承办的“中华文化大乐园”优秀才艺学生交流团筹备工作，与相关负责人探讨交流促进海外华文教育发展的有关问题。在温州大学国际合作学院，周虹听取了国际合作学院严晓鹏院长有关该院近 10 年来积极开展华文教育实践与研究，特别是举办“中国寻根之旅”夏令营、海外华文教师培训班和开展华侨生学历教育的经验介绍，并与国际合作学院相关负责人座谈交流，深入了解开展华侨生学历教育的实际困难和挑战。周虹对该院华文教育工作取得的成绩给予充分肯定，并就青年营的办学模式提出意见和建议。

2. 北京市昌平区区委书记赴北京华文学院考察调研

2016 年 2 月 24 日，北京市昌平区区委书记侯君舒带领区教委、国土分局、规划分局以及沙河镇相关负责人赴北京华文学院考察调研。

在北京华文学院院长周虹的陪同下，侯君舒书记一行考察走访了北京华文学院留学生教室、图书馆、泰来馆、游泳馆、体育馆等场所和设施。随后，双方进行座谈交流。座谈会上，周虹院长表示，北京华文学院将充分发挥自身海外资源等优势，推进与昌平区在各领域的合作。侯君舒书记表示，为学院做好服务是昌平区职责所在，今后将及时搞好对接、交流。他希望北京华文学院积极利用现有教学资源，不断提高教学水平，增进华裔学生对中国的了解，积极传播中华文化；同时，发挥自身优势，增强与昌平本地学校的互动交流，通过组织活动搭建平台，促进师生更好地交流实践。

双方还围绕北京华文学院基础配套设施建设、学院与昌平区中小学合作等议题展开深入交流。

3. 南京市侨办文宣处赴浦口区侨办调研

2016 年 2 月 25 日，南京市侨办文宣处工作人员到南京市浦口区侨办就年度华文教育、对外文化交流工作进行调研。浦口区侨办主任叶明才、行知学校校长杨瑞清、南京德人慧云软件系统有限公司总经理熊功建等分别就承办“中国寻根之旅”夏令营、求雨山纪念馆挂牌成为华文教育基地、浦口区参与国务院侨办“文化大观园”活动、开发浦口区智慧侨务系统等事宜提出了工作设想和建议。双方就一些具体事宜进行了研究对接。

4. 教育部副部长赴华教基地温州少年艺术学校视察、调研

2016 年 3 月 2 日，教育部副部长郝平、政法司司长柯春晖在浙江省教育厅副厅长于永明等领导的陪同下，到温州少年艺术学校视察、调研。在学校校史馆，郝平认真听取学生讲解员的讲解，深入了解学校 40 多年的发展历程、办学特色和办学成果。随后，郝平走进学校艺术课堂，观摩艺术课。

5. 福建省侨办赴武夷山调研

2016 年 3 月上旬，福建省侨办文宣处处长齐志在南平市外侨办吴建华副主任的陪同下赴武夷山调研，走访了武夷学院、武夷山二中、星村中学，并与武夷学院副校长吴承帧等领导和相关人员座谈，就进一步推进 2016 年海外华文教育四项重点工作交换意见，达成共识。

近年来，在南平市外侨办的积极推动和武夷学院基地学校的有力配合下，南平市积极宣传“双世遗”、朱子等文化品牌，加强了对外交流和合作，将海外华文教育工作不断做大做强。

6. 温州市外侨办赴肯恩大学探讨华文教育合作

2016 年 3 月下旬，温州市外侨办副主任许捷赴温州肯恩大学调研，肯恩大学党委书记王北铰等会见来宾。双方就如何深化合作进行座谈。双方就如何进一步加强华文教育合作、开展华裔青少年夏令营活动进行深入探讨。

7. 浙江丽水学院华侨学院赴温州华教基地交流访问

2016 年 4 月 6 日，浙江丽水学院华侨学院副院长廖峰到温州大学国际合作学院

交流访问。温州大学国际合作学院院长严晓鹏、办公室副主任廖一帆与廖峰座谈交流。严晓鹏向廖峰介绍了该院多年来的华文教育实践和理论研究成果。廖峰也介绍了丽水学院华侨学院的发展规划和工作思路。双方就侨乡地方大学如何更好地为海外华侨华人和各级侨务部门服务，以及如何整合侨团、侨资、华校和华媒资源，突出办学特色，提升办学质量等方面进行了深入探讨。

8. 国务院侨办副主任任启亮到云南开展华文教育调研

2016 年 4 月 14 日至 18 日，国务院侨办任启亮副主任、国务院侨办文化司雷振刚司长到云南开展华文教育工作调研。

调研组先后到昆明、腾冲、龙陵、瑞丽进行调研，参加“2016 中国寻根之旅——七彩云南集结营”闭营仪式，看望在昆明参加“2016 年海外华校校长和教师研习班”的全体参训人员，并和部分校长、教师座谈；看望在腾冲民族中学就读的海外侨生和参加在腾冲、龙陵两地举办的海外华校教师培训班的老师；在瑞丽，与境外周边国家 5 个华侨会的会长、7 所侨校的校长座谈，听取他们的意见和建议；在龙陵，参观松山抗战旧址，任启亮代表国务院侨办向抗战英烈纪念碑敬献花篮。

9. 中国华文教育基金会理事长赵阳赴江苏看望捐赠人

2016 年 4 月 18 日，全国政协港澳台侨委员会副主任、中国华文教育基金会理事长赵阳专程赴江苏南京和无锡，看望基金会在江苏的捐赠人。中国华文教育基金会副秘书长方文国、项目二部主任李晓梅陪同。

赵阳副主任在南京分别会见了弘阳集团董事长曾焕沙和龙江钢铁集团董事长陈家榕，感谢其为推动海外华文教育事业发展所做出的贡献。赵阳在无锡走访了敬伟快乐练字培训部。创始人李敬伟先生向中国华文教育基金会捐赠了《国家通用汉字字帖写字基本法》的全部稿费，设立专项奖学金，用以鼓励海外华裔青少年学习中国语言，传承中华文化。

10. 上海长宁区侨联赴华文教育基地延安中学调研

2016 年 4 月 29 日，上海市长宁区侨联到华文教育基地延安中学开展调研。延安中学校长郭雄、党委书记马越出席调研会。

郭雄校长和马越书记介绍了延安中学的华文教育工作。调研团队对延安中学的努力表示感谢，并希望延安中学能够根据自身特点，探索创新、扎实推进，继续开展好华文教育，传承、传播好中华民族优秀文化，激发华裔青少年的爱国爱乡热忱，更好地把他们团结起来、凝聚起来。调研团还考察了延安中学的留学生宿舍、教室、食堂等开展华文教育工作的设施设备。

11. 中国华文教育基金会副秘书长方文国访问广东中山市

2016年5月4日至6日，中国华文教育基金会副秘书长方文国赴广东中山指导开展华文教育工作，向执行2016年“名师巡讲”任务的主要负责人介绍基金会的相关情况，并就项目执行规范和出访期间从事外事活动时的注意事项等作详细讲解。

在与各学校负责人和教师的座谈中，方文国副秘书长首先对长期以来大力支持华文教育的完美（中国）有限公司董事长古润金先生表示衷心的感谢，并提到2016年由该公司资助的海外名师巡讲团将会分批赴亚洲、大洋洲、北美洲和南美洲对海外华校教师进行教学培训。他希望执行此次巡讲任务的学校多与海外华校联系沟通，了解对方需求，提升教师教学水平。

基金会代表们还试听了多位教师的现场授课，根据出访国家的实际情况予以指导，使课程内容更加适合当地华校。

12. 温州市外侨办领导赴温州大学调研

2016年5月中旬，温州市外侨办副主任许捷到华文教育基地温州大学调研，听取温州大学国际合作学院院长严晓鹏有关温州大学筹建欧洲分校的情况介绍。

严晓鹏介绍了温州大学筹建欧洲分校的必要性、可行性、初期基本构架以及筹建工作时间表。他表示，海外分校拟选址意大利，作为温州大学与外侨办的一个共建项目，希望温州大学能得到市外侨办的全力支持。许捷指出，在意大利办学有很多优势，要充分利用和发挥现有的资源推动筹建工作的开展与落实。她建议温州大学要加强与暨南大学和华侨大学的沟通交流，借鉴其办学经验，广泛听取欧洲当地侨领、侨团、华文学校校长等多方意见，深入调研，进一步完善筹建方案，争取打响品牌。

13. 浙江文成县政协领导赴侨乡调研华文教育工作

2016年5月20日，浙江文成县政协副主席胡晓雄带领部分政协委员及县教育局、县侨联等部门领导赴文成县重点侨乡玉壶镇和大峃镇调研新生代华侨华文教育工作。

调研组先后实地察看了玉壶镇中心小学华文教育基地和文成县实验小学华文教育基地，详细了解两个华文教育基地的华文教育硬件设施、师资和生源等情况。两个基地学校校长分别向调研组介绍了各自学校华文教育工作开展情况。与会人员结合侨情，就如何加强新生代华侨华文教育工作进行了探讨。

胡晓雄副主席对两个基地学校的华教工作表示赞赏。他指出，加强以民族精神教育和中华传统文化教育为核心内容的新生代华侨华文教育，不仅关系侨务资源的可持续发展，更关系中华民族未来发展和中华民族伟大复兴中国梦的实现。希望各基地学校继续丰富华文教育内容，创新机制方法，破解教育难题，积极为华文教育开展创造良好条件。

14. 国务院参事室特约研究员赴温州大学调研华教工作

2016 年 5 月 26 日，国务院参事室特约研究员、华侨大学原校长、中国中外关系史学会会长丘进教授到温州大学国际合作学院开展华文教育工作调研。温州大学国际合作学院院长严晓鹏、党总支书记朱建平、副院长陈军、包含丽和相关负责人参加了调研座谈会。

座谈会上，严晓鹏、包含丽分别介绍了温州大学欧洲分校的筹备情况、近年来华文教育工作开展情况以及华文教育理论研究取得的成果。丘进在听取介绍后指出，温州人在海外特别是在西欧有良好的基础，筹建欧洲分校思路清晰。在世界经济的转型期，温州大学能对华侨的需求做出积极回应，具有国际化视野。丘进强调，走出国门办学，对教师、课程提出了更高的要求，这对学校自身也是一个挑战，欧洲分校必须以高质量高水准的师资团队和课程体系为前提，设置吸引海外学生的专业与课程，让学生从中受益。丘进表示，要关注华文教育现状，扩大华文教育受众群，通过华文教育理论研究和实践，了解海外华人华侨的诉求，为国内政府科学决策提供依据。

15. 台湾金门大学师生交流团访问厦门大学海外教育学院和华侨大学华文学院

2016 年 6 月 3 日，台湾金门大学师生交流团近 50 人到厦门大学海外教育学院进行交流学习。该访问团由金门大学华语文学系主任谢奇懿教授带队，学生们均来自华语文专业。交流团观摩了海外教育学院留学生的国际贸易实务、中级汉语和中国书法等课程的教学，参观了学院发展历程展厅，体验了高尔夫课程。双方学者就两岸华文教育发展等学术问题展开了研讨。

6 月 4 日，台湾金门大学师生交流团到华侨大学华文学院参访。华文学院院长陈旋波向交流团介绍了学院办学历史、学科设置、招生政策，重点介绍了学院对台交流项目及学生赴台交流情况。谢奇懿主任亦介绍了台湾金门大学华语文学系的办学特色。

16. 云南昭通市外侨办赴保山考察华文教育工作

2016 年 6 月 12 日，云南昭通市外侨办副主任谢良璞一行 3 人到保山市学习考察，并与当地侨联就开展华文教育工作进行深入交流。

保山市侨办副主任、侨联副主席郑洪光介绍了保山基本侨情和侨务工作，重点介绍了保山华文教育工作取得的成绩、经验和工作中需要注意的问题，希望双方加强交流，相互学习借鉴，共同推动侨务工作的科学开展。文教科工作人员也详细介绍了华文教师培训班的工作流程、重点环节及痕迹资料收集上报等相关情况，并带领考察人员实地察看。

17. 温州市外侨办调研华文教育工作

2016 年 6 月下旬，温州市外侨办副主任许捷在瓯海区委相关领导陪同下，到省级华文教育基地——瓯海第一高级中学进行调研并召开座谈。许捷等人对如何打造侨文化阵地、食堂卫生监管、宿舍内防虫提出建议。瓯海第一高级中学校长项洪文介绍了学校的基本情况和近年来华文教育夏令营瓯海营取得的成效，并汇报了 2016 年夏令营相关情况。

18. 台湾台北大学代表团访问华侨大学

2016 年 6 月 25 日至 7 月 2 日，台湾台北大学中文系主任马宝莲率 14 名学生组成的参访团到华侨大学开展学术参访。

华侨大学校长贾益民会见参访团，对参访团的到来表示欢迎，并鼓励同学们到华侨大学深造或者到厦门创业。参访团还聆听了华文学院院长陈旋波的《海外华文教育探考》、文学院院长孙汝建的《汉语中的性别文化》及华文学院副院长李善邦的《华语教学与应用》等主题讲座。

19. 中国国际广播电台东南亚传播中心负责人访问北京华文学院

2016 年 7 月 5 日，中国国际广播电台东南亚传播中心主任安晓宇访问北京华文学院。北京华文学院院长周虹与安晓宇进行会谈。周虹表示，作为一所专门从事华文教育的学校，北京华文学院拥有“中国寻根之旅”“中华文化大乐园”等弘扬中华民族传统文化的特色项目，而中国国际广播电台在东南亚地区拥有诸多传播平台，双方可以充分地优势互补，有针对性地开展合作。

20. 华侨大学华文学院领导拜会泰王国驻厦门领事馆

2016 年 9 月 1 日，华侨大学华文学院院长胡培安、书记纪秀生、副院长胡建刚、副院长沈玲拜会了泰王国驻厦门领事馆总领事邱塔泰、副总领事孟坤。

胡培安院长感谢泰领馆长期以来对华文学院工作的支持和肯定，介绍了华文学院近期办学的成果，重点介绍了华文学院外国政府官员中文学习班、泰国留学生在华侨大学的学习和生活情况，希望今后双方能够继续加强沟通，培养出更优秀的泰国汉语人才。邱塔泰对华文学院的办学成果给予肯定，表示双方将继续加强联系，促进中泰文化交流。双方还就今后进一步加强合作的项目及活动进行了深入的交流和探讨。

21. 上海市华文教育基地负责人赴松江访问

2016 年 9 月 8 日，上海市侨办副主任姚卓匀、文宣处处长邹芳率领华文教育基地负责人到上海松江区参观访问。松江区委统战部副部长、区侨办主任徐明接待了访问团。他表示，华文教育是传播中国文化的重要途径，而松江是上海历史文化的发祥地，历史底蕴深厚，文化资源丰富，希望今后双方加强交流，松江区将为华文教育工作的推进提供帮助。

22. 中国国际广播电台国际合作交流中心汉语推广处访问厦门大学海外教育学院

2016 年 9 月 21 日，中国国际广播电台国际合作交流中心汉语推广处副处长陈强访问厦门大学海外教育学院。厦门大学海外教育学院院长郑通涛会见了来宾。双方就即将合作开展孔子学院秋令营项目的课程安排、华文教育、国际交流和未来的合作模式进行深入的探讨。

23. 广东省广州市侨办走访广州市华文教育基地、中华文化传承基地

2016 年 9 月下旬，广东广州市侨办副主任莫景洪赴广州市内部分华文教育基地、中华文化传承基地进行走访，以掌握广州市华文教育开展情况，共同探讨华文教育工作的新思路、新举措。各华文教育基地和中华文化传承基地根据自身特点和业务范围，详细介绍了近年来在承办海外华裔青少年“中国寻根之旅”夏（冬）令营、传承中华文化方面所开展的工作举措以及今后的设想和目标。双方还就合作办营进行了探讨和交流。莫景洪表示，今后广州市侨办将密切与广州市各基地的联系与合作，共同打造广州市华文教育活动平台。

24. 云南省侨办领导赴云南华文学院调研

2016 年 11 月 2 日，云南省侨办党组书记杨锦昆到云南华文学院进行调研。云南华文学院党委书记和雪莲代表学院向杨书记就华文学院的现状、发展、远景规划及存在的问题作了汇报。

听取汇报后，杨锦昆书记对云南华文学院如何更好地发展，如何在现有基础上开

拓、探索、创新提出意见，并表示云南省侨办将一如既往地支持云南华文学院的发展，希望云南华文学院越办越好，在云南华文教育事业的发展中发挥更大的作用，做出新的贡献。

（二）国际互访与交流

1. 中国驻葡萄牙大使看望里斯本中文学校师生

2016 年 1 月 2 日，中国驻葡萄牙大使蔡润到里斯本中文学校看望学校师生。蔡润大使在陈晓红校长的陪同下参观各个班级，并向老师们询问教学情况，与同学展开互动。在随后的座谈中，蔡润大使表示，学校目前的条件还相对艰苦，大使馆会想办法帮助学校，一起为学校争取更多的资金支持以及更多来自国内的支持，与学校共同努力，争取把学校办得更好。

2. 上海侨联主席会见南非华文教育基金会主席

2016 年 1 月 4 日，中国侨联副主席、上海市侨联主席沈敏会见南非华文教育基金会主席、全非洲华人女企业家工商联合会名誉会长韩芳女士。

沈敏主席向韩芳会长介绍了上海市侨联近期的工作情况，希望南非的沪籍华侨华人继续关注上海发展、支持上海市侨联建设，为中国与南非两国友好贡献力量。韩芳会长介绍了自己在南非开展华文教育的工作情况，表示今后将一如既往地关心上海市侨联的建设、发展，并希望能够更多地参与上海市侨联的相关工作及活动，为两国民间文化交流做出贡献。

3. 浙江省温州市外侨办领导会见海外华校校长与华媒高层

2016 年 1 月 5 日，温州市外侨办主任邱华萍、副主任许捷会见来访的意大利佛罗伦萨中文学校校长潘世立及夫人谢群、法国南方华人总商会中文学校名誉校长陈定国、西班牙欧华传媒集团名誉董事长王绍基。

双方围绕华文教育和文化外宣工作展开交流探讨。潘世立、陈定国介绍了温州籍华校在海外的生存现状、发展趋势及办学中面临的问题；王绍基介绍了《欧华报》的有关情况，并希望与温州市外侨办开展合作，资源共享，进一步提高该报在西班牙华人界的影响力。邱华萍表示温州市外侨办会一如既往地重视文化外宣与华文教育工作，加大对海外温州籍华校、华媒的支持力度，加强交流沟通，共同推动海外华校、华媒再上新台阶。

4. 意大利罗马中华语言学校访问暨南大学华文学院

2016年1月6日，意大利罗马中华语言学校校长蒋忠华访问暨南大学华文学院。暨南大学华文学院邵宜院长及曾毅平、张礼副院长会见来宾。双方就兼读制研究生的招生培养、学生访学、夏（冬）令营等工作的开展进行了磋商。

罗马中华语言学校是国务院侨办海外华文教育示范学校，在校学生达800多人。学校两度承担华文教师证书培训、考试的组织工作，并与暨南大学华文学院签署协议，设立兼读制研究生教学点，培养汉语国际教育专业学位研究生。

5. 马来西亚华校董事联合会总会拜会中国驻马来西亚大使

2016年1月8日，马来西亚华校董事联合会总会代表团在主席刘利民的率领下，拜会中国驻马来西亚大使黄惠康博士。双方就多项教育课题取得共识，以进一步推动马来西亚华文教育的发展。黄惠康在会见中表示，中国政府、国家相关机构与使馆三方将在各方面努力，逐步提供更多支持与协助，如填补独中的中文书库、捐助独中华乐团的乐器、支援独中师资培训等，以促进马来西亚华文教育迈向卓越。

6. 印度尼西亚雅加达华文教育协调机构到广西华侨学校参观交流

2016年1月8日，印度尼西亚雅加达华文教育协调机构副主席叶丽珍到广西华侨学校参观交流。广西华侨学校副校长雷丽芳接待了来访客人。

访问团此次来访的主要目的是对广西华侨学校的华裔高中班教育、职业教育和海外华裔青少年夏（冬）令营活动进行考察交流。雷丽芳副校长就这些方面作了详细介绍。叶丽珍副主席表示，希望双方能够在华文教育及职业教育方面多加交流，建立更深层次的合作关系。随后，访问团在雷丽芳副校长的带领下参观了学校的教学大楼、东盟文化广场等。

7. 泰国西部华文民校联谊会访问潮州侨联

2016年1月12日，泰国西部华文民校联谊会主席黄迨光和副主席李景河、副主席陈长盛率团访问广东省潮州市侨联。潮州市侨联主席杨锡铭、副主席林爱群等领导与访问团就社团合作、华文教育等工作进行交流。

潮州市侨联主席杨锡铭希望在黄迨光先生的领导下，泰国潮州会馆与潮州市侨联继续加强合作，借助各自优势，为促进潮泰两地的文化、经济交流做出新的贡献。黄迨光表示，泰国西部华文民校联谊会一直致力于华文在泰国西部的推广，对潮州市侨联牵线搭桥，促成泰国西部华文民校联谊会与韩山师范学院的合作表示感谢。

8. 德国纽伦堡中文学校到江苏华教基地交流

2016 年 1 月 17 日，德国纽伦堡中文学校校长李立应江苏省华文教育基地行知学校和求雨山名人纪念馆共同邀请，到南京市浦口区开展华文教育交流学习活动。南京市浦口区委统战部副部长、区侨办主任叶明才，行知学校校长杨瑞清及求雨山名人纪念馆负责人接待来宾。

叶明才主任介绍了浦口区行知学校和求雨山名人纪念馆两个被授予省级华文教育基地称号的对外交流平台，表示江苏省侨办对浦口区华文教育工作的认可与支持。杨瑞清校长介绍了学校开展对外交流的经验体会以及今后的设想。李立校长提出希望今后能加强双方的交流与学习，搭建资源共享平台。

9. 中国驻赞比亚大使会见赞比亚中文国际学校负责人

2016 年 1 月 19 日，中国驻赞比亚大使杨优明在使馆会见赞比亚中文国际学校校长刘小燕，祝贺赞比亚中文国际学校被中国国务院侨办评为 2015 年度“海外华文教育示范学校”，并向学校转交了国务院侨办给予的奖励。

杨优明大使表示，中国国务院侨办鼓励华文学校与当地接轨，希望赞比亚中文国际学校继续秉承中赞合璧、寓教于乐的教学理念，在按照赞比亚教学大纲进行教学的同时，将独特的中华文化融于其中，以传承中华文化，促进中赞人文交流。同时，将普及教育和重点培养相结合，培养对中国文化和中国人民有感情的中赞两国文化交流使者。刘小燕介绍了学校近期工作和未来发展规划，表示将继续努力，绝不辜负中国国务院侨办和使馆的期望，为赞比亚社会培养出更多学贯中赞的人才，为中赞人文交流和社会经济发展服务。

赞比亚中文国际学校于 2009 年由当地华侨自筹资金建立，是赞比亚唯一结合华文教育与当地教学大纲的华文学校。经过多年努力，该校从一家“流动式”周末制、补习制学校向“固定化”全日制国际学校成功转型，其小学教育于 2012 年被正式纳入当地教育体系。

10. 英国广东华侨华人联合总会访问团访问广东省侨办

2016 年 1 月 22 日，英国广东华侨华人联合总会访问团在首席副会长林健邦的带领下访问广东省侨办。广东省侨办主任李心、副主任黎静会见了访问团。

李心主任表示欢迎侨胞们多回广东访问交流，也欢迎学有专长的留学生们回国到广东发展，广东省侨办非常乐意为侨胞回国创新创业、交流合作提供协助。林健邦副会长介绍了联合总会近期的发展情况，尤其是在吸收年轻会员、鼓励留学生回中国创业、加强优秀人才与国内交流等方面的一些做法和成果，希望广东省侨办今后能继续对该会的发展给予指导，促进总会健康发展、不断壮大。

11. 中国西北教育文化考察团访问菲律宾华教中心

2016 年 1 月 27 日，以内蒙古卓资职业中学校长王永贵为团长的中国西北教育文化考察团访问菲律宾华教中心。双方就华侨生联招联考等相关事宜举行了座谈。王永贵校长表示，希望能通过与菲律宾华教中心以及友好国际旅游服务公司的合作，输送学生到菲律宾进行深造。同时，内蒙古卓资职业中学可在华校师资交流方面与菲律宾华校开展合作。随后，访问团参观了菲律宾华教中心办公室、中国语言文化图书馆和华文教育展览厅。

12. 浙江省温州市华教基地师生到意大利学校交流

2016 年 2 月 13 日，浙江省温州市瑞安市外国语学校师生到意大利佛罗伦萨圣托里诺学校访问交流。交流团走进意大利友好学校课堂，与意大利方的学生一起聆听意大利课程，共同参加体育、文艺活动，亲身体验意大利教育。瑞安市外国语学校校长叶益耿介绍，此次访问，双方在教育、培养、引导学生发展等方面达成了多项共识，也进一步了解了意大利教育理念和海外华文学校办学模式，对瑞安市外国语学校未来的发展有着积极的意义。

瑞安市外国语学校作为温州市华文教育基地，已与多所海外学校结成友好学校关系，每年组织常态化交往，推进了温州市教育的国际化进程。

13. 意大利教育界人士赴佛罗伦萨中文学校交流访问

2016 年 2 月 17 日，意大利锡耶纳大学外语系主任、阿雷佐大学负责人 Roberto Venuti，意大利国际 COSPE 协会亚洲部主任玛丽娅，保罗茨落学校副校长 Santi，意大利曼托瓦综合学校校长 Preside Miriam Predelli 和多元文化负责人 Rachele Sperani 以及曼托瓦中文学校校长王铮到佛罗伦萨中文学校交流访问。

代表们通过参观、交流、观摩中文课程，深入了解佛罗伦萨中文学校规模、教育形式、教学质量、学生融入程度，以及当地联盟学校的合作内容、交流范围和取得的成效。

14. 中国驻清迈总领事访问泰国难府新中学校

2016 年 2 月 20 日，中国驻清迈总领事巢小良访问泰国难府新中学校，与该校校董和华文教师座谈。巢小良总领事代表中国国务院侨办向新中学校颁发了“海外华文教育示范学校”奖金，并对该校荣获“海外华文教育示范学校”称号表示祝贺，勉励学校校董和师生们继续努力，把华文教育办得更好，为社会培养出更多的有用人才，为中泰世代友好添砖加瓦。

15. 北京市侨办主任参访西班牙马德里华校

2016年2月21日，率领“文化中国·四海同春”艺术团在西班牙访演的北京市侨办主任刘春锋、国务院侨办经科司副司长于建明等走访旅西侨团，参观当地中文学校等机构，与北京同乡会进行座谈交流。刘春锋表示，希望侨胞们能够进一步加强中西文化交流。中国驻西班牙大使馆领事参赞朱健参加了当天的活动。

16. 荷比卢崇正总会拜访广东省侨办

2016年2月24日，荷比卢崇正总会会长张挺宏拜访广东省侨办，广东省侨办副主任黎静会见了来宾。张挺宏会长介绍了荷比卢崇正总会的基本情况和近期开展的活动，希望广东省侨办能在华裔青少年“中国寻根之旅”夏令营及文化用品等方面给予支持。黎静副主任肯定了荷比卢崇正总会在服务华社和传承中华文化上做出的努力，并表示广东省侨办将一如既往地支持该会会务发展，共同促进侨社和谐与革新。

荷兰、比利时、卢森堡三国接壤，来往方便，客家人众多，旅居三国的客家人于1989年在荷兰鹿特丹成立荷比卢崇正总会，旨在发扬传统的互相团结精神，促进同胞情谊和客家人在欧洲事业的发展。

17. 泰国教育部民教委校长考察团访问华侨大学

2016年3月7日，泰国教育部民教委副秘书长 Mr. Peerasak Rattana 率领的校长考察团到访华侨大学。华侨大学副校长曾路在学校行政研发大楼会见了考察团。曾路表示，近年来泰国农业大学孔子学院成功开展了多项内容丰富、具有创新意义的汉语推广活动，这有赖于泰国教育部民教委的大力支持以及各民校的鼎力相助。华侨大学与泰国各界始终保持着紧密联系，其中华文教育与汉语国际推广工作是非常重要的渠道，希望民教委继续一如既往地支持华侨大学和农业大学孔子学院的工作开展，同时希望今后与民教委有更深层次的合作。

Mr. Peerasak Rattana 表示，农业大学孔子学院开展的丰富多彩的中华文化活动已经拓展至多所民校，短期培训、师资培训和夏令营等活动影响广泛，当前很多泰国学生希望到华侨大学留学，民教委愿意成为华侨大学在泰国开展工作的桥梁。

18. 印度尼西亚东爪哇华文教育统筹机构访问广西华侨学校

2016 年 3 月 9 日，印度尼西亚东爪哇华文教育统筹机构主席李光迈博士到访广西华侨学校，洽商合作开展华文教育事宜。广西壮族自治区侨办侨政处处长陈盛朝、调研员梁宏，广西华侨学校校长陈进超和副校长胡宁、雷丽芳接待了来宾。

陈进超校长向来宾介绍了广西华侨学校的办学历史、建设发展、华文教育及留学生教育的情况。李光迈主席表示，希望双方加强合作，通过多方的共同努力，共推华文教育事业的发展。陈盛朝处长表示，广西侨务部门将继续做好服务，把好事办好，把项目落到实处。随后，参访团参观了留学生教室、宿舍等场所，并与广西华侨学校留学生亲切交谈。

19. 北京市教委代表团访问菲律宾华教中心

2016 年 3 月 9 日，由北京市教育委员会副主任郑登文等人组成的北京教育代表团访问菲律宾华教中心。

双方在会议厅进行了座谈。菲律宾华教中心常务副主席黄端铭向代表团介绍了华教中心所做的各项工作，并针对华教中心提出的“221”工程、夏（冬）令营等项目做了详细介绍。郑登文表示，菲律宾华教中心通过科研编写本土教材，通过设立试题库检验教学成果，并紧密结合国内各种华教资源，走在了教育界的前沿。北京市教育委员会希望与菲律宾华教中心这样的专业机构建立长期稳定的友好合作关系，定期沟通思想，交换信息。他还表示，北京市教育委员会愿意为推广中华文化，培养华裔青少年开展各项教育服务提供帮助。双方随后就教育推广培训等项目进行了讨论。

20. 马来西亚华文幼儿园园长活动委员会到深圳考察

2016 年 3 月 11 日，马来西亚沙巴州亚庇区华文幼儿园园长活动委员会成员到深圳考察，了解了深圳市幼儿园教育精细的管理制度，以及独特的走班学习方式。团长张丽芳表示，要将深圳先进的办园理念、管理方法带回马来西亚，运用到自己的办园实践中。同时，她希望今后加强与深圳的幼教交流和合作，相互学习，共同进步。

21. 中国驻荷属威廉斯塔德总领事走访库拉索华文学校

2016 年 3 月 12 日，中国驻荷属威廉斯塔德总领事张维欣走访库拉索华文学校，在华侨会所主席容宇庭的陪同下，看望慰问在校师生，与校董会座谈，详细了解学校的办学情况。在与学生们交流后，他勉励大家学好汉语，传承和发扬中华优秀文化，做中国同库拉索的友好使者。张维欣表示，中国驻威廉斯塔德总领事馆将一如既往为学校提供支持和帮助。

22. 印度尼西亚东爪哇华文教育统筹机构访问天津市侨联

2016 年 3 月 14 日，印度尼西亚东爪哇华文教育统筹机构副主席苏先源率团访问天津市侨联，天津市侨联党组书记、主席胡胜才会见了访问团。

苏先源表示，印度尼西亚东爪哇华文教育统筹机构已创办 10 年，始终坚持传承中华文化，培养德才兼备的人才，引领印度尼西亚东爪哇华文教育的发展，希望此次到天津，在推广海外华文教育发展、文化交流等方面能互通有无，加强合作交流。座谈期间，双方还就举办夏令营具体事宜进行磋商，互赠纪念品。

访问团在天津期间，先后到师范大学国际交流学院、天津二中、华夏未来少儿艺术中心就华文教育、师资培训、实习生外派事宜及有关教育交流合作项目进行了座谈交流，参观了天津师范大学图书馆、印度尼西亚东爪哇省驻天津交流中心、印度尼西亚在天津的企业等单位。

23. 日本大东文化大学教授访问华侨大学华文学院

2016 年 3 月 14 日，日本大东文化大学郑新培教授、竹岛毅准教授等到华侨大学华文学院商谈合作办学事宜。华文学院院长陈旋波、党委书记纪秀生、副院长李晓洁等参加会谈。

根据双方签署的合作协议备忘录，华文学院将与大东文化大学在长短期中文夏令营培训、本科教育“2 + 2”“1 + 3”合作办学及海外研究生培养等方面开展合作。座谈会上，双方就学生培养教学计划、学分互认、学习费用等问题进行了深入的探讨。

大东文化大学的前身是大东文化学院，创立于 1923 年，旨在教授、研究并振兴以汉学为中心的东方文化，融合东西文化，创造新文化。学校目前设 8 个学部，在籍学生超过 13000 人。

24. 马来西亚育才独立中学团队访问上海

2016 年 3 月 16 日，马来西亚霹雳州育才独立中学团队访问上海，上海市侨办主任徐力会见了访问团。徐力表示，马来西亚华文独立中学为当地华裔青少年学习中文，弘扬中华文化，促进中马两国教育友好交流做出了积极的贡献。上海在教育、文化、出版等领域拥有丰富的资源，上海侨办将一如既往地支持马来西亚华文教育发展。

马来西亚霹雳州育才独立中学是全马最早开展“成功教育”试点的 3 所华文学校之一。在上海期间，访问团访问了上海闸北八中，观摩教学，并与学校管理人员座谈交流。

25. 马来西亚华文中学到顺德开展中华文化交流活动

2016年3月16日，马来西亚麻坡广肇会馆顾问、世界司徒网络创办人司徒保权携马来西亚麻坡中化中学华文教师到访顺德，与顺德职业技术学院进行中国传统文化交流活动。

顺德职业技术学院人文社科学院的老师与来宾开展深入的交流。双方分享了顺德传统文化、中国新诗等内容，用珍贵的照片和丰富的史料生动展示了顺德悠久的历史文化遗产。马来西亚中化中学华文科主任吕秀兰老师介绍了麻坡中化中学的情况，并就在华文教学过程中遇到的一些问题与顺德职业技术学院的老师们进行了交流。随后，交流访问团参观顺德职院校园及其设计学院展示中心，并到顺德区博物馆、南国丝都、顺峰山牌坊等地了解顺德的文化传统。

麻坡中化中学位于马来西亚柔佛州麻坡，成立于1912年4月，1962年不接受政府改制而成为华文独立中学，建校至今成为坚持华文教育理念的百年老校。

26. 越南教育代表团到昆明华文学校访问

2016年3月17日，越南老街省教育厅黄文杨副厅长率领越南职业学校校长及相关学校部门负责人到昆明华文学校访问。双方就在越南老街省综合技术职业技能常年教育培训中心开办汉语言大学专科班等事宜进行磋商并达成初步合作协议。

根据协议，该班将由老街省综合技术职业技能常年教育培训中心在越南自主招生，学制为两年，第一年在越南完成汉语言零起点基础课程，第二年到昆明华文学校学习中国华侨大学汉语言专科教学大纲规定的课程，具备本科就读条件者，由昆明华文学校推荐到中国华侨大学继续深造。

27. 澳大利亚科耐中学师生访问瑞安市集云实验学校

2016年3月18日，澳大利亚科耐中学访问团访问瑞安市集云实验学校，并在瑞安开展为期一周的交流访问活动。双方均希望继续加强学校间的互动合作，推动中澳文化民间交流进程。

早在2013年7月，瑞安市集云实验学校师生就赴澳大利亚开展中澳文化交流活动，并与科耐中学签署友好结对协议。科耐中学也于2013年9月和2014年4月两次组织代表团回访瑞安。

28. 荷兰安多芬中文学校到荷兰丹华文化教育中心进行华文教学交流

2016年3月19日，荷兰安多芬中文学校的老师在陈自然主席的带领下，到荷兰丹华文化教育中心参观，并开展华文教学座谈交流。

丹华文化教育中心李佩燕校长、安多芬中文学校陈自然主席分别介绍了丹华文化教育中心、安多芬中文学校的历史和发展概况。随后来访的老师们前往丹华文化教育中心各班级进行教学观摩。

29. 国务院侨办吉林巡讲团访问菲律宾华教中心

2016 年 3 月 21 日，吉林省侨办主任科员李广赫率吉林巡讲团访问菲律宾华教中心。

巡讲团参观了菲律宾华教中心办公室、华文教育展厅和中国语言文化图书馆，随后，双方座谈。菲律宾华教中心常务副主席黄端铭向巡讲团介绍了即将于 2016 年 4 月召开的“第二届菲律宾华校高峰会议”，指出会议所要讨论的华校定位、师资队伍建设等 4 个议题都是菲律宾华校当前迫切需要解决的问题。他希望中国国务院侨办的专家能够就此行走访华校的所见所闻多提宝贵的意见。

30. 加拿大华文教育访华团参观福州中小学观摩教学

2016 年 3 月 22 日，由国务院侨办主办、福建省侨办承办的 2016“华文教育·教育交流”加拿大访华团到福州第三中学、福州实验小学开展文化交流活动。

此次访华团由加拿大卑诗省中文协会成员组成。双方就中加教育差异、如何培养优秀学生等内容进行座谈，希望以此次访问为契机，加强教育文化领域的交流。随后，访问团还参观了福州第三中学机器人基地，并走进课堂，与学生近距离接触。

31. 泰国玛哈萨拉坎皇家大学校长宋差·翁卡森访问云南师范大学

2016 年 3 月 22 日，泰国玛哈萨拉坎皇家大学宋差·翁卡森校长率该校代表团到云南师范大学访问。云南师范大学校长蒋永文和代表团进行了会谈。

双方就重点合作专业领域、学生联合培养模式、长短期培训班、各类奖助学金等内容进行了充分的交流和讨论，明确了重点合作领域。双方校长签署两校合作备忘录。

32. 马来西亚董总资料与档案局代表到华侨大学访问交流

2016 年 3 月 24 日，马来西亚华校董事联合会总会资料与档案局主任钟伟前、副研究员潘永杰到访华侨大学华人华侨研究院，华侨大学华人华侨研究院院长张禹东、书记庄志辉及部分教师参加座谈交流。

钟伟前表示，资料与档案局作为马来西亚华校董事联合会总会行政部下设的资料管理单位，主要任务是收集、管理、分析、研究与出版各类教育文献与资料，尤其是华文教育的各类出版品及相关文献资料。此行主要目的是加强与华侨大学的合作联系以及学习在文献管理上的相关经验。座谈会上，双方达成学术互访、华文教育档案史料整理等合作意向，也就海外民间史料收集、文物馆实作培训等议题进行深入讨论。

33. 汤加广东同乡会会长访问广东省侨办共商华文教育发展

2016 年 3 月 25 日，汤加广东同乡会会长赵德到访广东省侨办，与广东省侨办主任李心、副主任郑建民就加强汤加华文教育座谈交流。

座谈会上，赵德会长介绍了汤加侨情，同时表示为了促进当地华文教育发展，汤加华侨华人社团正在筹划开办中文学校，计划 2017 年开始招生办学，希望国内有关方面给予支持。李心主任对汤加华侨华人社团开办中文学校表示支持。郑建民副主任向赵德会长介绍了广东省侨办海外华文教育工作情况，并与来宾就今后支持汤加华社开展华文教育的具体举措、举办华裔青少年“寻根”夏令营等项目交换了意见。

34. 马来西亚沙巴国民型华校董联会成员到访深圳龙城高级中学

2016 年 3 月下旬，马来西亚沙巴州国民型华校董联会主席林克光率领的华教团队到访深圳龙岗区龙城高级中学，交流华教经验。

近年来，马来西亚沙巴州国民型华校亚庇中学与龙城高级中学交流频繁，多次来访展示教学成果，龙城高级中学也多次委派老师赴马来西亚支教。

35. 湖南湘潭代表团赴东南亚三国宣传华文教育

2016 年 3 月下旬，湖南省湘潭市旅游外事侨务港澳局组织“华文教育交流团”赴马来西亚、菲律宾、印度尼西亚三国宣传华文教育，拜会侨团侨社、华教机构。

在马来西亚，中国丝绸之路企业家协会会长沈君伟欢迎代表团的来访，表示砂拉越是马来西亚发展潜能最大的联邦成员，是湖南企业前来投资的理想战略地点，因此华文教育必不可少。湘潭市政府顾问夏国华表示，华文教育是维系广大华侨华人与祖国之间情感的重要纽带，欢迎湘籍华侨华人多回家乡，加强双边往来合作。代表团还走访了菲律宾、印度尼西亚的华文学校，与当地华文教师进行座谈，参观考察学校设施、外派教师宿舍等，为日后在文化教育上的合作打下基础。

36. 华侨大学代表团访问中意国际学校探讨华教合作

2016 年 4 月 5 日，由华侨大学华文学院党委书记纪秀生教授率领的“一带一路——华人聚居区语言景观调查”代表团莅临中意国际学校，与中意国际学校校长李雪梅博士就两校合作发展和未来前景进行了友好会谈。

在参观中意国际学校后，双方进行了亲切交流。纪秀生教授表示，中意国际学校拥有一套独特的教育体系，顺应了海外华文教育发展的大趋势，并期待在以后的合作中能共同为华文教育事业和中意两国文化交流添砖加瓦。代表团成员胡培安教授和任弘教授都表示，海外华文教育既光荣又艰巨，华侨大学今后会对中意国际学校给予更多的支持和帮助，并期待两校合作成功。

37. 加拿大 BC 省中文协会代表团访问暨南大学华文学院

2016 年 4 月 5 日，加拿大 BC 省中文协会会长王满霞率领协会下辖各学校的校长和校董共 28 人访问暨南大学华文学院。访问团在此开展各项华文教育工作调研，听取王汉卫教授题为《汉字的简化与发展》的讲座，与暨南大学华文学院教师讨论《中文》教材在加拿大的使用，以及华文教师证书、华文水平测试项目在加拿大的测试和推广等。

38. 浙江大学发展联络办领导访问菲律宾华教中心

2016 年 4 月 6 日上午，浙江大学发展联络办公室顾问邓伦成、副主任顾玉林、资源拓展部职员李薇三人访问菲律宾华教中心。代表团在参观中心办公室、华文教育展览厅和中国语言文化图书馆后，与华教中心负责人进行了座谈。华教中心黄端铭副主席向来宾介绍了中心的各项业务，并希望能与浙江大学展开实质性合作。顾玉林表示，浙江大学欢迎菲律宾当地学生到浙江大学进修汉语，也表达了对菲律宾华教中心以及陈永栽先生等热心华教事业人士的敬佩。邓伦成表示，此行的主要目的是与各方建立联系，他希望与菲律宾华教中心紧密合作，实现强强联合。

39. 华侨大学华文调研团访问希腊

2016 年 4 月上旬，华侨大学华文学院党委书记纪秀生教授率调研团访问希腊。代表团赴雅典商务孔子学院，就海外华文教育现状及汉语推广等问题与雅典孔子学院院长祖利军进行深入探讨和交流，随后前往雅典大学语言学院进行参观调研。代表团还考察了雅典中文学校，听取该校校长李芳对华文学校教学环境以及华侨子弟学习情况的介绍。

40. 西班牙中加友好学校校长拜访浙江瑞安外侨办

2016 年 4 月上旬，浙江瑞安籍侨领、西班牙巴塞罗那中加友好学校校长、西班牙中国民族文化协会会长、西班牙华星艺术团团长陈淑芬拜访瑞安市外侨办。

座谈中，陈淑芬对瑞安市外侨办近几年的支持表示感谢，介绍了中加友好学校五个校区的日常教学工作情况、发展规划及西班牙中国民族文化协会近期开展的活动情况，与瑞安市外侨办华文教育培训中心负责人就海外华文教育合作进行深入交流。她表示，希望通过此次来访进一步加强与瑞安的联系，通过海外华校的建设和推广加速瑞安海外华文教育发展进程，在海外做好中华优秀文化的传承工作。瑞安外侨办主任周靖表示，推动海外华校发展、深化海外华文教育是海外中华文化留根工程的重要组成部分，希望陈淑芬女士继续在推动瑞安海外华文教育发展方面发挥积极的作用。

41. 佛罗伦萨中文学校与意大利中学开展教学交流

2016 年 4 月 11 日，意大利佛罗伦萨中文学校全体教师与合作联盟学校——意大利保罗茨落中学教师开展教学交流，共同探讨针对华裔学生的有效教学方法。双方围绕同时就读于两校的华裔学生学习态度、融入情况、兴趣爱好等方面展开交流与讨论。双方老师详细介绍了学生在各自学校的表现，针对学生存在的问题，提出具体建议，通过相互吸收借鉴各自成功的做法和经验，力求以各自学校之长，促进学生健康成长。佛罗伦萨中文学校校长潘世立提出，两校老师可定时间、定目标、定对象，对差生进行有针对性的教育和引导。

42. 温州外侨办组织温籍侨领走访泰顺

2016 年 4 月中旬，温州市外侨办组织意大利、法国、西班牙、南苏丹等国温籍侨领赴泰顺竹里乡，参加畲族风情旅游文化节。

侨领们走访了泰顺文礼书院。泰顺县委书记张洪国会见了访问团。他向来宾介绍了畲族风情旅游文化节概况，与大家一同观看文礼书院发展历程的录像，聆听文礼书院创办人、全球读经教育基金会董事长王财贵的教学心得以及该院国际学校开展华文教育工作的介绍。温州市外侨办副主任许捷提出，文礼书院今后可与海外华校开展交流与合作，加强资源共享，积极探索华文教育国际化新思路、新举措，将文礼书院建设成为一所现代国际型“私塾”，切实为喜欢研读中华经典的海内外学子提供优良的学习环境。

43. 泰国教育代表团访问华侨大学

2016 年 4 月 18 日，华侨大学校长贾益民在厦门校区会见了泰国教育代表团。代表团成员包括泰国诗琳通公主御赐支援柬埔寨教育项目委员会主席、泰国国王御卫厅副总司令瓦披龙上将，泰国华文教师公会主席罗宗正博士、永远荣誉主席周丽云等。华侨大学副校长曾路陪同会见。

瓦披龙感谢华侨大学长期以来为推动中泰两国友好交流做出的重大贡献，特别感谢学校的大力支持，使得“泰国高级人才技工培训班”项目得以顺利实施，开启了泰中工科培训领域的重要合作。罗宗正主席表示，作为华侨大学的海外校董他将大力支持华侨大学和泰国各方的合作，努力推动泰国华文教育发展。贾益民感谢瓦披龙上将、罗宗正主席对华侨大学工作的高度关心和支持，他表示，今后学校也将继续不遗余力地促进中泰文化教育领域的合作。

双方就诗琳通公主在柬埔寨援建学校学员技术培训、外派汉语教师、设立中华语言文化中心以及开展“2+2”合作培养工程技术人才等具体项目细节展开深入探讨，并达成初步共识。

44. 缅北华文教育协会校长团访问昆明华文学校

2016年4月20日，在云南瑞丽市侨办工作人员的陪同下，缅北华文教育协会马从源秘书长率缅北华校校长18人参访昆明华文学校。昆明华文学校张明军校长、陈娜副校长与来宾就海外华文教育工作开展情况、本土化教师培养、九年义务制教材发送等工作进行座谈。张明军指出，海外华文学校要实现转型升级，加强教师本土化建设是关键。国内外华校应积极合作开展本土化教师培养工作，同时积极发挥外派教师“传帮带”作用，进一步加强海外华校的“造血”功能，积极推进海外华校“三化”建设。他还向来宾介绍了缅甸曼德勒云华师范学院的开办情况。

参访团此行还看望了在昆明华文学校就读的云华师范班学生与缅甸学生。

45. 福建代表团访问马来西亚华校

2016年4月21日，福建省省委书记尤权率领的代表团到访马来西亚哈古乐华文小学。尤权书记与同学们亲切交谈，鼓励大家学习中华传统武术与书法，希望大家牢记中马友好历史。尤权指出，华文学习承载的是中华传统文化，希望广大华文教育工作者通过自己的努力，让孩子们成为中华文化的传承者、中马友好关系的推动者，促进中华文明在海外流淌延续，推动中马文化交流交融、中马关系巩固发展。

46. 广西侨办主任访问柬埔寨

2016年4月18日至21日，广西侨办主任秦春成率队到柬埔寨访问。访问团一行先后到柬华理事会、金边市民生中学、端华学校、广肇学校、暹粒省公立中山学校等地走访，与侨领、学校领导及外派教师们座谈交流，并走进教师们的住所、厨房了解他们的日常生活状况。

各校长就当地华文教育现状表达看法，如本地师资力量薄弱、体育等教学器材仍有欠缺、中文图书较为缺乏等，希望侨务部门给予相关帮助。民生中学校长呼吁中文学校尽快融入柬埔寨国家教育体系，与柬埔寨民族求同存异，共同发展。

在调研中，秦春成对外派教师们在海外辛勤工作取得的成果表示肯定。他指出，外派老师代表国家形象，工作任务事关中华文化传承，要努力在短时间内把自己的智慧贡献在柬埔寨，在教好学生华文知识的同时，让他们懂得做人的道理和思考问题的办法；要发挥好“传帮带”作用，为当地培养更多优秀华文教师，使华校成为柬埔寨人才培养的重要平台。秦春成还建议，外派教师可发挥自身优势，积极牵线搭桥，争取任教城市与家乡缔结“友好城市”关系。

47. 云南海外交流协会代表团参访清迈教师联谊会

2016 年 4 月 24 日至 28 日，云南省海外交流协会杨焱平会长率云南侨务代表团访问泰国北部地区，到清迈、南邦、清莱三地调研华文教育工作，看望慰问泰北华校的外派教师等。清迈地区华人村华文教师联谊会会长、清迈教联高级中学校长王相贤先生携联谊会会员学校校董、校长 30 余人在清迈芳县热烈欢迎代表团一行。

代表团参访了联谊会所属的万仰忠贞中学、清迈教联高级中学，并在清迈教联高级中学举行座谈会。在座谈会上，王相贤会长对云南海外交流协会长期以来对联谊会的关心和支持表示诚挚感谢，并在联谊会举办“中华文化大乐园”、改善泰北华人村华校办学条件、补助国内高校实习教师和组织退休教师前往泰北支教三个方面提出了给予帮助和支持的申请。杨焱平会长对联谊会为泰北华人村华文教育工作做出的努力和取得的成绩给予高度评价和肯定，对教学一线的外派教师给予关心和鼓励，对外派教师今后的工作提出了要求及殷切希望。

48. 德国吉森市师生代表团到温州华教基地交流访问

2016 年 4 月下旬，德国吉森市高中师生代表团到国务院侨办华文教育基地——温州大学进行交流访问。

代表团参观了温州大学校史博物馆，深入了解温州大学的发展历史、学科设置和学术研究等。接着，师生们实地参观了温州大学创业学院工作室，温州大学创业实例引发了德国学生对创业的浓厚兴趣，学生们现场就如何开展创业展开了热烈的讨论。

在随后举行的座谈会上，温州大学相关负责人向代表团介绍了温州概况、温州大学留学生培养项目和奖学金政策，并鼓励德国学生来温交流，学习汉语，体验中国文化。双方还就开展学生交流、汉语学习等事项进行了交流探讨。

49. 福建省副省长赴智利慰问侨办外派教师

2016 年 4 月 30 日，福建省副省长梁建勇率领经贸团出访智利伊基克市期间，慰问了由福建省侨办选派前往智利任教的来自漳州市诏安溪南小学的李秋勇老师和来自南平第二实验小学的陈丽莉老师。两位老师分别被派到伊基克中文之星华文学校和华商联谊中文学校任教，传播中华文化。

50. 韩国友好学校师生到温州华教基地开展交流活动

2016 年 5 月上旬，韩国全罗南道广英中学校校长南相云率师生访问团 16 人到温州市华文教育基地——瑞安安阳实验中学，开展为期 5 天的交流访问。

访问期间，中韩学生一同表演才艺、动手制作火箭模型、骑行、体验木活字印刷、制作各种传统工艺品，游览了乌镇和上海。通过互动交流，双方增进了了解，加深了彼此的友谊。

51. 中国驻土耳其大使走进当地大学汉语课堂

2016 年 5 月 4 日，驻土耳其大使郁红阳访问土耳其高加索大学，做题为“中土携手共创丝路辉煌”的专场演讲，并与该校萨米·欧兹江校长就加强中方与该校的文化教育合作与交流展开深入探讨。

在演讲中，郁红阳大使全面介绍了中国“一带一路”建设、中土两国在此框架下合作的现实基础和条件、政策对接情况、目前两国合作的主要领域及未来的广阔前景。他详细阐释了中国新疆的文化、宗教政策，分析了当前中国经济形势，指出中国经济发展前景是光明的，这将是中土共建“一带一路”的重要基础和保障。郁红阳大使还走进土耳其高加索大学的汉语课堂，与学生们亲切交流，分享汉语学习经验，指导同学们如何根据自身特点制定中文学习规划和寻找正确的汉语学习方法，鼓励同学们学好汉语，创造美好人生。

52. 荷兰丹华学校校长访问华侨大学华文学院

2016 年 5 月 9 日，荷兰丹华学校校长李佩燕访问华侨大学华文学院。华文学院院长陈旋波、副院长李善邦接待了到访嘉宾。

李佩燕校长介绍了荷兰丹华学校在华文教育领域开展的工作，回顾了与华文学院之前合作项目，对学院的办学成绩表示赞赏，希望继续加强合作。陈旋波院长介绍了学院近年来学科建设和品牌项目，希望在短期培训、学生来华夏（冬）令营等方面开展交流合作。

53. 福建省三明市侨联副主席访问菲律宾华教中心

2016 年 5 月 9 日，福建省三明市侨联副主席、三明侨报社长陈志忠访问菲律宾华教中心。

在参观办公室、菲律宾华文教育展览厅、中国语言文化图书馆以后，宾主双方在华教中心会议室开展座谈交流。陈志忠说，三明市很重视侨务关系，多年来承办过多国华裔青少年夏（冬）令营，有许多知名教授学者可为营员们授课，旅游资源丰富，欢迎菲律宾华裔青少年到访三明。华教中心常务副主席黄端铭重点介绍了该中心 20 多年来举办的各种夏（冬）令营活动。他表示，菲律宾华教中心很重视培养华裔青少年对祖籍国的感情，鼓励他们前往中国寻根，三明市是一个开展夏（冬）令营活动的好地点，希望能早日展开与三明市侨联的合作。

54. 泰国清迈皇家大学副校长访问云南师范大学

2016 年 5 月 9 日，泰国清迈皇家大学副校长他玛吉・汤莫一行 7 人到访云南师范大学。校长助理、华文学院院长武友德教授会见代表团。

他玛吉・汤莫副校长参观了云南师范大学能源与环境科学学院、图书馆以及华文学院。随后，武友德院长与代表团举行会谈，介绍了云南师范大学和华文学院的办学情况，表达了与泰国高校合作的愿望。武院长指出，清迈皇家大学在泰国的皇家大学中居于领军地位，期望通过他玛吉・汤莫副校长的此次来访，在双方学校已有的交往背景下，积极探索建立教师互派、学生互换、学分互认、学位互授联授机制，实质性提升两校合作交流的水平，为中泰教育交流做出应有的贡献。他玛吉・汤莫副校长表示，清迈皇家大学与云南师范大学同为师范类学校发展成的综合性大学，双方可在学生互换方面开展更为紧密的交流与合作。

55. 中国驻荷属威廉斯塔德总领事与当地教科文部长探讨华文教育

2016 年 5 月中上旬，中国驻荷属威廉斯塔德总领事张维欣会见库拉索教科文部长艾琳・迪克女士。

张维欣总领事对艾琳・迪克女士长期以来关心华侨华人事业发展和支持侨胞子女接受华文教育表示感谢，希望其积极推动库拉索建立孔子学堂，加强中国与库拉索的人文交流及旅游领域的务实合作。艾琳・迪克女士盛赞中国的发展成就，表示愿与总领馆保持沟通，共同推动双方文化、教育、体育等领域的交流与合作。

56. 云南省侨办副主任访问缅甸曼德勒云华师范学院

2016 年 5 月 12 日，云南省侨办副主任袁光兴一行 4 人莅临缅甸曼德勒云华师范学院，与云华师范学院董事长尚兴玺先生、副董事长杨春勉先生等校董以及李暾院长等学院管理干部召开座谈会，一同探讨华文教育。

座谈会上，尚兴玺董事长介绍了云华师范学院的办学情况及缅北华文教育现状，谈到了在推广华文教育的过程中遇到的困难及为此做出的努力。袁光兴副主任谈了到访云华师范学院的感受，并表示云南省侨办一定会重点帮扶打造云华师范学院，切实把握中国国务院侨办裘援平主任提出的“三化、六体系”的发展方向，做好海外华文教育这一“留根工程”。李暾院长介绍了学院的办学理念和办学特色，表示将致力于把学院建设成为华文教育新型教师培养的摇篮，华文教育优质师资培训的基地，华文教育科学研究实验的中心，华文教育交流情谊传递的桥梁，“三语”教学、“三有”目标成功的样板。

57. 缅北华教协会走访山区华校

2016 年 5 月 15 日至 17 日，缅北华文教育协会副会长杨新业走访了猛高培华小学、南彦中学、华彦小学等多所缅北山区华校，了解山区华校的教师、教学和教材使用情况以及学校存在的困难。缅北山区学校大多缺乏教师和经费，因地处偏僻而没有通信，消息闭塞，校舍简陋，部分学校学生不足。

通过调查交流，缅北华文教育协会此次了解到缅北山区华校的实际困难和相关需求，还有中国免费教材发放过程中存在的一些问题，对缅北华文教育协会今后开展工作有所启发和帮助，缅北华文教育协会将从免费教材发放、教师培训、教学指导等方面对缅北华校进行帮助和引导，竭力为会员学校提供服务。

58. 温州市政协主席率团访问荷兰乌特勒支中文学校

2016 年 5 月 21 日，以温州市政协主席余梅生为团长的温州市政协代表团到荷兰乌特勒支中文学校参观慰问。中国驻荷兰大使馆袁春华秘书、乌特勒支市长 Jan van Zanen 先生及有关侨团负责人等陪同参观。

在乌特勒支中文学校校长胡云飞带领下，余梅生一行参观了校区，并走进教室近距离观摩教学。在随后举行的座谈交流会上，胡云飞详细介绍了乌特勒支中文学校不断发展壮大的历程，特别指出乌特勒支中文学校校董主席林太松、副主席胡季普、知名侨领胡志光等对学校历年来所做贡献。

余梅生说，参观了乌特勒支中文学校后，深深感到海外华文教育充满蓬勃生机，华人华侨的奉献精神让人敬佩。袁春华对乌特勒支中文学校为荷兰华文教育所作出的贡献和发挥的重要作用予以了充分的肯定，并希望学校发展越来越壮大。

59. 新加坡华侨中学师生到海南华侨中学访问交流

2016 年 5 月下旬，新加坡华侨中学师生团 30 人到海南华侨中学开展交流活动。

海南华侨中学国际合作与交流处主任许亚鹏会见了新加坡华侨中学师生团。许亚鹏说，海南侨中和新加坡华侨中学地缘相近、人缘相亲，同讲华语，情同手足；两校多年来保持了友好而频繁的交流，卓有成效。

海南华侨中学学生同来访学生进行了友好互动，共同参观校园，表演文艺节目。此次来访的还有新加坡中正中学教师代表，此行旨在对海南进行深入了解和考察。新加坡海南商会副会长、琼籍华人陈学汉代表介绍，以后将有更多的新加坡中学生加入两地学生交流活动中。

60. 四川省侨联领导到访菲律宾华教中心

2016 年 5 月 31 日，四川省侨联党组书记、主席刘以勤，四川省侨联副秘书长、办公室副主任杨凡，四川省台湾同胞联谊会副会长兼秘书长冯雪菊，中国侨联信息化领导小组办公室工程师沈跃虎 4 人访问菲律宾华教中心。他们参观了该中心办公室、华文教育展览厅和中国语言文化图书馆，并与中心负责人进行座谈。

座谈会上，菲律宾华教中心常务副主席黄端铭向四川省侨联代表团表示热烈的欢迎，向代表团介绍了中心开展的各项工作，并表示希望能在文化交流和夏（冬）令营等项目上与四川省侨联展开合作。刘以勤表示，四川省侨联愿意提供帮助并与菲律宾华教中心开展多方面的合作。她指出，四川具有丰富的文化教育资源，十分适合开展夏（冬）令营活动。杨凡介绍了华文学习在线系统，沈跃虎介绍了侨联通手机软件。他们表示，侨联的工作和交流现逐步走向信息化、现代化，可为华人华侨提供更方便的服务。双方就夏（冬）令营项目的开展和信息化系统的使用进行了深入交流。

61. 意大利曼托瓦华侨华人总会考察当地华校

2016 年 6 月 1 日，在国际儿童节之际，意大利曼托瓦华侨华人总会理事长叶正勤、第一常务副会长吴永富、常务副会长应伟巧、副会长俞升斗等人到该会创办的曼托瓦华侨华人总会育才中文学校与师生欢庆六一国际儿童节。在听取学生学习情况介绍后，总会为获得奖学金的学生发放了奖金。

曼托瓦华侨华人总会育才中文学校创办以来，除组织学习中文外，每年六一国际儿童节等节日，都会组织师生及学生家长开展丰富的活动，鼓励学生不仅要努力学好文化知识，也要多参与社会活动，增进对所在国的历史文化的了解，积极融入当地社会。

62. “第八届世界华侨华人社团联谊大会”部分海外侨社代表参观北京华文学院

2016 年 6 月 1 日，国务院侨办副主任任启亮在北京华文学院会见前来参加“第八届世界华侨华人社团联谊大会”的部分海外侨社代表。任启亮与来自印度尼西亚、美国、英国、加拿大、泰国等华侨华人社团代表进行了亲切交谈。北京华文学院院长周虹参加会见并陪同参观。

任启亮代表国务院侨办、中国海外交流协会对海外侨社代表来京参会期间，专程到北京华文学院参观交流表示欢迎。他介绍说，北京华文学院是中国国务院侨办直属华文教育专业院校，长期以来吸纳了众多海外华裔青年学生、海外华文学校教师、外国政府官员到校学习中文、研修中华文化，希望海外侨社代表通过参访加强对学院的了解，增进双方的沟通与合作。

随后，海外侨社代表参观了北京华文学院。海外侨社代表表示，今后要发挥各自社团的影响，增进了解，加强与北京华文学院的交流合作，共同携手推进海外华文教育事业的发展。

63. 江苏华教基地与美国一学校开展家庭教育对话活动

2016 年 6 月 7 日，江苏省南京市华文教育基地浦口行知教育集团与友好学校美国亚尼桑那州图桑国际学校的师生家长开展家庭教育对话交流活动。

同学们就各自家庭对学校教育和本人的学习所起的作用阐述各自观点，各种理念、观点及文化认知产生了积极有益的触碰效果，既促进了文化的交流，增进了两校的友谊，又提升了中文表达能力。

64. 上海侨办副主任会见加拿大华教人士

2016 年 6 月 13 日，上海市侨办副主任姚卓匀会见来访的加拿大佳华学校校长荣萌。荣萌向姚卓匀介绍了佳华学校近年来的发展情况。姚卓匀对佳华学校多年来在海外传播中华文化表示肯定。她表示，近年来上海市侨办在华文教育方面开展了大量工作，既要不断固化现有工作基础，也要进一步开拓创新。她希望今后进一步加强与佳华学校的联系与合作，共同探索和开发具有上海特色的华文教育工作项目，为海外华文教育呈现百花齐放的局面做出新的贡献。

65. 马来西亚华文教育界赴福建书洋镇参观考察

2016 年 6 月 14 日，马来西亚柔佛山中华公会教育委员会、马来西亚柔佛国中华文教师联谊会的陈丽冰、戴春辉等 10 人在武夷学院参加马来西亚中学华文教师研修班后，到福建省漳州市重点侨乡——南靖县书洋镇塔下村参观考察。他们参观了“闽南周庄”——塔下村特色建筑及村侨联会“侨胞之家”，感受了华侨历史、华侨文化、土楼文化，并与村侨联会开展互动交流活动。

66. 日本华教人士访问暨南大学华文学院商讨教育合作事宜

2016年6月17日，日本千代田教育集团代表理事陈秀姐等3人莅临暨南大学华文学院，与学院党委副书记史学浩、副院长曾毅平等洽商华文教育预科、本科及研究生合作事宜。双方就在日本设立汉语国际教育专业兼读制研究生班的合作进行洽谈，并达成初步合作意向，草拟了合作协议与招生简章。学院招生与社会合作部主任温明亮、研究生及科研管理办公室副主任程红等出席座谈会。

史学浩代表暨南大学华文学院对日本千代田教育集团简要介绍了华文学院的发展历史、专业设置、师资队伍建设情况及华文教育方面的重大项目。他指出，学院有能力提供从非学历语言生到博士研究生的全系列教育服务，这也将成为双方合作的坚强后盾。他还对日本留学生及华侨前来学习与深造表示热烈欢迎。陈秀姐表示了对此次合作的重视，并介绍了千代田教育集团的中文办学和学生学习情况，希望能够与学院开展从预科、本科到研究生教育一系列的合作。此外，同行的林祁、祁放详细介绍了千代田教育集团的国际化合作情况及取得的成果。

67. 甘肃省人大常委会秘书处一行访问菲律宾华教中心

2016年6月20日，甘肃省人大常委会秘书处主任黄宏宇等4人访问菲律宾华教中心。

黄宏宇主任在参观菲律宾华教中心办公室、华文教育展览厅和中国语言文化图书馆后，与华教中心负责人进行了座谈。华教中心常务副主席黄端铭向访客表示欢迎。他介绍了中心开展的各项工作，并表示菲律宾华教中心注重文化的交流，每年举办前往中国各地的夏（冬）令营和各种征文、书画大赛，开办了新华书城。他希望之后能有机会与甘肃省建立关系，开展一些文化方面的合作。

黄宏宇赞扬了菲律宾华人华侨在艰难的情况下兴办华校并坚守100多年的义行。他认为华人之间要团结，并与当地的原住民和谐相处，才是生存之道。他希望随着杜特尔特当选总统，菲中两国关系会进一步发展。他还热诚欢迎菲律宾华裔青少年到甘肃开展夏（冬）令营活动。

68. 马来西亚董总主席率团参访雪隆独中

2016年6月20日至21日，马来西亚董总主席天猛公拿督刘利民率团前往雪隆独中，与雪隆独中董事长、董事与师长进行交流。参访团此行获得巴生滨华中学、巴生兴华中学、巴生光华独立中学、巴生中华独立中学、吉隆坡中华独立中学、吉隆坡循人中学、吉隆坡坤成中学和吉隆坡尊孔独立中学8所独中董事长、董事与师长们的热情接待。

刘利民表示，董总必须随着时代的转变而做出相应的调整及检讨，与全马“60 + 1”所华文独中的联系必须加强，并希望获得各校的鼎力支持与配合。董总首席执行长孔婉莹表示，董总将逐步开展马来西亚独中教育蓝图的构思、调研、草拟、咨询、修正、定稿与推广的工作。她指出，独中教育需要经验的累积与沉淀，教育改革更应与时并进，希望董总能负起引领华教前进的重担，拟定华文独中教育蓝图，促进华文独中教育继续在马来西亚发展。

各校独中董事会成员与师长在发言时，除了积极分享办校经验，同时也对董总拟定华文独中教育蓝图之举深表支持。此外，校方也就华文独中教育蓝图提供了宝贵的意见和看法。

69. 暨南大学代表团到访缅甸云华师范学院与曼德勒新世纪国际高级学校

2016 年 6 月 21 日，暨南大学副校长刘洁生教授到缅甸曼德勒云华师范学院与曼德勒新世纪国际高级学校参观考察。云华师范学院董事长尚兴玺先生，新世纪国际高级学校校长张继、常务副校长张堃分别陪同。

云华师范学院表示未来将促进学院向师范本科方向发展。刘洁生教授表示将与云华师范学院加强合作，同时邀请董事长和院长参加暨南大学 110 周年校庆和世界校长论坛。暨南大学华文学院院长邵宜教授表明来访目的是了解云华师范学院的办学状况及需求，了解教学的实际情况并讨论如何合作问题。双方就云华师范生进入华文学院学前教育本科专业，开展华文水平测试（HSC）合作等方面进行深入探讨，取得了共识。

在新世纪国际高级学校，暨南大学参观了中小学及幼稚园，并就新型华文教育、国际教育合作等方面进行了交流座谈。座谈会上，张继向来宾介绍了新世纪国际高级学校办学宗旨、育人目标、师资团队以及学校在新型华文教育方面所取得的办学成果。邵宜对张继所提的“新型华文教育”非常感兴趣，并表示新世纪国际高级学校在新型华文教育方面已经走在海外华文教育前面。双方还就华文教育“语言教学”和“学生出路”等方面进行了深入探讨。刘洁生表示，暨南大学愿意继续与新世纪国际高级学校在海外华文教育和国际教育等方面加强交流合作。

70. 非洲多国大使访问温州华教基地

2016 年 6 月 24 日，纳米比亚驻华大使阿贝德、莱索托驻华大使莱博杭·恩齐妮、加纳驻华大使馆副大使贺拉斯·安克拉、坦桑尼亚驻华大使馆公使乔治·马农纪、莱索托驻华大使馆参赞赛贺妮、纳米比亚驻华大使馆随员施夫迪访问温州大学。

温州大学校长李校堃会见了来访团，并就教育合作、学生来华留学等事宜与来宾进行洽谈。李校堃代表温州大学介绍温州大学办学历史、办学特色和办学成果，并表示希望通过学生交流、教育合作推进中国与非洲国家的人文交流与友邦关系的发展。

阿贝德代表参访团对温州大学的热情接待表示感谢，并指出中非友谊始于20世纪60年代，中国为非洲提供了大量的全方位、无条件的支持和援助。在非洲大部分国家和地区取得独立后，中国继续在教育、科技、医疗等方面向非洲提供大量的支援。培养高素质的年轻人，对于促进双边发展、构建和平的国际秩序有着重要意义。

71. 江苏侨办代表团到访俄罗斯

2016年6月下旬，以江苏省侨办文教宣传处副处长郭冬梅为团长的江苏省侨办代表团赴俄罗斯进行访问。

代表团在莫斯科期间，与俄罗斯华侨华人青年联合会、俄罗斯中国和平统一促进会、俄罗斯华侨华人联合总会等组织负责人举行了座谈，就近年来江苏侨办开展的华文教育、文化交流工作情况进行讨论。随后，代表团访问了莫斯科州国立大学汉语暨中国研究中心，并与该中心教职员工和中文专业学生代表进行了会谈。郭冬梅向与会方介绍了江苏省情与特色文化，希望两国学子加强交流，为增进两国的友谊多做贡献。

莫斯科州国立大学国际交流部主任尤金介绍了该校汉语暨中国研究中心的组建及教学情况。他希望借访问团到来之机，加强与江苏教育资源的对接，进一步加强与江苏在文化教育领域的合作。代表团还向该校汉语暨中国研究中心赠送了一批《现代汉语词典》。

72. 老挝沙湾拿吉大学代表赴广西华侨学校交流访问

2016年7月3日，老挝沙湾拿吉大学副校长伯涵、万象市政府秘书室占达到广西华侨学校交流、考察，洽谈合作事宜，并看望在校就读的老挝籍留学生。

广西华侨学校副校长雷丽芳接待了访问团。双方就在校留学生录取情况、高中课程设计、夏（冬）令营项目等内容进行探讨交流。

73. 云南民族大学代表团赴缅甸云华师范学院交流会谈

2016年7月4日，云南民族大学副校长李炳泽到访缅甸曼德勒云华师范学院。云华师范学院董事长尚兴玺会见来宾，并介绍了缅北华文教育的现状。云华师范学院院长李暾表示希望能够与云南民族大学加强合作。双方就学术交流、志愿者支教、云南民族大学海外实训基地建设等项目的合作进行洽谈。李炳泽表示，回国后将会尽快实施计划，努力做好合作事宜。

74. 中国海外交流协会摄制组访问缅甸云华师范学院

2016年7月7日，中国海外交流协会摄制组吉风颂导演到访缅甸曼德勒云华师范学院，进行《海外华校掠影》节目的拍摄取景工作。

云华师范学院院长李瞰教授向摄制组介绍了学院的基本情况、办学特色及办学目标。摄制组对学校的教育教学常规工作实况进行了拍摄，包括中华武术表演、太极拳教学、舞蹈排练、剪纸课堂、国学诵读活动，以及在校师范生课堂教学实录、教师办公场景等。

75. 厦门大学海外教育学院代表团访问泰国

2016年7月7日，厦门大学海外教育学院院长郑通涛率团访问泰国北部，为厦门大学海外教育学院清莱鹏博冠教学点首届远程本科生举行毕业论文答辩活动，并深入泰北各地大、中、小学，调研华文教育现状。

代表团走访了当地多所华文学校，给当地华文学校带去教学新思路和切实有用的信息资源，受到了当地华文学校的热烈欢迎。

76. 暨南大学代表团赴马来西亚调研

2016年7月10日至14日，暨南大学华文教育研究院院长助理杨万兵等4人，赴马来西亚吉隆坡开展华文教育工作调研及招生宣传工作。

7月11日，代表团与马来西亚华校董事联合会总会（董总）和马来西亚华校教师会总会（教总）主要负责人进行会谈，董总财政张锦祥、中央委员张志明、何广福等负责人出席。双方在介绍近期工作进展情况后，就如何鼓励马来西亚学生赴暨南大学长期、短期求学展开深入的研究与探讨。当天，代表团还前往绿野蒙台梭利实验幼儿园开展工作调研。

7月12日，代表团拜访暨南大学校董古润金先生母校、知名独中——循人中学，并就循人中学学生赴中国大陆求学特别是到暨南大学求学的情况进行交流。

7月13日，代表团前往当地知名国小崇文学校，参观该校先进的教育设施和创新的教育理念实验基地，探讨师资培训问题；赴新纪元学院参访座谈，与董教总教育中心董事部主席叶新田博士及其带领的学院董事、学术部系负责人就推动新纪元学院与暨南大学在招生、人才培养、科学研究等更多领域展开合作进行洽谈。

77. 美国得克萨斯州国际领袖学校师生团赴海南华侨中学访问交流

2016年7月上旬，美国得克萨斯州国际领袖学校师生团25人赴海南华侨中学交流。

海南华侨中学副校长朱世军、国际合作与交流处主任许亚鹏会见了师生团。朱世军表示，过去的5年间两校保持了友好、频繁的交流，在学科建设、人才培养、文化交流、科技创新等诸多方面开展合作、携手并进，希望通过交流能够使海南学子国际化眼光更加开阔，让美国学生更加了解中国，培育两国青少年间的友谊。

海南华侨中学国际部潘庆老师为学生讲授了中国传统茶艺。美国学生还深入中国家庭，体验中国家庭生活。

78. 缅甸密支那育成学校董事会赴云南保山交流华教工作

2016年7月上旬，缅甸密支那育成学校董事会8人赴云南侨乡保山考察交流，与保山市侨办就教材发送、华文教师培训、华裔学生夏令营活动等方面交换意见，并达成共识。

座谈会上，缅甸密支那云南同乡会监事长、育成学校董事会董事长李成润先生介绍了育成学校董事会换届、学校管理模式、校区建设和师资力量配备等情况。保山市侨办主任、侨联主席徐盛兴表示将一如既往地支持缅甸等东南亚国家的华文教育工作，尤其是将加大对缅甸密支那地区的华文教育工作力度，并资助育成学校5万元人民币的办学经费。

双方还就如何主动融入和服务“一带一路”建设，以及外派教师、学历培训、教材发送、华文教师培训、华裔学生夏令营活动、职业技能培训和文化交流等方面交换意见，达成共识，并重点就今后构建双方互联互通、互相合作、互通信息等沟通协作机制进行商讨，建立联络员制度。

此外，考察团还实地参观了保山学院、保山中等专业学校、腾冲职业技术学校，了解学校招收外籍学生、开设专业、办学模式等情况。

79. 巴西侨领赴福建宁德访问

2016年7月上旬，巴西华人华侨青年联合会秘书长、世界福建青年巴西联会常务副会长、巴西德馨双语学校校长魏万古，巴西军警司令部佩兰诺上校等人，赴福建宁德市访问，洽谈华文教育合作项目。

魏万古参观宁德市规划馆、艺术馆，访问宁德师范学院，并与宁德师范学院领导就互派教师、交换生以及举办夏（冬）令营等交流合作项目进行沟通，达成合作共识。魏万古还参观了东侨中学、蕉城中学，听取学校概况和教学模式介绍。双方就缔结姐妹学校、开展师资互动和学术交流进行交流，达成初步合作意向。

80. 爱尔兰热心华教人士访问福州

2016年7月21日，爱尔兰戈尔韦市爱中友好协会会长钱锦伦、来自中国香港的“一带一路”经济文化促进会会长林剑辉等6人访问福州，寻求对接福建省内院校，洽谈合作办学。

福建省侨办副主任林泽春接待了访问团一行。他表示，1580万福建华侨华人中有80%左右分布在“海上丝绸之路”沿线国家和地区，推进“一带一路”建设福建有着独特的“侨”的优势。希望能与“一带一路”经济文化促进会广泛探讨，加强合作，优化并开拓侨务资源，更好地发挥华侨华人在加强与“海上丝绸之路”沿线国家和地区互联互通、经贸合作、人文交流等方面的作用。

81. 云南省侨办代表团访问缅甸、老挝

2016年8月1日至8日，应缅甸曼德勒云南同乡会、老挝寮都公学的邀请，以云南省侨办副主任、云南省海外交流协会副会长刘云娥为团长的云南省侨办文化经贸代表团出访缅甸、老挝两国。

访问期间，代表团先后拜访了中国驻缅甸大使馆、中国驻曼德勒总领馆、曼德勒云南同乡会、云华师范学院、缅北华文教育协会、曼德勒福庆华文学校、仰光东方语言学校、老挝寮都公学等地，与使领馆、各侨团、侨校进行了深入广泛的交流，为下一步开展与周边国家华文教育合作、经贸交流、侨务公共外交等工作打下坚实的基础。

82. 缅甸大学校长代表团访问云南师范大学

2016年8月3日至5日，缅甸仰光大学校长颇钢、仰光外国语大学副校长宜宜莫、缅甸东枝大学校长沐沐敏、缅甸瑞波大学校长顶通敏、仰光文化艺术大学校长昂奈敏访问云南师范大学。

云南师范大学党委书记饶卫、校长蒋永文会见了代表团。饶卫表示，希望到访的各大学能够进一步加强与云南师范大学的交流互访，努力搭建合作平台，与缅甸各所大学的合作取得更多丰硕成果。蒋永文指出，此次缅甸各位大学校长的来访，将进一步推进云南师范大学与缅甸各高校的合作交流。

83. “中华文化大乐园”夏令营代表团访问美国福建同乡会与福建公所

2016年8月5日，“中华文化大乐园”夏令营代表团拜访美国福建同乡会与福建公所。夏令营代表团领队、福建省侨办副主任刘良辉表示，此次纽约之行感受到了海外同胞对于下一代华文教育的关心。刘良辉积极肯定了海外闽籍乡亲的杰出成就，并

感谢大家对家乡建设与发展的支持。

84. 吉林省海外交流协会代表团访问印度尼西亚雅加达华文教育协调机构

2016年8月5日，吉林省海外交流协会代表团访问印度尼西亚雅加达华文教育协调机构，双方就华文教育方面的交流与合作举行会谈。

雅加达华文教育协调机构执行主席蔡昌杰在座谈会上表示，雅加达华文教育协调机构是印度尼西亚第一个成立的华文教育协调机构，希望能够加强印度尼西亚与吉林省在华文教育特别是在青少年冬（夏）令营项目方面的合作，让印度尼西亚青少年了解中国文化、了解中国现在的发展，通过交流与合作，增进友谊，共同促进印中两国发展。

吉林省海外交流协会办公室主任李建华希望今后双方能够在推动学校之间的交流、教师培训、举办青少年冬（夏）令营等项目方面建立合作关系，将此次会谈合作项目进一步落实。

85. 泰中文化促进委员会代表团访问北京华文学院

2016年8月5日，由泰国著名政治家、华人领袖披尼·扎禄颂巴主席率领的泰中文化促进委员会暨泰国诗纳卡琳威洛大学代表团访问北京华文学院。代表团与北京华文学院院长周虹等人以及十几位在读的泰国学生代表进行了亲切会谈。披尼在讲话中表示愿意在学生奖学金及华文师资互补等多方面与北京华文学院进行深度合作。

86. 广东省河源市考察团访问泰方姊妹学校

2016年8月8日，应泰中华文教育基金会邀请，广东省河源市源城区教育局考察团对泰国方姊妹学校泰国联华学校、嘉民学校、诗纳卡琳崇圣中学、光华学校进行访问。双方相互交流，探讨合作。考察团希望泰中华文教育基金会在中泰友好姊妹学校项目上继续提供支持和帮助。

87. 马来西亚华校董事联合会总会赴北京进行教育访问

2016年8月20日，马来西亚董总中央领导层及行政部高阶主管到北京开展为期8天的教育访问。

8月22日，中华全国归国华侨联合会副主席乔卫会见访问团。乔卫介绍了中国侨联的基本情况，并表示，中国侨联愿意与董总加强交流，共同促进海外华文教育的发展和中华文化的传承。访问团团长、董总主席刘利民先生表示希望与中国侨联在文化交流、华文教育等方面加强合作，并且邀请中国侨联到马来西亚董总访问，增进了解，合作共赢。

8月25日，访问团访问北京华文学院。北京华文学院院长助理曹正国会见访问团。双方进行会谈。

8月26日，访问团访问北京师范大学。北京师范大学副校长陈光巨和教务处、国际交流与合作处相关人员会见访问团。双方就实施马来西亚华文独立中学的教师教育与培训专项计划达成初步合作意向。

随后访问团前往国家教育行政学院。该院副院长李文长及办公室、国际合作与培训部、教务部和进修部等部门负责人会见来宾。双方探讨了2017年马来西亚华文独立中学校长与行政人员在国家教育行政学院进行培训的有关事项，并就时间、规模、重点内容和经费筹措等事宜达成共识。

88. 印度尼西亚华文教育机构负责人到访华侨大学华文学院

2016年9月2日，印度尼西亚北苏拉威西省华文教育统筹机构主席徐启忠、印度尼西亚东爪哇华文教育统筹机构主席张玲玲、印度尼西亚苏门答腊巴东市习经院基金会主席约翰先生、印度尼西亚东爪哇小太阳三语国民学校校长陈慧莲在华侨大学驻印度尼西亚代表处王其君的陪同下到访华侨大学华文学院，并选送了一批优秀学生到该校学习汉语。

华侨大学华文学院党委书记纪秀生、院长胡培安及院办、招生办等相关部门负责人与到访嘉宾座谈交流。胡培安院长介绍了学院在印度尼西亚的本专科和研究生教育项目，以及印度尼西亚留学生在院学习生活情况。胡培安院长表示，将继续做好教学管理，丰富学生课余生活，为印度尼西亚社会培养良好的华文师资和汉语人才。双方就共同加强印度尼西亚留学生的培养与管理进行探讨交流。

89. 印度尼西亚媒体代表团访问华侨大学华文学院

2016年9月8日，印度尼西亚国家电视台苏北记者站台长寨努丁·拉图空西纳·摩西丁及印度尼西亚《警惕日报》《星光日报》《分析日报》记者，在福建省外事办罗冠升处长的陪同下，与华侨大学华文学院院长胡培安、党委副书记袁媛以及部分印度尼西亚留学生代表交流座谈。胡培安向客人介绍了学院的办学情况以及在印度尼西亚开展华文教育的成果，并代表校方通过代表团向有志学习汉语的印度尼西亚学生发出邀请。

90. 马来西亚兴华中学校董考察团赴北京访问

2016年9月11日至14日，由著名华商、马来西亚兴华中学董事长丹斯里拿督斯里杨忠礼率领的马来西亚兴华中学教育考察团到北京访问。

中国海外交流协会副会长兼秘书长谭天星会见考察团。谭天星表示，中国海外交流协会正通过完善华文教材体系、为海外华校提供师资培训、组织夏（冬）令营活动等多种措施助力海外华文教育发展。

北京市政府侨办与来访的马来西亚兴华中学校董考察团进行座谈交流。双方就马来西亚华文教育、中马文化交流等方面展开交流。

马来西亚兴华中学教育考察团还参观访问了北京大学、清华大学、北京大学附属中学、北京四中等校。

91. 泰国孔敬市政府代表团访问广西华侨学校

2016 年 9 月 13 日，泰国孔敬市副市长许守农、孔敬市政府秘书长、孔敬市议会成员等政府官员组成代表团到广西华侨学校参观访问。广西华侨学校校长陈进超会见代表团。双方与会人员就留学生培养、华文教育、职业教育等内容进行交流与讨论。

广西华侨学校从 2013 年开始与泰国孔敬市政府加强交流。双方于 2014 年签订合作协议共同开展华文教育项目合作。

92. 泰国呵叻府民校协会参访广西华侨学校

2016 年 9 月 14 日，泰国呵叻府民校协会主席 Mr. Suphaseat Kanakool 赴广西华侨学校参观访问。

广西华侨学校校长陈进超、副校长雷丽芳等会见访问团。陈进超介绍了广西华侨学校的发展历史与办学特色、专业设置、短期学生夏令营及华文教师培训等方面的情况，并表示希望继续保持发展与泰国呵叻府民校协会的良好关系。

Mr. Suphaseat Kanakool 介绍了泰国呵叻府华文教育情况，希望能与广西华侨学校展开更深入的交流与合作，让更多的华文教师到广西华侨学校访问学习，同时邀请广西华侨学校优秀教师赴泰国呵叻府传授教学经验。

93. 澳大利亚校长访华团和教师访华团赴北京华文学院交流

2016 年 9 月 29 日，澳大利亚中文学校联合会会长张劲帆、澳大利亚中文教师联会主席李复新以及澳大利亚各州公立小学的校长、系主任及教师赴北京华文学院回龙观校区座谈交流。

北京华文学院院长周虹会见访问团。张劲帆介绍了澳大利亚在大中专学院、全日制中小学及课后补习学校等三个层面开展中文教学的情况，并且指出此次来访的各位公立小学校长都为各类中文补习班免费提供校舍和设备，支持华文教育，今后，协会将积极组织校长们来华访问，以增进对中国的了解。李复新指出，澳大利亚近20年推出了“亚洲计划”，在联邦政府的资助下，各州华校迅速扩大，尤其2011年第一次引进国家课程，中文优先，迎来了华文发展的契机，相信伴随着中国国务院侨办的更多支持，一定能推动海外华文教育事业的更大发展。随后，双方教师就进班听课事宜及华文教育前景进行了交流和座谈。

94. 泰中华文教育基金会会长访问山东省侨办

2016年9月29日，山东省侨办副主任孙传尚在山东济南会见来访的泰中华文教育基金会会长魏青、泰国罗勇省潮州会馆主席张步青。

孙传尚表示，泰中华文教育基金会多年来与山东省侨办密切合作，领导互访、往来频繁，在华文教育、文化交流等方面合作开展了一系列活动，增进了泰国与山东的友好往来。山东是孔子故里，文化底蕴深厚，山东省侨办将一如既往地支持泰中华文教育基金会开展各项活动，继续促进泰国与山东在经贸、文化、教育等领域的交流与合作。

95. 马来西亚华文独中教育蓝图专案小组到中国香港调研参访

2016年9月下旬，由马来西亚董总首席执行长兼华文独中教育蓝图专案小组召集人孔婉莹、马来西亚华文独中教育蓝图办学咨询委员廖伟强组织的马来西亚华文独中教育蓝图专案小组到中国香港进行为期7天的调研参访。参访团希望通过交流讨论，在未来能够与香港方面的教育单位保持紧密的联系与合作。

96. 中国辽宁教育菲律宾访问团访问菲律宾华教中心

2016年9月27日，辽宁省高教中心主任卢亦农率中国辽宁教育菲律宾访问团在菲中文化教育促进会会长王书侯、常务副会长温奕明的陪同下访问菲律宾华教中心。

访问团在菲律宾华教中心交流部主任张杰的陪同下参观了菲律宾华教中心办公室、华文教育展览厅和中国语言文化图书馆，并举行了座谈。座谈会上，菲律宾华教中心副主席杨美美介绍了菲律宾华文教育的历史和中心开展的各项工作，重点介绍了中心进行的华语师资“221”工程。卢亦农表示，希望借此机会，双方能达成共识，促进合作，推动中菲两国的教育交流。

97. 中国驻日本大使访问神户中华同文学校

2016年10月8日，中国驻日本大使程永华走访神户中华同文学校和神户南京町中华街，看望学校教职员工及神户侨胞。驻大阪总领事李天然陪同。

程永华积极评价同文学校在办校治学方面取得的成绩，表示中国政府高度重视海外华文教育，驻日本使领馆也一直关心和支持侨校发展，今后也将继续在教师培训、回国交流等各方面给予学校一切可能的扶助和支持，并鼓励侨领继续关心和支持同文学校发展。程永华还向同文学校的教职工介绍了中国发展情况和中日关系形势，鼓励大家结合本职工作，多为两国关系改善发展添砖加瓦，做出新的贡献。

98. 中国驻巴塞罗那总领事汤恒走访西班牙华文学校

2016 年 10 月 9 日，中国驻巴塞罗那总领事汤恒赴西班牙加泰罗尼亚自治区圣博伊德约布雷加特市走访当地华商并出席华文学校活动。

在中加明德学校，汤恒走访校舍，详细了解该校教学运营和教材使用等情况。在出席中加友好学校总校第二届“庆国庆诗歌朗诵比赛”时，汤恒勉励青少年侨胞不断陶冶爱国之情，努力学习、掌握本领，长大后为祖（籍）国发展和深化中西友谊贡献力量。

99. 泰国南方大学师生访问厦门大学海外教育学院

2016 年 10 月上旬，泰国南方大学师生 10 人访问厦门大学海外教育学院。海外教育学院郑通涛院长会见访问团。访问团带队教师李少辉还分别与学院招生科、学生事务科、教务科相关负责人就学生交流的具体事宜进行洽谈。

此行是双方签署协议后的再次实质合作。目前，泰国南方大学已派遣第二批学生到该院进行长期交流学习。

100. 广西教育代表团赴西班牙马德里华校交流访问

2016 年 10 月上旬，广西壮族自治区教育厅厅长秦斌率团到访西班牙马德里华侨华人中文学校，并与该校副校长颜祖豪、林亦吟、叶则康和教务处主任刘芸座谈交流。

双方各自介绍了办学理念、办学特色、办学成果等情况，并就开展文化、华文教育方面的合作与交流进行具体磋商。双方均希望能以此次交流为契机，建立长期稳定的友好合作关系，促成两校之间的友好合作。秦斌还深入学校课堂观摩中文课，对该校辉煌的办学成绩、华裔子弟中文水平给予高度评价。

101. 马来西亚董教总教育中心代表团访问北京华文学院

2016 年 10 月 13 日上午，马来西亚董教总教育中心叶新田主席率团访问北京华文学院，与北京华文学院院长助理曹正国会谈。

曹正国和董教总中心主任傅琬诗分别向对方代表团成员介绍了各自的与会人员。

叶新田向大家简要报告了马来西亚华文教育状况。北京华文学院招生办公室孙伟恺副主任介绍了北京华文学院的发展历程和招生情况。双方均希望此行能促进合作，推动中马两国的教育交流。

102. 美国旧金山南侨学校校长访问温州华文教育基地

2016 年 10 月 18 日，美国旧金山南侨学校校长谭鄰访问温州少年艺术学校，与学校有关人员就学校管理、教育理念、教学方法等方面进行交流，听取该校校长李绍可有关学校发展历程、办学特色的介绍。双方还就进一步加强合作，深化两校间的教育文化交流，提升办学层次和水平进行深入探讨。

温州市少年艺术学校与南侨学校于 2016 年 1 月缔结为友好学校。这是两校结好后，南侨学校首次访问温州少年艺术学校。

103. 印度尼西亚总统大学监事长访问厦门大学海外教育学院

2016 年 10 月 21 日，印度尼西亚总统大学监事长 Chandra Setiawan 一行 6 人访问厦门大学海外教育学院。海外教育学院郑通涛院长、傅万里副院长、远程教育主任刘强等相关人员接待来宾。

郑通涛对代表团的来访表示欢迎，介绍了学院的总体情况和与印度尼西亚各高校合作的概况，以及学院远程教育的历史和发展现状。Chandra Setiawan 监事长介绍了总统大学及印度尼西亚高等教育系统，提出希望与厦门大学海外教育学院合作开设远程中文学位课程。双方就华文教育、师生交流、学术研究等领域的合作进行深入交流，达成初步合作意向。

104. 华侨大学与中国新闻社访问团访问泰国华文教师公会

2016 年 10 月 23 日，中国驻泰国大使馆侨务参赞张东浩，中国新闻社副总编张明新，中国新闻网副总编辑符永康，华侨大学副校长吴季怀、研究生院院长王丽霞、华文学院党委书记纪秀生以及华侨大学驻泰国代表处余秀兰主任等人组团访问泰国华文教师公会。

张明新副总编辑感谢张东浩参赞莅场指导，感谢公会罗宗正主席的盛情款待。他介绍了中国新闻网的工作内容，表示愿意和泰国传媒工作者友好合作，共同促进问询事务合作，创新泰中文化交流工作。华侨大学副校长吴季怀教授表示愿意与泰国从事华教工作者合作，并将尽力支持泰国华教事业。

105. 奥地利教育代表团访问温州

2016 年 10 月 26 日至 28 日，奥地利维也纳中文学校校长吕小英、奥地利维也纳教育局教育督察曼弗雷德·皮特瑞兹率团对温州肯恩大学、温州中学等进行友好访问，以进一步推动与温州的华文教育合作。

代表团参观该校的学生宿舍、餐厅和教室，观摩美式课堂教学，并与温州肯恩大学常务副校长菲利普·康奈利进行座谈交流。

106. 新西兰梅西大学代表团访问暨南大学华文学院

2016 年 10 月 28 日，新西兰梅西大学人文学院院长 Kerry Allan Taylor 访问暨南大学华文学院，与学院院长邵宜、党委副书记史学浩、副院长张礼等座谈交流。双方在互相了解的基础上，进一步就学者互访、学生交换以及学术合作等项目进行讨论与沟通。

107. 中国华文教育基金会调研南非华文教育

2016 年 10 月 28 日到 30 日，由中国华文教育基金会副秘书长方文国率领的“2016 中国华文教育基金会项目检查团”抵达南非约翰内斯堡，实地考察南非华文教育基金会、南非斐京公学、《非洲时报》、南非和平统一促进会。

方文国副秘书长详细了解了南非侨情以及学校办学情况，包括华校办学场地、师资、教材、生源等情况。方文国表示，中国华文教育基金会今后乐于与南非各中文学校加强合作，根据其特点和现实需要，不断完善品牌项目，切实为侨服务、传播中华文化，与海外同人一道为推动南非华文教育发展贡献力量。

108. 中国华文教育基金会调研马达加斯加华文教育

2016 年 10 月 30 日至 11 月 1 日，中国华文教育基金会副秘书长方文国率领“2016 中国华文教育基金会项目检查团”抵达马达加斯加，访问首都塔那那利佛孔子学院及孔子小学。

塔那那利佛孔子小学王素梅校长向检查团介绍了马达加斯加华文学校的办学情况。方文国代表中国华文教育基金会慰问了在孔子小学授课的国内外派教师，还就当地教材匮乏、师资短缺、远程培训等多个与学校建设密切相关的问题与王素梅校长进行深入的探讨。

109. 厄瓜多尔华侨华人总会访问广州华美英语实验学校

2016 年 10 月 31 日，厄瓜多尔华侨华人总会及亚基尔市美国学校代表一同访问广州华美英语实验学校。双方就来华留学教育在厄瓜多尔的全面推广及中国传统文化传播在南美洲的未来发展进行了深度沟通与探讨。

厄瓜多尔华人总会会长蔡志鹏说，华人华侨非常希望在厄瓜多尔办中文学校。他表示，虽然离开祖国很多年，但很希望孩子们能受到中国的教育。

广州华美英语实验学校校长陈峰表示，双方可以研究在华美英语实验学校开办短期的中华文化课程，让厄瓜多尔学生来学习中文，真切感受中国本土生活及文化，也可以让厄瓜多尔学生来华美学校进行1~2年的学习。

110. 温州大学国际合作学院院长访问葡萄牙华校

2016年10月下旬，温州大学国际合作学院院长、温州大学华文教育研究所所长、“2016名师欧洲巡讲团”成员严晓鹏博士访问葡萄牙淑敏语言文化中心。严晓鹏在葡萄牙淑敏语言文化中心校长韩淑敏的陪同下，参观考察了该校教学环境和教学设施，重点了解了该校课程设置、学校管理和教学模式等情况。

111. 暨南大学华文学院与厄瓜多尔华侨华人代表团洽谈外派汉语教师合作项目

2016年11月1日，暨南大学华文学院与厄瓜多尔华侨华人总会、瓜亚基尔市美国中学举行合作洽谈会议。厄瓜多尔华侨华人总会会长蔡志鹏等8人访问暨南大学华文学院，与暨南大学华文学院院长邵宜等洽商外派汉语教师的合作事宜。

邵宜表示，暨南大学华文学院长期以来致力于华文教育和汉语教学，将全力为学生提供高质量的教育课程。蔡志鹏会长指出厄瓜多尔华侨华人总会非常重视海外中文教育，希望为传播中华文化贡献一份力量。他表示，此行主要目的是洽谈华文教育合作，促成汉语教师外派项目。

112. 印度尼西亚日惹校长访华团赴北京华文学院考察

2016年11月2日，印度尼西亚日惹校长访华团30人抵达北京华文学院，与北京华文学院领导进行会晤和座谈交流。

北京华文学院周虹院长向校长们简要介绍了北京华文学院的基本情况。他表示，中国与印度尼西亚的交往日益密切，北京华文学院与印度尼西亚有深厚的历史渊源，他希望中国的青年和印度尼西亚的青年能够互相学习对方的语言，了解对方的文化。印度尼西亚日惹校长工作组组长简单介绍了此次访华团的概况以及印度尼西亚的教育情况。双方就合作方向、发展前景等细节进行了交流和探讨。

113. 海外教育访问团赴上海徐汇科技幼儿园参观交流

2016年11月2日，为进一步增加国外教育界人士对上海教育发展的了解，加强上海华文教育基地学校的对外交流，由法国、澳大利亚的20余名教育官员及中小学校长组成的海外教育访问团赴上海徐汇科技幼儿园观摩交流。

徐汇科技幼儿园园长高一敏详细介绍了学校的相关情况，并与来访老师们就幼儿教育、教育理念、教学管理等方面的问题进行深入探讨。

活动当天，徐汇科技幼儿园与墨尔本班约尔小学签署缔结姐妹学校意向书，双方将在未来进行更紧密的沟通交流。

114. 中国华文教育基金会项目检查团赴泰国调研华文教育

2016年11月2日至5日，中国华文教育基金会副秘书长方文国率项目检查团抵达泰国曼谷，调研当地华文教育情况。

在曼谷期间，方文国与泰国华文教师公会、泰国潮州会馆、泰华文化教育基金会、曼谷孔堤公学以及泰国中国和平统一促进会总会等侨团、学校代表座谈交流，了解当地华文教育的情况，征求其意见和建议。

方文国指出，中国华文教育基金会今后乐于与泰国各华文学校加强合作，根据华裔青少年的特点和现实需要，切实为侨服务、传播中华文化，共同为推动泰国华文教育的发展贡献力量。

115. 意大利华校校长访问温州外侨办

2016年11月7日，温州市外侨办副主任许捷会见前来访问的意大利米兰华侨中文学校校长陈小微。

陈小微向许捷介绍了米兰华侨中文学校未来的发展思路，并感谢温州市外侨办多年来给予的支持和帮助，希望温州市外侨办对海外华校今后发展给予更多支持。许捷高度评价陈小微为传播中华文化、加强中意文化交流融合所做出的积极努力。她表示，温州市外侨办会根据海外温籍华校的需求，尽最大的努力，帮助海外温籍华校解决发展中的困难。

116. 云南文山州文化教育考察团到访云华师范学院

2016年11月7日，中国云南省文山州侨办副主任韦恩祥先生带领的文山州文化教育考察团5人到访缅甸曼德勒云华师范学院。曼德勒云华师范学院院长李暾教授和常务副院长杨周接待了考察团。

韦恩祥感谢云华师范学院董事会和学院领导对文山籍外派教师的关心，并向各位外派教师表示慰问。缅北华文教育协会杨兴业副会长介绍了缅北华文教育协会的工作情况，并希望文山州侨办对协会提供支持与帮助。

117. 毛里求斯华商总会拜访广东侨办

2016年11月8日，毛里求斯华商总会会长黎广来等10人拜访广东省侨办，就经济、文化、教育方面的友好合作进行座谈交流。

广东省侨办副主任郑建民表示，希望毛里求斯华侨华人特别是华商们参与到“一带一路”建设中来，推动中毛经贸往来，希望华商总会关心新生代的成长和培养，关注海外华文教育，多组织当地华裔青少年来粤参加夏令营，学习中文和中华传统文化，了解中国，推动毛里求斯华侨华人的中华文化传承。黎广来介绍了毛里求斯华商总会的历史和宗旨，以及为维护当地华侨华人权益和推广中华文化所开展的一些公益活动。

118. 泰国清迈教师联谊会会长拜访中国驻清迈总领事

2016年11月9日，泰国清迈教师联谊会会长王相贤拜访中国驻清迈总领事任义生。王相贤就教师联谊会目前遇到的问题作了说明，任义生总领事作出了明确答复。他表示，中国驻清迈总领馆一定会落实到位，会一如既往地支持华文教育发展，希望教师联谊会放心去做好一切事情。

119. 西班牙华校校长拜访温州外侨办

2016年11月9日，西班牙埃尔切博思语言学校校长潘丽丽拜访温州市外侨办，并与温州市外侨办文宣处负责人就加强华文教育合作进行交流。

潘丽丽说，温州“中国寻根之旅”夏令营在海外侨胞中拥有良好的声誉和广泛的影响力。埃尔切博思语言学校大多数学生为温州籍，此次受众多学生家长委托，前来了解“相约温州营”相关情况，帮助温籍华裔学生在2017年实现回乡“寻根”的愿望。双方探讨了华文教师遴选、教材等问题，并就2017年组织学生参加夏令营活动达成初步意向。

120. 广东省华侨职业技术学校代表团访问泰国华文教师公会

2016年11月10日，广东省华侨职业技术学校副校长何博欣率团访问泰国华文教师公会，并与泰国华文教师公会主席罗宗正博士、副主席兼秘书长陈年及总干事郭晓辉等进行座谈。

罗宗正表示，泰国华文教师公会十分重视与国内高校的合作、交流。公会成员愿与华侨职业技术学校携手合作，为华文教育贡献力量。何博欣表示，华侨职业技术学校自建校起，就以培养海外华侨华人为己任。目前“一带一路”倡议和东盟一体化正在大力推进和实施，华文教育的影响力必须得到更多的重视，以此为契机，希望携手合作，共同推动海外华文教育事业的发展。

121. 温州华文教育基地师生访问韩国全罗南道广英中学

2016 年 11 月 10 日，应韩国全罗南道广英中学的邀请，温州市华文教育基地瑞安安阳实验中学师生 15 人，赴韩国开展交流活动。

双方就教学管理、课堂模式、互访往来等事宜进行了全面的交流和深入的探讨。中方学生还入住韩国结对学生家庭，与韩国学生一起学习、生活，零距离体验韩国的文化教育和风土人情。

122. 澳大利亚、法国教育访问团访问上海

2016 年 11 月 11 日，由澳大利亚、法国教育官员及主流学校校长组成的教育访问团访问上海。

上海市侨办副主任姚卓匀对访问团远道而来表示欢迎。她希望通过此次交流，推动当地主流学校与上海华文教育基地开展更多的交流合作，共同促进中华文化走出去，为上海教育国际化做出贡献。访问团还赴上海开放大学、光明中学、宋庆龄学校、科技幼儿园、黄浦区青少年艺术活动中心等学校和机构参观交流，开展文化考察，体验中华文化。

123. 北京华文学院代表团访问泰国华文教师公会

2016 年 11 月 14 日，北京华文学院前院长彭俊等 4 人赴泰国华文教师公会进行华文教育交流访问。泰国华文教师公会主席罗宗正对彭俊等人表示欢迎，并介绍了华文教师公会和泰国华文教育的基本情况。彭俊对华文教师公会发展教育事业，为泰中两国文化交流做出重大贡献表示感谢，并简单介绍了北京华文学院的发展情况。

124. 闽南师范大学领导访问菲律宾华文教育研究中心

2016 年 11 月 15 日，闽南师范大学校务委员会主任林晓峰、闽南文化研究院副院长施榆生访问菲律宾华文教育研究中心。

访问团在菲律宾华文教育研究中心交流部主任张杰的陪同下参观了华教中心。随后，双方座谈。菲律宾华教中心主席黄端铭介绍了中心的组织架构和各部门工作。林晓峰表示，希望能借访问加深与华教中心的合作关系，并逐步扩大闽南师范大学在海外的影响力。他指出，菲律宾的华人中大部分是闽南人，且流通闽南话，在学术交流及研究等方面，闽南师范大学可与该中心有更多的合作。

125. 华侨大学代表团赴新西兰、澳大利亚洽谈合作办学

2016 年 11 月 16 日至 23 日，华侨大学校党委副书记朱琦环率团赴新西兰、澳大利亚访问当地高校，洽谈合作办学项目。

在新西兰，朱琦环访问了林肯大学、新西兰商学院，并与林肯大学农商学院院长 Hugh Bigsby 教授、新西兰商学院执行长 Liz Zhou 等进行会谈。朱琦环简要介绍了学校概况及华侨大学在海外设立孔子学院、开展华文教育等情况，希望通过此次访问，增进彼此的了解和互信，为今后的合作打下良好开端。

在澳大利亚，朱琦环访问了西悉尼大学，与该校主管国际事务的副校长 Linda Taylor 会谈。双方就翻译专业“3 + 1 + 1”本硕联合培养项目的有关事宜进行深入探讨。双方表示要进一步加强沟通合作，争取 2017 年下半年正式启动该项目。

126. 温州大学代表团访问意大利高校

2016 年 11 月 16 日，温州大学校长李校堃率团赴意大利锡耶纳大学阿雷佐分校访问。

李校堃介绍了温州大学发展态势和研究领域优势项目，以及与阿雷佐分校合作创办温州大学欧洲分校的相关情况，希望能与阿雷佐分校开展全方位的合作。阿雷佐分校校长 Loretta Fabbri 表示，国际交流是阿雷佐分校办学的重要部分，与温州大学开展多形式的语言、文化交流和研究，对阿雷佐分校的长远发展有重要意义。

127. 吉林省侨办副主任李建华访问泰国华文教师公会

2016 年 11 月 16 日，吉林省侨办副主任李建华访问泰国华文教师公会，并与泰国华文教师公会主席罗宗正、副主席兼秘书长陈年、秘书叶富宁、总干事郭晓辉等进行座谈。

罗宗正主席表示愿同吉林省侨办携手合作，为华教工作发展贡献力量，培养更多有素质的人才，为泰国与世界的经济往来提供人才储备。李建华表示，泰国华文教师公会开展华教工作，成果突出，吉林省侨办希望与其合作，共同推动泰国华文教育事业进一步发展。

128. 吉林省侨办领导访问菲律宾华教中心

2016 年 11 月 21 日，吉林省侨办副主任李建华，吉林市侨办副主任周天石，吉林市教育局副局长马立昌、办公室主任曹友竹，吉林省侨办主任科员宫瑞禧等 5 人组成的吉林省侨办访问团访问菲律宾华文教育研究中心。

华教中心主席黄端铭向访问团介绍了华教中心的基本情况和开展的各项业务。李建华表示，海外的华文教育十分重要，推广华文和中华文化能凝聚海内外所有的炎黄子孙。他被菲律宾华人华侨对华教坚持不懈的精神所感动，表示一定会竭尽所能，全力支持菲律宾的华文教育。

129. 荷兰华校校长拜访温州外侨办

2016 年 11 月 22 日，温州市外侨办副主任许捷会见前来拜访的荷兰乌特勒支中文学校校长胡云飞。

胡云飞感谢温州市外侨办多年来给予的关心支持，并介绍了乌特勒支中文学校办学情况。许捷表示，将充分利用外侨优势，发挥桥梁作用，帮助海外温籍华校解决发展中的困难，使海外温籍华校获得更大的发展。

130. 温州市外侨办副主任考察葡萄牙温籍华校

2016 年 11 月 22 日，温州市外侨办副主任朱玉贵等 5 人，到葡萄牙淑敏语言文化中心参观访问，了解海外温籍华校办学模式，并与该校老师和学生家长代表座谈交流。

朱玉贵实地参观了校园环境、教学设施，听取了学校的基本校情、办学特色情况的介绍。双方就海外华文教育的现状及困难、华文教育的意义、学校在实际运营中所遇到的问题等进行了深入交流。朱玉贵表示，温州市外侨办今后会通过切实有效的方式，为海外温籍华校提供支持。

131. 湖南师范大学国际交流合作处访问泰国华文教师公会

2016 年 11 月 23 日，湖南师范大学国际交流合作处副处长唐秀丽访问泰国华文教师公会，并与公会主席罗宗正、永远荣誉主席周丽云等展开座谈。

罗宗正主席介绍了泰国华文教师公会历年业绩，并表示湖南师范大学在海外华侨华人人才培养和教育事务上做出了巨大贡献，有不可代替的地位。唐秀丽副处长表示，泰国华文教师公会突出发展华文教育工作，是中泰经济合作、文化交流的桥梁和纽带，鉴于华文教育的影响力，公会必然得到更多的重视，希望双方携手合作，共同推动泰国华文教育事业进一步的发展。

132. 烟台市外侨办访问泰国南部华文民校联谊会

2016 年 11 月 23 日，山东省烟台市侨办副主任迟若维，招远市委常委、宣传部长李波等 6 人访问泰国南部华文民校联谊会，并与泰南华文民校联谊会主席、合艾侨团联合会主席方志雄，国光中学校长苏潘妮，西南大学泰南校友会会长、孔子课堂理事会顾问谢海秋及泰南华文民校联谊会秘书长魏光磊等展开座谈。

133. 中国驻清迈总领事访问泰国崇华新生华立学校

2016 年 11 月 23 日，中国驻清迈总领馆总领事任义生访问泰国崇华新生华立学校，并与崇华新生基金会主席关复兴先生及全体董事、学校校长、中文老师代表进行座谈。

关复兴主席向任义生介绍了崇华新生华立学校校史。任义生高度赞扬了崇华新生华立学校在泰国弘扬中华文化方面做出的巨大贡献，并表示清迈总领馆将一如既往支持学校的汉语教学工作。

134. 中国驻阿根廷使馆参赞访问当地华校

2016 年 11 月 24 日，中国驻阿根廷使馆文化参赞杨川颖，文化处秘书王小梦，到访阿根廷新太阳全日制中西英三语学校，看望华教师生，了解中华文化教育开展情况。

杨川颖一行在该校校长卡洛斯·萨伊纳多和校董、中文教学部主任贾薇的陪同下，参观了幼儿园、小学部、中学部及 Moron 大学与该校联办的分校，并听取校方介绍，鼓励学校充分利用良好的教学条件和学校的师资力量以及阿根廷孩子学习中华文化与语言的积极性，继续做好中华语言文化的教学推广工作。

135. 国务院侨办副主任谭天星访问泰国华校

2016 年 11 月 24 日，国务院侨办副主任谭天星访问泰国南部华文民校联谊会、宋卡府合艾市国光慈善中学，并参加合艾华助中心揭牌仪式。中国驻宋卡总领事周海成陪同考察。中国驻泰大使馆侨务参赞张东浩、国务院侨办国外司副巡视员李辉、中国新闻社副社长夏春平等出席活动。

谭天星参观了学校校舍，了解学校的中文授课情况，看望了国务院侨办外派到这里进行中文教学的老师，鼓励在此从事中文教学的泰国和中国外派的老师好好培养当地孩子学习中文，为传播中华文化，促进中泰两国友好关系的发展做出贡献，并会见国光中学的董事会成员，充分肯定了他们为华文教育捐资助学的精神。此外，谭天星还到合艾中华慈善院参加了合艾华助中心的揭牌仪式并会见合艾地区的侨领。

136. 意大利教育代表团访问温州外侨办

2016 年 11 月 25 日，温州市侨办副主任许捷会见由意大利协助发展中国家协会亚洲部主任玛丽娅女士、佛罗伦萨中文学校校长潘世立率领的意大利教育代表团7人。许捷说，希望双方加强联系与互动，进一步搭建中意文化合作交流平台，形成交流互动机制，共同推动中意两国在文化、教育领域的交流与合作。

当天下午，代表团走进温州华侨中学参观校园、教学楼及各专用功能教室，并看望了两名在该校交流学习的学生，了解她们在温州的学习生活情况。

137. 2016年往届“外国政府官员中文学习班”学员访华团到北京访问

2016年11月26日至11月30日，应中国国务院侨办邀请，在泰国泰中文化经济协会会长颇欣·蓬拉军先生率领下，由往届“外国政府官员中文学习班”学员组成的2016年外国政府官员访华团30人，在北京进行为期5天的访问交流。

国务院侨办文化司雷振刚司长、汤翠英副司长于11月29日会见访华团全体成员。双方进行亲切友好的会谈，并互换礼物。

在北京期间，访华团里的泰中文化经济协会成员还专程赴中联部参观访问交流。访华团成员前往故宫、天坛、长城等著名景点游览，对北京的历史文化等方面有了更深的了解。访华团还前往广州、深圳参观访问。

138. 意大利教育代表团赴温州肯恩大学参观交流

2016年11月27日，以意大利锡耶纳大学校长Francesco Frati为首的意大利教育代表团13人在温州市外侨办副主任许捷的陪同下，到温州肯恩大学参观交流。

温州肯恩大学党委书记王北铰简要介绍了该校办学历史、美式教育模式、国际化办学理念和发展前景。王北铰说，温州是重点侨乡，意大利托斯卡纳大区是温州华侨最多的城市之一，两个城市具有较强的教育互补性和良好的合作基础，在文化、人文交流等方面有着十分广阔的合作前景，期望与锡耶纳大学在科研合作、教师交流和学生互派等方面加强合作。Francesco Frati对双方合作的建议给予积极回应。他说，此次访问是双方合作良好的开端，希望两校今后建立长期稳定的友好合作关系，通过互设课堂、学生交换及学术交流，开展全方位合作，使更多的学生受益。

139. 暨南大学华文教育代表团访问法国

2016年11月28日，由暨南大学副校长饶敏率领的暨南大学华文教育代表团访问法国，考察华文教育现状，对接华文教育资源，推进暨南大学和法国大学的教育合作。

代表团先后考察了巴黎七大孔子学院、里尔政治学院、法国华侨华人会中文学校等机构，与法国华侨华人会侨领、中法文化艺术交流协会代表、华文学校教师等进行座谈交流，听取大家对华文教育的意见和建议，共同探讨华文教育融合之路。代表团还走访了中法文化艺术交流协会，与会长钱美蓉，名誉会长王静芬、戴洪眉、叶秋玛，常务副会长高雷等进行座谈，就双方加强文化艺术团体的交流达成一致意见。

140. 爱尔兰梅努斯大学副校长访问华侨大学华文学院

2016 年 11 月 30 日，爱尔兰梅努斯大学副校长 Ronan Reilly 到访华侨大学华文学院，并看望该校在华文学院的交流生。华侨大学国际学院院长李勇泉陪同来访，华文学院胡培安院长及招生办、学生办相关人员共同会见来宾。

胡培安表示，华文学院具有悠久的办学历史、优秀的师资队伍、丰富的中文教学经验及社会实践平台，希望通过此次会面，从夏令营、政府官员中文学习班等多方面加强深度交流与合作。Ronan Reilly 副校长表示，希望双方进一步建立长期友好合作关系，努力推动中文培训、交换生等领域的深入合作，共同携手发展。

141. 中国驻马来西亚槟城总领事走访侨南华文小学

2016 年 11 月 30 日，中国驻马来西亚槟城总领事吴骏访问马来西亚槟城侨南华文小学。吴骏表示，马来西亚总理纳吉布访问中国，再次将中马全面战略合作关系推向新的高度。包括侨南华小在内的马来西亚千百所华文学校是培育两国世代友好关系的基石，希望大家继续重视并抓好华文教育，传承和发扬中华文化，培养出更多中马友好交流的使者。吴骏总领事还在校方陪同下，参观了学校教室、图书馆、操场等设施。

142. 华侨大学代表团访问缅甸曼德勒

2016 年 12 月 1 日，以华侨大学曾路副校长为首的代表团抵达缅甸曼德勒，前往中国驻曼德勒总领事馆，拜会王宗颖总领事。刁明副总领事，福庆学校校长李祖清博士、常务副校长吕子态等参加座谈会。

曾路副校长向王宗颖总领事汇报了华侨大学在包括缅甸在内的海外开展华文教育的情况以及与各国高校之间的合作等事宜。王宗颖也介绍了近年来总领馆开展的公共外交、民间交流所取得的成就，并表示希望与华侨大学在华教、公共外交等项目上有进一步的合作。曾路表态，华侨大学愿意在总领馆的领导下，为缅甸华文教育、为发展缅中友好关系、为公共外交做出最大的努力。

143. 云南省海外交流协会访问泰北山区华文学校

2016 年 12 月 3 日，云南省海外交流协会袁光兴副会长在泰国清迈“云泰文苑”

中心主任殷勇的陪同下走访了泰北地区华人村教师联谊会的3所会员学校，向3所会员学校分别资助贫困学生奖学金，并到泰北地区华人村教师联谊会总部，听取会长王相贤在泰北地区华人村华文学校办学的现状，看望教联高级中学的全体教师。

袁光兴表示，希望学校在已有基础上巩固好、发展好，把质量提上去，把学校做好做强做大；希望教师联谊会在联系、协调上发挥重要作用，带动、影响好其他华校；希望公派教师注意身体，在搞好教学工作的同时多层次地扩大泰中文化交流。云南省侨办会一如既往地关心、支持华校及外派教师的工作。

144. 华侨大学代表团访问缅甸云华师范学院

2016年12月3日，华侨大学曾路副校长等4人到云华师范学院参观指导。云南海外文化教育中心缅甸中心唐建军主任、云华师范学院尚兴玺董事长及其他校董陪同参观。

尚兴玺介绍了缅甸华文教育的现状和云华师范学院的办学情况。曾路表示，华侨大学与云华师范学院有着传播中华文化、推广华文教育的共同目标，两校今后要加强联系，深入合作。唐建军向访问团介绍了缅甸华文教育的发展状况。他说，近年来缅甸华文教育蓬勃发展，日新月异。华校的办学模式更趋多元，办学体系更加完善。华侨大学华文学院胡培安院长表示，华文学院一定会深度支持云华师范学院，义不容辞地参与到缅甸华文教育中来，多开展实质性的合作。

145. 中国驻曼德勒总领事到访云华师范学院

2016年12月6日，中国驻曼德勒总领事馆王宗颖总领事4人赴云华师范学院考察指导工作，并慰问学校中国外派教师。

尚兴玺董事长介绍了云华师范学院的办学情况，他特别介绍了师范部实行的“两免一补”政策，以及缅北地区华文学校的教材使用情况。王宗颖指出，云华师范学院办学方向顺应了缅甸的发展、顺应了缅中友好发展。尤其是开展师范教学，使华文教育提高到了一个更高层次。他对以尚兴玺理事长为首的云南同乡会创办一所集教学和文化交流为一体，以培养华校教师为主、以基础教育和职业培训为辅的综合性公益学院给予了高度肯定和评价。

146. 云南省海外交流协会访问泰国崇华新生华立学校

2016年12月6日，云南省海外交流协会副会长袁光兴率访问团6人访问泰国崇华新生华立学校，崇华新生基金会主席关复兴先生及全体董事、学校校长、中文老师代表接待访问团。

关复兴主席向访问团介绍了崇华新生华立学校校史，以及近年来云南省政府与崇华新生华立学校多方面的教育合作。张静校长向访问团报告了学校中文教育的政策与执行情况，希望继续就毕业生到云南留学、学生到云南参加夏令营等多方面与云南省海外交流协会进行合作。袁光兴表示希望加强与崇华新生华立学校教育交流与合作，承诺会在中华文化传播方面给予学校大力支持。

147. 云南省海外交流协会代表团出席老挝华校庆典

2016 年 12 月 9 日至 13 日，应老挝乌多姆赛省寮北华文学校邀请，云南省海外交流协会代表团赴老挝乌多姆赛省和南塔省访问。

代表团出席乌多姆赛省寮北华文学校和南塔省寮龚华文学校成立十周年庆典，与参加校庆的老挝万象寮都公学、沙湾拿吉崇德学校、琅勃拉邦新华学校、波乔省程自德中老学校、乌多姆赛省中老友谊学校等学校主要负责人就老挝开展华文教育、文化交流、侨务公共外交等工作进行了深入和广泛的交流。

148. 中国驻苏里南大使走访日计里中文学校

2016 年 12 月 10 日至 11 日，中国驻苏里南大使张晋雄率使馆工作人员赴苏里南西部城市日计里慰问当地侨胞，走访日计里华侨总会和中文学校，深入了解侨胞生活、经营情况。

张晋雄表示，中国大使馆将一如既往关注和支持日计里总会发展。他勉励大家在当前形势下同心协力、共克时艰，努力把会务和华文教育继续办好。

149. 中国驻马赛总领事参观法国南方华人总商会中文学校

2016 年 12 月 15 日，中国驻马赛总领事朱立英前往南方华人总商会中文学校考察学校办学情况，慰问学校教职员工和在读学生。

学校校长、南方华人总商会会长李峰介绍了法国南部华文教育现状。朱立英参观了正在授课的 5 个班级并看望慰问在场师生，向授课老师询问了解教学情况和学生学习情况。他鼓励总商会再接再厉，进一步扩大办学规模、提高办学质量，将学校的中文教育事业提升到新的高度，鼓励学生们在学好当地学校课程的基础上，加强对中国语言和传统文化的学习，在今后的生活、学习和工作中成为中西文化交流的桥梁、中法两国友谊的缔造者。

150. 中国驻芝加哥总领事与密歇根州中文学校负责人交流

2016 年 12 月 15 日，中国驻芝加哥总领事洪磊在美国密歇根州安娜堡与密歇根州主要中文学校负责人交流。全美中文学校协会、密歇根中文学校协会负责人以及安华中文学校、底特律中文学校等6所中文学校的校长、董事长、老师参加。

洪磊表示，密歇根中文学校在联系侨胞和祖国、推广中华文化、向下一代普及汉语教育方面发挥了非常重要的作用，功在当代，利在千秋。中文学校也已成为华人汇聚、开展活动、寻求友谊、相互帮助的重要平台。洪磊向在国务院侨办组织的汉语教学教案比赛中获奖的老师颁发奖状，向安华学校10名优秀教师颁奖，感谢他们多年来对中文教学的辛勤付出。

151. 国务院侨办文化司访问菲律宾华教中心

2016年12月19日上午，中国国务院侨办文化司巡视员汤翠英访问菲律宾华文教育研究中心。

访问团在华教中心主席黄端铭、办公室主任洪湄玲和考试部主任刘统厚的陪同下参观了华教中心。随后，双方展开座谈。黄端铭介绍了菲律宾华文教育的近况和中心近期开展的各项工作。汤翠英巡视员对华教中心开展的各项工作表示高度肯定。她表示，中国国务院侨办已经出台了多种举措，大力扶持海外华文教育发展。华教是海外华人保留民族语言、传承民族文化的最重要途径，一定要坚守阵地，留住民族的根。双方还就教材、师资、考试、夏（冬）令营等项目的合作展开了热烈的讨论。

152. 广东省侨办党组副书记会见印度尼西亚全国华教联合秘书处访问团

2016年12月27日，广东省侨办党组副书记、巡视员林琳会见由印度尼西亚西加省、中爪哇省、苏北省、东爪哇省、廖内群岛省华文协调机构主席、副主席等成员组成的印度尼西亚全国华教联合秘书处访问团。

林琳指出，印度尼西亚是广东参与“一带一路”建设、加强对外经贸合作的重要国家之一，广东非常重视和印度尼西亚开展多方面的合作，包括支持开展华文教育、人文交流，这些都是广东侨务部门服务“一带一路”建设的重要内容。双方就如何更好地开展海外华文教育工作进行了探讨和交流。

153. 马来西亚侨领访问深圳

2016年12月29日，深圳市委统战部副部长、市侨联主席、市侨办负责人马勇智会见到访的马来西亚董教总教育中心主席叶新田博士。马勇智对叶新田等海外侨领致力发展华文教育表示赞赏，冀望其为促进深圳与马来西亚的文化交流与合作贡献更多力量。

马勇智向叶新田介绍了深圳经济社会的发展情况，希望叶新田常回深圳看看，亲身感受祖国的发展变化。叶新田简要介绍了马来西亚华文教育的现状。他希望与深圳市侨办、侨联进一步加强联系，共促马来西亚华文教育的发展。

（三）华文教育组织及机构间的合作

1. 暨南大学华文学院与泰国汉语教学中心续签合作协议

2016 年 1 月上旬，泰国曼德琳教育集团下辖的泰国汉语教学中心负责人符和南到暨南大学华文学院，与暨南大学华文学院续签合作开展汉语言、华文教育专业函授本科学历教育协议书。

双方计划未来将在现有赴外面授的基础上，增加网络远程视频答疑辅导环节，为更多有志学习汉语的外国学生提供多元的学习渠道。这是暨南大学华文学院继 2007 年与对方合作开展函授本科学历教育后签署的第二份合作协议。暨南大学华文学院于 2007 年与泰国曼德琳教育集团签订协议合作开展函授本科学历教育，迄今 8 年，共培养本科毕业生 88 人，目前在读生 211 人。

2. 韩山师范学院与泰国西部华文民校联谊会签署教育文化交流合作协议书

2016 年 1 月 11 日至 13 日，泰国潮州会馆主席、泰国西部华文民校联谊会主席、泰国龙仔厝三才公学校董会主席黄迨光博士访问韩山师范学院，与韩山师范学院校长林伦伦、副校长吴愈中商谈合作交流项目并签署教育文化交流合作协议书。

林伦伦校长与黄迨光主席代表合作双方签署协议，双方将在建设实习基地、师生交流等方面开展合作。黄迨光主席还走访了韩山师范学院文学与新闻传播学院和教育科学学院，就在联谊会下属学校建设实习基地及选派实习学生等方面的合作细节进行交流探讨，达成初步共识。

3. 重庆暨华中学校与泰国清迈华文教师联会建立合作关系

2016 年 1 月 25 日，重庆市暨华中学校华文教育访问团访问泰国清迈教联高级中学。在泰北华人村华文教育中心和教联高级中学相关人员参与见证下，教联高级中学法人王明明代表清迈地区华人村华文教师联谊会与重庆市暨华中学校唐守江副校长共同签署华文教育项目合作协议。双方将在华文教育资源共享、资讯互换、师生交流互访等方面开展合作。

4. 浙江省温州市少年艺术学校与美国旧金山南侨学校缔结友好学校

2016 年 1 月 27 日，浙江省温州市少年艺术学校校长李绍可代表学校与旧金山南侨学校签订友好学校协议书。国务院侨办文化司副司长周虹、温州市外侨办副主任许捷和南侨学校全体校董见证签约仪式。

此次两校缔结为友好学校，缘于双方教育理念和相同的华文教育发展目标。两校共同表示，将以双方缔结为友好学校为契机，全面履行协议的各项约定，深入推进在教学管理、国际教育、师生互访、信息共享等方面的交流与合作，实现共同繁荣与发展，并在今后寻求更多的合作机会，不断深化友好往来。

5. 新加坡幼儿园与华文学生报合作助学前孩童学华文

2016 年 2 月中旬，新加坡教育机构迈杰思（Mind Champs）和新加坡报业控股媒体集团合作，将为报业控股媒体集团旗下华文学生报《小小拇指》提供学习题材和活动，旨在培养学前孩童对华文和中华文化的兴趣。根据合作协议，新加坡全岛 31 所迈杰思幼儿园将获得《小小拇指》，让教师利用这份学生刊物在课堂进行有趣的学习活动。

迈杰思自 2008 年起在新加坡全岛各处设立幼儿园，占本地高档学前教育市场的最大份额。新加坡报业控股媒体集团 2014 年宣布首次投资教育行业，以约 1200 万元买下迈杰思幼儿园 22% 的股权，双方将合作进军海外市场。《小小拇指》是《联合早报》旗下的学生报，这份双周刊主要针对幼稚园一年级和二年级的学前孩童，并获得李光耀双语基金资助。

6. 海南大学与英国格林威治大学建立友好合作关系

2016 年 2 月下旬，英国格林威治大学副校长安德鲁率代表团到海南大学访问，双方就两校学术交流与国际合作进行深入交流。

座谈会上，海南大学与英国格林威治大学签署学术交流合作协议，两校正式建立校际友好关系。根据协议，双方将在教师交流，学生联合培养，开展合作研究，联合举办学术讲座、研讨会和会议等方面开展合作。

7. 天津市与澳大利亚墨尔本市启动华文教育区域合作

2016 年 2 月 29 日至 3 月 3 日，澳大利亚墨尔本市市长罗伯特·道尔率领 35 人代表团访问天津。

访问期间，墨尔本新金山中文学校校长孙浩良分别与天津学校签署《中国天津市河北区南普小学与澳大利亚墨尔本市夕和睦小学交流合作意向书》和《中国天津市河北区中心小学与澳大利亚墨尔本市斑玉儿小学交流合作意向书》，标志着天津与墨尔本两市华文教育合作加速推进。

8. 香港福建中学四校与福州三校签署闽港姐妹校框架协议

2016年4月8日，应福建省侨办邀请，香港福建中学4所学校教师首次联合组团到福建交流访问。经福建省侨办、省教育厅和华闽集团牵线搭桥，香港福建中学4所学校与福州一中、福建师大附中、福建师大附小3所学校在福建福州签署闽港姊妹校“七校联盟”框架协议。福建省侨办主任杨辉、省教育厅对外合作处副处长廖德强等见证签约仪式。

根据协议，闽港姊妹校将建立教育合作伙伴关系，建立常态化教师互访交流机制，通过搭建联盟式中小学校“互联网+教育”共享合作平台，联合举办闽港两地学生夏令营，联合举办科技创作、模拟联合国、中华才艺大比拼等专项主题活动。闽港双方学校表示，未来将围绕框架协议，加强沟通，密切合作，共创未来。

9. 北京华文学院与印度尼西亚多家机构签署合作协议

2016年4月18日，由印度尼西亚雅加达吉祥山基金会与印度尼西亚全国华文教育协调机构联合秘书处共同举办的华文教育座谈与项目合作推荐会，在印度尼西亚雅加达北区吉祥山基金会会所举办。印度尼西亚多家教育机构与北京华文学院签署了建立友好合作机制、共同推动印度尼西亚华文教育教学发展合作协议。

出席推介会的北京华文学院院长周虹对北京华文学院进行了详细的介绍，印度尼西亚当地华文老师郑珊洁代表印度尼西亚各地华文教育教学专家，介绍了目前印度尼西亚华文教育教学发展现状。印度尼西亚雅加达吉祥山三语学校教育长林长奋、智民学院院长陈玉兰以及来自印度尼西亚万登、廖内群岛、中爪哇、楠榜省、勿里洞、西加等地的老师、校长、华文教育机构代表30多人出席了座谈会。大家就当前的华语学习热、海外华文教育教学的发展前景和所存在的困难等问题进行了深入的交流和探讨。

10. 澳大利亚华校与天津达成教育联盟合作协议

2016年4月21日，澳大利亚新金山中文学校和中国天津市河北区教育局于新金山中文图书馆共同签署教育联盟合作协议。新金山中文学校校长胡培康与天津河北区教育局副局长高秀萍分别代表双方签字并互赠礼品留念。

在签字仪式上，新金山中文学校校务委员会主席孙浩良和莫纳什市市长 Stefanie

Perrie 致欢迎词，河北区副区长周承光致答谢词。中国驻墨尔本总领事馆康晓雷参赞和澳大利亚联邦参议员候选人、华裔女市长杨千慧在会上讲话表示祝贺，希望签约双方在联合拓展海内外华文教育事业方面取得更大成绩。

11. 温州永嘉外国语实验小学与意大利中文学校结好

2016 年 4 月 27 日，经温州永嘉外侨办、意大利华侨华人贸易总会搭桥牵线，温州永嘉县外国语实验小学与意大利基督教罗马华人中文学校签署友好结对协议，建立长期的文化教育交流合作关系。

缔结友好学校后，双方将坚持平等互利、相互配合的原则，开拓发展双方优势，通过互派师生互访、华文教育学术研讨、海外华文教师培训、举办华裔青少年夏（冬）令营等开展密切合作。

12. 印度尼西亚阿拉扎大学与雅加达华教协调机构签署合作协议

2016 年 5 月上旬，印度尼西亚阿拉扎大学代校长卢比斯与雅加达华文教育协调机构执行主席蔡昌杰签署关于提高阿拉扎大学中文系办学质量和水平，更好推动印度尼西亚华文教育工作的合作协议。出席签约仪式的有雅加达华文教育协调机构辅导委员会总主席郑年锦、常务主席杨健强、执行主席蔡昌杰、副主席兼秘书长林莉萍、副主席兼中国教师工作处主任冯馨慧和阿拉扎大学孔子学院公派教师朱玮等。

13. 温州华文教育基地与法国高校联盟签署校际合作协议

2016 年 5 月 4 日，温州职业技术学院与法国思图迪高等商业与艺术学校联盟在浙江温州签署校际合作协议。温州职业技术学院党委书记王靖高、院长谢志远，法国思图迪高等商业与艺术学校联盟代表邱秀贤见证合作协议的签署。双方希望建立友好合作关系，促进两校间的合作，包括科研合作项目、教师短期培训与暑期学生交流项目等。

14. 匈中双语学校与国际禅武联盟等签署三方协议促青少年学习中国文化

2016 年 5 月上旬，长城匈中友好协会、国际禅武联盟和匈中双语学校三方于匈牙利外交与对外经济部签署合作协议。匈牙利外交与对外经济部部长西雅尔多·彼得和中国驻匈牙利大使段洁龙出席签约仪式。国际禅武联盟主席释行鸿（王德庆）、匈中双语学校校长埃尔代伊·茹然瑙、长城匈中友好协会秘书长于福年共同签署合作协议书。匈中双语学校学生将定期赴中国访问，前往广州禅武中心学习中国文化、传统中医、功夫、书法艺术。

15. 北京华文学院与泰国华文教育机构签订合作协议

2016 年 5 月 7 日至 11 日，在泰国华文教师公会、泰国南部华文民校联谊会、泰国北部华文民校联谊会的热心组织下，北京华文学院分别于曼谷、合艾、清迈举办了 3 场华文教育座谈会暨北京华文学院项目合作说明会。21 家教育机构与北京华文学院签订合作协议。

3 场座谈会共有近 30 家教育机构出席。周虹院长向参会的各教育机构介绍了北京华文学院的历史发展脉络，招生办孙伟恺副主任详细介绍了学院的各类设施，对课程设置和合作项目进行了详尽说明。参会的各教育机构就自己感兴趣的问题进行了提问。周虹院长还向各华文民校代表了解侨情，了解当地华文教育现状。

16. 温州永嘉与西班牙高校签署教育合作意向书

2016 年 5 月中旬，温州永嘉县教育局局长戴春光与西班牙国家教师学院主席约瑟芬娜·冈布拉·吉娜在巴塞罗那市签署教育合作意向书，开启永嘉县与西班牙加泰罗尼亚大区的教育交流合作大门。

此次教育合作意向是在中国教育部与西班牙教育部于 2011 年 10 月 11 日签署的《教育交流合作行动计划》的框架下，由永嘉县教育局与西班牙国家教师学院共同协商，经西班牙启盟律师事务所牵线并见证，在中西两国国内法律及国际法适用的范围内达成的一致意向，主要目的是加强永嘉县与西班牙加泰罗尼亚大区两地学生的互相理解、友好交流及双边合作。

17. 广西华侨学校与泰国撒教府汪南耶市续签华文教育友好合作协议

2016 年 5 月 19 日，广西华侨学校与泰国撒教府汪南耶市政府续签共同开展华文教育合作协议。今后，双方将在中泰文教师培训、互派留学生、举办华裔青少年夏（冬）令营、华文和泰文教育教材编制及教师交流等方面展开友好合作。

广西华侨学校陈进超校长表示，汪南耶市政府与学校于 2011 年签署友好合作协议，中泰双方通过展开协议中各个项目的合作，推进中泰各界人士广泛交流，把中华文化在汪南耶市的推进落到了实处。此次友好合作协议的续签，将使双方的合作交流有新的发展，并祝愿双方友好合作取得更大的成功，使双方友谊越来越深厚。泰国汪南耶市市长旺财·纳立郎克表示，汪南耶市政府也非常重视华文教育，续签合作协议后，将加大推进华文教育发展的力度。

18. 昆明华文学校与越南河内首都大学签署合作办学备忘录

2016 年 5 月 27 日，昆明华文学校与越南河内首都大学签署合作办学备忘录。越南河内首都大学参访团阮明俊团长16人、昆明华文学校校领导等6人一同出席签字仪式。

昆明华文学校与越南河内首都大学于2014年11月首次签署合作办学备忘录。近两年来，两校通过教师培训、文化交流及“1+1”“1+1+1”等办学模式开展合作办学，进一步促进了两校合作办学工作的顺利开展，促进了中越文化交流。结合2016年2月河内首都大学参访团到昆明华文学校交流时双方达成的共识，两校就文化交流、师生交换、师资培训、科技发展与研究合作等方面再次签署初步框架合作备忘录，并表示将通过各种合作办学方式，推动两校合作办学工作的积极开展。

19. 中泰华文教育友好合作备忘录在广西华侨学校续签

2016年5月28日，中国海外交流协会文化交流部与泰国清莱市政府的华文教育友好合作备忘录续签仪式在广西华侨学校学术报告厅举行。中国海外交流协会文化交流部部长雷振刚和泰国清莱市副市长那隆撒·邓撒坤代表双方在协议上签字。

此前，经过该校的积极联络与沟通，中国海外交流协会与泰国清莱市政府于2013年在广西华侨学校正式签署华文教育友好合作备忘录，有效期3年。根据协议，双方将在华文教师培训交流活动、学生交流活动及其他跨文化交流活动等领域开展深入合作。双方代表一致认为，该合作备忘录的续签会进一步加强中泰双方之间的华文教育合作与交流。

20. 昆明华文学校与越南河内第二师范大学签署合作办学备忘录

2016年6月12日，昆明华文学校与越南河内第二师范大学在中国河口续签了合作办学备忘录。签字仪式上，两校就7年来合作办学情况进行了回顾，对进一步加强合作交换了意见。越南第二师范大学校长阮文线先生强调，昆明华文学校与越南河内第二师范大学自2009年首次签署了合作办学协议以来，昆明华文学校为越南培养了大批优秀汉语教育、翻译人才。此次合作办学备忘录的续签，预示双方将在文化交流、师生交换、师资培训、科技发展与研究合作等方面展开密切合作。

21. 温州大学与意大利锡耶纳大学洽谈合作办学

2016年6月21日，温州大学校长外事顾问、国家“千人计划”特聘专家姜潮教授，温州大学外事处处长叶苗，温州大学国际合作学院院长严晓鹏访问意大利锡耶纳大学。双方就合作创办温州大学欧洲分校展开洽谈，并达成互惠发展框架性合作意向。

姜潮参观了锡耶纳大学和阿雷佐校区教学环境与教学设施，双方就合作专业、形式以及分校校址等具体内容进行深入了探讨。叶苗介绍了筹建欧洲分校的重要性、可操作性和实施计划，并表示，在欧洲分校的基础上，温州大学还将积极促进各方面合作。严晓鹏表示两校开展合作不仅可以在学生教育上互通互融，也可以促进两地企业经济的互助互利，进行商业人才的交流和推进产业基础平台的建设。意大利锡耶纳大学企业家协会主席 Francesco Simonetti 认为，创办欧洲分校不仅能促进两校之间的交流合作，也将会成为中意文化互动的重要平台，并表示会全力配合温州大学创办欧洲分校。

22. 云南师范大学与缅甸曼德勒恩瓦教育培训中心共建“缅甸云华职业学院”

2016 年 10 月 4 日，云南师范大学与缅甸曼德勒恩瓦教育培训中心签署协议合作共建“缅甸云华职业学院”。

“缅甸云华职业学院”在缅甸的开办，是云南师范大学主动融入和服务国家发展战略和外交战略，积极探索中外合作办学新路径，促进中缅人文、教育交流的一个重要举措。学院计划于 2017 年开始面向缅甸招生，首批开设学前教育专业（师范类专科）。

23. 温州华教基地与澳大利亚高校签署合作办学协议

2016 年 10 月 12 日，温州职业技术学院与澳大利亚昆士兰职业技术教育学院举行签约仪式，就双方开展合作办学签订合作协议。温州职业技术学院院长谢志远和澳大利亚昆士兰职业技术教育学院首席运营官 Michael Thomas 代表双方签约。

24. 温州大学与意大利锡耶纳大学签署合作办学协议

2016 年 11 月 10 日，温州大学校长李校堃率代表团 11 人赴意大利锡耶纳大学交流访问，并与该校签署合作办学协议。

锡耶纳大学校长 Francesco Frati 介绍了锡耶纳大学的概况、办学理念、办学特色、办学成果等，表达了在国际教育方面与温州大学加强合作的意愿。李校堃表示希望能以此次访问为契机，与锡耶纳大学在本科、研究生乃至留学生教育、科研等方面开展全方位的合作。双方签署合作办学相关协议，并达成联合培养博士、互聘导师的初步意向。

25. 缅甸曼德勒云南同乡会与昆明华文学校签署合作协议

2016 年 11 月 17 日，缅甸曼德勒云南同乡会尚兴玺理事长 10 人访问昆明华文学校。昆明华文学校张明军校长等领导及学校相关部门人员与尚兴玺理事长就华文教育、云华师范学院办学情况等进行交流。双方签署昆明华文学校代云华师范学院招募师范类实习教师的委托书。昆明华文学校每年将在云南高校为云华师范学院招募师范类实习教师，以缓解学院近几年师资不足的困难。

26. 马来西亚兴华中学和北京大学附中签署友好合作框架协议书

2016年12月19日，马来西亚兴华中学和北京大学附中的代表在中国驻马来西亚大使黄惠康的见证下，签署友好合作框架协议书。

黄惠康大使表示，这是中马教育合作史上第一份中学间的兄弟姐妹院校合作协议，它的签署是中马两国教育乃至双边关系史上值得记载的大事。

27. 泰国潮安同乡会与泰中教育交流中心合作建立“东盟华文学院”

2016年12月20日，泰国潮安同乡会与泰中教育交流中心合作建立“东盟华文学院”签约仪式在曼谷举行。“东盟华文学院”将致力于培养从事中泰合作事业的汉语专业人才，未来将辐射东盟其他国家，服务于“一带一路”建设对跨文化汉语专业人才的需求。

中国驻泰国大使馆侨务参赞张东浩、中国西南大学校长张卫国以及泰国潮安同乡会、泰中教育交流中心有关负责人等出席签约仪式。

28. 中国驻玻利维亚大使馆与当地高校签署合作备忘录

2016年12月20日，中国驻玻利维亚大使吴元山出席在圣安德烈斯大学举行的开展汉语教学合作备忘录签字仪式。吴元山和圣安德烈斯大学校长阿尔瓦拉辛分别致辞，充分肯定近年来中国驻玻使馆同圣安德烈斯大学在汉语教学合作方面所取得的巨大成绩，希望双方共同努力，不断推动相关合作深入发展。

五　华教活动

（一）夏令营·行在中国

1. 中国寻根之旅

（1）“中国寻根之旅”冬令营在福建漳州开营

2016 年 1 月 10 日，2016 年海外华裔青少年“中国寻根之旅”冬令营——“乡音故里：‘海上丝绸之路’闽南华裔青少年对话冬令营”在福建漳州开营。来自新加坡、马来西亚、印度尼西亚、越南、匈牙利、俄罗斯等国家和地区的 45 名华裔青少年在此进行为期一周的学习体验。

此次冬令营活动由中国海外交流协会主办，福建省海外交流协会、漳州海外交流协会、闽南师范大学承办。冬令营期间，营员们学习书法、剪纸、武术、古琴、包春卷、包麻糍等中国传统文化艺术，参观漳浦茶博物院、华侨历史博物馆、闽台缘博物馆、塔下村张氏祠堂等历史文化景点，游览漳州古街、南靖土楼、云水谣等漳州特色景观，并开展以“一带一路”为主题的交流研讨会。

（2）“中国寻根之旅”春令营在福建惠安开营

2016 年 3 月 16 日，由国务院侨办和福建省、泉州市、惠安县各级侨办联合主办，惠安荷山中学承办的 2016 年海外华裔青少年“中国寻根之旅”春令营福建惠安营在荷山中学开营。来自马来西亚槟城钟灵中学的 10 名华裔青少年，在此开展为期一周的文化交流。他们与荷山中学学生“结对子”，通过学习汉语、书法，开展球类比赛、文艺联欢，参观刘玉水故居等活动，接触中华文化，体验中国学生生活，领略惠女民俗。

钟灵中学与荷山中学为姊妹学校，每年互派师生交流访问。

（3）澳大利亚华裔青少年安徽举办“中国寻根之旅”春令营

2016 年 3 月 25 日，海外华裔青少年“中国寻根之旅”春令营安徽营开营。来自澳大利亚的 56 名华裔青少年学生和老师参加了开营仪式。

营员们大多是出生在澳大利亚的第二代华人。活动期间，营员们学习中文，观看京剧、徽剧演出，学习剪纸、编织、五禽戏和黄梅戏等中华才艺，攀登黄山，游览西递宏村，并与安徽学生交流互动，领略了徽文化和中国传统民俗之美。

（4）“中国寻根之旅”澳大利亚华裔青少年福建营在福建武夷山、长泰举办

2016 年 3 月 29 日至 4 月 2 日，由国务院侨办、福建省侨办主办，南平市外侨办、武夷学院共同承办的“中国寻根之旅”澳大利亚华裔青少年春令营——相约福建营在武夷山举办。55 名来自墨尔本新金山中文学校的营员在胡培康校长的率领下，围绕武夷岩茶和朱子理学两个主题，开办民宿营，寻根探源，体验中化文化，抒发桑梓情怀。

营员们入住当地星村中学学生家，体验当地生活；到瑞泉茶叶博物馆观摩岩茶制作过程，并动手体验；听取武夷学院茶和食品学院李远华院长关于“武夷茶与名人、武夷山茶业、武夷岩茶”的“茶叶史话”讲座；考察紫阳楼和兴贤书院，在朱子像前行敬师礼。

营员们还赴福建长泰，参观长泰文庙，拜谒先师孔子，听取有关负责人讲解中国儒家文化知识；到长泰古山重景区，游览古民居建筑，体验中国传统民风习俗；到龙人古琴文化村，学习中国古琴文化知识，观看古琴制作流程，与琴师沟通交流，现场学习古琴弹奏技巧。

福建电视台少儿频道《海外少年到我家》制作团队跟随拍摄，并于后期制作出《海外少年到我家》系列片的第一期“茶道和朱子理学之旅”。《海外少年到我家》5 集系列节目，以 2016 年海外华裔青少年“中国寻根之旅”相约福建营 Home Stay（民宿）项目为素材，挑选 6 支团队，围绕“五个一”——一张全家福、一餐团圆饭、一次同学会、一次民俗体验、一件才艺作品，在行程中融入海丝文化、闽都文化等主题策划，以增进海外华裔及港澳台地区青少年对福建故乡本土的了解和情感认同。节目制成后将通过电视、门户视频网站等渠道发布，实现海内外共同传播。

（5）泰国华裔青少年“中国寻根之旅”春令营在广东广州举办

2016 年 3 月 31 日，118 名来自泰国的海外华裔青少年朋友及领队齐聚广州，参加由国务院侨办和中国海外交流协会主办、暨南大学华文学院承办的“中国寻根之旅”春令营（暨南大学营）。此次活动由泰国华文教师公会、泰中华文教育基金会组团，营员来自泰国北碧呈万公立育侨学校和清莱府攀县中学。

此次春令营为期两周，开设了生活汉语、唱歌学汉语等语言类课程和丰富的文化类课程，包括中国书画、泥塑、草编、剪纸、中国民族舞蹈、安塞腰鼓、竖笛以及中国武术（南拳、太极扇、初级刀、初级扇）等。营员们还参加了“中华美食坊”体验活动，亲手包饺子。

活动于4月13日举行闭营仪式暨汇报演出，以情景剧、歌舞、武术、乐器等形式展示两周以来的学习成果。主办方为营员颁发学习证明书并赠送纪念品。

（6）“菲律宾华裔学生中文夏令营”在福建泉州开营

2016年4月1日，“中国寻根之旅”菲律宾华裔学生学中文夏令营在泉州师范学院开营。开营仪式由福建省侨办主任杨辉主持。泉州市长康涛、泉州师范学院党委书记游小波、国务院侨办文化司副巡视员梁智卫、菲华商联总会永远名誉理事长陈永栽等嘉宾出席并致辞，菲华裔学生李俊桦代表营员发言。

菲律宾华裔学生学中文夏令营是由菲律宾著名侨领陈永栽先生捐助海外华文教育事业的一项品牌活动。自2001年起，已连续举办16届。2016年，共有1149名华裔学生参加，是该活动人数最多的一届，也是陈永栽先生16年来首次带队返回故乡泉州。

此次夏令营为期50天，分散到华侨大学、集美大学、泉州师范学院、厦门外国语学校和泉州南少林国际学校5所学校开展活动。营团开展小班化教学，语言教学与文化教学结合、游教结合，开设汉语精读、听写、诵读等基础课程，以及武术、手工、音乐、国画、书法、象棋等技能课，并开展“海丝文化游”活动。

（7）“中国寻根之旅”泰缅华裔青少年古都游学春令营在北京举办

2016年4月5日，由国务院侨办主办、北京华文学院承办的海外华裔青少年“中国寻根之旅”春令营——泰缅华裔青少年古都游学营开营仪式在北京华文学院回龙观校区举行。北京华文学院相关领导、任课教师与来自泰国春府大众学校、陈琴汉语之家、华泰教育交流中心和缅甸曼德勒MCTA国际学院昌华中文学校的60多位师生出席开营式。

此次春令营，承办方为营员安排了汉语课程、文化体验课程和汉语接龙比赛、包饺子、影视欣赏等趣味活动，以及故宫、长城等名胜古迹的游览活动。此间，承办方还特别举办了泼水节系列活动。

活动于4月20日闭营。主办方为营员们颁发结业证书和汉语竞赛奖品。双方互赠纪念品。

（8）“中国寻根之旅”春令营在山东德州举办

2016年4月5日，海外华裔青少年“中国寻根之旅”春令营山东德州营在德州青少年宫开营，来自泰国的50名青少年欢聚德州，开展为期13天的春令营活动。此次活动由德州市外事办主办，德州青少年宫承办。团中央国际联络部部长万学军、山东省侨办副主任孙西忠等相关领导出席开幕式。

春令营期间，营员们在德州学习体验京剧、书法、国画、陶艺、剪纸、古筝等中国传统文化课程，参观董子园景区、减河湿地公园、太阳谷等城市景观，并赴北京、济南、泰安等城市进行学习参观。

（9）“中国寻根之旅”七彩云南集结营举办

2016 年 4 月 13 日，由中国海外交流协会主办、云南省海外交流协会承办的“2016 年中国寻根之旅·七彩云南集结营”在昆明开营。来自缅甸、老挝、泰国、越南、斯里兰卡 5 个国家的海外华裔青少年 660 多人参加活动。云南省海外交流协会会长杨焱平等相关领导出席开营式并致辞。

此次集结营主题为“学习中华文化、体验七彩云南”。营员们通过参观恐龙谷、花之城、野生动物园等景点，聆听民族文化讲座，感受祖籍国源远流长的文明历史、多姿多彩的民族文化和日新月异的发展变化。

活动自 4 月 12 日开始，4 月 15 日以文艺会演的方式闭营。国务院侨办副主任任启亮、文化司司长雷振刚，云南省副省长刘慧晏等领导出席闭营式并致辞。此次集结营活动结束后，营员们分赴保山、红河、德宏、临沧、文山、怒江等地继续“寻根”。

（10）“中国寻根之旅”春令营（暨南大学营）举办

2016 年 4 月 16 日，由国务院侨办、中国海外交流协会主办的“中国寻根之旅”春令营（暨南大学营）开营。89 名来自泰国的华裔青少年参加开营典礼。暨南大学华文学院院长邵宜等嘉宾出席并致欢迎词。

这是暨南大学华文学院 4 月份第二次迎来“寻根”营团。该院除了品牌课程以外，还增设了中华美食体验课程，让营员在制作的过程中体会。此外，还启动志愿者服务，境外 5 名志愿者加入生活服务组，为营员生活带来便利。

此次活动于 4 月 30 日闭营，为期半个月。

（11）“中国寻根之旅”夏令营（红河营）在云南红河学院举办

2016 年 4 月 16 日，“中国寻根之旅”夏令营红河营开营典礼在云南红河学院举行。营员包括来自越南太原大学的 46 名师生和来自斯里兰卡萨巴拉甘姆瓦大学的 4 名学生。他们在昆明参加“中国寻根之旅”七彩云南集结营后，于 4 月 15 日抵达红河学院，继续开展 8 天的夏令营活动。

活动于 4 月 22 日落幕。

（12）“中国寻根之旅”春令营（山东营）举办

2016 年 4 月 18 日，由国务院侨办主办、山东省侨办和共青团山东省委联合承办、山东省山青世界青少年实践活动中心协办的 2016 年海外华裔青少年“中国寻根之旅”春令营山东营在山青世界开营。

活动期间，来自泰国、菲律宾的 60 名华裔青少年参加破冰、团队建设、定向运动、攀岩崖降等户外运动项目，学习剪纸、书法、武术、国画、面塑、京剧等中华传统文化，并攀登泰山，到曲阜参观孔府、孔庙、孔林，游览青岛八大关、奥帆中心，参观泉城济南大明湖、趵突泉等名胜古迹。

(13)“中国寻根之旅”七彩云南临沧行夏令营举办

2016 年 4 月 18 日至 21 日，由云南省侨办主办、临沧市侨办承办、滇西科技师范学院协办的海外华裔青少年“中国寻根之旅”七彩云南临沧行夏令营在滇西科技师范学院举行。

活动期间，来自缅甸滚弄地区的 65 名华裔青少年学习中国历史、地理、书法、绘画等中华文化课程，与泰国等国家和云南省临沧的青少年联谊联欢，游览临沧风景名胜。

活动于 4 月 22 日闭营。

(14)“中国寻根之旅”夏令营（厦门致公营）在厦门举办

2016 年 4 月 20 日，由国务院侨办主办，福建省侨办、致公党福建省委、致公党厦门市委联合承办的“海外华裔青少年‘中国寻根之旅’夏令营（厦门致公营）”开营仪式在厦门团结大厦举行。致公党福建省委、厦门市委统战部、福建省侨办相关领导和来自缅甸、泰国、菲律宾的 29 位华裔青少年参加开营仪式。

2007 年以来，致公党厦门市委已成功举办 10 届海外华裔青少年夏（冬）令营，营员达 220 多人。

(15)“中国寻根之旅”菲律宾华裔青少年夏令营在上海举办

2016 年 4 月 21 日，由国务院侨办、上海市侨办主办的“中国寻根之旅”菲律宾华裔青少年夏令营在上海市新中高级中学开营。

此次夏令营为期 4 周，营员们学习汉语、文学欣赏、中国传统艺术赏析、中国历史地理文化、中国饮食与餐桌礼仪、民族舞蹈课等课程，并参观上海博物馆、上海犹太人纪念馆，游览外滩、田子坊、城隍庙、东方绿舟、大千生态园等上海著名景点。

(16) 福建省首个镇级“中国寻根之旅”夏令营在晋江举办

2016 年 4 月 21 日，由国务院侨办、福建省侨办、泉州市侨办联合主办，晋江市侨台外事局、菲律宾晋江同乡总会、泉州轻工职业学院共同承办的菲律宾第六届华裔青少年“中国寻根之旅”夏令营福建晋江营在北京举行开营仪式。此次夏令营由菲律宾晋江同乡总会理事长施亨利率夏令营领队及营员参加。国务院侨办文化司雷振刚司长、晋江市侨台外事局陈建军局长等领导出席开营仪式。

此次夏令营为期 13 天。营团一行 25 人在晋江、永春、泉州、福州、武夷山等地学习参观，并与晋江市第三实验小学、钱头小学、雁山中心小学、晋江二中和永春一都中心小学等学校师生进行结对共建，开展中华武术、书法、古诗词、剪纸等内容的文化学习交流活动。

此次夏令营第一次拓展到镇级，是福建省内首个由镇级人民政府承办的夏令营团组，开创了由国家、省、地级市、县级市、乡镇五级政府部门共同合作举办“中国寻根之旅”夏令营的先例。

（17）2016年华裔青少年“湘文化体验春令营”在湖南举办

2016年5月4日，由国务院侨办和中国海外交流协会主办、北京华文学院承办的海外华裔青少年“湘文化体验春令营”在北京华文学院回龙观校区会堂开营。来自印度尼西亚、泰国、蒙古、哈萨克斯坦、巴西、意大利等11个国家的50名海外华裔青少年参加。

5月5日，营员们抵达湖南省张家界市，以3天的张家界之行开启湘文化探寻之旅。

5月9日，营员们到湖南湘西土家族苗族自治州的芙蓉镇和凤凰古城，参观熊希龄故居、沈从文故居，游览民俗博物馆，泛舟沱江，充分体验当地少数民族风情。

5月10日，营员们到常德游览学习，参观集全国1213名书法家书写的楷、行、隶、篆、草书的“中国常德诗墙”。

5月11日，营员们到湖南长沙开展为期2天的游学考察，参观游览长沙简牍博物馆、橘子洲公园、岳麓书院等著名景点。

活动于5月13日晚在长沙市华宇大酒店以文艺会演的形式落下帷幕。

（18）“中国寻根之旅”夏令营（福建泉州营）在黎明职业大学举办

2016年5月9日，由国务院侨办、福建省侨办、泉州市侨办主办，黎明职业大学承办的2016年海外华裔青少年“中国寻根之旅”夏令营福建泉州营在福建泉州黎明职业大学开营。来自菲律宾的52名华裔青少年在此开启为期10天的寻根之旅。

此次夏令营是首次在黎明职业大学开营，除了汉语、武术、茶艺、书法、剪纸、蛋糕制作、陶瓷制作等学习课程，还安排营员们参观泉州少林寺、海外交通史博物馆、华侨历史博物馆、晋江草庵摩尼教遗址、五店市闽南文化建筑群、开元寺、海丝艺术公园、德化陶瓷博物馆等地。

（19）菲律宾华教中心第25届汉语夏令营举行汇报演出

2016年5月18日，由菲律宾华教中心主持的第25届汉语夏令营上海营、山东营的汇报演出在菲律宾侨中学院大礼堂举行。菲律宾华教中心相关领导、部分营员家长出席了汇报演出。

据菲律宾华教中心交流部主任张杰介绍，中心每年都组织华裔青少年赴中国开展汉语夏（冬）令营。成立25年来，共组织了13760人到中国开展夏（冬）令营，遍布中国大部分省市，并且和一些地方侨办形成了良好互动，为夏（冬）令营的良性发展打下了坚实的基础。

此次汇报会除文艺节目外，还用展板的形式展示了绘画、书法、剪纸、手工作品等学习成果。

（20）闽籍新加坡华裔青少年赴祖地文化寻根

2016年5月23日，来自新加坡福建会馆下属道南学校等单位的52名华裔青少年走进福建泉州市实验小学，开启文化寻根之旅。

参加此次活动的青少年都是当地五年级学生，大部分是闽籍侨胞的第二代或者第三代。此次游学，他们到泉州市实验小学参观，走访泉州南少林、泉州海外交通史博物馆、厦门集美学村等福建文化教育基地、人文古迹。

（21）"中国寻根之旅"夏令营（山东泰安营）举办

2016年5月24日，海外华裔青少年"中国寻根之旅"夏令营山东泰安营在泰安岱岳区实验中学开营。山东省侨办副主任孙西忠、印度尼西亚万隆播种机学校华文教育主任刘光鑫等嘉宾出席开营式。

活动期间，营员们在岱岳区实验中学、志成少年宫、大陡山村以及泰安市技校、武校学习书法、剪纸、版画、武术等中华文化课程，学习包饺子，观看新农村建设风貌，并走进中国课堂，与中国学生开展交流。

（22）"中国寻根之旅"夏令营（暨南大学营）举办

2016年5月28日，由国务院侨办/中国海外交流协会主办，暨南大学华文学院承办的"中国寻根之旅"夏令营（暨南大学营）在暨南大学华文学院开营。90多名来自马来西亚的华裔青少年参加。暨南大学华文学院副院长张礼出席活动并致欢迎词。

此次夏令营活动于6月10日结束。除了品牌课程以外，主办方根据马来西亚同学的特点增设了"小辩论家"等课程，让营员们在学习之余有更多丰富的体验和感受。

（23）"中国寻根之旅"七彩云南昆明营举办

2016年5月31日，由云南省侨办主办、昆明华文学校承办的2016年海外华裔青少年"中国寻根之旅"七彩云南昆明营在昆明华文学校开营。云南省侨办文教处副处长杨波、昆明华文学校副校长陈娜、马来西亚武吉丁宜华校董事部董事长陈亚斯等嘉宾以及来自马来西亚、老挝、泰国的50名营员参加了开营仪式。

（24）广东汕头举办马来西亚华裔青少年"中国寻根之旅"夏令营

2016年6月1日至8日，马来西亚潮州公会联合会青年总团总团长黄瑞雷率领35名马来西亚华裔青少年到广东汕头参加"2016年马来西亚华裔青少年'中国寻根之旅'夏令营——汕头营"活动。

此次夏令营由国务院侨办和广东省侨办主办、汕头市外事侨务局承办、马来西亚潮州公会联合会青年总团协办，于6月2日在汕头华侨大厦举行开营仪式。活动期间，营员们学习中华传统文化《弟子规》和潮汕传统工艺潮汕剪纸，游览参观汕头开埠文化馆、侨批馆、文化馆以及南澳岛、澄海“蔡氏宗祠”等地人文景观和城市现代风貌，深入农村体验生活，领略潮汕历史和文化，增进营员对故乡潮汕的认识。

（25）华中师范大学举办“中国寻根之旅”华乐春令营

2016年6月2日至14日，海外华裔青少年“中国寻根之旅”华乐春令营在华中师范大学举办。来自马来西亚沙巴山打根育源中学、吧巴中学、吉达培正中学的80名华裔青少年参加。湖北省侨办、华中师范大学相关领导出席开营仪式。

活动期间，营员们参加民乐讲座、文化讲座等活动，体验当地百姓生活，参观黄鹤楼、辛亥革命纪念馆，并赴屈原故里湖北秭归参观屈原祠、朗诵《离骚》、学习包粽子。与在马来西亚学习的《屈原列传》相结合，比较两地粽子的异同，营员们此次“寻根”体会更为深刻。

（26）美国华裔青少年在广东清远寻根

2016年6月4日，为期5天的美国华裔青少年“中国寻根之旅”夏令营在广东清远举行。此次活动是清远市外事侨务局与美国中美国际文化交流协会组织成营的，28名营员来自美国旧金山市洛威尔高中。

在清远期间，营员们感受故乡风貌，了解岭南特色文化；学习书法、绘画、武术等传统中华文化；参观工厂和企业，与清远的青年企业家进行座谈交流，了解清远经济发展情况。

（27）中国驻美国大使馆举行“中国寻根之旅”夏令营开营授旗仪式

2016年6月11日，美国华裔青少年“中国寻根之旅”夏令营在中国驻美国大使馆举办开营授旗仪式。中国驻美国大使馆李克新公使，美国华盛顿地区同乡会联合会、同心基金会等组营方负责人，以及参加夏令营的华裔青少年营员与家长代表100余人出席。

李克新公使、组营方、营员及家长代表分别致辞。之后，李克新依次为14个夏令营开营授旗，并与小营员代表合影留念。

（28）“中国寻根之旅”夏令营（海南营）举办

2016年6月14日，海外华裔青少年“中国寻根之旅”夏令营海南营暨“第二十届世界海南青少年夏令营”在海南海口开营。已举办16年的“中国寻根之旅”，首次迎来印度尼西亚巴厘岛的琼籍华裔。

海南是中国著名侨乡，有370多万琼籍华侨华人旅居在世界近60个国家和地区。此次参营的近70名海外琼籍青少年来自泰国、印度尼西亚、文莱等国家，大多是当地华裔第三、四代。活动期间，营员们在海口、琼海、万宁、三亚、文昌等地的学校学习民族舞蹈、传统声乐、茶艺、烹饪等多种形式的中国传统文化艺术，包括学习芭蕾舞剧《红色娘子军》片段、学唱海南话歌曲等；与海南本地青少年交流联谊，开展篮球、排球友谊赛；参观琼海龙寿洋公园、苗族风情村落、兴隆热带花园、三亚南山佛教文化苑、文昌宋氏祖居、海口骑楼老街等海南知名人文景观。主办方还特意安排营员们走进三亚航空旅游职业学院，到飞行模拟机教室、乘务模拟机教室、航海模拟机教室、酒店实训教室参观并上实操课，让他们得以了解祖籍国科技的进步。此外，主办方要求每位营员以此次夏令营活动为主题，作文一篇，抒写“寻根”感受。

活动于6月24日闭营。

（29）“中国寻根之旅”印度尼西亚华裔青少年北京游学营举办

2016年6月16日，由中国海外交流协会主办、北京华文学院承办的2016年海外华裔青少年“中国寻根之旅”夏令营——印度尼西亚华裔青少年北京游学营在北京华文学院回龙观校区举行开营仪式。

活动于6月28日闭营。

（30）“中国寻根之旅”夏令营（重庆营）举办

2016年6月16日，由国务院侨办主办、重庆市侨办与重庆师范大学共同承办的海外华裔青少年“中国寻根之旅”夏令营重庆营开营仪式在重庆师范大学博雅楼会议厅举行。重庆市外事办、重庆师范大学相关领导出席开营式。

来自美国、泰国、印度尼西亚的101名华裔青少年在为期12天的“寻根之旅”中，学习汉语以及剪纸、书法、茶艺、民族舞蹈等中华文化课程，参观世界文化遗产大足石刻和千年古镇磁器口，体验制作重庆綦江农民版画和荣昌陶艺。

（31）暨南大学举办“中国寻根之旅”夏令营

2016年6月18日，由国务院侨办、中国海外交流协会主办，暨南大学华文学院承办的海外华裔少年“中国寻根之旅”夏令营（暨南大学营）在暨南大学华文学院开营。70多名来自印度尼西亚和美国的华裔青少年们及领队参加了开营仪式，暨南大学华文学院史学浩副书记出席活动并致欢迎词。

此次夏令营活动，承办方暨南大学华文学院在原有丰富活动内容的基础上开拓创新，根据营员特点安排教学及文化考察活动，开设了汉语、泥塑、草编、安塞腰鼓、民族舞蹈、武术初级剑、武术太极扇等课程，努力让营员们在学习之余有更多丰富的体验和深切的感受。

（32）印度尼西亚华裔青少年“中国寻根之旅”夏令营（湖南师范大学营）举办

2016年6月19日，印度尼西亚华裔青少年“中国寻根之旅”夏令营（湖南师范大学营）开营。

这是湖南师范大学第25次承办海外华裔青少年夏（冬）令营。此次夏令营活动中，来自印度尼西亚的60名华裔青少年学习中文、舞蹈、武术、书法、剪纸等语言文化课程，并与中国中学学生联谊交流，参观游览湖南的历史文化名胜。

（33）“中国寻根之旅”夏令营（鹰潭营）举办

2016年6月20日至7月1日，为期12天的2016年海外华裔青少年“中国寻根之旅”夏令营鹰潭营在江西省鹰潭市举办。此次活动由鹰潭市外事办承办，紧扣“寻根·汉语·中华文化”主题，于龙虎山风景名胜区开展以中华文化、道文化、中华武术（太极）、书法、舞蹈、民歌等课程为主要内容的系列教学活动。来自美国、加拿大、印度尼西亚、瑞典、摩洛哥、安道尔6个国家的48名营员参加。

（34）“中国寻根之旅”夏令营（湖南营）举办

2016年6月21日，由中国海外交流协会主办，湖南省侨办、湖南省海外交流协会和长沙市侨办联合承办的海外华裔青少年“中国寻根之旅”夏令营（湖南营）开营仪式在湖南长沙举行，共有来自美国的40余位华裔青少年参加。

此次夏令营，主办方除了安排趣味汉语、历史文化、民族声乐、民族舞蹈、武术、国画书法等课程，还特意安排了湘绣、陶器制作等具有本地文化特色的课程。此外，营员们还参观游览了世界自然遗产张家界国家森林公园、湘西自治州凤凰古城。

（35）80位海外华裔青少年四川开启“中国寻根之旅”

2016年6月21日，海外华裔青少年“中国寻根之旅”夏令营四川营在四川成都开营，以“与大熊猫亲密互动”为主题的2016年度“发现东方之美：华裔青少年‘中国寻根之旅’微信大赛”也同时启动。

来自美国、波兰、英国、刚果（金）等国的80位华裔青少年，在四川参加为期11天的夏令营活动，参观大熊猫繁育基地、蜀锦织绣博物馆，游览武侯祠、都江堰、乐山大佛等名胜古迹，学习武术、古诗词、剪纸、陶艺等中国传统文化课程。

夏令营期间，营员们还参与“发现东方之美：华裔青少年‘中国寻根之旅’微信大赛”，到大熊猫繁育基地实地观察大熊猫，深入了解大熊猫的喜好与生活习惯等知识，亲手制作各种熊猫“萌”造型的陶艺作品，旨在用中文记录心灵感悟，以微信等社交媒体分享“寻根”收获。主办方还特别联合“配音秀”（App）精选10段有关熊猫的趣味视频，让华裔学生们为其设计对白并通过“配音秀”进行配音并发布，这些作品将通过多种渠道传播至海外主流社交媒体平台。

为配合“中美旅游年”，主办方还将在成都拍摄一部公益纪录片《你好，贝贝》，讲述华裔青少年为美国华盛顿公园的熊猫“贝贝”寻找生日礼物的故事，以他们的视角发现中国人文风情之美。

（36）2016年亚欧华裔“中国寻根之旅”文化体验营在北京举办

2016年6月27日，由国务院侨办主办、北京华文学院承办的海外华裔青少年

“中国寻根之旅”夏令营亚欧华裔学生中华文化体验营开营仪式在北京华文学院回龙观校区举行。国务院侨办文化司梁智卫副司长、北京华文学院周虹院长等领导，以及来自印度尼西亚、瑞典、英国的160多位华裔青少年出席开营仪式。

活动为期约两周，于7月7日闭营。闭营仪式上，北京华文学院的领导和嘉宾共同为营员们颁发结业证书和HKC（汉语口语水平测试）等级证书。

（37）“中国寻根之旅”夏令营在暨南大学举办

2016年7月3日，来自美国和印度尼西亚的107名华裔青少年及领队参加了由国务院侨办、中国海外交流协会主办的2016年海外华裔少年“中国寻根之旅”夏令营暨南大学营的开营仪式，暨南大学华文学院副书记史学浩出席典礼并致欢迎词。

此次活动从7月2日至7月16日，营员们学习了民族舞蹈、唱歌学汉语、中华文化舞台剧等艺术类课程。

（38）“中国寻根之旅”武当武术夏令营举办

2016年7月3日，由国务院侨办主办，湖北省侨办、十堰市侨办承办的2016年“中国寻根之旅”武当武术夏令营在武当山开营，十堰市副市长张慧莉等出席开营仪式。

来自缅甸、泰国、老挝、印度尼西亚、马来西亚的30名华裔青少年及领队在为期15天的夏令营活动中，学习太极拳，了解武当文化。营员们还参观了湖北名胜古迹，观看大型武当功夫表演《梦幻武当》，体验民间艺术、民俗文化。

（39）“中国寻根之旅”夏令营（相约温州武术特色营）举办

2016年7月3日，由国务院侨办和温州市政府主办、温州市侨办合作举办、温州体育运动学校承办的2016年海外华裔青少年“中国寻根之旅”夏令营相约温州武术特色营开营。

此次夏令营以武术学习为主，辅以传统经典吟诵、书法、心理游戏、科技制作、烘焙、航模、创意美术等课程，多以团队竞赛的形式进行。

（40）“中国寻根之旅”夏令营（相约温州文成分营）举办

2016年7月4日，海外华裔青少年“中国寻根之旅”夏令营相约温州文成分营在文成县实验小学开营，温州市侨办副主任许捷等出席开营仪式。

来自意大利、荷兰、法国等国家的120名华裔青少年在此学习书法、剪纸、脸谱等中华才艺，参观游览百丈漈、刘基庙等风景名胜，体验米塑、木偶戏等各种地域民俗。

（41）“青少年同在蓝天下（YBB）”公益项目在甘肃举办

2016年7月4日至15日，2016年海外华裔青少年“寻根之旅——心系积石山夏令营”开营仪式暨美国YBB公益项目在甘肃刘集中学举办。“青少年同在蓝天下

(YBB)”公益项目由美国华盛顿青少年科技学院创立，来自纽约、新泽西、马萨诸塞、马里兰等地的美国优秀华裔高中生和大学生与上海交通大学学生组合在为期10天的课堂上，向刘集中学的孩子们教授英文、世界地理、音乐、体育等课程，学生和“小老师们”同吃、同住、同生活、同学习、同劳动。

（42）“中国寻根之旅”保山夏令营举办

2016年7月5日，由云南省侨办主办、保山市侨办承办的2016年美国华裔青少年“中国寻根之旅”保山夏令营在保山市博物馆开营，保山市政协副主席寸时庆等出席开营仪式。

来自美国12个州的50名华裔青少年和老师在此学习国画、剪纸、普通话等知识，参观保山、腾冲的文化古迹，还与保山的中小学生结对联欢、互动交流。

（43）“中国寻根之旅”夏令营（摄影与形象设计特色营）举办

2016年7月5日，由国务院侨办、温州市政府主办，温州市侨办承办，温州市第二职业中等专业学校协办的2016年海外华裔青少年“中国寻根之旅”夏令营相约温州摄影与形象设计特色营在温州市第二职业中等专业学校开营。

活动期间，来自意大利、西班牙、葡萄牙等国的30多位华裔青少年学习了个人形象设计、人像摄影等课程，围绕数码摄影技术和个人形象设计开展系列体验活动，同时融入传统礼仪、中华民俗、才艺排演等内容。

（44）“寻根中国·相约上海”夏令营（上海杨浦武术营）举办

2016年7月5日，由上海市侨办主办，杨浦区侨办、上海理工大学附属中学共同承办的2016年海外华裔青少年“寻根中国·相约上海”夏令营杨浦武术营开营。

此次夏令营包括户外活动、武术特色活动、传统文化课程、主题活动以及体验活动5个部分。学员学习武术，并与理工大学附属中学的同学结对子。

（45）“寻根中国·相约上海”夏令营举办

2016年7月5日，由国务院侨办、上海市侨办举办的2016年海外华裔青少年“寻根中国·相约上海”夏令营在上海曹杨中学开营。

夏令营期间，来自海外的30名学员学习包括书法、脸谱、编织、茶道等在内的中华文化课程，游览东方明珠、豫园、南京路、水乡朱家角等上海著名景点，并与上海的学生进行联欢和交流。

（46）“中国寻根之旅”夏令营（相约温州营瑞安分营）举办

2016年7月5日，2016年“中国寻根之旅”夏令营相约温州营瑞安分营在瑞安市外国语学校举行开营仪式。

此次夏令营以提高对家乡的认识，深化“根”的意识，传承中华文化为目标，开设了汉语、剪纸、国画、书法、武术等课程，并组织营员们前往当地景点名胜进行户外活动。

(47)“中国寻根之旅”夏令营中山大学海外校友子女营举办

2016年7月6日，由国务院侨办、广东省侨办主办，中山大学校友总会、广东省潮文化研究基地、中山大学学生处承办的2016年海外华裔青少年“中国寻根之旅”夏令营中山大学海外校友子女营开营。

此次活动共有22名中山大学海外校友子女参加。在为期4天的活动里，营员们参观龙湖古寨、许驸马府等潮汕建筑，欣赏潮绣、潮州木雕等传统工艺，还品尝潮州菜、潮州工夫茶等。

(48)“中国寻根之旅”香港福建中学学生民宿特色夏令营举办

2016年7月7日，由国务院侨办主办，福建省侨办、福建省政府港澳事务办公室、福建省教育厅和福建省文化厅承办的2016年“中国寻根之旅”香港福建中学学生民宿特色夏令营开营仪式在华侨大学华文学院举行。福建省侨办主任杨辉，华侨大学校长贾益民、副校长曾路等领导，以及香港福建中学观塘、北角、小西湾、附属学校4所分校的91名师生参加了此次开营仪式。

此次活动开展时间为7月7日至7月12日，营员们在厦门、泉州、福州等地参观访问，入住福建省学生家庭，与福建学生结对子。两地学生“同吃、同学、同住、同行”，围绕“五个一”（一张全家福、一餐团圆饭、一次同学会、一次民俗体验、一件才艺作品）开展交流互动。

(49)“中国寻根之旅”台湾青少年福建夏令营举办

2016年7月10日，由国务院侨办、福建省侨办和台湾木铎学社、台湾传统伦理文化发展协会联合主办的2016年“寻根之旅·台湾青少年（福建）夏令营”在福建厦门举行开营仪式。来自台湾地区22所学校的103名师生参加活动。福建省侨办副主任林泽春、台湾木铎学社理事长陈汉强夫妇等出席开营仪式。此次夏令营为期8天，营员先后参观走访厦门、泉州、龙岩等地。

此次夏令营为期8天，中华武术教育与国际交流是泉州南少林国际学校两大特色办学品牌。营员不仅在校聆听中华禅武知识、闽南文化知识讲座，观赏泉州历史文化影片，体验武术套路、武术散打，欣赏武术《中华武韵》系列表演，同时还走访了厦门、泉州、龙岩等地。

(50)“中国寻根之旅”七彩云南迪庆香格里拉夏令营举办

2016年7月10日，由国务院侨办、云南省侨办主办，迪庆州侨办承办的2016年“中国寻根之旅”七彩云南迪庆香格里拉夏令营在云南迪庆开营。

此次夏令营为期10天，50位来自新西兰的华裔青少年学习了迪庆民族歌舞、中国书法，了解藏文、诗歌及尼西黑土陶手工艺制作，参观迪庆文博中心，游览噶丹·

松赞林寺等景点。

(51)“中国寻根之旅”夏令营（华侨大学营）举办

2016年7月10日，由国务院侨办、中国海外交流协会主办，华侨大学承办的2016年海外华裔青少年“中国寻根之旅”夏令营华侨大学营在华侨大学开营。

来自美国、俄罗斯、加拿大、德国、法国、捷克、意大利、西班牙8个国家15所中文学校的近400名华裔青少年参加为期15天的中华文化学习体验之旅，学习茶艺、舞龙、中华舞蹈等课程。承办方还安排组织营员参观胡里山炮台、集美鳌园、南普陀、鼓浪屿等景点，组织营员学习制作鼓浪屿馅饼、陶瓷等。

(52)“中国寻根之旅”夏令营（青田分营）举办

2016年7月11日，2016年海外华裔青少年“中国寻根之旅”夏令营青田分营在浙江省青田县华侨中学开营。青田县副县长陈海民出席开营仪式。

此次夏令营共有来自西班牙、意大利、奥地利等10多个国家的90多名海外华裔青少年参加。相较以往，增加了陶艺、琴艺等趣味性课程。办班形式上，尝试根据学员的汉语程度和年龄段分班教育。

(53)“中国寻根之旅”夏令营（美亚华裔青少年游学营）举办

2016年7月11日，由国务院侨办主办、北京华文学院承办的2016年海外华裔青少年“中国寻根之旅”夏令营美亚华裔青少年游学营开营仪式在北京华文学院回龙观校区举行。北京华文学院培训部副主任王图保，老挝崇德学校领队陈丽青、施秀星等，以及来自加拿大、老挝的39名营员出席开营仪式。

(54)“中国寻根之旅”四国华裔夏令营在广东举办

2016年7月11日至19日，由广东省侨办主办的2016年“中国寻根之旅”四国华裔夏令营在广东省湛江市岭南师范学院举办。

来自日本、韩国、泰国、越南4个国家8所大学的64名师生学习了中国画、茶艺、健身气功等中国传统文化课程。营员们还到湛江市区的广州湾公史馆、观海长廊等文化景点及雷州等地进行文化考察。

(55)“中国寻根之旅”夏令营（相约温州营瓯海分营）举办

2016年7月12日，由国务院侨办、温州市政府主办，温州市侨办承办，瓯海区侨办、瓯海第一高级中学具体承办的2016年海外华裔青少年“中国寻根之旅”夏令营相约温州营瓯海分营在瓯海第一高级中学举行开营仪式。温州市侨办主任邱华萍，瓯海区委常委、统战部部长潘晓勇等相关领导应邀出席并讲话。

瓯海分营为期1个月，开设中文、中国地理、中国历史、绘画等课程，同时每周安排一次集体活动或外出参观。

（56）“中国寻根之旅”七彩云南红河营举办

2016 年 7 月 12 日，由中国海外交流协会、云南省海外交流协会主办，红河州侨办协办，红河州民族师范学校承办的 2016 年海外华裔青少年“中国寻根之旅”夏令营七彩云南红河营活动在红河州民族师范学校开营。

此次夏令营为期 10 天，来自西班牙马德里、巴塞罗那的 48 名华裔师生了解紫陶的制作流程，亲身体验紫陶制作的基本技法，观摩学生创业街，学习汉语书法、中国画技法、太极拳等。营员们还登上朝阳古楼，逛朱家花园，游览建水文庙，拜先师孔子，听国学讲座，诵经典国文，乘坐百年米轨小火车，访团山民居，游十七孔桥，参观世界文化遗产“红河哈尼梯田”。

（57）“中国寻根之旅”夏令营（河南濮阳营）举办

2016 年 7 月 12 日，由国务院侨办主办，河南省侨办、濮阳市外事侨务旅游局承办，濮阳建业国际学校协办的 2016 年“中国寻根之旅”夏令营河南濮阳营在河南濮阳建业国际学校开营，50 名来自印度尼西亚的营员及领队参加了开营仪式。

活动期间，营员们在濮阳参观中原绿色庄园、戚城文物景区、仓颉陵等自然人文景点，观看“水秀”杂技表演，品尝状馍、裹凉皮等濮阳传统特色小吃；游览安阳殷墟遗址、中国文字博物馆、登封少林寺、开封清明上河园、洛阳龙门石窟等人文、自然景观。

（58）香港青少年“中国寻根之旅”夏令营（永定客家文化营）举办

2016 年 7 月 13 日，由国务院侨办、福建省侨办、龙岩市侨办、龙岩市永定区侨办联合主办的 2016 年香港青少年“中国寻根之旅”夏令营永定客家文化营在福建龙岩永定三中开营。福建省侨办文宣处秦大富，香港上水乡公所乡长、总领队廖润昌等嘉宾以及 30 多名香港廖氏宗亲出席开营活动。

此次夏令营，来自香港上水凤溪一中、凤溪廖万堂中学的 60 名学生和福建龙岩永定三中的 60 名学生结对考察世界文化遗产永定客家土楼，参观福建土楼博物馆，瞻仰胡文虎纪念馆，并一同到永定区敬老院开展义工活动。

（59）“中国寻根之旅”夏令营（浙江嘉兴营）举办

2016 年 7 月 13 日，由浙江省嘉兴市侨办、嘉兴市华侨联合会主办，嘉兴市青少年宫、北京师范大学附属嘉兴南湖高级中学承办的 2016 年海外华裔青少年“中国寻根之旅”夏令营浙江嘉兴营正式开营。

在为期 12 天的夏令营期间，来自美国、法国、意大利、墨西哥等国家的 30 位华裔青少年学习汉语，感受国画、茶艺等传统文化，参观嘉兴风景名胜，体验嘉禾民俗，了解嘉兴的发展变化。

（60）“中国寻根之旅”优秀华裔大学生文化参访夏令营在广东举办

2016年7月14日至25日，由国务院侨办和广东省侨办主办、华南师范大学承办的“中国寻根之旅”优秀华裔大学生文化参访夏令营在广东举办。52名来自斯坦福大学、康奈尔大学等海外著名高校的优秀华裔大学生在广州集结，进行为期12天的夏令营活动。

夏令营期间，参访团在广州参加珠江夜游、品广式早茶、参观博物馆和美术馆、聆听历史文化讲座等活动，并前往深圳、中山、开平等地参观具有代表性的历史文化景点。

（61）“中国寻根之旅”夏令营越南华裔青少年壮乡文化体验营在广西举办

2016年7月14日，由中国海外交流协会主办，广西海外交流协会和广西华侨学校共同承办的2016年海外华裔青少年“中国寻根之旅”夏令营越南华裔青少年壮乡文化体验营在广西华侨学校开营。广西海外交流协会文宣部部长史荣平、广西华侨学校校长陈进超及夏令营领队、越南胡志明市启秀华文中心教师王沛川等出席开幕式。

活动期间，80名越南华裔青少年在广西开展为期14天的中华文化之旅，学习汉语基础知识、民族舞蹈、中国茶艺，参加诗歌朗诵比赛。

（62）“中国寻根之旅”法国华裔青少年游学营在北京举办

2016年7月15日，由国务院侨办主办、北京华文学院承办的2016年海外华裔青少年“中国寻根之旅”夏令营法国华裔青少年游学营开营仪式，在北京华文学院回龙观校区会堂举行。北京华文学院相关负责人、法国潮州会馆领队、法国巴黎精英中文学校领队以及来自法国的66名营员参加开营式。

（63）“中国寻根之旅”夏令营在甘肃举办

2016年7月15日至22日，2016年海外华裔青少年“中国寻根之旅”夏令营在甘肃举办。海外华裔青少年探访酒泉、嘉峪关、敦煌等古丝绸之路上的重要城市，参访民俗博物馆、嘉峪关关城、敦煌阳关、鸣沙山月牙泉等旅游胜地，感知丝路文化。

（64）“中国寻根之旅”夏令营七彩云南行丽江营举办

2016年7月15日，由国务院侨办、云南省侨办主办，丽江市侨办承办，云南大学旅游文化学院协办的海外华裔青少年“中国寻根之旅”夏令营七彩云南行丽江营开营。中国侨商投资企业协会的会员子女和来自加拿大蒙特利尔孔子学校等地的41名华裔青少年参加了开营仪式。

此次夏令营营期为7月15日至24日，为期10天，营员们学习藏族舞蹈和民间打跳，学习东巴文化知识，学写东巴字，体验中国茶文化、中国画等课程，并游览了玉龙雪山、白沙壁画、玉峰寺等景观。

(65)“中国寻根之旅”夏令营汉唐文化行启动

2016年7月16日，由陕西省侨办组织的“中国寻根之旅”夏令营汉唐文化行启动。80名来自美国、俄罗斯的华裔青少年和中国香港的青少年们参加了此次夏令营，此次活动以体验中国文化、了解陕西风情、提高汉语能力为中心，组织营员参观陕西省历史博物馆等景点，参加相关的文化讲座，还品尝西安特色美食。

(66)“中国寻根之旅”夏令营（黑龙江营）举办

2016年7月17日，2016年海外华裔青少年“中国寻根之旅”夏令营黑龙江营在哈尔滨开营。

此次夏令营中，来自美国、加拿大、爱尔兰、俄罗斯、意大利、印度尼西亚6个国家的90名华裔青少年除学习汉语、书法、武术、民族舞蹈等中华传统文化艺术外，还欣赏了俄罗斯风格建筑索菲亚教堂，走进有“中俄双子城”之称的黑河市，乘船游览中俄界江黑龙江，参观旅俄华侨纪念馆、黑河口岸等地，感受独特的中俄边境风情。

(67)“中国寻根之旅”福建集结营欧洲福建发展联盟团组夏令营举办

2016年7月17日，由国务院侨办主办，福建省侨办、福州市侨办、连江县侨办承办的2016年海外华裔青少年“中国寻根之旅”福建集结营欧洲福建发展联盟团组夏令营在福建连江举行开营仪式。福建省侨办文宣处处长齐志、连江县委副书记郭春曦等领导以及来自欧洲的58名营员参加开营仪式。

该夏令营是2016年“中国寻根之旅”福建集结营中首个开营的分营。来自英国、德国、西班牙、爱尔兰等国家的近60名海外华裔青少年先后在连江、厦门、漳州、武夷山等地进行文化交流与学习考察。

(68)“中国寻根之旅”夏令营专题营在北京举办

2016年7月17日，由国务院侨办文化司主办、北京市海淀区教师进修学校附属实验学校承办的2016年海外华裔青少年“中国寻根之旅”夏令营专题营在北京开营。来自美国、英国、加拿大、巴西等国的100名海外华裔学生，在为期半个月的“中国寻根之旅”中，体验以“魅力国粹·根脉传承”为主题的系列讲座、文化考察及青年论坛活动。

活动期间，学校安排同学们参加汉语考试，学习画扇面、碑帖、扎染等中华才艺课程；参观故宫、天坛、长城、十三陵等世界文化遗产名胜古迹；聆听中国文化、中华传统文化保护和传承、跨文化交流等讲座；参加论坛，讨论中华传统文化的保护、传承及青年发展等专题。

(69)“中国寻根之旅”夏令营（七彩云南丽江大理营）举办

2016年7月18日，由国务院侨办主办，云南省侨办、丽江市侨办承办的2016年海外华裔青少年“中国寻根之旅”夏令营七彩云南丽江大理营在云南丽江开营。

此次夏令营为期10天。来自美国凯瑞国际学校的48名营员和领队、来自德国法兰克福德国华侨联合会的50名营员和领队齐聚丽江，在参观名胜古迹的同时，体验中国民族音乐歌舞、中国书法、中国画、民间艺术泥塑，并参加学写东巴文字等文化课程。

（70）北京华文学院举办“中国寻根之旅”黑土地民俗文化感知营

2016年7月18日，由国务院侨办主办、北京华文学院承办的2016年海外华裔青少年“中国寻根之旅”黑土地民俗文化感知营在北京华文学院回龙观校区举行开营仪式。北京华文学院相关负责人以及来自法国、加拿大、英国、美国、丹麦5个国家近100名营员参加开营仪式。活动期间，营团先后在北京和黑龙江五大连池、哈尔滨等地进行文化交流与学习考察。

（71）“中国寻根之旅”夏令营（丰泽营）举办

2016年7月18日，由国务院侨办主办，福建省侨办、泉州市丰泽区侨办承办的2016年海外华裔青少年“中国寻根之旅”夏令营福建丰泽营开营。来自美国、中国台湾、中国香港的60多名青少年参加开营仪式。福建省侨办文宣处秦大富代表福建省侨办为夏令营颁授营旗。

夏令营为期13天，营员们与丰泽区学生开展结对联谊活动，学习中华传统文化，并通过在福建的参观游览寻根谒祖。

（72）“中国寻根之旅”夏令营在广东东莞举办

2016年7月18日，来自美国、加拿大、奥地利、马来西亚的120多名华裔青少年以及广东东莞的青少年们在广东东莞参加2016年海外华裔青少年夏令营的开营仪式。

此次夏令营为期6天，营员们在课堂上体验中国书法、武术以及龙舟竞渡的乐趣，参观虎门炮台、鸦片战争博物馆等景点。

（73）“中国寻根之旅”夏令营（陕西营）举办

2016年7月18日，海外华裔青少年“中国寻根之旅”夏令营陕西营在西安开营。来自美国、加拿大、荷兰、瑞典等地的230名海外华裔学生，开启为期10天的“中国寻根之旅”。

活动以“汉语·汉唐文化·寻根”为主题，包括举办中国文化讲座、观摩汉服成人礼、开展汉语口语培训测试、与当地学生交流联欢、游览秦始皇兵马俑等历史文化名胜以及体验地方民俗风情等活动。

（74）“中国寻根之旅”宁波书法营举办

2016年7月18日至26日，由国务院侨办、浙江省侨办、宁波市侨办主办，江北区侨办和宁波市慈湖中学共同承办的2016年海外华裔青少年“中国寻根之旅”浙江营宁波书法分营在宁波举办。来自中国香港、越南、美国、西班牙、法国和加拿大的70多位华裔青少年参营。

营员们体验学习了书法、国学、绘画、剪纸等技艺，了解了宁波的历史、人文。该营更加注重把深具宁波地域特色的浙东文化融入活动之中，还邀请汉字棋发明者宁波市华文汉字应用研究院院长任志甫进行汉字棋现场示范教学，并开展汉字棋比赛。

(75)“中国寻根之旅”夏令营（景德镇营）举办

2016年7月19日，由国务院侨办文化司主办，江西省侨办承办，景德镇市侨办、皇窑陶瓷文化创意产业园协办的2016年海外华裔青少年“中国寻根之旅”夏令营景德镇营开营仪式在江西景德镇皇窑景区举行，景德镇市副市长张春萍出席宣布开营并授旗。

此次夏令营为期14天，以探寻“瓷文化”为主题，共有来自美国、捷克等国的136名海外华裔青少年参加。夏令营的活动有太极、茶道、陶艺体验、破冰，以及参观瑶里、高岭、进坑、景德镇陶瓷馆等地。

(76)“中国寻根之旅”舞蹈夏令营在广西桂林举办

2016年7月19日，2016年海外华裔青少年“中国寻根之旅”舞蹈夏令营开营仪式在广西桂林市少年宫举行。此次夏令营活动为期14天，来自柬埔寨、美国和加拿大的52名华裔青少年学习京剧脸谱、陶塑、剪纸、舞蹈等中华文化，游览漓江、世外桃源等自然风光，参观明靖江藩王府、灵渠等文化古迹，观看室内歌舞剧《山水间》、实景演出《印象・刘三姐》和特色书画展。

(77)“中国寻根之旅”夏令营河南营和武术营举办

2016年7月19日，由国务院侨办主办、河南省侨办承办、河南省嵩山少林寺武术馆协办的2016年海外华裔青少年“中国寻根之旅”夏令营河南营和武术专项营在河南新郑开营。河南省侨办副主任王自文、郑州市政协常务副主席张建国等以及来自美国、加拿大、巴西、瑞士、荷兰等10个国家的20所中文学校、协会的370名营员和领队参加了开营仪式。

此次主题为“感受中华文化、学习中华文化、传承中华文化”，涵盖观摩少林武术、学习中华才艺知识、参加HKC汉语口语测试及参观世界文化遗产等内容，在为期12天的夏令营中，营员们集中学习汉语知识、剪纸、书法、少林武术基本功等。活动突出河南地方特色，营员们参观河南博物院、听专家文化讲座，还赴洛阳、开封、安阳等地，参观登封少林寺、中岳庙、嵩阳书院、龙门石窟、清明上河园、相国寺等世界文化遗产，紧扣“武术・寻根・河南历史文化”的脉络，“以武会友”，兼顾其他方面的学习。

（78）“中国寻根之旅”福建集结营（福建师范大学营）举办

2016年7月20日，由福建省侨办主办、福建师范大学海外教育学院承办的2016年“中国寻根之旅”福建集结营福建师范大学营，在福建师范大学旗山校区举行开营仪式。福建省侨办调研员王银花、福建师范大学海外教育学院林新年院长出席仪式。来自意大利中意国际学校和老挝百细华侨公学的70名师生参加活动。

此次夏令营活动为期10天，内容涵盖文化、艺术、书法、武术等课程以及福州、武夷山的实地游访。

（79）“中国寻根之旅”福建集结营（厦门营）举办

2016年7月20日，由国务院侨办主办，福建省侨办、厦门市外事办承办，厦门大学海外教育学院协办的2016年海外华裔青少年“中国寻根之旅”福建集结营厦门营开营式在厦门大学海外教育学院举行，来自美国的33名海外华裔青少年开启为期12天的“中国寻根之旅”活动。福建省侨办文宣处秦大富代表省侨办出席开营式并为夏令营颁授营旗。

此次夏令营通过集中学习和实地参观相结合的方式，为营员开设了国画、剪纸、书法等课程，同时组织营员们游览厦门、漳州、泉州、福州等地风景名胜，并赴武夷山参加由福建省侨办举办的大型集结营活动，与近千名来自世界各地的华裔青少年一起联谊。

（80）“中国寻根之旅”福建集结营（惠安营）举办

2016年7月20日，由国务院侨办主办、福建省侨办与惠安县承办的2016年海外华裔青少年“中国寻根之旅”夏令营福建集结营惠安分营开营式在福建惠安嘉惠中学举行。来自北美华人华裔寻根协会组织的35名华裔青少年参加为期14天的“中国寻根之旅”活动。福建省海外华文教育发展中心副主任吴宗斌代表福建省侨办出席开营式并为夏令营颁授营旗。

营员们与嘉惠中学师生结对交流，随结对的同学回家体验现代中国的家庭生活，学习中国传统文化，体验惠安“三惠”品牌文化，走访开元寺、闽台缘博物馆、泉州华侨历史博物馆等地，而后赴武夷山参加由福建省侨办举办的大型集结营活动。

（81）“中国寻根之旅”福建集结营（华侨大学营）举办

2016年7月20日，由国务院侨办主办，福建省侨办、华侨大学华文学院承办的2016年海外华裔青少年“中国寻根之旅”福建集结营（华侨大学营）在厦门开营。福建省侨办文宣处秦大富、华侨大学华文学院院长陈旋波等嘉宾以及来自西班牙、德国、英国等多个国家和地区的130多名海外华裔青少年参加了开营仪式。

此次夏令营营期为7月20日至30日，由欧洲福建发展联盟团、德国团、印度尼西亚团组成，设有文化讲座、国画、武术、音乐等中华文化课程，并组织赴厦门、泉州、武夷山三地进行为期4天的文化考察，聆听中华文化讲座，游览厦门集美学村、陈嘉庚纪念馆、鼓浪屿、南普陀寺、泉州海上交通史博物馆、闽台缘博物馆等地。

(82)“中国寻根之旅”夏令营（浙江金成营）举办

2016年7月20日，由浙江省侨办主办、杭州金城外国语小学承办的2016年海外华裔青少年“中国寻根之旅”夏令营浙江金成营在浙江杭州金城外国语小学开营。浙江省侨办新闻处处长王云奇、金城外国语小学副校长王爱媛、爱华中文学校领队老师覃芳芳等嘉宾出席开营仪式。

来自西班牙、比利时和法国的50多位华裔学生参加此次活动。营员们学写汉字、画京剧脸谱、雕刻印章，还到动物园观赏大熊猫，参观六和塔景区、宋城，游览西湖。

(83)“中国寻根之旅”夏令营（魅力信州营）举办

2016年7月20日，由国务院侨办、江西省侨办主办，信州市侨办承办的2016年海外华裔青少年“中国寻根之旅”夏令营魅力信州营开营。信州市委常委、信州市副市长任友群，信州市政府副秘书长方鉴煌等领导出席活动并致辞。

来自爱尔兰、美国、赞比亚等国的华裔青少年以及上饶市四中、一小、五小等校的学生代表共70余人，学习趣味汉语、历史文化、太极武术、国画书法等课程，还参观上饶民俗博物馆，欣赏上饶民歌、饶城越剧、串堂表演，品尝和制作信州美食麻子粿、饭麸粿，体验越剧上妆扮相表演，体验省级非物质文化遗产夏布制作等活动。活动于7月29日结束。

(84)“中国寻根之旅”夏令营辽宁营、加拿大协议营联合举办

2016年7月20日，由国务院侨办主办、辽宁省侨办承办的2016年海外华裔青少年“中国寻根之旅”夏令营辽宁营以及由国务院侨办主办、辽宁师范大学承办的“中国寻根之旅”加拿大协议夏令营在辽宁师范大学举行联合开营仪式。辽宁省侨办侨联处刘勇副处长、辽宁师范大学副校长李雪铭等以及来自美国、加拿大、意大利、西班牙、缅甸的134名华裔青少年和领队老师参加了开营仪式。

活动期间，营员学习汉语知识、中国历史文化常识以及太极拳、中国书画、面塑等传统才艺，参观当地中学、社区、科学技术馆以及沈阳故宫等。

(85)“中国寻根之旅”音乐夏令营（青岛营）举办

2016年7月20日，由国务院侨办、中国海外交流协会主办，青岛市侨办、青岛华文科技专修学院承办的2016年海外华裔青少年“中国寻根之旅”音乐夏令营青岛营开营仪式在山东青岛举行。来自美国、加拿大、比利时、意大利、西班牙的100名营员及领队参加开营仪式。

此次音乐夏令营营期为7月18日至8月1日，为期15天。活动紧扣“音乐”主题，将汉语教学与文化体验活动相结合，组织营员学习民族乐器演奏和中华传统舞蹈，安排中华礼仪、青岛印象、葫芦丝吹奏、趣味手工、话说汉字等课程。

（86）“中国寻根之旅”福建集结营（漳州分营）举办

2016 年 7 月 20 日，由国务院侨办主办，福建省侨办、漳州市侨办与闽南师范大学共同承办的 2016 年海外华裔青少年“中国寻根之旅”福建集结营漳州分营开营。

此次夏令营从 7 月 20 日至 30 日，为期 11 天。来自加拿大、美国、日本、柬埔寨、印度尼西亚、瑞典、泰国 7 个国家共 99 名海外华裔青少年欢聚漳州，学习中国传统文化、古琴、剪纸、包饺子、布袋木偶和楷体书法的有关知识，参观漳浦茶博物院、赵家堡、印象画廊、六鳌古城等，品尝当地传统饮食，学习中华武术。

（87）“中国寻根之旅”夏令营（暨南大学营）举办

2016 年 7 月 21 日，由国务院侨办和中国海外交流协会主办、暨南大学华文学院承办的 2016 年海外华裔青少年“中国寻根之旅”夏令营暨南大学营开营仪式在暨南大学华文学院举行。暨南大学华文学院副院长张礼出席开营仪式并致欢迎词。

此次夏令营从 7 月 20 日至 8 月 2 日，来自加拿大、缅甸、美国、意大利和英国的 111 位营员及领队参观了深圳世界之窗、广州羊城商业街等，体验了南拳、太极扇等中国武术课程。

（88）“中国寻根之旅”夏令营（中华国学营）在北京举办

2016 年 7 月 21 日，由国务院侨办主办、北京华文学院承办的 2016 年海外华裔青少年“中国寻根之旅”夏令营中华国学营开营仪式在北京华文学院回龙观校区举行。北京华文学院培训部副主任王图保、西班牙华商中文学校校长黄英等以及来自西班牙、美国、加拿大的 30 多位营员出席开营式。

营员们体验山东之行之余，还参加了国务院侨办与中国国际广播电台联合举办的“发现东方之美：华裔青少年‘中国寻根之旅’微信大赛”。

（89）“中国寻根之旅”夏令营（辽宁大学营）举办

2016 年 7 月 22 日，由辽宁省侨办主办、辽宁大学承办的 2016 年海外华裔少年“中国寻根之旅”夏令营辽宁大学营在辽宁大学开营。

60 名来自美国、缅甸、加拿大等国家的华裔青少年学习了汉语、剪纸、书法以及乒乓球和羽毛球等课程。

（90）“中国寻根之旅”福建集结营（福州分营）举办

2016 年 7 月 22 日，由国务院侨办主办，福建省侨办、福州市侨办承办，福州华侨中学协办的 2016 年海外华裔青少年“中国寻根之旅”夏令营福建集结营福州分营在福建福州华侨中学举行。来自美国、圭亚那及中国香港的近 80 名华裔青少年参加开营式。福建省侨办文宣处秦大富代表福建省侨办出席开营式并为夏令营颁授营旗。

此次夏令营为期 10 天，采用课堂学习和实地参观考察的形式，为营员们开设了国画、书法、剪纸等课程，同时组织营员参观游览县石山文化遗址等景点。

（91）“中国寻根之旅”夏令营（新疆营）举办

2016 年 7 月 22 日，由国务院侨办和新疆维吾尔自治区侨办主办的 2016 年海外华裔青少年“中国寻根之旅”夏令营新疆营在新疆乌鲁木齐开营。新疆维吾尔自治区副主席田文出席开营仪式并为营员授旗。

此次夏令营时间为 7 月 21 日至 29 日，来自哈萨克斯坦、吉尔吉斯斯坦、乌兹别克斯坦、巴基斯坦、塔吉克斯坦、土耳其等国家的 50 名海外新疆籍华裔青少年以及和田地区墨玉县选派的 40 名学生和教师代表共 90 名营员前往吐鲁番、克拉玛依等地参观并体验中华文化。

（92）“中国寻根之旅”浙江杭州夏令营举办

2016 年 7 月 22 日，由浙江省杭州市侨办主办的 2016 年海外华裔青少年“中国寻根之旅”杭州夏令营开营，来自美国、加拿大、英国、葡萄牙等 7 个国家的 35 名海外华裔青少年参加。

跨境电子商务是杭州的特色之一，杭州也是中国首个跨境电商综合试验区。此次夏令营以“跨境电子商务”为主题，为期两周，开设了覆盖跨境电子商务理论、实践的课程，由杭州师范大学国际教育学院与阿里巴巴共建的阿里巴巴商学院授课。此外，营员们还学习了书法、国画、民乐、剪纸等中国传统文化课程，参观了中国木版水印技艺非物质文化遗产基地、芦茨慢生活体验区、荻浦孝道文化村等。

（93）“中国寻根之旅”夏令营（天津营）举办

2016 年 7 月 22 日，由国务院侨办主办、天津市侨办承办、天津华夏未来文化艺术基金会和天津霍元甲文武学校协办的 2016 年海外华裔青少年“中国寻根之旅”夏令营天津营开营，天津市侨办副主任房靖彪出席开营仪式。

此次夏令营 8 月 1 日闭营，为期 10 天，分为天津中华国粹体验营和天津霍元甲武术营两个分营。来自美国、加拿大、蒙古、匈牙利和西班牙的近百名海外华裔青少年近距离体验了中华“国粹”文化，学习了京剧、舞蹈、书法等课程和霍元甲武术的基本功，还参观了天津文化中心、天津蓟州区黄崖关长城、古文化街、意大利风情街、中医药植物园等景观。

（94）“中国寻根之旅”夏令营（中国少林功夫营）举办

2016 年 7 月 23 日，2016 年海外华裔青少年“中国寻根之旅”夏令营中国少林功夫营的 74 名华裔青少年营员、5 名外方领队和北京华文学院 2 名带队老师抵达河南嵩山少林寺，开始为期 10 天的少林功夫学习和参观活动。

活动期间，营员们前往洛阳参观龙门石窟，品尝洛阳水席；随后到开封市，参观清明上河园和包公祠。

(95)“中国寻根之旅”夏令营在福建泉州举行

2016 年 7 月 24 日，海外华裔青少年“中国寻根之旅”夏令营在福建泉州开营。活动为期两周，40 多名美国华裔青少年学习中国传统武术、国画、书法，欣赏闽南地域文化等包含中华传统文化精粹的展演，游览武夷山、开元寺、清源山等风景名胜，制作中国结，体验汉服文化，学习闽南地方美食制作等特色工艺。

(96)“中国寻根之旅”夏令营（甘肃酒泉营）举办

2016 年 7 月 24 日，由国务院侨办、甘肃省侨办共同举办的华裔青少年“中国寻根之旅”夏令营酒泉营在甘肃酒泉举行开营仪式。此次夏令营组织营员们学习酒泉的历史、地理、文化、民俗知识，与酒泉同龄人联谊交流，参观历史文化名胜，增进广大海内外华裔青少年对酒泉的了解。

(97)“中国寻根之旅”夏令营（舞蹈营）举办

2016 年 7 月 24 日，由国务院侨办主办、北京华文学院承办的 2016 年海外华裔青少年“中国寻根之旅”夏令营舞蹈营在北京华文学院回龙观校区开营。来自英国、德国、美国、加拿大、葡萄牙、老挝的 140 名营员参加开营式。

此次夏令营历时 15 天，营员们学习中国民族舞蹈、中文等课程，聆听多场文化讲座，参观北京市少年宫，游览颐和园、长城等著名景点。

(98)“中国寻根之旅”夏令营（烟台营）举办

2016 年 7 月 25 日，由国务院侨办主办、山东省侨办承办、烟台市侨办协办的 2016 年海外华裔青少年“中国寻根之旅”夏令营烟台营开营仪式在山东烟台大学举行。来自芬兰、奥地利、美国、加拿大、西班牙、日本等国家的海外华裔青少年、领队等 100 余人参加开营议式。

此次夏令营为期 13 天，活动内容有武术、国画、书法、茶艺等。营员们还参观了烟台山、蓬莱阁、地雷战展馆、山东核电科技馆等地。

(99)“中国寻根之旅”夏令营（泼墨中华传统书画体验营）举办

2016 年 7 月 26 日，由国务院侨办主办、北京华文学院承办的 2016 年海外华裔青少年“中国寻根之旅”夏令营泼墨中华传统书画体验营开营仪式在北京举行。北京华文学院专修部主任孔雪梅、培训部副主任王图保，西班牙马德里华侨华人中文学校领队阴小云女士、陈微女士，加拿大华人同乡会联合总会领队钱海涛先生、胡春慧女士，美国李文斯顿华夏中文学校领队李雯女士，带团授课教师隋新，以及 56 名来自西班牙、美国、加拿大的华裔青少年营员出席了此次开营仪式。

(100)香港青少年“中国寻根之旅”福建分营举办

2016 年 7 月 26 日，由国务院侨办主办，福建省侨办、香港国民教育促进会、香港福建同乡会承办的香港青少年“中国寻根之旅”福建营在香港举行开营仪式。该夏令营由香港国民教育促进会主席姜玉堆任团长，香港国民教育促进会副秘书长陈勇任执行团长。

此次夏令营是“海丝情·桑梓梦”2016年海外华裔及港澳台地区青少年“中国寻根之旅”福建集结营分营之一。营期从7月26日至8月2日，来自香港多所学校的92名青少年先后在龙岩、武夷山、福州、泉州、厦门等地进行文化考察与寻根之旅，参观土楼民俗文化村、闽西革命历史博物馆以及古田会议旧址等。

（101）“中国寻根之旅”福建集结营（澳门福建学校民宿夏令营）举办

2016年7月26日，由国务院侨办主办、福建省侨办承办、福建省海外华文教育发展中心及福州市钱塘小学屏北分校协办的“海丝情·桑梓梦”2016年海外华裔及港澳台地区青少年“中国寻根之旅”福建集结营澳门福建学校民宿夏令营在福建福州三坊七巷举行开营仪式。

活动期间，来自澳门福建中学的34名师生与福州市钱塘小学屏北分校的34名师生结对子，赴福州、武夷山等地参观访问，学习书法、篆刻等传统艺术，围绕“五个一”（一张全家福、一餐团圆饭、一次同学会、一次民俗体验、一件才艺作品）开展交流互动。

（102）“中国寻根之旅”夏令营（福建致公营）举办

2016年7月26日，由国务院侨办主办，致公党福建省委、福建省侨办联合承办的2016年海外华裔及台湾地区青少年“中国寻根之旅”夏令营福建致公营在福建福州举行开营仪式。致公党福建省委专职副主委刘珂、福建省侨办文宣处秦大富等领导出席开营仪式。

此次夏令营为期10天。来自英国、缅甸、泰国等国家和台湾地区的40名青少年学唱中文歌曲，学说中国话，录制《海外少年到我家》影片，体验剪纸、国画、茶艺、中华礼仪、闽南文化，在三坊七巷、福建省博物院、马尾船政博物馆、福建土楼、鼓浪屿感受华夏风物和人文之美。

（103）“中国寻根之旅”夏令营（江苏营）举办

2016年7月26日，以“学习中华文化·体验美好江苏”为主题的2016年海外华裔青少年“中国寻根之旅”夏令营江苏营在江苏南京未成年人社会实践行知基地启动。江苏省侨办主任王华出席开营仪式。

在12天的时间里，350余名海外华裔青少年到南京、常州、南通、宿迁等地了解独特的地方文化。

（104）“中国寻根之旅”夏令营（绍兴营）举办

2016年7月26日，由浙江省绍兴市侨办与绍兴文理学院美术学院共同举办的

2016 年海外华裔及港澳地区青少年“中国寻根之旅”夏令营绍兴营活动在绍兴文理学院举行开营仪式。绍兴市人大常委会副主任阮坚勇、绍兴文理学院党委副书记沈赤、绍兴市侨办主任邓大庆等出席。

此次夏令营为期 12 天，共有来自 7 个国家和地区的 56 名海外华裔及港澳地区青少年参加。他们学习了赏析绍兴典故、巧编中国结、学唱绍兴戏等富有地方文化特色的课程，并游览了绍兴历史古迹。

（105）“中国寻根之旅”夏令营（山东淄博营）举办

2016 年 7 月 27 日，由国务院侨办主办、山东省侨办承办的 2016 年海外华裔青少年“中国寻根之旅”夏令营山东淄博营开营。

夏令营期间，来自美国的 80 名海外华裔青少年在山东青岛、淄博、曲阜和泰安等地参观访问，了解青岛啤酒、青岛奥帆基地以及潍坊杨家埠年画、潍坊湿地公园等山东特色风物。

（106）“海丝情·桑梓梦”2016 年海外华裔及港澳台地区青少年“中国寻根之旅”福建集结营在武夷学院集结

2016 年 7 月 27 日，由国务院侨办主办、福建省侨办和南平市政府共同承办的“海丝情·桑梓梦”2016 年海外华裔及港澳台地区青少年“中国寻根之旅”福建集结营在福建武夷学院集结。此次集结营共有来自印度尼西亚、泰国、缅甸、柬埔寨、老挝等 21 个国家和地区的 910 名海外华裔及港澳台地区青少年参加，有 13 个分营、26 个海外组团单位。参加闭营仪式的嘉宾有福建省侨办主任杨辉、南平市副市长刘山鹰、福建省侨办副主任刘良辉等。

此次夏令营，各分团时间最长的 15 天，最短的 7 天，足迹遍布八闽大地。活动期间，营员们学习了中国书法、绘画、剪纸等课程。13 个分营先后参观走访了福建各地市，7 月 27 日至 30 日在武夷山集结，并在武夷山开展为期 4 天的文化考察，参观“双世遗”武夷山、五夫镇等，共同体验朱子理学和茶文化。

（107）“中国寻根之旅”音乐夏令营在陕西师范大学举办

2016 年 7 月 28 日，由国务院侨办主办，陕西师范大学国际汉学院承办、音乐学院协办的 2016 年海外华裔青少年“中国寻根之旅”音乐夏令营开营仪式在陕西师范大学雁塔校区举行。来自法国里昂中国文化之家、日本同源中文学校、荷兰中文教育协会、德国汉堡易北中文学校的 80 名师生参加了开营仪式。

此次寻根之旅为期 12 天，营员们参加汉语提高课程和文化体验活动，在音乐学院专业教师的指导下学习古筝、竹笛、二胡等中国民族乐器，并在结业仪式上进行音乐汇报演出。

（108）“中国寻根之旅”夏令营广州营韶关集结

2016 年 7 月 28 日，由国务院侨办、广东省侨办主办，广州市侨办承办的 2016 年海外华裔青少年“中国寻根之旅”夏令营广州营在广东韶关大集结。

来自美国、加拿大、新西兰、法国、巴拿马、中国香港、中国澳门等 13 个国家和地区的 70 名海外华裔青少年在越秀、花都和番禺分营的安排下，学习剪纸、编织红豆手链、广绣、灰塑等，还游览了丹霞山、南华寺、梅关古道等多处景点。

（109）“中国寻根之旅”夏令营（常州营）举办

2016 年 7 月 28 日，来自美国、加拿大等 5 个国家和地区的 45 名海外华裔青少年在江苏常州开展为期 8 天的“中国寻根之旅”。

活动期间，营员们体验常州独特的地方非遗文化、饮食文化和山水文化，学习阳湖拳和金坛刻纸，品尝并制作大麻糕、大馄饨，到常州志愿者家中访问交流、品尝常州本地菜，游览常州著名景点等。

（110）“中国寻根之旅”北京书画营在北京语言大学举办

2016 年 7 月 30 日，由北京市侨办主办、北京语言大学承办的“中国寻根之旅”北京书画营在北京语言大学举行开营仪式。北京市侨办副主任高云超和北京语言大学培训学院院长陈卫东等出席仪式并讲话。

此次寻根之旅主题是“书画”，为期 10 天。来自西班牙巴塞罗那中文教育基金会、全美中文学校协会、全美翰林文教基金会的 62 名海外华裔青少年学习书法及国画课程、参加文化体验以及室外写生等活动，学习脸谱绘制以及中国功夫，参观颐和园、长城 798 艺术区、故宫、天坛、中国国际科技馆等景点。

（111）“中国寻根之旅”魅力北京武术营举办

2016 年 7 月 30 日，由国务院侨办和北京市侨办主办，首都体育学院承办的 2016 年“中国寻根之旅”魅力北京武术营开营仪式在首都体育学院举行。北京市侨办副主任李纲、首都体育学院纪委书记党繁义等相关负责人出席开营仪式。

此次夏令营为期 12 天，来自美国、意大利、西班牙的 89 位华裔青少年学习了防身术、双节棍、太极拳等课程，参观了天安门、故宫、长城等景点，品尝了北京烤鸭等中华美食。

（112）“中国寻根之旅”魅力北京艺术舞蹈营举办

2016 年 7 月 30 日，2016 年海外华裔青少年“中国寻根之旅”魅力北京艺术舞蹈营开营仪式暨汇报演出在首都师范大学举行。北京市侨办副主任李长远、首都师范大学副校长方复全、首都师范大学国际文化学院院长刘晓天等出席活动。李长远和方复全先后致辞，表达了希望华裔青少年能成为中国与世界各国人们友好交往使者的良好愿景。

（113）“中国寻根之旅”魅力北京戏曲营举办

2016年7月30日，由国务院侨办主办、北京市侨办承办、中国戏曲学院协办的2016年“中国寻根之旅”魅力北京戏曲营在中国戏曲学院开营。北京市侨办副巡视员史立臣、办公室主任助理沈小红等嘉宾与来自5个国家的90名海外华裔青少年出席开营仪式。

戏曲营为期12天，学员们学习戏曲艺术、戏曲服装及化妆体验、脸谱绘制、书法体验、传统射艺、茶艺欣赏、传统饮食文化体验等课程，并参观天坛、故宫、颐和园、长城、国家会议中心、水立方等名胜古迹。

（114）“寻根中国·相约上海”海外华裔青少年夏令营（虹口营）举办

2016年7月下旬，由国务院侨办主办，上海市侨办、上海市虹口区侨办承办的“寻根中国·相约上海”海外华裔青少年夏令营虹口营接待了来自加拿大的28位华裔青少年和3位领队。

14天的活动中，虹口营紧扣“文化寻根”的主题，包括“溯根、铸魂、追梦”三大板块。“溯根”即对话历史，感悟生活；“铸魂”即勾勒精髓，传承文化；“追梦”即血脉相连，照亮未来。

（115）“中国寻根之旅”夏令营（内蒙古营）举办

2016年7月31日，为期11天的2016年海外华裔青少年“中国寻根之旅”夏令营内蒙古营在内蒙古自治区首府呼和浩特开营。内蒙古自治区侨办侨务处处长革根、美国欣欣教育基金会谭言和等嘉宾出席开营仪式。

活动期间，来自美国、荷兰的50名海外华裔青少年学习了中华武术、蒙古民族歌舞文化、剪纸艺术等课程，游览了内蒙古大草原。

（116）“中国寻根之旅”夏令营在北京集结

2016年7月31日，由国务院侨办主办、北京市侨办承办的海外华裔青少年“中国寻根之旅”夏令营在国家会议中心举办集结活动，国务院侨办裘援平主任、北京市人民代表大会常委会副主任李绍玲等出席活动。

此次夏令营营员来自美国、西班牙、意大利、加拿大、乌拉圭、法国、日本7个国家，分成舞蹈、武术、戏曲、书画4个分营，在为期12天的营期里学习传统文化知识，参观历史人文景观，结交中国同龄伙伴，体会北京的风土人情。

（117）“中国寻根之旅”夏令营金华分营举办

2016年7月31日，“中国寻根之旅”夏令营金华分营闭营仪式在金华艺术学校举行。浙江省金华市侨办副主任金烨出席闭营仪式并致辞。

此次夏令营为期12天，以“感受婺州文化”为主题，为来自8个国家的30名海外华裔青少年设置了婺剧、葫芦丝、书法等具有中国传统特色的教学课程，并安排参观金华火腿博物馆、金华剪纸博物馆、金华博物馆和金华双龙洞、东阳横店影视城等金华特色景点。

(118)“中国寻根之旅”夏令营青岛高新区营和音乐营举办

2016 年 8 月 1 日，由国务院侨办、中国海外交流协会主办，山东省侨办、青岛市侨办承办的 2016 海外华裔青少年“中国寻根之旅”夏令营青岛高新区营和音乐营闭营仪式在青岛恒星大酒店举行。

此次夏令营为期两周，来自美国、德国、加拿大、西班牙、意大利、比利时、瑞士 7 个国家的 200 名海外华裔青少年通过汉语教学与文化体验活动相结合的方式参加学习、寻根、参观、交流活动。

(119)“中国寻根之旅”夏令营“相约温州”瓯越文化营举办

2016 年 8 月 2 日，由国务院侨办、温州市人民政府主办，温州市侨办承办，温州肯恩大学承办的 2016 年海外华裔青少年“中国寻根之旅”夏令营“相约温州”瓯越文化营开营。来自意大利米兰华侨中文学校和意大利普拉托华人华侨联谊会中文学校的 30 多名华裔青少年会聚温州肯恩大学，学习书法、绘画、声乐等课程，参加温州博物馆等人文景观特色游、温州特色产品参观活动和风筝放飞、马术体验等兴趣活动。

(120)“中国寻根之旅”夏令营（丝路情宁夏营）举办

2016 年 8 月 2 日，由国务院侨办、宁夏回族自治区侨办、宁夏国际交流中心、石嘴山市侨办、固原市侨办、石嘴山市教育体育局以及光明中学、第三中学联合举办的 2016 年海外华裔青少年“中国寻根之旅”夏令营丝路情宁夏营在宁夏回族自治区石嘴山市开营。宁夏侨办副主任白玉珍等出席开营仪式。来自美国大纽约华夏中文学校、华盛顿中国西北同乡会、李文斯顿华夏中文学校、德国纽伦堡中文学校、波恩华侨中文学校的华裔青少年共 150 余人参加开营仪式。

此次夏令营为期 12 天，秉承“丝路寻根·梦圆中华”主题，活动内容由中国文化讲堂、丝路重镇探访、高原绿岛六盘探奇、红色文化经典传承、西夏探秘和塞上江南美景游赏五部分组成。

(121)“中国寻根之旅”夏令营（婺源营）举办

2016 年 8 月 2 日，由国务院侨办、江西省侨办主办，婺源县侨办承办的 2016 年海外华裔青少年“中国寻根之旅”夏令营婺源营开营。

此次夏令营营期为 8 月 1 日至 10 日，来自美国、德国等国的 50 余名华裔青少年以及婺源中学的学生代表共 80 余人参加。营员们学习趣味汉语、绘画、书法等课程，参观婺源博物馆，瞻仰詹天佑祖居纪念馆，感受“江南第一奇谷”，行走文公山，观看《梦里老家》实景演出。

（122）“中国寻根之旅”夏令营山西营举办

2016年8月3日，由国务院侨办和中国海外交流协会主办、山西省侨办承办的2016年海外华裔青少年“中国寻根之旅”夏令营山西营开营。山西省侨办副主任、山西省海外交流协会副会长田亦军等出席开营仪式。

此次山西营以“中华才艺”为主题，行程跨度700多公里，贯穿了山西从北到南的佛教文化、晋商文化和根祖文化。来自德国、比利时、西班牙、美国等国家的184名华裔青少年在10天的夏令营里学习舞蹈、武术、戏曲等课程，参观五台山、悬空寺、云冈石窟等名胜古迹。

（123）“中国寻根之旅”夏令营（中华传统文化青少年成长营）举办

2016年8月3日，由国务院侨办和广西壮族自治区侨办主办、广西青少年活动中心承办的2016年“中国寻根之旅”夏令营中华传统文化青少年成长营在广西青少年活动中心举行开营仪式。

此次夏令营营期为8月2日至8月16日，来自美国李文斯顿中文学校和德国法兰克福蒲公英中文学校的40多名华裔青少年学习汉语、中国历史文化知识、国画、书法及中国功夫等课程，并感受广西刘三姐风俗民情和壮丽山河。

（124）2016年海外华裔及港澳台地区青少年“中国寻根之旅”夏令营山东集结营举办

2016年8月4日，2016年海外华裔及港澳台地区青少年“中国寻根之旅”夏令营山东集结营在山东济南开营。来自美国、加拿大等12个国家和港澳台地区的700名青少年参加此次为期14天的夏令营。营员们分赴济南、青岛、淄博、烟台、威海、莱芜6个分营，学习书法、国画等中国传统文化，并从不同的视角体验齐鲁文化。

（125）“中国寻根之旅”重走朱子之路美国华裔青少年文化研习夏令营（福建营）举办

2016年8月6日，由国务院侨办主办，福建省侨办与北美华人华裔寻根协会、美国朱子文化研究会、东南网美国站共同承办的2016年“中国寻根之旅”重走朱子之路美国华裔青少年文化研习夏令营福建营在福建厦门举行开营仪式。福建省侨办文宣处秦大富、北美华人华裔寻根协会会长蔡青娜、美国朱子文化研究会会长朱立业等嘉宾出席开营仪式。

此次夏令营从8月5日至16日，为期12天。来自美国纽约州、新泽西州等地的36名华裔青少年先后在厦门、尤溪、政和、武夷山、福州等地“游学”，通过文化寻根和实地参观等形式追寻先贤朱子足迹，学习和传承朱子文化。

（126）海外华裔及港澳台地区青少年“中国寻根之旅”夏令营（福建龙岩营）举办

2016年8月6日，由国务院侨办主办，福建省侨办、龙岩市侨办承办，香港闽西联会、龙岩市海交会、龙岩市华侨联合会协办的2016年海外华裔及港澳台地区青少年“中国寻根之旅”夏令营福建龙岩营开营。福建省侨办对外宣传中心副主任吴宗斌、龙岩市海峡两岸经贸交易会会长江棣章、香港闽西联合会常务副会长王国英等领导出席开营仪式。来自香港地区的40余名华裔青少年参加了此次以“寄情绿谷山水、体验传统工艺、踏寻祖辈足迹、传承客家文化”为主题的夏令营。

(127)“中国寻根之旅”夏令营福建洛江营举办

2016年8月10日，由国务院侨办主办，福建省泉州市侨办与洛江区侨办、台湾工作办公室承办，泉州南少林国际学校武术套路训练馆协办的“中国寻根之旅”夏令营福建洛江营在福建洛江开营。

此次夏令营为期9天，来自台湾地区的青少年除学习中华武术、手工制作、中国象棋等课程外，还参观了海丝艺术公园、闽台缘博物馆、千年古寺开元寺、千年古桥洛阳桥、泉州台资企业，游览了清源山、南靖土楼、云水谣古镇、德化岱仙瀑布等景点，并体验陶瓷DIY制作。

(128)“中国寻根之旅”夏令营广西地方营壮乡养生文化行举办

2016年8月16日，2016年“中国寻根之旅”夏令营广西地方营壮乡养生文化行在广西医科大学举行开营仪式。广西壮族自治区侨办文宣处处长史荣平、广西医科大学国际教育学院院长曾小云等嘉宾出席开营仪式。

此次夏令营为期10天。来自日本、缅甸、越南、马来西亚、加拿大的56名华裔青少年聆听专题文化讲座，学习打太极、唱民歌等文化实践课程，游览当地风景名胜。

(129)“中国寻根之旅”夏令营（自由自在龟峰营）举办

2016年8月17日，由国务院侨办、江西省侨办主办，上饶市、弋阳县外事办承办的2016年海外华裔青少年“中国寻根之旅”夏令营自由自在龟峰营在弋阳县举行闭营仪式暨汇报演出。

此次夏令营活动为期10天，来自津巴布韦、日本、加拿大等国的华裔青少年以及弋阳县结对子学生共30多人，学习魅力汉语、绘画、书法等课程，参观方志敏纪念馆、叠山书院、世界自然遗产龟峰，观看弋阳腔表演，感受“中华第一佛洞”，体验打麻籽粿等10多项特色活动。

(130)“中国寻根之旅”七彩云南夏令营（西双版纳营）举办

2016年8月17日，由云南省侨办主办、昆明华文学校承办、意大利米兰龙甲中文学校组织的2016年“中国寻根之旅”七彩云南夏令营西双版纳营在昆明举行开营仪式。意大利米兰龙甲中文学校的校长李群等出席。

此次夏令营为期20天，海外华裔青少年们学武术、习书法，体验手工绘瓷、造纸、制陶及打傣拳。此外，营员们还游览西双版纳原始森林公园、云南民族村内各族原始寨子、将帅府邸后花园，参观云南陆军讲武堂，欣赏哈尼族民族风情展示和基诺族的乐器展演，并走进普洱市西盟民族中学，启动阳光工程“一对一”的捐赠活动。

（131）“中国寻根之旅”夏令营（延边营）举办

2016年8月下旬，由国务院侨办主办、延边州侨办承办的2016年海外华裔青少年“中国寻根之旅”夏令营延边营在延边大学汉语言文化学院开营。延边州侨办相关负责人、延边大学部分教师和来自朝鲜咸镜北道清津市中国人中学的60名师生参加了开营仪式。

海外华裔青少年在延边驻留15天，参加了书法、绘画、口才演讲等方面的培训。

（132）“中国寻根之旅”广西边境崇左体验营举办

2016年10月11日，由国务院侨办、广西壮族自治区侨办主办，崇左市侨办承办的2016年海外华裔青少年“中国寻根之旅”夏令营广西边境崇左体验营在广西民族师范学院附属中学举行开营仪式。

此次夏令营活动为期14天，泰国曼谷东方文化书院的53位华裔青少年及领队在此学习中华武术、歌曲练唱、手工制作等中华传统文化，还前往中越跨国瀑布德天瀑布、友谊关、左江花山岩画等地参观游览。

（133）“中国寻根之旅”秋令营（吉林营）举办

2016年10月11日，由国务院侨办主办、吉林省侨办承办的2016年海外华裔青少年“中国寻根之旅”秋令营吉林营在长春市仙台小学开营。吉林省侨办副主任李建华等领导出席仪式。

此次秋令营是吉林省历届“中国寻根之旅”活动中规模最大的一次，来自泰国的150名华裔青少年在吉林开启为期12天的“中国寻根之旅”，前往吉林省吉林市、延边州等地，并学习武术、国学、剪纸等传统文化。

（134）“中国寻根之旅”秋令营（福建屏南营）举办

2016年10月11日，由国务院侨办主办，福建省侨办、宁德市侨办、屏南县侨办联合承办，屏南县华侨中学协办的2016年海外华裔青少年“中国寻根之旅”秋令营福建屏南营在屏南县华侨中学开营。

此次活动为期8天，来自马来西亚廉律中学的18名华裔青少年与屏南侨中的18名学生结成对子一起生活、学习，参观屏南白水洋·鸳鸯溪景区、漈头耕读博物馆，通过穿汉服、写汉字、读《弟子规》、制陶器、磨豆浆、做米粿、织布等活动感受中华文化。

（135）“中国寻根之旅”秋令营（日本横滨山手中华学校优秀学生游学营）举办

2016年10月12日，由国务院侨办主办、北京华文学院承办的2016年海外华裔青少年“中国寻根之旅”秋令营日本横滨山手中华学校优秀学生游学营开营仪式在北京华文学院举行。北京华文学院院长助理曹正国、日本横滨山手中华学校校长张岩松及来自日本横滨山手中华学校的50多名营员等参加了开营仪式。

（136）泰国华裔青少年“中国寻根之旅”泉州秋令营举办

2016年10月12日，由国务院侨办主办，福建省侨办和泉州市侨办承办，泉州师范学院协办的2016年“中国寻根之旅”秋令营泉州营在泉州师范学院开营。福建省侨办文宣处处长齐志、泉州市侨办副主任温锦辉等相关负责人出席开营仪式。

活动期间，泰国华裔青少年们汉语学习和中华才艺体验活动，学习中国功夫、剪折纸、中国绘画、中国茶道、中国结和灯笼制作，还游览了厦门、泉州和武夷山等地。

（137）“中国寻根之旅”秋令营（贵州营）举办

2016年10月13日，由国务院侨办主办、贵州省侨办承办、贵州师范学院协办的2016年海外华裔青少年“中国寻根之旅”秋令营贵州营在贵州师范学院开营。贵州省侨办巡视员孔金星、贵州师范学院副校长令狐荣锋、文学院院长吴俊以及来自泰国的29名营员及领队出席开营仪式。

此次秋令营由泰国南部华文民校联谊会、泰中华文教育基金会、泰国林氏宗亲总会组织。29名营员不仅学习了人文知识、汉语知识等特色课程和中国结、蜡染、刺绣等传统工艺品的制作，还参观了黄果树瀑布等景点，对贵州文化有了切实的了解。

（138）“中国寻根之旅”秋令营（泰国优秀华裔青少年金秋文化营）举办

2016年10月13日，由国务院侨办主办、北京华文学院承办的2016年海外华裔青少年“中国寻根之旅”秋令营泰国优秀华裔青少年金秋文化营在北京华文学院举办开营仪式。北京华文学院培训部规划负责人林冬梅、游教负责人周士平、泰国清迈王子学校领队王美佳出席并发表讲话。

此次秋令营通过14天的学习，向来自清迈王子学校和四色菊侨南学校的营员们介绍中国文化，并安排游览北京的名胜古迹。

（139）“中国寻根之旅”秋令营（暨南大学营）举办

2016年10月16日，由国务院侨办、中国海外交流协会主办的2016年海外华裔青少年“中国寻根之旅”秋令营在暨南大学华文学院开营。暨南大学华文学院副院长张礼、泰中华文教育基金会的领队李金源等出席开营典礼。

此次活动从10月15日开始至10月29日结束，为期15天，共有来自泰国的70余名华裔青少年参加汉语、书画和泥塑等课程。

（140）“中国寻根之旅”秋令营（泰国清莱营）举办

2016年10月21日，由国务院侨办、中国海外交流协会主办，广西壮族自治区侨办、广西海外交流协会和广西华侨学校承办的2016年海外华裔青少年“中国寻根之旅”泰国清莱营在广西华侨学校举行开营仪式，广西华侨学校副校长雷丽芳出席开营仪式并致辞。

此次活动为期14天，50名泰国华裔青少年学习汉语基础知识、中国茶文化、少数民族舞蹈等中国传统文化课程。

（141）“中国寻根之旅”秋令营（菲律宾光启学校北京游学营）举办

2016年10月31日，由国务院侨办主办、北京华文学院承办的2016年海外华裔青少年“中国寻根之旅”秋令营菲律宾光启学校北京游学营开营式在北京华文学院阜成门校区举行。北京华文学院培训部项目负责人王庆芳副教授，菲律宾光启学校中文部主任余莉莉女士、团长奎永壮先生等以及60余名菲律宾光启学校的华裔青少年出席开营仪式。此次游学营历时42天，除了课堂上学习语言课程和丰富多彩的文化课程，营员们还参观北京名胜古迹和现代文化建筑，并乘坐高铁到中国经济中心上海参观游览。

（142）马来西亚华裔青少年到潮州开展“寻根之旅”冬令营

2016年11月18日，由马来西亚潮州会馆联合会副总秘书长、柔佛潮州八邑会馆总务李富新和柔佛潮州八邑会馆青年团署理团长赵志成等带领的马来西亚柔佛潮州八邑会馆华裔青少年到潮州开展潮文化“寻根之旅”冬令营活动。营员们参观景区景点，观赏潮剧表演，并参与了陶瓷制作、学讲潮州话、学做潮州菜等实践活动。

（143）“中国寻根之旅”三国故事秋令营举办

2016年11月28日，由国务院侨办主办，湖北省侨办、华中师范大学国际文化交流学院承办的2016年海外华裔青少年“中国寻根之旅”三国故事秋令营在华中师范大学开营。

此次活动为期两周，93名来自马来西亚华文学校的学生在湖北进行以三国文化为主线的学习生活和文化考察。他们学习中国书画、武术、古琴，学唱民歌《龙船调》《六口茶》，参观古隆中、黄州赤壁等地。

（144）“中国寻根之旅”冬令营（福建安溪营）举办

2016年11月30日，2016年海外华裔青少年“中国寻根之旅”冬令营福建安溪营在福建安溪虎邱茶业职业技术学校开营，泉州市侨办副主任温锦辉、安溪县副县长郑清花和马来西亚安溪总会会长、拿督施朝全等嘉宾出席开营仪式。

此次冬令营为期10天，来自马来西亚的68名华裔青少年与安溪学生互动交流，学习以茶文化为特色的课程，参与茶叶采制品赏活动，参加体能训练，观看布袋戏演出，参观安溪生态茶园、骑虎岩、清水岩、李光地故居、中国茶都等景点。

（145）“中国寻根之旅”冬令营（龙岩新罗营）举办

2016年12月2日，由国务院侨办、福建省侨办、龙岩市侨办、新罗区侨办主办，马来西亚雪隆龙岩会馆、龙岩华侨职业中专学校协办的2016年马来西亚华裔青少年“中国寻根之旅”冬令营福建龙岩新罗营在龙岩华侨职业中专学校举行开营仪式。

此次冬令营历时14天，60名来自马来西亚的营员学习中华文化和才艺，参加祖籍地龙岩的传统文化讲座，参与学讲方言、学唱方言歌和寻根问祖等当地特色文化活动。

（146）“中国寻根之旅”冬令营（华侨大学营）举办

2016年12月2日，由国务院侨办主办、福建省侨办和华侨大学华文学院共同承办的2016年海外华裔青少年“中国寻根之旅”冬令营华侨大学营开营仪式在华侨大学华文学院举行。福建省侨办文化宣传教育处处长齐志、华侨大学华文学院副院长胡建刚以及来自马来西亚和新加坡的48名海外华裔青少年和领队出席开营仪式。

此次冬令营为期12天，开设了《中国文化的历史与命运》《寻根之旅与丝绸之约》等中华文化讲座，举办中华文化辩论赛，组织营员体验朱子文化与茶文化、参观游览当地名胜古迹。

（147）“中国寻根之旅”冬令营（庐山冰雪营）举办

2016年12月3日，由国务院侨办主办、江西省侨办承办、九江学院协办的2016年海外华裔青少年“中国寻根之旅”冬令营庐山冰雪营在江西九江开营。九江学院副校长杨耀防、江西省侨办侨务处处长钱熠德等出席仪式。

此次庐山冰雪营为期10天，来自泰国、马来西亚、印度尼西亚的87名学生营员学习汉语基础知识、中国茶艺、剪纸、武术、书法等课程，并前往浔阳楼、景德镇、白鹿洞书院、庐山等名胜古迹游览。

（148）“中国寻根之旅”冬令营（海南营）举办

2016年12月7日，由国务院侨办与海南省侨办联合举办的“2016年海外华裔青少年‘中国寻根之旅’冬令营海南营”在海南文昌中学开营。海南省侨办副巡视员陈康乐出席开营式并讲话。

活动期间，180名来自马来西亚、泰国、印度尼西亚、缅甸、文莱、新加坡、澳大利亚等国家的华裔青少年在文昌中学学习声乐、舞蹈、书法等不同形式的中国传统文化艺术，并与海南本地青少年朋友进行运动友谊赛、联欢晚会等交流联谊活动。此外，营员们还沿海南岛东线游历海口、文昌、琼海、万宁、保亭和三亚等多个市县，参观文昌宋氏祖居、航天博物馆，保亭槟榔谷，三亚南山佛教文化苑和海口骑楼老街等景观和地标建筑。

（149）马来西亚华裔青少年“中国寻根之旅”冬令营（福建三明营）举办

2016 年 12 月 9 日，2016 年马来西亚华裔青少年“中国寻根之旅”冬令营福建三明营在三明山水大酒店举行开营仪式。福建省侨办、三明市政协、三明市侨办相关负责人以及来自马来西亚的 161 名华裔青少年出席开营仪式。

此次冬令营以“海丝路三明行”为主题，营员们参观三明科技馆、三明博物馆，学习书法艺术、中华武术等传统文化课程，游览龙泉古村落、万寿岩遗址，体验沙县小吃文化，领略三明深厚的文化底蕴和独特的自然风光。

（150）“中国寻根之旅”冬令营（暨南大学营）举办

2016 年 12 月 10 日，由国务院侨办和中国海外交流协会主办、暨南大学华文学院承办的 2016 年海外华裔青少年“中国寻根之旅”冬令营暨南大学营开营仪式在暨南大学华文学院举行。暨南大学华文学院招生与社会合作部副主任方李瑾、马中国际文化经贸促进会总会长陈泰隆出席开营仪式并致辞。

此次冬令营活动从 12 月 10 日开始，持续至 23 日，为期 14 天。暨南大学华文学院为来自马来西亚和新西兰的 52 位营员安排教学及文化考察活动，特别添加了中国武术初级刀、武术太极扇。

（151）“中国寻根之旅”冬令营（中华民族歌舞广西营）举办

2016 年 12 月 11 日，由国务院侨办、广西壮族自治区侨办主办，广西师范大学承办的 2016 年海外华裔青少年“中国寻根之旅”冬令营中华民族歌舞广西营开营仪式在广西桂林举行，65 名来自南非的华裔青少年及领队参加。

此次冬令营开设了汉语言文化、广西少数民族艺术、民族声乐、民族舞蹈和中国结、葫芦丝等学习课程，并组织营员们参访相关学校、纪念馆以及领略桂林历史悠久的人文景观、自然风光。

（152）“中国寻根之旅”冬令营（河北张家口营）举办

2016 年 12 月 11 日，由国务院侨办和河北省侨办合作举办，张家口市侨办、张家口市第六中学承办，张家口崇礼高原训练基地协办的 2016 年“中国寻根之旅”冬令营河北张家口营在河北省张家口市崇礼区长城岭滑雪场开营。河北省侨办党组成员、河北省友协执行副会长叶长青，张家口市副市长李莉出席开营仪式并致辞。

此次冬令营为期 12 天，来自澳大利亚墨尔本新金山中文学校的 35 名华裔青少年学习了汉语、书法、民歌民乐等课程，还参观了冰雪博物馆、堡子里、大境门、黄帝城文化旅游区、鸡鸣驿等景点，并前往北京游览长城、水立方、鸟巢、天安门和国家博物馆等。

（153）“中国寻根之旅”冬令营（南昌营）举办

2016年12月12日，由国务院侨办和江西省侨办主办、南昌市侨办承办的2016年海外华裔青少年“中国寻根之旅”冬令营南昌营开营。江西省侨办巡视员吴健民、南昌市副市长龙国英等出席开营仪式。

此次冬令营活动为期10天，以“绿色生态”为主题，来自马来西亚的69名华裔青少年走进江西省会南昌、景德镇、庐山等地学习书法、剪纸、陶艺等传统文化艺术，体验瓷器魅力。

（154）“中国寻根之旅”冬令营（高铁文化柳州营）举办

2016年12月12日，2016年海外华裔青少年“中国寻根之旅”冬令营高铁文化柳州营在广西柳州铁道职业技术学院开营。柳州市侨办主任庞智勇，马来西亚吉隆坡尊孔独立中学董事总务、马来西亚雪隆广西会馆秘书长邓宏智，柳州铁道职业技术学院校长周群等出席活动。

马来西亚的33名华裔青少年和柳州铁道职业技术学院的20名学生志愿者代表完成了为期14天的祖籍国“寻根”之旅，参加了铁道概论课程学习、铁道实训观摩体验、中国文字书法艺术展示交流、中国民间手工艺品制作和中国饮食文化交流等活动。

（155）“中国寻根之旅”冬令营（烟台营）举办

2016年12月14日，2016年海外华裔青少年“中国寻根之旅”冬令营烟台营在济南开营。

在为期15天的冬令营期间，200名来自新西兰、澳大利亚、马来西亚、新加坡、印度尼西亚的海外华裔青少年体验中国武术、篆刻、剪纸，游历孔府、孔庙、孔林、大明湖、趵突泉、烟台山、蓬莱阁、牟氏庄园，参观烟台博物馆、张裕葡萄酒文化博物馆、招远淘金小镇，亲手制作民间面塑、泥老虎、中国结等。

（156）“中国寻根之旅”福建泉州冬令营举办

2016年12月15日，由国务院侨办、福建省侨办、泉州市侨办主办，泉州师范学院承办的2016年海外华裔青少年“中国寻根之旅”福建泉州冬令营在泉州师范学院举行开营仪式。

此次冬令营活动为期12天，来自马来西亚新山会馆的26名营员与泉州师范学院26名汉语国际教育专业学生一对一结对子，学习闽南文化、书法、中国画等具有中国传统文化及泉州地方特色的课程，并赴晋江、安溪、永春、德化等地考察。

（157）“中国寻根之旅”冬令营（辽宁师范大学营）举办

2016年12月15日，2016年海外华裔青少年“中国寻根之旅”冬令营辽宁师范大学营在辽宁师范大学举行开营仪式。辽宁师范大学副校长李雪铭、国际教育学院负责人和来自马来西亚、印度尼西亚的97名华裔青少年营员和领队出席开营仪式。

此次冬令营为营员开设了汉语知识、中国历史常识、民族舞蹈、手工制作等课程，组织营员参观辽宁师范大学附属中学，与中国同龄学生交流联谊、滑雪，参观社区、进入大连人家庭，参观历史文化名胜和爱国主义教育基地。

（158）“中国寻根之旅”冬令营（塞外北国感知营）举办

2016年12月15日，由国务院侨办、中国海外交流协会主办，北京华文学院承办的2016年海外华裔青少年“中国寻根之旅”冬令营塞外北国感知营暨2016年海外华裔青少年“中国文化之旅”冬令营开营仪式在北京华文学院回龙观校区举行。马来西亚汉文化中心杨毅德领队带领80余名营员参加。

（159）“中国寻根之旅”冬令营（青岛营）举办

2016年12月16日，由国务院侨办、中国海外交流协会主办，青岛市侨办、青岛华文科技专修学院承办的2016年海外华裔青少年“中国寻根之旅”冬令营青岛营开营仪式在中国海洋大学举行。青岛市侨办党组书记陈春雷、青岛市人民代表大会民族侨务外事委员会副主任王岐等出席开营仪式并致辞。印度尼西亚印华百家姓协会廖省分会褚侯陞会长和马来西亚雪隆会宁公会的学生代表发言。

冬令营自12月15日至12月29日，为期15天。来自印度尼西亚、马来西亚、澳大利亚和所罗门群岛的200名营员学习了青岛印象、趣味手工、传统水墨画等多门课程，体验二月二生态农场，参观孔子故乡曲阜，登五岳独尊的泰山，游览青岛市博物馆、规划展览馆、极地海洋世界、啤酒博物馆等景点。

（160）“中国寻根之旅”冬令营（武夷学院营）举办

2016年12月16日，由中国海外交流协会主办，福建省海外交流协会、南平市海外交流协会共同承办，武夷学院协办的2016年海外华裔青少年“中国寻根之旅”冬令营武夷学院营开营。武夷学院校长吴承祯、福建省侨办文宣处秦大富、南平市海外交流协会副秘书长吴建华、马来西亚留华同学会创会会长陈志成出席开营仪式。

86名马来西亚华裔青少年和领队老师在为期12天的活动中游历福州、武夷山、厦门三地。活动内容涉及学习福建历史文化、武夷岩茶茶文化、朱子文化、中国民俗文化、中华传统技艺，体验福州海峡熊猫世界、城市生态文化、武夷山世界文化与自然遗产、厦门海上花园文化。

（161）“中国寻根之旅”冬令营（重庆营）举办

2016年12月17日，由国务院侨办主办、重庆市侨办和重庆师范大学承办的2016年海外华裔青少年“中国寻根之旅”冬令营重庆营开营。来自澳大利亚、印度尼西亚、马来西亚和缅甸4个国家的202名华裔青少年在重庆进行了为期15天的中华文化体验。承办方开设了汉语、民族舞蹈、中华武术等课程，还组织营员参观世界文化遗产大足石刻，了解合川钓鱼城历史，学习体验綦江农民版画。

（162）“中国寻根之旅”冰雪冬令营（黑龙江营）举办

2016年12月17日，2016年海外华裔青少年“中国寻根之旅”冰雪冬令营黑龙江营在黑龙江哈尔滨开营。来自澳大利亚、马来西亚、菲律宾、印度尼西亚、南非、赞比亚、塞尔维亚7个国家的100名海外华裔青少年参加开营仪式。

在为期15天的冬令营活动中，营员们体验了黑龙江的冰雪美景，学习了汉语基础知识、武术、民族舞蹈，参观了侵华日军第七三一部队罪证陈列馆，游览了冰雪大世界。

（163）“中国寻根之旅”吉林冰雪营举办

2016年12月19日，2016年海外华裔青少年“中国寻根之旅”吉林冰雪营在吉林省吉林市开营。来自意大利、巴西、马来西亚、埃及、日本等国家的102名华裔青少年在吉林体验了一次冰雪之旅。

此次冰雪营由国务院侨办主办，吉林省侨办、吉林市侨办承办，为期12天。活动期间，营员们参加中华文化大课堂系列课程，亲身体验雪场的冰雪项目和射箭学习，并观看冬天捕猎活动，了解东北民俗。

（164）“中国寻根之旅”福建武术冬令营永春举办

2016年12月19日，由国务院侨办主办，福建省侨办、泉州市侨办、永春县侨办承办的2016年海外华裔及港澳台地区青少年“中国寻根之旅”福建武术冬令营在永春余光中文学馆剧场开营。来自毛里求斯华夏中文学校、马来西亚雪隆龙岩会馆、印度尼西亚全国华文教育协调机构联合秘书处、印度尼西亚印华百家姓协会、马来西亚永春联合会、新北市格致中学的153名海外华裔及台湾地区青少年参加此次活动。此次冬令营以中华武术为主题，安排营员们学习具有闽南特色的永春白鹤拳和传统文化科目，还带领营员走访泉州、厦门、福州、武夷山等地。

（165）“中国寻根之旅”冬令营优秀营在湖南长沙举办

2016年12月19日，由中国海外交流协会主办、湖南师范大学承办、湖南省海外交流协会协办的2016年海外华裔青少年“中国寻根之旅”冬令营优秀营在湖南长沙举行。湖南省海外交流协会副会长李祖元、湖南师范大学国际汉语文化学院院长杨玲、马来西亚留华同学会创会会长陈志成等出席仪式。

活动期间，来自马来西亚、印度尼西亚和缅甸的百位海外华裔青少年，学习中文、舞蹈、武术等课程，并与中国学生联谊交流，参观游览湖南历史文化名胜。

（166）“中国寻根之旅”冬令营（四川营）在四川举办

2016年12月20日，由国务院侨办主办、四川省侨办承办的2016年海外华裔青少年“中国寻根之旅”冬令营四川营在四川成都开营。来自美国、澳大利亚、新西兰等7个国家160余名华裔青少年参加此次冬令营。这是四川省举办的规模最大的一次冬令营活动。

（167）“中国寻根之旅”冬令营（晋江营）举办

2016年12月20日，由国务院侨办、福建省侨办和泉州市外侨办主办，晋江市侨台外事局、马来西亚晋江社团联合会和泉州轻工学院承办的2016年马来西亚第二届华裔青少年“中国寻根之旅”冬令营开营仪式在泉州轻工学院举行。冬令营期间，来自马来西亚的华裔青少年走进晋江城市展览馆、晋江市博物馆等地，穿汉服、搓红圆、过冬至，还体验舞龙、剪纸、制作中国结等。

（168）“中国寻根之旅”冬令营福州营开营暨首届“印象·福州”书画、征文大赛颁奖仪式举行

2016年12月22日，2016年海外华裔青少年“中国寻根之旅”冬令营福建福州营开营暨首届“印象·福州”书画、征文大赛颁奖仪式在福州外语外贸学院举行。来自马来西亚、泰国、日本、英国、巴西等国家的冬令营领队和营员，首届“印象·福州”书画、征文大赛获奖学生代表、获奖学生家长以及志愿者共120多人参加活动。共有164人次在首届“印象·福州”书画、征文大赛中获奖。

（169）“中国寻根之旅”土家文化冬令营举办

2016年12月23日，2016年海外华裔青少年“中国寻根之旅”土家文化冬令营在湖北省恩施土家族苗族自治州开营。来自美国、澳大利亚、阿根廷、印度尼西亚、中国香港5个国家和地区近百名华裔青少年开启为期15天的“寻根”旅程。活动期间，他们游览了恩施的腾龙洞、土司城等风景名胜区，体验了摆手舞、民歌、五禽戏等土家民族文化。

（170）“中国寻根之旅”冬令营（厦门致公营）举办

2016年12月下旬，由国务院侨办主办，福建省侨办、致公党福建省委、致公党厦门市委承办的2016年海外华裔青少年“中国寻根之旅”冬令营厦门致公营开营仪式在福建厦门举行。致公党福建省委副主委、厦门市委主委徐平东，厦门市委统战部副部长蔡琳娜，福建省侨办文宣处秦大富以及来自印度尼西亚的28位营员和领队出席此次开营仪式，秦大富代表主办单位为冬令营颁授营旗。

此次冬令营为期10天，开设了经典国学、手工制作等课程，还安排了在厦门、福州等地参观厦门大学、厦门航模中心、陈嘉庚纪念馆以及中国船政文化博物馆、福建省博物院等活动。

2. 中国语言文化之旅

（1）“2016年冰雪文化行——金辉冬令营”在伊春拉开序幕

2016年1月16日，由中国华文教育基金会主办、北京华文学院承办、金辉地产赞助的“2016年冰雪文化行——金辉冬令营”在黑龙江省伊春市开营。北京华文学院与伊春市外事办、伊春市旅游局相关负责人以及全体营员出席开营式。

此次冬令营共有来自意大利、巴西、印度尼西亚、泰国、毛里求斯、英国、美国等17个国家和地区的70余名华裔学生参加。在5天的行程里，营员们滑雪，参观冰雪大世界，漫步中央大街，游览五营国家森林公园，举行赛龙舟及拔河比赛等活动。

活动于1月20日在哈尔滨市举行闭营仪式暨冰雪文化行十周年庆典。

“冰雪文化行”是游教结合的特色项目，也是北京华文学院的品牌活动之一。

（2）“两岸华语文系所师生上海春令营”举办

2016年1月19日，“两岸华语文系所师生上海春令营”在华东师范大学对外汉语学院开营。上海市海外交流协会副会长陶国丰、华东师范大学副校长李志斌、台湾世界华语文教育学会秘书长董鹏程等嘉宾出席开营式并致辞。

此次活动由华东师范大学华文教育发展中心、世界华语文教育学会主办，上海市海外交流协会承办，华东师范大学对外汉语学院协办，共吸引了来自两岸20余所高校的106位学生参加。在为期8天的活动中，营员们聆听中华文化、华文教学等主题讲座，赴上海高校开展学术交流，访问台资企业，开展文化考察。

（3）“中国文化行——金辉广西侨校营”在广西南宁举办

2016年3月21日，由中国华文教育基金会主办、广西海外交流协会承办、广西华侨学校协办的“中国文化行——金辉广西侨校营”在广西侨校学术报告厅举行开营仪式。中国华文教育基金会、广西海外交流协会、广西华侨学校相关负责人出席。

此次共有60名泰国华裔青少年参加为期12天的春令营活动。营员们体验中国传统文化、诵读经典诗词、学习民族舞蹈、练习中国武术、绘制中国画、感受中国茶艺，并游览广西民族博物馆、孔庙等南宁市文化地标，赴“山水甲天下”的桂林感受纯粹的广西文化。

（4）美国巴尔的摩国际学校汉语考试春令营举办

2016年3月25日，由国家汉办/孔子学院总部主办、北京华文学院承办的美国巴尔的摩国际学校汉语考试春令营开营仪式在北京华文学院阜成门校区举行。

此次春令营共有14位来自美国的营员参加。营员们通过北京华文学院安排的汉语课、文化课学习，了解中国国情，丰富文化知识。

活动于3月30日闭营。主办方为营员们颁发结业证书。

（5）“经纬海外华裔青年禅武文化体验班”在广东举办

2016年5月29日，由中国华文教育基金会主办、广东省侨办承办、经纬置地有限公司赞助的“南粤文化行——2016经纬海外华裔青年禅武文化体验班”在广东禅武中心举行开班典礼。来自印度尼西亚、俄罗斯、希腊、马来西亚、越南、乌兹别克斯坦6个国家的27名学员参加。

此次体验班由禅武中心资深教官团队联合执教，在14天的时间里，学员们系统学习传统禅武功夫，包括禅武十八式、禅武八段锦、通背拳、太极五功、搏击等功夫套路；体验中国书法和中国书画，聆听传统文化主题讲座；参观广东华侨博物馆，游览花城广场、北京路步行街，夜游珠江。

体验班于6月11日结业。

（6）“2016中国文化行——金辉昆明华校营”举办

2016年6月1日，来自马来西亚、缅甸华校的50位学员聚集在昆明华文学校，参加由中国华文教育基金会主办、昆明华文学校承办、金辉集团资助的“2016中国文化行——金辉昆明华校营”的开营仪式。

此次夏令营为期12天，营员们学习中国书法、中国脸谱、中国剪纸等课程，参观游览云南野生动物园、云南民族村、西山森林公园等景区，从不同角度了解和学习中国的历史和文化，领略昆明的秀美风光和人文胜景。

（7）“南粤文化行2016匈牙利匈中双语学校传统功夫夏令营”举办

2016年6月6日，由广东省侨办主办、禅武中心承办的“南粤文化行——2016匈牙利匈中双语学校传统功夫夏令营”在禅武文化馆举行开营仪式。广东省侨办、广东省华侨职业技术学校相关领导出席开营仪式。

来自匈中双语学校的32位师生在12天时间里，学习禅武功夫、茶道、书法、咏春拳、舞狮、烹饪等中国传统文化，在广州、深圳、珠海、佛山等地参观锦绣中华、陈家祠、长隆海洋王国、广东华侨博物馆、广州动物园、珠江等景点，并与深圳市丰丽学校师生进行交流。

（8）“中国文化行”金辉黑龙江营在哈尔滨举办

2016年6月22日，“中国文化行”金辉黑龙江营在黑龙江省哈尔滨市开营。中国华文教育基金会、黑龙江省侨办相关负责人及50名来自印度尼西亚的营员出席了开营仪式。

此次夏令营，营员们在哈尔滨市、黑河市、五大连池市开展为期14天的学习参访活动，学习汉语知识、中华武术、民族舞蹈和剪纸等课程，并游览世界地质公园五大连池、中俄界江黑龙江等自然景观。

（9）“2016回家过节——金辉八桂壮乡文化体验营”在广西华侨学校举办

2016年6月24日，由中国华文教育基金会主办、广西海外交流协会和广西华侨学校共同承办、金辉集团赞助的“2016回家过节——金辉八桂壮乡文化体验营”在广西华侨学校开营。55名来自老挝、印度尼西亚的华裔青少年在此开启为期12天的“回家过节”壮乡文化之旅。

此次活动以“端午节”节庆文化为主题。承办方为营员们安排了端午节庆系列活动，开设了糖画、竹竿舞、香囊制作等中华传统文化课程，还安排他们与广西华侨学校留学生联谊、走进中国同龄人家庭体验中国家庭生活等活动，充分体现出“回家过节”的特点。

（10）“2016 中国文化行——经纬暨南大学营”举办

2016 年 6 月 27 日，由中国华文教育基金会主办，暨南大学华文学院承办的“2016 中国文化行——经纬暨南大学营”在暨南大学华文学院开营。

活动期间，承办方暨南大学华文学院秉承中国华文教育基金会的宗旨，结合越南学生的特点安排相应的教学和文化考察活动，安排了汉语、中国歌曲、舞蹈、武术等课程，让营员们更好地学习了汉语和感受中华文化。活动于 7 月 8 日闭营。

（11）“中国文化行”江西客家营举办

2016 年 7 月 3 日，由中国华文教育基金会主办、江西省侨办承办、江西理工大学协办的 2016 年“中国文化行”江西客家营开营仪式在江西理工大学举行。中国华文基金会项目一部主任熊志远与来自美国、泰国的 50 余名华裔青少年参加了开营仪式。12 天的营期里，50 余名华裔青少年体验客家文化，参观郁孤台、客家围屋、通天岩等景点，并学习武术。

（12）“2016 年领养中国儿童外国家庭夏令营”在北京举办

2016 年 7 月 7 日，由国务院侨办和中国海外交流协会主办的“2016 年领养中国儿童外国家庭夏令营”在北京举行开营式，来自美国、加拿大、西班牙、荷兰、芬兰 5 个国家的 77 个领养家庭共 230 名营员参营。国务院侨办文化司司长雷振刚出席开营式并致辞。

自 2004 年以来，“领养中国儿童外国家庭夏令营”已连续举办 13 期。在此次为期 6 天的活动中，营员们游览了北京的历史、人文景点，近距离感受中国风土人情，并走进学校和社区，与同龄学生交流联谊。

（13）“亲情中华”湖南夏令营在湖南长沙举办

2016 年 7 月 11 日，由中国华侨联合会主办、湖南省华侨联合会承办的“亲情中华”湖南夏令营在湖南长沙开营。来自美国、阿根廷、加拿大、德国等国家的 90 余位华裔青少年参加了活动。

（14）多国青年开启中华文化学术之旅

2016 年 7 月 11 日，第二届京师哲学暑期学堂开学典礼在北京师范大学举行。本届暑期学堂为期两周，以“中国思想与现代文明”为主题。来自 21 个国家和地区的 37 名中华文化爱好者和中国学生体验了一场中华文化学术之旅。

（15）文礼书院国际读经夏令营在浙江温州泰顺举行

2016年7月中旬，来自世界各地的读经儿童与读经家长齐聚浙江温州泰顺畲乡竹里，共同参加文礼书院国际读经夏令营。此次活动为期4周，共计有166位来自日本、阿拉伯联合酋长国、德国等国家的儿童加入夏令营读经行列。

（16）美国《侨报》华裔小记者访华团体验中华文化

2016年7月14日至16日，由20位美国中小学生组成的"第四届美国《侨报》小记者访华团"开展以"探索中国传统文化"为主题的体验之旅。他们先在北京进行了为期5天的北京之旅，而后到达山东，开启了游历泰山、游竹泉村、访曲阜、体验传统的拓片工艺和手工剪纸、体验国学经典课等活动，体验感受儒家文化。

（17）第八期"丝路青年行"优秀华裔大学生微电影参访团活动在上海开幕

2016年7月14日，由上海市海外交流协会、上海市青年联合会、上海市海峡两岸交流促进会、上海戏剧学院、长宁海外联谊会共同主办的第八期"丝路青年行"优秀华裔大学生微电影参访团活动在上海戏剧学院开幕。在为期半个月的考察中，来自美国、英国、印度尼西亚等16个国家和地区的90余名华裔青年前往上海中心和上海电影博物馆进行考察，以"一带一路"为主题，进行微电影创作。此外，营员们还赴福建泉州、福州、武夷山市等地的九日山、中国香都香文化博物馆、中国船政文化博物馆进行参访。

（18）缅甸中华才艺培训班在云南举办

2016年7月20日，由云南省商务厅主办、云南省海外交流协会承办、昆明华文学校协办的2016年缅甸中华才艺培训班在云南昆明开班。来自缅甸仰光甘马育建德学校、仰光舜帝妙善学校、曼德勒育才学校和曼德勒云华师范学院4所学校的42名学员学习了为期12天的民族舞蹈、民族乐器、民族音乐、中国绘画等课程。此外，学员们还赴昆明西山、云南民族村等景点进行文化考察。

（19）海外中国文化中心优秀学员到北京游学

2016年7月下旬，由文化部外联局主办的"2016文化中国行——海外中国文化中心优秀学员团访华计划"在北京老舍茶馆拉开序幕。来自开罗、巴黎、柏林、马耳他、贝宁、巴基斯坦等18个海外中国文化中心的45名优秀学员，参加了第十三届中国国际合唱节，并参观故宫、天安门、长城、颐和园等历史名胜古迹，以及鸟巢、水立方等地标性建筑，感受北京的现代文明。

（20）2016年"中国文化行"经纬广西夏令营（北海营）举办

2016年7月20日，由中国华文教育基金会主办、广西侨办承办、北海市侨办及北海市华侨中学等单位协办、经纬集团赞助的2016年"中国文化行"经纬广西夏令营北海营在广西北海市开营。40名来自德国、西班牙、英国等国家的华裔青少年参与了为期15天的活动。

(21)法国《欧洲时报》中文学校夏令营在北京华文学院举办

2016年7月21日，法国《欧洲时报》中文学校夏令营在北京华文学院举行开营仪式。北京华文学院培训部副主任王图保、项目负责人王庆芳以及来自法国《欧洲时报》中文学校的28名师生出席开营式。

(22)“未来领袖·青春使者”国际青年夏令营广东站接力仪式在广州举行

2016年7月26日，“未来领袖·青春使者”国际青年夏令营广东站接力仪式在广东省博物馆举行。来自“一带一路”沿线35个国家的60余名青年代表在4天的行程中走访了广州、深圳的高新科技企业、前海梦工厂等，参观了广东省博物馆、黄埔古港，还与广东省“一带一路”研究学者进行交流。

(23)“香港青少年红色之旅”访问团到福建参观交流

2016年8月1日，福建省委常委、福建省委统战部长、福建省海外联谊会会长雷春美在福州会见香港国民教育促进会主席姜玉堆带领的“香港青少年红色之旅福建行”访问团。此次访问团由香港40多所大、中学校的200余名学生组成，访问团赴龙岩、南平、福州、泉州等地红色圣地学习参观，并与福建青少年学生进行友好互动交流。

(24)“文化中国·海外文化社团”中华才艺武术舞狮培训班广州举办

2016年8月2日，由国务院侨办主办、广东省侨办承办、广州禅武文化中心协办的第51期“文化中国·海外文化社团”中华才艺武术舞狮培训班在广东广州举行开班典礼。国务院侨办宣传司、广东省侨办文化教育处、禅武中心相关负责人及培训班全体师生出席。来自澳大利亚、美国、德国、日本等14个国家和地区的35名学员在为期15天的活动中学习传统禅武功夫和南粤狮艺，聆听《中国舞龙舞狮文化》等专题讲座，并学习中国国画、书法、茶艺等。

(25)“亲情中华”夏令营(保山营)举办

2016年8月上旬，由中国华侨联合会主办，云南省华侨联合会、保山市华侨联合会承办的2016年“亲情中华”夏令营保山营在保山市博物馆开营。来自缅甸南坎的80名华裔青少年学习了中国画、普通话、民族舞蹈、声乐等知识，并游览领略保山、腾冲的山水风情。

(26)“中国文化行”齐鲁文化营举办

2016年8月3日，由中国华文教育基金会主办，山东省侨办、共青团山东省委承办，山东省山青世界青少年实践活动中心协办的2016年“中国文化行”齐鲁文化营在青岛山青世界阳光大厅开营。中国华文教育基金会项目一部主任熊志远等与来自英国中文教育促进会的45名营员出席了开营仪式。

在为期10天的活动中，华裔营员们除了体验山青世界精心设计的户外体验课程、丰富多彩的文化活动外，还前往泰安、潍坊、莱州、烟台、青岛等地进行研学旅行。

（27）“四海一家·闽港青年交流团”活动在福建福州启动

2016年8月10日，由福建省侨办和香港新家园协会联合举办，福建省人民政府、中央政府驻港联络办、华侨大学等协办的“四海一家·闽港青年交流团”在福建师范大学剧院举行活动启动仪式。福建省委常委、统战部部长雷春美等嘉宾与500多位闽港青年出席启动仪式。

在为期5天的活动里，闽港青年们分赴福州、厦门、泉州、龙岩、武夷等地，围绕创新创业、海丝文化、红色之旅、世界遗产文化4个主题开展交流活动。活动为期5天，于8月14日结束。

（28）“华裔学生看集美”活动在福建厦门举行

2016年9月下旬，2016年“华裔学生看集美”活动在福建省厦门市集美区举办。来自泰国、越南、老挝、印度尼西亚、菲律宾等9个国家的华侨大学华文学院100名华裔大学生参加了此次活动。

华裔学生们参观鳌园、嘉庚纪念馆、归来园等，聆听关于“嘉庚精神”的专题讲座，进一步学习领会嘉庚精神和闽南文化、华侨文化、学村文化的内涵与实质。

（29）“亲情中华·梦牵绿城”夏令营南宁营举办

2016年10月9日，由中国华侨联合会主办，广西归国华侨联合会承办，南宁市华侨联合会、致公党南宁市委会、广西华侨学校协办的2016年“亲情中华·梦牵绿城”夏令营南宁营在广西华侨学校开营。自治区侨联副主席林振龙、海外联谊部部长曹红，南宁市侨联主席蒋晓筠，致公党南宁市委会副主委董俊荣，广西华侨学校校长陈进超、侨联成员，以及来自泰国的40名海外华裔青少年夏令营师生一同参加了开营仪式。

此次活动为期14天，40位泰国华裔青少年学习中文口语、中国礼仪、少数民族舞蹈等课程，开展重阳节慰问归侨老人活动，并安排考察南宁－东盟经济技术开发区，游览青秀山中泰友谊园、世界文化遗产花山崖壁画群、德天跨国瀑布等。

（30）“亲情中华·荆楚行”活动在湖北十堰举行

2016年10月14日，由中国华侨联合会文化交流部和湖北省华侨联合会共同举办的“亲情中华·荆楚行”活动在湖北十堰一中举办，36名来自泰国的中小学师生及家长代表参观了校园、校史馆，并与十堰一中学子交流。

（31）瑞典瑞青中文学校汉语教学冬令营在北京举办

2016年11月中旬，由北京市华侨联合会、东城区华侨联合会承办的瑞典瑞青中文学校汉语教学冬令营在北京举办。参加此次冬令营的19名营员参观了北京125中学，体验了舞龙、包饺子等活动。

（32）“玉融情·连根脉”马来西亚华裔青少年冬令营福建举办

2016年11月28日，“玉融情·连根脉”马来西亚华裔青少年冬令营在福建福清市石门小学开营。马来西亚曼绒福清公会会长、曼绒“福清洋”育英学校董事长郭进光、福清市华侨联合会副主席曹铭安等出席。此次冬令营为期7天，营员们学习中华文化，与当地学生举办联欢会、结对子，还游览武夷山，参观福州三坊七巷，感受福建的茶文化。

（33）“中国文化行”江苏宜兴营举办

2016年11月30日，由中国华文教育基金会主办，江苏省侨办、宜兴市侨办承办的2016年“中国文化行”江苏宜兴营在宜兴市丁山实验小学开营。

此次活动为期12天，40名来自马来西亚的华裔青少年通过对国学、陶艺、茶艺、书画、中国功夫等八大专题15种中华文化知识的学习，领略中华文化魅力。

（34）“一带一路·壮乡行”冬令营举办

2016年12月上旬，由广西大学中加国际学院承办的2016年海外华裔青少年“一带一路·壮乡行”广西冬令营举办开营仪式，广西侨办副主任陈洁出席开营仪式。

来自广西中医药大学、广西民族大学、广西大学等高校的近200名海外华裔青少年，开展为期10天的广西壮乡传统文化学习与课程体验，并到防城港、横县等广西“一带一路”重点开发地区参访。

（35）“2016优秀华裔大学生文化参访团经纬暨南大学营”举办

2016年12月12日，由中国华文教育基金会主办、暨南大学承办、经纬置地有限公司资助的“2016优秀华裔大学生文化参访团经纬暨南大学营”在广州启动。

来自越南胡志明市商业华语中心及澳大利亚西悉尼大学的41名海外华裔大学生，在暨南大学华文学院接受为期14天的中华语言文化短期培训，包括汉语、中华武术、汉语、传统舞蹈等课程，并前往广州、佛山、深圳等地开展文化考察。

（36）2016年“中国文化行”经纬福建海上丝绸之路文化营在福建泉州启动

2016年12月15日，由中国华文教育基金会、福建省侨办、泉州市侨办主办，泉州南少林国际学校承办，泉州洛江区侨办协办，经纬置地有限公司资助的2016年“中国文化行”经纬福建海上丝绸之路文化营开营仪式在福建泉州南少林国际学校举行。

在为期12天的活动中，来自印度尼西亚、马来西亚的华裔青少年营员们学习了汉语知识、中华武术、民族音乐等课程，并参观游览了多处山水名胜。

（37）“中国文化行”完美中山营举办

2016年12月下旬，由中国华文教育基金会主办、中山市外事侨务局承办、中山市华侨中学协办、完美（中国）有限公司资助的2016年“中国文化行”完美中山营在广东省中山市开营。来自马来西亚广东雪隆会馆的46名华裔青少年学习中国舞蹈、武术、书法、剪纸等中华传统文化课程，参观孙中山故居纪念馆和该市特色产业镇，并前往广州、潮州、汕头、梅州等地参观访问。

（38）2016年在粤优秀华裔留学生客家文化冬令营举办

2016年12月23日，由国务院侨办、广东省侨办主办，广东省华文教育培训学院承办的2016年在粤优秀华裔留学生冬令营南粤文化行客家文化行在广东省侨办举行开营仪式。

此次冬令营，来自11个国家和地区的100余名华裔留学生在梅州开展为期4天的学习考察，参观客家博物馆、松口古镇、叶剑英纪念园等文化景点，体验擂茶、打糍粑等客家美食制作，参与客家山歌学习等文化活动。

（二）夏令营·走在海外

1. “中华文化大乐园——泰国曼谷营”开营

2016年3月14日，由中国海外交流协会主办，中国华侨大学、泰国华文教师公会承办，泰国东方文化书院协办的“中华文化大乐园——泰国曼谷营”在泰国东方文化书院开营。

中国驻泰王国大使馆侨务参赞张东浩，泰国华文教师公会主席、华侨大学校董罗宗正，泰国东方文化书院院长何韵，华侨大学教师团队、营员和家长们共同出席了开营仪式。何韵、罗宗正、张东浩先后致辞并为开营式剪彩。8名授课教师进行开营式表演。此次夏令营开设了汉语、传统手工、中华武术、中国书法与绘画、中华传统音乐、中华传统舞蹈等课程。

活动于4月4日闭营并汇报演出。

2. “中华文化大乐园——文莱营”开营

2016年3月18日，“中华文化大乐园——文莱营”在文莱斯里巴加湾马来奕中华中学大礼堂开营。此次活动，暨南大学派出14位专业教师担负授课任务。马来奕中华中学共有260余名同学分上、下午班参加学习活动。课程设置主要有中国传统文化、书画、手工、音乐、舞蹈、武术、龙狮、腰鼓、泥塑、草编、竖笛、纸品剪纸等10多个项目。

活动为期10天，于3月27日闭营并举行汇报演出。中国驻文莱使馆临时代办傅峰山参赞、马来奕中华中学董事长刘小源先生、学校董事会各董事及各华校侨界代表、营员及营员家长等近800人参加了闭营典礼。

3. “中华文化大乐园——苏格兰爱丁堡营”开营

2016年3月28日，由国务院侨办主办，广东省侨办、惠州市外事侨务局、英国中文教育促进会共同承办的“中华文化大乐园——苏格兰爱丁堡营”在爱丁堡学院开营。中国驻爱丁堡总领事馆副总领事张华中、英国中文教育促进会会长伍善雄与来自广东省惠州市的11名教师团成员、来自英国30多所中文学校的近200名营员及家长参加了开营仪式。

此次活动为期8天。活动期间，营员们参加中华武术、文化、民乐、声乐、舞蹈、书法、国画、手工等中国传统文化和技艺的学习与体验活动。

活动于4月4日落下帷幕。营员们进行汇报演出，并在爱丁堡中学教室展出书画作品和手工作品。

4. “中华文化大乐园——泰国普吉营”开营

2016年4月6日，由中国海外交流协会主办，中国华侨大学、泰国华文教师公会承办，泰国普吉市政府协办的“中华文化大乐园——泰国普吉营”开营仪式在泰国普吉市石桥体育中心举行。泰国普吉市市长许得意女士、副市长陈福财先生等嘉宾及1000多名学生及家长共同出席开营仪式。来自华侨大学的8位授课教师在此开展中国汉语言文化、传统武术、传统国画、民族舞蹈等教学活动。

活动于5月4日闭营，举行汇报演出，并举办“中华文化大乐园作品展”，展示营员们的学习成果。

5. “中华文化大乐园——菲律宾营”开营

2016年4月18日，由中国海外交流协会主办，中国华侨大学、菲律宾华教中心承办，菲律宾侨中学院、菲律宾亚典耀圣心学校共同协办的“中华文化大乐园”菲律宾马尼拉营、宿务营分别在当地拉开帷幕。来自华侨大学的教师团在此教授汉语以及中国音乐、中国舞蹈、中国武术、剪纸、中国书法、中国绘画、中国烹饪、中国文化常识、中国京剧、团扇等中华传统文化课程。

活动于5月6日闭营。营员们献上汇报演出。

6. “2016 中国文化海外行——金辉新西兰营”开营

2016 年 4 月 18 日，由中国华文教育基金会主办、湖南省海外交流协会承办、新西兰爱德华文传承与教育中心协办、金辉地产资助的“2016 中国文化海外行——金辉新西兰营”在新西兰爱德华文传承与教育中心开营。

中国驻克赖斯特彻奇总领馆总领事金智健、基督城市议员陈金龙、湖南省海外交流协会秘书长刘志敏、爱德华文传承与教育中心执行理事丁哲、授课教师团 6 名教师，同 100 多名华裔青少年一起出席了开营仪式。

教师团 6 名成员分别来自湖南师范大学，湖南省湘潭市风车坪学校、云塘学校、湘钢一校，湘潭市群众艺术馆和广西艺术学校。教师团为营员们教授了中国书画、陶笛、手工、趣味汉语、武术和魔术等中华文化课程。

7. “中华文化大乐园——仰光营”走进缅甸东方孔子课堂

2016 年 5 月 15 日，由中国海外交流协会、云南省海外交流协会共同主办，缅甸仰光东方语言与商业中心承办的“中华文化大乐园——仰光营”在缅甸仰光东方孔子课堂开幕。来自中国的多位优秀教师，在为期 10 天的活动中，给 200 余名缅甸华校师生讲授武术、舞蹈、歌曲、书法、绘画、传统手工等才艺课。

活动于 5 月 25 日结束，在仰光云南会馆举行闭营仪式暨汇报演出。

8. “中华文化大乐园——德国斯图加特春令营”开营

2016 年 5 月 18 日，由中国国务院侨办主办、宁夏回族自治区侨办承办、斯图加特汉语学校协办的“中华文化大乐园——德国斯图加特春令营”在德国贝尔施泰因市举办开营仪式。贝尔施泰因市市长、斯图加特汉语学校师生、驻法兰克福总领馆代表等参加开营仪式。贝尔施泰因市政府专门在市政厅前悬挂中国国旗以示支持。宁夏的 12 名教师在此展示并教授中国民族舞、书法、绘画、武术、剪纸、手工制作等中国文化。

9. 加拿大多伦多举办“中华才艺夏令营”开放日活动

2016 年 6 月 4 日，加拿大多伦多汉语水平考试中心“中华才艺夏令营”举办首届“乐夏亲子欢乐日”活动，现场展示了琴棋书画、科学实验、体育项目、美味烧烤等丰富多彩的内容，近百人参加了互动活动，更有不少少年儿童当日就报名参加夏令营。

10. “中华文化大乐园——印度尼西亚万隆营”开营

2016 年 6 月 5 日至 16 日，由中国海外交流协会主办、山东省海外交流协会承办的“中华文化大乐园——印度尼西亚万隆营”在万隆立人学校开营。中国驻印度尼西亚大使馆领事部总领事兼参赞刘玉飞、山东省海外交流协会常务理事王余良、万隆立人学校董事郑贻清等嘉宾出席开营式并致辞。

此次大乐园是第二次到万隆举办，为期12天，来自山东的12位优秀教师为万隆地区的500名华裔青少年教授书法、国画、面塑、剪纸、民歌、舞蹈、武术、空竹、腰鼓、太极扇等中华文化课程。

11. “中华文化大乐园——印度尼西亚日惹营”开营

2012年6月15日，由中国海外交流协会主办、北京华文学院和日惹崇德三语国民学校承办的“中华文化大乐园——印度尼西亚日惹营”在日惹崇德三语国民学校开营。这是大乐园活动首次落户印度尼西亚日惹，活动受到当地官方、媒体和各界人士的高度关注和认可。

此次大乐园为期12天，共吸引了日惹崇德三语国民学校、马吉朗培德学校、日惹培伟中学、日惹第五中学等多所当地学校的205名学生参加。来自北京华文学院、石家庄外国语学校、石家庄幼儿师范高等专科学校的14位教师，共同为营员们开设中华文化、中国地理、中国历史、朗诵、声乐、书法、国画、手工、舞蹈、武术10门课程。

12. “中华文化大乐园——柬埔寨金边营”开营

2016年6月21日，由中国海外交流协会主办、山西省海外交流协会和柬埔寨公立广肇学校联合承办的“中华文化大乐园——柬埔寨金边营”开营。来自山西的12名教师在10天内向210名海外华裔青少年传授了武术、舞蹈、腰鼓、中国历史、书法、国画、泥塑、剪纸和中国结等文化知识和传统文化技艺，加深了营员们对中国文化的认知。

此次大乐园闭营仪式及汇报表演于6月30日在柬埔寨公立广肇学校举行。中国驻柬埔寨大使馆领事部主任杨庆连、山西省海外交流协会副会长田亦军等嘉宾出席闭营式。

13. 福建三明市青少年学生马来西亚夏令营开营

2016年6月27日，“三明市青少年学生马来西亚夏令营”开营并举行授旗仪式。三明市外侨办主任江鸣、市侨联主席关文良等出席。

此次夏令营由福建省三明市海外华文教育交流中心、三明侨报社主办，为期7天，共有19名三明市青少年学生参加。活动以“开阔国际视野，培养国际人才”为宗旨，是三明市首次在海外举办的夏令营，营员们不仅与马来西亚新山市华校学生、居銮华校学生交流交友、学习互动，还游览吉隆坡、马六甲海峡等地区，参观马来西亚UK农场。

14. “中华文化大乐园——澳大利亚堪培拉营”开营

2016年7月5日，由国务院侨办主办，河南省侨办、澳大利亚标准中文学校承办的2016年“中华文化大乐园——澳大利亚堪培拉营”开营仪式在澳大利亚标准中文学校举行。来自中国河南省的老师们现场表演了民族唱法、民乐演奏、民族舞蹈、中国绘画和中国武术等节目。150名华裔学生参加了此次开营仪式。营期历时8天，于7月13日闭营。

15. “中华文化大乐园——加拿大卡尔加里营”开营

2016年7月5日，由国务院侨办主办、浙江省侨办承办、加拿大育丰中文学校协办的卡尔加里“中华文化大乐园”夏令营开营。驻卡尔加里总领事馆副总领事高振廷出席开营式并致辞。活动期间，来自浙江艺术职业学院等的教师们为120余位当地华裔孩子带来了中国书法、中国画等课程。

16. “中国文化海外行”金辉西班牙营在巴塞罗那开营

2016年7月7日，由中国华文教育基金会主办、华侨大学承办、西班牙巴塞罗那孔子文化学校协办、金辉集团资助的2016年“中国文化海外行”金辉西班牙营在巴塞罗那孔子文化学校开营。中国华文教育基金会项目主管辛超，巴塞罗那孔子文化学校董事长麻卓民、校长徐乙宾等全体教师团成员及近200名当地华裔青少年参加了开营仪式。

17. “中华文化大乐园”夏令营马来西亚开营

2016年7月上旬，2016年“中华文化大乐园”夏令营在马来西亚沙巴州拉开帷幕。此次中华文化大乐园夏令营为期一周，活动分别在马来西亚沙巴州的亚庇、斗亚兰等地进行，分为8个分营，共有当地500多名华校师生学习了民族舞蹈、国学、武术、中国画、书法等课程。

18. “中华文化大乐园——韩国首尔营”开营

2016年7月12日，由国务院侨办、中国海外交流协会主办，河北省侨办和韩国首尔华侨小学共同承办的2016年“中华文化大乐园——韩国首尔营”开营仪式在韩国首尔华侨小学艺术馆举行。此次“中华文化大乐园”历时12天，来自河北省石家庄外国语学校、河北师范大学附属小学及石家庄幼儿师范高等专科学校的12人组成的教师团为韩国华裔孩子带去了手工剪纸、水墨画等课程。

19.“中华文化大乐园——美国华盛顿营”开营

2016年7月19日，由湖南省侨办和华盛顿希望中文学校联合承办的2016年“中华文化大乐园——美国华盛顿营”在华盛顿开营，中国驻美使馆参赞兼总领事唐立出席。此次大乐园开设了趣味汉语、经典诵读等科目，并在教学过程中增加了湖湘文化元素。

20.“中华文化大乐园——日本横滨营”开营

2016年7月22日，由国务院侨办主办、北京市侨办和日本横滨山手中华学校承办的2016年“中华文化大乐园——日本横滨营”在日本横滨山手中华学校开营，共有230名横滨各界华侨华人的孩子参加本期大乐园。

21.“中华文化大乐园——蒙特利尔营”拉开帷幕

2016年7月25日，由国务院侨办主办，湖北省侨办、蒙特利尔孔子学校承办，中国驻蒙特利尔总领馆协办的2016年“中华文化大乐园——加拿大蒙特利尔营”在蒙特利尔孔子学校拉开帷幕。

湖北省选派了12位优秀教师为此次大乐园近200名华裔及非华裔营员带去了中华经典诵读、舞蹈、武术等中华文化经典课程。

22.“中华文化大乐园——美国纽约营”开营

2016年8月4日，由国务院侨办主办，福建省侨办、美国亚洲文化中心承办，美国纽约鸣远中文学校协办的2016年“中华文化大乐园——美国纽约营”在布鲁克林区鸣远中文学校举办开营仪式。福建省侨办从全省50多所海外华文教育基地学校选拔了11名优秀老师组成2016年“中华文化大乐园”纽约营的教师团，为200多名营员开设了经典诵读、茶文化、书法、国画、民族音乐、武术、节庆文化、民族舞蹈、中国鼓、乒乓球、手工11门课，比往届增设了中国鼓、乒乓球、茶文化和节庆文化等新课程、福建文化课程。福建省侨办副主任刘良辉、美国亚洲文化中心执行总监毛泽宗、美国亚洲纽约文化中心主任耿燕南、纽约鸣远中文学校校长李磐石等嘉宾出席开营仪式。活动为期14天，于8月18日举行闭营汇报演出。

23. “中华文化大乐园”在美国休斯敦华夏中文学校举行

2016年8月8日，由国务院侨办主办，云南省侨办、云南省海外交流协会、休斯敦华夏中文学校承办的“中华文化大乐园”于休斯敦华夏中文学校举行。此次活动为期12天，设置了手工、绘画、书法、武术等科目。

24. “中国文化海外行”金辉印度尼西亚营在雅加达举办

2016年8月30日至9月4日，由华文教育基金会主办、湖南师范大学承办、印度尼西亚华光敬德学校协办、金辉集团资助的2016年“中国文化海外行”金辉印度尼西亚营在雅加达举办，为当地华裔青少年开设了舞蹈、武术、书法等课程。

25. 马来西亚华人文化生活营揭幕

2016年9月13日，2016年海外华裔青少年中华文化大赛的马来西亚华人文化生活营开营。该营每年迎来马来西亚各地营员，从中挑选15名营员组成队伍，以在2016年年底代表马来西亚到中国参加中华文化大赛总决赛。

26. “中华文化大乐园——澳大利亚悉尼营”开营

2016年9月24日，由国务院侨办主办，陕西省侨办、悉尼樱桃华人协会承办的“中华文化大乐园——澳大利亚悉尼营”在悉尼开营。中国驻悉尼总领馆副总领事童学军阁下等领导以及众多大洋洲侨界优秀才俊参加了开营式。325名澳大利亚当地6至16岁的学员们，开启为期8天的中华文化之旅。

27. “中华文化大乐园——新西兰奥克兰营”开营

2016年9月26日，由国务院侨办主办，重庆市侨办、新西兰华人社区服务中心联合承办的2016年“中华文化大乐园——新西兰奥克兰营”在奥克兰St Peter's College开营。此次奥克兰营为期10天，为当地21所中文学校近300名华裔青少年开设了汉语、中国历史等13门课程。

28. “中华文化大乐园——老挝万象营”开营

2016年10月18日，由国务院侨办主办，广西壮族自治区侨办、老挝万象中华理事会及万象寮都公学承办的2016年“中华文化大乐园——老挝万象营”在寮都公学礼堂开营。来自中国广西壮族自治区的12位优秀教师在为期12天的活动中以“寓教于乐”的教学方式，向参加活动的寮都公学同学教授中国民乐、舞蹈、中国绘画、书法及武术等中华文化和才艺。

29. “中华文化大乐园——荷兰苏思特营”开营

2016年10月19日，由国务院侨办主办、四川省侨办和荷兰中文教育协会联合承办的2016年“中华文化大乐园——荷兰苏思特营”开营仪式在荷兰苏思特举行。四川省侨办副巡视员陈志孔、荷兰中文教育协会主席陈华钟等出席，近200位海外华裔青少年参加开营式。

此次活动为期12天，营员们感受了中华书法、舞蹈、武术太极拳等中华文化的魅力。

30. “中国文化海外行”金辉南非营开营

2016年11月7日，由中国华文教育基金会主办，福建省侨办、福州市侨办承办，全非洲中国和平统一促进会、斐京华侨公学、南非中国文化发展中心共同协办，金辉集团赞助的2016年“中国文化海外行”金辉南非营在比勒陀利亚斐京华侨公学举办开营仪式。此次活动为期4天，来自中国福州的优秀教师向当地学生讲授了中国书法和国画、寿山石雕刻等中国传统文化。

31. “中华文化大乐园”毛里求斯路易港营开营

2016年12月6日，由国务院侨办主办、甘肃省侨办承办的“中华文化大乐园”毛里求斯路易港营开营。

此次活动为期8天，来自甘肃的12位教师向240余名毛里求斯当地学生讲授汉语、书法、烹饪、武术等方面课程。

32. “中华文化大乐园”在印度尼西亚雅加达开营

2016年12月中旬，由中国海外交流协会、江苏省海外交流协会和印度尼西亚巴中三语学校联合举办的“中华文化大乐园”开营仪式在印度尼西亚雅加达巴中三语学校举行。中国驻印度尼西亚大使馆参赞兼总领事刘玉飞以及厦门大学校友和巴中校友等出席仪式。

33. “中华文化大乐园”智利营举办

2016年12月下旬，由国务院侨办主办的“中华文化大乐园”智利营闭营仪式暨文艺会演在智利北京中文学校举行。中国驻智利大使馆代办李无旡、国务院侨办文化司王梦黎处长、智利北京海外联合会会长关金涛，以及旅智各侨团领导、华校代表和全体师生营员等出席闭营仪式。

（三）竞赛活动

1.“2015 学年泰西南地区中学生中华才艺达人秀暨传统文化大赛”在泰国普吉举办

2016 年 1 月 9 日，“2015 学年泰西南地区中学生中华才艺达人秀暨中国传统文化大赛”在泰国普吉中学孔子课堂举办。来自普吉、攀牙、甲米、素叻、春蓬、拉廊以及洛坤等泰西南七府的 200 多名选手参加了此次比赛。普吉古城基金会书法专家吕天佑先生、宋卡王子大学普吉孔子学院公派教师焦小玲老师、普吉东盟泰华学校马唯嘉老师等 14 位老师担任大赛评委。比赛旨在通过中国传统文化以及中华才艺的比拼，吸引更多的汉语爱好者加入汉语文化学习行列。

比赛分为中华才艺达人秀和中国传统文化大赛，分别在各自的场地同时展开比拼。中华才艺达人秀包括唱歌、跳舞、武术、乐器演奏等多种表演形式。中国传统大赛分为硬笔书法、软笔书法、中国画、剪纸、中国结 5 个项目，每项又分初中组和高中组。

2. 泰国举办“亲近汉语、感受华夏”主题汉语朗诵大赛

2016 年 1 月 22 日，由泰国东方文化书院孔子课堂与曼谷华教促进会联合主办的“亲近汉语、感受华夏”主题汉语朗诵大赛，在东方文化书院孔子课堂成功举办，吸引了来自曼谷华教促进会辖下及曼谷周边地区 18 所华校的 50 余名选手参加。大赛分成一、二年级组，三、四年级组和五、六年级组展开。

3. 老挝琅勃拉邦举办首届中文歌曲大赛庆中老建交 55 周年

2016 年 1 月 24 日，中国驻老挝琅勃拉邦总领事馆与琅勃拉邦中华理事会联合举办庆祝中老建交 55 周年暨琅勃拉邦首届中文歌曲大奖赛。驻琅勃拉邦总领事黎宝光，许文华理事长，琅省教育局长万通，琅省电视台、广播电台和报纸负责人，中国商会代表以及当地 200 多名观众在现场观看了比赛。

黎宝光总领事在致辞中指出，此次比赛，既是对中老建交 55 周年的庆祝，也是希望鼓励更多的老挝学生通过演唱中文歌曲学习中文，从而吸引更多的老挝学生培养

起学习中文的兴趣，进而加入中老友好务实合作的洪流。

大赛前，活动筹备委员会将数百名报名选手分成小学组、成人组、华人青年和老挝教师组进行了初赛。大赛在决赛中评选出一、二、三等奖和鼓励奖。

4. 泰国华文民校联谊会举办第九届华文学术大赛

2016 年 1 月 30 日，泰国东部华文民校联谊会第九届华文学术大赛在尖竹汶府公立东英学校举办。泰国东部 14 所华文学校的学生参加比赛。比赛旨在进一步丰富华校中文课外教学，为学生提供一个自我展示的平台，以备培养和发掘更多的华语人才。

此次比赛分三个阶段，即小学一至三年级为第一阶段；小学四至六年级为第二阶段；初中一至三年级为第三阶段。按类型将泰国东部 14 所华校分为 A、B 两组，即含有初中部分的学校为 A 组，未设有初中部分的学校为 B 组。每组都设有唱歌比赛、朗诵比赛、抄书比赛、演讲比赛、小品比赛。

5. 泰国醒民孔子课堂举办中文歌曲比赛

2016 年 2 月 5 日，泰国醒民孔子课堂举办“中文歌曲比赛”春节系列庆祝活动。比赛分为低年级、中年级和高年级三个组别，共有 80 名选手参赛，演唱了《我的好妈妈》《泥娃娃》《祝你平安》《大中国》《酒干倘卖无》等中文歌曲。

此次活动是醒民孔子课堂为欢度中国春节举办的书法、抄书、涂色、话剧表演等系列庆祝活动之一。

6. 美国《侨报》举办青少年儿童中文写作比赛

2016 年 3 月 26 日，《侨报》第四届青少年儿童中文写作大赛总决赛在美国纽约举办。总决赛分为儿童组（8 ~ 10 岁）、少儿组（11 ~ 13 岁）、少年组（14 ~ 16 岁）和青年组（17 ~ 19 岁）4 个组别依次进行，包括朗诵、知识问答和才艺表演三个环节。联合国中文教师岳岩博士、中国驻纽约总领馆文化领事王萍、《侨报》专栏作家蔡维忠博士、佩斯大学孔子学院中方院长王文琴博士和《侨报》副总编辑卢仲维出任当天大赛的评委。

此次大赛由《侨报》主办，纽约州立大学视光学院孔子学院协办。大赛历时半年多，共收到全美各地 3000 余件参赛作品。纽约、新泽西、费城、华盛顿、芝加哥、波士顿和南北卡罗来纳七大赛区分别举行了复赛，共选拔出 20 多位优胜者参加最后总决赛。

7. 美国马里兰州举办第四届“中华杯”美国青少年汉语朗诵比赛

2016 年 5 月 8 日，“中华杯”美国青少年汉语朗诵比赛在美国马里兰州举行决赛。此届“中华杯”美国青少年汉语朗诵比赛由美中实验学校、哈维中文学校、博城中文学校、费郡中文学校、特拉华州春晖中文学校、国际合作发展委员会、美国华人基金会、北美教育文化交流中心、美中经济文化交流协会、马里兰大学孔子学院、华盛顿大专院校校友联合会、华盛顿同乡会联合会、华盛顿专业团体联合会、美国常青藤教育发展促进会、美中教科文基金会、美中工商联合会、中华总商会和《侨报周末》、《美华商报》、华府网、《华府邮报》、华府华语网络传媒、华盛顿资讯、《华人视界》等26家单位联合举办。

此次比赛分为小学A组、小学B组、非华裔组、中学组和留学生组5个组举行，共有41名选手参加了比赛，最终决出一等奖3名，二等奖6名，三等奖9名，优胜奖10名，决赛优秀奖13名。

8. 印度尼西亚日惹举办第九届“华语节”朗诵比赛

2016年5月上旬，印度尼西亚汉语教学促进会日惹分会在日惹市DUTAWACANA基督教大学大礼堂举办第九届“华语节”华语朗诵比赛。“华语节”于2008年由当时的日惹华文教师联谊会创办，2016年比赛已是第九届。本届参赛选手达到140名，总人数打破往年纪录。

比赛分为小学和初中两个阶段。小学阶段分成三语学校低年级组（1～3年级），三语学校高年级组（4～6年级），国民学校低年级组与国民学校高年级组；初中阶段分成三语学校组与国民学校组。国民学校组第一次开放给日惹特区以外的学校参加。

不同组别的比赛有不同的主题：国民小学是儿歌，三语小学是绕口令，国民与三语初中是朗诵介绍中国的文章。初中组比赛还增加了笔试项目，考察选手对汉语、中国国情、中国文艺的了解情况。

9. 美国休斯敦中文学校举办中华文化比赛

2016年5月12日，美国休斯敦华夏中文学校举行第六届“华夏杯”青少年中华文化传承活动比赛，共有540名同学参赛。这是休斯敦华夏中文学校第6年举办此活动，旨在弘扬中华文化，推广汉语学习。竞赛考题以学生所学教材为主要来源，较往年增加了写作和不同难度的知识竞赛题。

10. 缅甸福星孔子课堂举办“纪念中缅建交66周年知识竞赛”决赛

2016年6月8日，为纪念中国和缅甸建交66周年，庆祝首届“缅中胞波友谊日”，缅甸福星语言与电脑学苑孔子课堂在中国驻缅甸大使馆文化处举行“纪念中缅建交66周年知识竞赛”决赛。

此次知识竞赛的测试内容涉及中国和缅甸的历史、地理、文化方面的基础知识，以及中缅两国友好关系的历史知识。共有来自仰光地区各主要华校和缅甸中国留学生联合会选派的12支队伍参加竞赛。

最终，福星孔子课堂1队获一等奖，缅华妇协2队和中国留学生2队获二等奖，东方孔子课堂1队、特顶教育中心和中国留学生1队获三等奖。

11. 马来西亚举办第十四届“华中杯”全国中学生国会式华语辩论比赛

2016年6月上旬，由马来西亚国民型华文中学校长理事会主办、吉华国民型中学承办的第十四届“华中杯”全国中学生国会式华语辩论比赛连续两天在米都星园酒店举行。

雪兰莪加影育华国民型华文中学华语辩论队夺得冠军。亚军为霹雳州和丰兴中中学，其辩论手陈俊杰荣获最佳辩论员。

12. 马来西亚举行第十八届全国中学华语辩论比赛

2016年6月上旬，马来西亚举行第十八届全国中学华语辩论赛总决赛。此次辩论赛由马来西亚福建社团联合会青年团主办，马六甲福建会馆青年团承办。

最终，吉隆坡循人中学夺冠，宽柔中学夺得亚军，季军分别由吉打吉华中学及雪兰莪八打灵公教中学夺得。

13. 美国旧金山首次举办华文学生书法比赛

2016年6月11日，在《星岛日报》和麦当劳举办的教育展上，《星岛日报》、三邑总会馆、南侨中文学校联合主办了首届华文学生毛笔书法比赛，10名参赛者用毛笔写下“龙”、“乐”、南侨中文学校校训“诚朴勤爱”以及唐诗一首，进行评比，分别选出冠、亚、季军。

14. 第十六届华人少年作文比赛在英伦三地举行颁奖典礼

2016年6月11日、6月18日和6月26日，由国务院侨办文化司、国家对外汉语教学领导小组、教育部关心下一代工作委员会、中国教育学会、教育部语言文字应用研究所等机构联合主办的2016年全球第十六届华人少年作文比赛英国赛区的颁奖典礼分别在英伦三地举行。中国驻爱丁堡总领事馆张华中副总领事、中国驻英国大使馆卢海田参赞及英国多位著名侨领莅临颁奖典礼。

英国中文教育促进会自2012年组织英国赛区学生参加全球华人少年作文比赛，至今已有4年，此届大赛共有42篇参赛作品获奖。

15. 北京华文学院举办2016年华裔学生汉语演讲比赛

2016年6月16日，由北京华文学院专修部组织的2016年华裔学生汉语演讲比赛在北京华文学院成功举办。

此次比赛共有来自该校长期班、本科班和泰国班的20名选手参加。选手们围绕家庭、社会以及学习汉语的经历进行中文演讲。比赛最终评选出一等奖1名，二等奖2名，三等奖3名，优秀奖14名。

16. 马来西亚彭亨州举办华小华语演讲及笔试赛

2016年6月下旬，由马来西亚彭亨州董联会、彭亨州华校教师公会联合会主办，淡属及百乐县华校教师公会、淡属和百乐县发展华小工委会协办的第32届全国华小华语演讲暨笔试比赛（彭亨州级赛）在淡马鲁启智华小进行。

来自马来西亚关丹培才华小的洪正卓获得演讲赛冠军。洪子琳及卓琳，在笔试赛中，分别夺得冠军及亚军。

17. 马来西亚举行华小华语诗歌朗诵赛

2016年6月24日，马来西亚古晋中华小学举办古晋县A区与B区华小华语诗歌朗诵比赛。此次比赛由古晋省教育局华文科委会推动，古晋中华小学第四校主办。共有12所古晋县华小派出各校学生代表参加，除了华裔生，也有当地学生代表学校参赛。

冠军队伍是五小、亚军是一小、季军是二小、殿军是四小，获安慰奖队伍分别来自新渔村政府华文小学、三小、实淡宾国民型华小及宋庆海小学。

18. 浙江瑞安举办海外华裔青少年书画作品评选大赛

2016年6月下旬，浙江省瑞安市举办“2016第二届海外华裔青少年书画作品评选大赛”。活动收到来自意大利佛罗伦萨中文学校、西班牙巴塞罗那中加友好学校等海外华校的参赛书画作品共计200余件。

此次大赛，组委会邀请了瑞安市硬笔书法协会副主席陈国权和瑞安市美术协会秘书长杨毅等书画专家组成的评委团对参赛作品进行评选，最终评选出67名获奖者。其中，书法作品共评出一等奖3名、二等奖8名、三等奖16名，绘画作品共评出一等奖5名、二等奖10名、三等奖25名。

19. 缅甸曼德勒新世纪学校举办2016届学生电脑大赛

2016年6月20日，缅甸曼德勒新世纪国际学校举办2016届“雅淑迪杯”学生电脑大赛。新世纪学校校长张继出席，并为获奖的参赛学生颁发奖金和荣誉证书。

此次大赛的主题是“孝道·感恩”，分为少儿组、少年组和青年组同时进行。少儿组选手是一至三年级的学生，比赛内容是“电脑绘画”。少年组和青年组的比赛内容分别是“Word 文档编辑”和“PPT 设计制作”。

曼德勒新世纪国际学校由缅甸瓦城华人社会学生家长筹资兴办，学校以中文、英文、缅文三语整合教学，为缅华社会培养“适应未来社会发展的精英人才”奠定基础。

20. “世界华文教学观摩活动（汉字季）”教学比赛在北京华文学院举行

2016 年 7 月 2 日，由教育部语言文字应用管理司发起，北京华文学院承办的“世界华文教学观摩活动（汉字季）”教学比赛在北京华文学院举行。比赛共有来自东北师范大学、重庆师范大学、陕西师范大学、暨南大学、海南大学、湖南师范大学和北京华文学院 7 所华文基地院校以及新加坡、泰国、印度尼西亚的 28 位华文教师参加。

21. 2016 年“水立方杯”中文歌曲大赛南非赛区总决赛举行

2016 年 7 月 3 日，由国务院侨办、北京市人民政府、中华全国青年联合会等共同主办的 2016 年“水立方杯”海外华裔青少年中文歌曲大赛南非赛区总决赛暨第二届南非“中华才艺”大赛正式开赛。

“水立方杯”大赛迄今已连续成功举办 5 届，吸引了海外 30 多个国家和地区 8000 多名华裔青少年参与。大赛主题为“相聚水立方，唱响中华情”。

22. 第 14 届全英普通话朗诵赛曼城区比赛落幕

2016 年 7 月中旬，由英国中文教育促进会主办，利兹华人中文学校、曼城文化中心中文学校、曼城华侨联合会社子弟学校和曼彻斯特大学协办的第 14 届全英普通话朗诵比赛（曼城区）在曼彻斯特书院礼堂圆满结束。约有 150 人参赛，分别来自北威尔斯、利物浦、利兹、当卡士打、雪埠及曼城。

23. “2016 发现温州之美温籍华裔青少年中国寻根之旅微信摄影大赛”启动

2016 年 7 月中旬，由温州市侨办、温州广电传媒集团新闻广播联合主办的“2016 发现温州之美温籍华裔青少年中国寻根之旅微信摄影大赛”启动。来自意大利、法国、德国、西班牙、荷兰等 20 多个国家的 700 余位回乡参加“中国寻根之旅”

夏令营活动的温籍海外华裔青少年参加了此次历时半个月的大赛。

24. 第十七届世界华人学生作文大赛颁奖典礼在北京举行

2016 年 7 月 16 日，由中国华侨联合会、中华全国台湾同胞联谊会、《人民日报》(海外版)、中国国际广播电台以及《快乐作文》杂志等单位联合主办的第十七届世界华人学生作文大赛在北京举办颁奖典礼。来自中国、美国、荷兰等国家和地区的获奖教师和学生齐聚北京，参加颁奖典礼，中国华侨联合会副主席康晓萍出席仪式并讲话。

此次大赛以“中华传统文化”和“美”为主题，共征集到来自 21 个国家和地区的 700 万华人学生的作品。经过专业评审，本届大赛最终评选出 8815 篇获奖作品，其中特等奖 15 名，一等奖 800 名，二等奖 3000 名，三等奖 5000 名，另有 400 个单位获得组织奖。

25. 华信杯·2016 国际华语“精英辩论”公开赛在澳大利亚堪培拉举行

2016 年 7 月 31 日，由澳大利亚国立大学学生会和澳大利亚国立大学中文辩论社联合主办的华信杯·2016 国际华语“精英辩论”公开赛在澳大利亚国家美术馆落下帷幕。来自马来西亚新纪元学院的周伟进同学在总决赛中就“善者不辩，辩者不善”与香港城市大学辩论代表的辩论中获得冠军。

此次“精英辩论”赛于 7 月 29 日开赛，命题涵盖了社会热点、民间俗语、民主法治、传统思想四大方面，共有中国人民大学、香港城市大学、墨尔本大学、悉尼大学等 19 所院校参加。

26. “水立方杯”海外华裔青少年中文歌曲大赛总决赛在北京举行

2016 年 8 月 8 日晚，“水立方杯”海外华裔青少年中文歌曲大赛颁奖晚会暨国际青少年大联欢在北京国家游泳中心水立方举行。国务院侨办主任裘援平、副主任谭天星，中国侨联副主席乔卫，北京市委常委、宣传部部长李伟，北京市人大常委会副主任李昭玲、北京市副市长程红和北京市政协副主席赵文芝等领导出席晚会。

“水立方杯”海外华裔青少年中文歌曲大赛共有 32 个国家 40 个海外赛区的近 5000 名华裔青少年参赛，67 名优胜选手前往北京参加总决赛。来自美国纽约赛区的张若冰荣获金奖，匈牙利赛区的陈艺捷、马来西亚赛区的维莉莎获得银奖，马来西亚赛区的张嘉恬、印度尼西亚赛区的曾慧兰、加拿大多伦多赛区的张佳楠摘得铜奖。最佳网络人气奖由美国华盛顿赛区的张毓昂获得。

参加此次颁奖活动的还有在北京参加“寻根之旅·魅力北京”夏令营的营员、

在京华侨华人留学生代表、来京参加“国际青年艺术节”的青少年才艺学生、20多个省市的青少年学生代表共2000余人。

“水立方杯”海外华裔青少年中文歌曲大赛是由国务院侨办、北京市政府、全国青联共同主办的大型公益性侨务文化交流活动，截至2016年已连续举办6届。

27. “丽娃杯”国际学生汉语演讲比赛在泰国清迈举行

2016年8月20日，由华东师范大学主办、崇华新生华立学校协办的“丽娃杯”国际汉语学生演讲比赛在泰国清迈崇华新生华立学校举行。此次比赛以“中泰一家亲”为主题，历时两个多月。来自泰国北部14所学校的22名选手参加比赛竞逐由华东师范大学提供的全额奖学金。

28. 马来西亚举办中学生文学创作赛助推学习华文热情

2016年8月23日至25日，由马来西亚教育部主办、马六甲州教育厅承办的“2016年（第10届）全国中学生文学创作比赛”在马六甲举办颁奖典礼，4名同学获得评委奖。

参赛学生组别分为初中组及高中组；各类组别分为小说、散文及诗歌；每组各设3个特优奖、5个优秀奖及10个佳作奖，共108个奖项。

29. 第十八届世界华人学生作文大赛启动

2016年9月1日，由中国侨联、全国台联、《人民日报》（海外版）、中国国际广播电台、《快乐作文》杂志共同主办的“第十八届世界华人学生作文大赛”开始征稿。

本届大赛以家国之思、阅读之趣、友善之举为主题，亦可选取自身满意之作自由表达。大赛除以静态作文比赛为主，还增加了阅读演讲能力竞赛。

30. 马来西亚2016年全国“华教杯”华教常识比赛颁奖仪式举行

2016年9月4日，由槟州华校校友会联合会主办，霹雳校友联和雪隆校友联协办的马来西亚2016年全国“华教杯”华教常识比赛在槟城华人体育会中华海鲜餐馆举行颁奖仪式。共有2500名参赛者在州内多个地点同步参与比赛。

31. 第六届“大使杯”中文比赛暨第五届中华才艺大赛在尼泊尔举行

2016年9月5日，由中国驻尼泊尔使馆主办，尼泊尔汉语教师志愿者之家及尤伦斯学校承办的第六届“大使杯”中文比赛暨第五届中华才艺大赛颁奖典礼在尼泊尔尤伦斯学校落幕。中国驻尼泊尔使馆文化处主任张冰、中国访尼泊尔作家曹建勋等出席典礼。

32. “第十三届泰华青少年华语演讲比赛”在曼谷举办

2016年9月12日，“第十三届泰华青少年华语演讲比赛”在曼谷中华会馆落下帷幕，中华会馆理事等嘉宾出席仪式。来自泰国的200余名学生参加此次比赛，涵盖了大、中、小学各个年龄段。

33. 泰国罗勇府中学华文学术大赛在光华学校举行

2016年9月16日，由泰国潮州会馆罗勇分会主办，罗勇光华学校、罗勇中学承办的泰国罗勇府中学华文学术大赛在罗勇光华学校举行。中国驻泰国大使馆侨务参赞张东浩等出席。此次比赛设演讲、书法、抄书、唱歌4个项目。罗勇光华学校、罗勇中学、罗勇第三中学、罗勇圣约瑟夫学校等19所学校的80多名选手参加了此次比赛。

34. 第6届海外华文教育研讨会暨第6届“亲情中华·金水桥之恋华裔青少年书画大赛”启动仪式在北京举行

2016年9月28日，由北京市华侨联合会主办的第6届海外华文教育研讨会暨第6届“亲情中华·金水桥之恋华裔青少年书画大赛”启动仪式在北京举行。来自美国、加拿大、澳大利亚、瑞典、西班牙、印度尼西亚等11个国家和地区的10多位华文教育负责人齐聚北京，交流海外华文教育的办学经验。

35. 第2届“庆国庆诗歌朗诵大赛”在西班牙举行

2016年10月9日，西班牙中加友好学校第2届“庆国庆诗歌朗诵大赛”在SANT BOI中加明德学院举行。此次朗诵大赛分儿童组、少儿组、少年组3个组别，共有来自该校各校区的40多名小选手参赛，朗诵作品有散文、诗歌和自创作品等。

36. “全马学生阅报计划问答比赛”决赛在马来西亚举行

2016年10月上旬，马来西亚686所华小的2058名小学生经过西马64个赛区的争夺后，决出“全马学生阅报计划问答比赛”决赛冠军。参赛学生来自各区小学五至六年级，需在45分钟内回答100道选择题，最终答对最多者胜出。

37. 马来西亚“第22届全国旧曲重温华语歌唱比赛”中南马区赛举行

2016年10月中旬，马来西亚“第22届全国旧曲重温华语歌唱比赛”中南马区赛举行。来自吉隆坡的罗志良夺冠。此赛事也为八打灵育才华小筹得 325888 令吉的学校发展基金。

38. 福州侨办举办首届海外华裔青少年书画、征文大赛

2016 年 11 月 25 日，由福建省福州市侨办、《福州晚报》主办，东南网、闽侨网承办的首届海外华裔中小学生“印象·福州”书画、征文大赛评选活动在福建福州举行。此届大赛自 2015 年 12 月 22 日启动以来，共收到来自 21 个国家及地区的 865 篇参赛作品。在作品中，华裔孩子用水彩、水墨等画出了代表福州特色的西湖、佛跳墙、三坊七巷等。

福建笔墨家园书院院长、美国福建书画家协会常务副会长张文东、福州外国语学校吴建峰老师、美国纽约画院院长张立君、福州市马尾实验小学书记林廷晞、福州教育学院附属第一小学语文教研组组长原荧组成评审委员会专家组。

评奖结束后，各位评审专家与福州市外侨办领导对如何让福建的传统文化“走出去”，让中华文化在华裔孩子心中扎根及“印象·福州”未来的发展方向进行了交流探讨。

39. 第五届海外华裔青少年中华文化大赛举行

2016 年 12 月 29 日，由国务院侨办主办、华侨大学承办的第五届“海外华裔青少年中华文化大赛知识竞赛总决赛”在福建厦门举行。

本届大赛重点着眼于弘扬中华传统文化，把舞龙、舞狮、二胡、古筝等融入比赛之中。来自法国、美国、意大利、加拿大等 13 个国家的 90 名海外华裔青少年参加此次活动。蒙古国队获得冠军。

（四）文体活动

1. 2016 年“文化中国·四海同春”慰侨访演隆重举行

2016 年，中国国务院侨办和中国海外交流协会组派 9 个艺术团组分赴欧洲、亚洲、非洲、大洋洲、北美洲和南美洲 24 个国家及港澳地区共 42 座城市，开展“文化中国·四海同春”慰侨访演活动共计 80 余场，观众达 116 万人次。

“文化中国·四海同春”活动于 2009 年春节正式启动，是国务院侨办和中国海外交流协会倾力打造的春节系列文化品牌活动。每年以中华民族传统节日——春节为

契机，组织国内高水平艺术团组到海外侨胞聚居国家开展慰侨演出和举办图片展等活动，与海外侨胞共庆中国传统农历新年。“文化中国·四海同春”活动开展7年来，在中国驻外使领馆和当地侨社的大力支持下，海外反响强烈，成效显著，迄今已累计派出52个艺术团组，累计访问全球六大洲109个国家及港澳地区223个城市，演出320场，观众累计达400余万人次，电视观众过亿。

演出内容包括歌舞、声乐、器乐、戏剧、武术、杂技、魔术、龙狮、民俗等多种艺术形式。具体行程如下。

“文化中国·四海同春”赴北美洲艺术团一行40人，于2016年2月10日从北京启程，先后在美国纽约、休斯敦、旧金山、洛杉矶和加拿大温哥华、多伦多举行了7场慰侨访演活动。全程历时22天。国务院侨办政法司司长董传杰担任此行艺术团团长，艺术团团员包括艺术名家、歌坛新秀、歌舞演员、功夫好手。除在各地剧院、剧场内演出外，艺术团成员还参与到当地举办的新春庙会等中华文化活动中。

“文化中国·四海同春”赴欧洲艺术团分为一团、二团进行慰问演出。2016年2月10日，赴欧洲艺术团一团由北京市侨办主任刘春锋带队，前往法国巴黎、里昂，爱尔兰都柏林，西班牙马德里、巴塞罗那共计3个国家5个城市展开慰侨访演，于当地时间2月12日（农历正月初五）在巴黎上演首场演出。2月11日到2月28日，赴欧洲艺术团二团由国务院侨办秘书行政司巡视员张永文带队，先后在英国伦敦、朴次茅斯、贝尔法斯特以及卢森堡和意大利博洛尼亚演出。此次巡演，成都艺术剧院的舞蹈表演、柔术表演以及川剧绝活“变脸、木偶”等节目为此行演出添加了四川特色。

“文化中国·四海同春”赴大洋洲艺术团由国务院侨办宣传司司长许玉明带队，于2016年2月11日从北京启程，前往大洋洲进行慰侨演出。先后在新西兰奥克兰，斐济苏瓦，澳大利亚悉尼、墨尔本、珀斯等城市演出，并加入悉尼“中国新年灯节”活动的演出中。

“文化中国·四海同春”亚洲艺术团分为一团、二团进行慰问演出。赴亚洲艺术团一团成员于2016年2月11日启程前往东南亚地区开启慰侨演出。20天里，艺术团分别在马来西亚哥打基纳巴卢、古晋、吉隆坡，印度尼西亚泗水、雅加达，菲律宾马尼拉共计3个国家6个城市演出6场。赴亚洲艺术团二团由国务院侨办秘行司副司长张建民带队，进行为期16天的慰侨访演活动。2016年1月6日，赴亚洲艺术团二团抵达首站——日本名古屋，并于1月8日举行首场演出。此行，亚洲二团先后在日本名古屋、东京以及韩国釜山、首尔和济州岛共演出7场，其间还参加了名古屋“春节祭”十周年纪念活动。

“文化中国·四海同春”赴非洲团于2016年2月12日从北京启程，赴非洲三国进行慰侨访演。此行艺术团阵容强大，由包括著名男高音歌唱家、国家一级演员、全国青年歌手电视大奖赛北京赛区“金奖”获得者及亚洲音乐节大奖获得者等在内的30多位国内著名演员组成。在南非约翰内斯堡、开普敦和尼日利亚拉各斯、肯尼亚内罗毕共演出4场，首场演出于2月15日晚在约翰内斯堡举行。国务院侨办人事司司长刘继坤担任非洲艺术团团长。

“文化中国·四海同春”赴南美洲艺术团于2016年2月13日从北京出发，前往巴西里约热内卢、库里蒂巴，智利圣地亚哥，墨西哥墨西哥城共计3个国家4个城市展开慰侨访演。此行艺术团演出以饱含中华文化的歌舞和精彩绝伦的杂技为主。当地时间2月16日（农历正月初九），艺术团在里约热内卢上演首场演出。

“文化中国·四海同春”赴港澳艺术团于2016年2月16日从北京出发，前往香港、澳门展开慰侨访演，并于2月18日在香港上演首场演出。此次“文化中国·四海同春”港澳艺术团以演出阵容强大的大型歌舞晚会《传奇》为侨胞献上了新春祝福。中国著名女高音歌唱家张也、少数民族歌唱家布仁巴雅尔和乌日娜夫妇、藏族青年歌手扎西顿珠等随团参演。除回族、苗族、藏族、朝鲜族等侨胞比较熟悉的少数民族舞蹈外，此次演出还特别汇聚了景颇族舞蹈《目瑙目瑙》、仡佬族歌舞《情姐下河洗衣裳》等精彩的少数民族表演。

“文化中国·四海同春”慰侨访演行程见表3-1。

表3-1 “文化中国·四海同春”慰侨访演行程

团组		演出时间	演出地点
北美洲		2月11日	纽约
		2月15日	休斯敦
		2月18日	旧金山
		2月20日	庙会
		2月21日	洛杉矶
		2月25日	温哥华
		2月28日	多伦多
欧洲	一团	2月12日	巴黎
		2月13日	巴黎
		2月16日	里昂
		2月19日	都柏林
		2月22日	马德里
		2月26日	巴塞罗那
	二团	2月14日	伦敦特拉法加广场
		2月15日	伦敦

续表

团组		演出时间	演出地点
欧洲	二团	2 月 17 日	朴次茅斯
		2 月 21 日	贝拉法斯特
		2 月 23 日	卢森堡
		2 月 28 日	博洛尼亚
大洋洲		2 月 13 日	奥克兰 2 场
		2 月 17 日	苏瓦
		2 月 21 日	悉尼
		2 月 24 日	墨尔本
		2 月 28 日	珀斯
亚洲	一团	2 月 13 日	哥打基纳巴卢
		2 月 16 日	古晋
		2 月 20 日	吉隆坡
		2 月 23 日	泗水
		2 月 26 日	雅加达
		2 月 29 日	马尼拉
	二团	1 月 8 日	名古屋（剧场）
		1 月 9 日	名古屋（室外）
		1 月 12 日	东京
		1 月 14 日	釜山
		1 月 16 日	首尔
		1 月 17 日	首尔
		1 月 19 日	济州岛
非洲		2 月 15 日	约翰内斯堡
		2 月 20 日	开普敦
		2 月 24 日	拉各斯
		2 月 28 日	内罗毕
南美洲		2 月 16 日	里约热内卢
		2 月 20 日	库里蒂巴
		2 月 25 日	圣地亚哥
		2 月 29 日	墨西哥城
港澳		2 月 18 日	香港
		2 月 19 日	香港
		2 月 23 日	澳门

2. 西班牙巴塞罗那中加友好学校自编自演迎新年文艺演出

2016年1月3日，西班牙巴塞罗那中加友好学校SANT BOI校区组织迎新年文艺演出。

此次文艺演出由该校区学生自编自演完成，包括歌伴舞、笛子合奏、合唱、小提琴独奏、课本剧表演、古诗朗诵等节目。

西班牙友谊通信、友行传媒总经理周永伟，嘉利集团总经理何建荣，加泰罗尼亚华人华侨联合总会秘书长沈岱曦和忠诚保险的负责人参加文艺演出活动。

3. 泰国农业大学BCC孔子课堂举办“金猴迎春”活动

2016年1月19日至20日，泰国农业大学孔子学院下设曼谷基督教学校孔子课堂（简称BCC孔子课堂）于孔子课堂活动室举办“金猴迎春”新年活动，与BCC小学部一年级到六年级学生共庆佳节。

4. “中华文化大乐园——优秀学生才艺交流团”赴美国交流演出

2016年1月21日，由国务院侨办文化司副司长周虹带领的“中华文化大乐园——优秀学生才艺交流团”一行30余人赴美国进行为期12天的文化交流。此次交流团由国务院侨办主办，温州市外侨办、温州市少年艺术学校承办。18位小演员在美国华盛顿、旧金山、洛杉矶三市，奉献了6场精彩演出，观众逾4000人。

1月28日，交流团在旧金山大明星戏院举行首场演出，演出包括歌曲、魔术、越剧、乐器、武术、杂技、民族舞蹈等节目。中国驻美国旧金山副总领事查立友、旧金山南侨学校校董会主席关家澄和当地华侨华人及其子女等500余人观看了演出。

1月30日，洛杉矶圣盖博大剧院举办第十二届美国华人春节联欢晚会。晚会上，交流团的小演员们通过民乐、歌舞等充满民族元素的节目，展示了传统文化的独特魅力。中国驻洛杉矶总领事馆总领事刘健出席了此次活动。在洛杉矶，交流团还向著名爱国侨领、美国青少年文化艺术协会主席张素久献艺，中国驻洛杉矶总领馆副总领事王雷和众多侨领代表以及150多名赴美交流的中国学生观看演出。

1月31日晚，温州旅美同乡会和洛杉矶温州商会举行庆祝2016年农历新年晚宴。交流团登台献艺，为旅美华人华侨带去祖国的问候和祝福。美国国会众议员赵美心、加州众议员周本立、圣盖博市市长卜君毅、蒙市议员林达坚等民选官员以及中国驻洛杉矶总领馆副总领事王雷等与近500位来自南加州的工商界、政界、侨界的嘉宾观看了演出。

5. 泰国彭世洛醒民孔子课堂举办春节文化体验周活动

2016 年 1 月 25 日至 29 日，泰国彭世洛醒民孔子课堂举办为期 5 天的春节文化体验周活动，该校教师、军人学员、社区居民、学生及学生家长 80 余人参加了此次活动。

此次文化周活动包括书法介绍、饺子制作和中国歌曲体验，既教授了中文知识，又让学员们对中国文化有了立体的认识，也加深了对中国春节的了解。

6. 意大利温瑞学堂举行庆新年联欢活动

2016 年 1 月 28 日，意大利普拉托温瑞学堂举行庆新年联欢活动。

活动当天，首先为参加第十五届世界华人学生作文大赛和第十六届海外华人少年作文大赛、鲁迅文学奖征文比赛获奖的学生，以及“温瑞之星”和学习优秀奖获得者颁奖。随后进行节目表演、游园活动。

7. 瑞典中文母语教育协会举办春节联欢活动

2016 年 1 月 30 日，瑞典中文母语教育协会在斯德哥尔摩举办春节联欢活动，协会会员及子女 200 余人参加活动。会员家长同孩子在联欢会上自编自演了中文歌曲演唱、童话剧、古装剧等节目。驻瑞典大使陈育明及夫人白晓梅出席活动，并为孩子们送上精心挑选的中文书籍，与会员家长和小演员们合影留念。

瑞典中文母语教育协会通过父母陪读、微信平台、有声读物、网络大赛等灵活形式，促进华裔青少年的中文阅读，收到良好社会反响和教学效果。

8. 美国曼哈顿中文学校庆祝中国新年

2016 年 2 月 1 日，来自不同族裔的 300 多名小朋友聚集在美国曼哈顿中文学校，欢庆中国新年。此次中国新年庆祝活动包括中国传统舞狮表演、小朋友们的中英文新年贺词、狮子舞、鼓棒节奏儿歌秀等。现场还安排了跳房子、窗花剪纸教学等互动游戏环节，吸引了众多家长与小朋友参与。

9. 菲律宾务端信心学校举办“中国春节文化周”

为庆祝中国新年并向学生普及中国春节文化，菲律宾务端信心学校于 2016 年 2 月 1 日至 5 日举办“中国春节文化周”活动。此次活动由该校的中国国务院侨办外派教师发起，并与本土华语教师和英语教师共同合作，组织了包括“中国春节文化展”和“2016 年春节联欢会”在内的一系列活动。

“中国春节文化展”通过100张图片和视频资料直观立体地向学生展示了中国春节习俗、美食和社火。“2016年春节联欢会”展示了《小猴子的勇敢军队》《三字经》及太极扇等8个节目。该校中文校长兰建民（中国国务院侨办外派教师）主持并安排了“中国春节文化常识有奖问答”环节，获胜者得到了由学校董事会和社会人士赞助的红包。

10. 泰国清迈崇华新生华立基金会宴请中文老师共庆春节

2016年2月3日，泰国崇华新生华立基金会宴请学校中国老师，慰问及答谢其一年辛苦工作。崇华新生华立基金会主席、学校法人代表关复兴先生，基金会董事，中文校长，学校经理，泰文校长与中文老师一起共进晚餐，辞旧迎新。

11. 泰国合艾陶华学校师生举办猴年春节庆祝活动

2016年2月5日，泰国合艾陶华教育慈善中学举行庆祝新年文艺会演及游园盛会，全校师生身穿节日盛装，挂红灯，贴对联，放鞭炮，庆祝即将到来的春节。合艾侨团联合会主席方志雄先生出席活动并致辞。

此次新年文艺会演包括歌曲、舞狮、中泰两国舞蹈等节目。室外游园设立了科技航空展区、海底动物展区、素描书写展区、服装展示区、美食展区以及包括中国传统体育的跳绳、踢毽子和中国书法、中国歌曲、中国舞蹈的中文组展区。

12. 泰国崇华新生华立学校举办春节活动日迎接农历猴年

2016年2月5日，为庆祝中国农历猴年的到来，泰国崇华新生华立学校举行春节活动。全校师生穿上唐装参加活动，在“中国长城”帐篷里举行下象棋、猜谜语、背唐诗、回答问题等多种中华文化活动。此外，还举办了“中国娃娃”比赛、“中国歌曲大家唱”比赛及游园活动等。高中学生还亲手烹调中餐、泰餐，布置美食一条街。

13. 加拿大蒙特利尔佳华学校举办“春晚”共庆猴年新春

2016年2月6日，加拿大蒙特利尔佳华学校举办春节联欢晚会庆猴年新春。150多名佳华教师及家属、学生和学生家长欢聚一堂。中国驻加拿大蒙特利尔总领事馆单乘林领事、赴加拿大探亲的国内友人、对中国文化感兴趣的当地加拿大魁北克人出席庆祝活动。晚会节目由佳华教师团队、学生和家长团队共同准备，包括歌曲串烧、旗袍秀、集体配乐诗朗诵、独舞等。著名书法家袁钧先生为晚会当场书写新春对联。

14. 马来西亚手写春联活动进华文小学

2016年2月7日，马来西亚马六甲举办“春暖人间，家家贴春联”活动，多名书法家自备红纸笔墨走进华文小学，现场挥毫，也细心教导小学生写春联的知识以及贴春联的意义。此项活动进行已超过10年。

活动缘起于数名热爱书法又想为慈善献力的人士，自2004年开始，在马六甲书艺协会、马六甲孔教会、杰艺礼品有限公司及马六甲滨海广场协助下，请来20名本地书法家在鸡场街杰艺商店挥毫义写，以每张5令吉在鸡场街售卖，筹得的经费全数捐给峇章圣约翰洗肾中心。

15. 西班牙华校联合当地学校举办“春节文化周”活动

2016年2月9日，西班牙马德里华侨华人中文学校与西班牙当地学校在Ampa Ceip Vázquez De Mella Madrid学校共同举办“春节文化周”活动。马德里华侨华人中文学校校长叶玉兰和和部分师生、AmpaCeip Vázquez De Mella Madrid学校部分师生及家长、光环宝贝早教双语幼儿园部分师生200余人参加了活动。

16. 泰国普吉中学孔子课堂举办“逛庙会，赏花灯”春节活动

2016年2月10日，泰国普吉中学孔子课堂“逛庙会，赏花灯”春节活动在普吉中学图书馆前成功举办。中国驻宋卡总领事馆副总领事兼驻普吉领事办公室主任汪惠娟女士、泰国教育部基础教育委员会汉语项目官员吴泰湾女士、宋卡王子大学普吉孔子学院院长阚怀未女士、普吉女子中学汉语中心主任张再美女士等嘉宾应邀出席。

普吉中学的学生们及校友准备了精彩的节目，包括中国民族舞蹈、泰国传统舞蹈、琵琶古筝合奏、歌唱等。普吉府蒙塔朗学校、科中杰国际学校对文艺演出给予支持。

17. 泰国南邦育华学校舞狮拜年

2016年2月11日至13日，正值中国农历正月初四至初六，泰国南邦市育华学校舞狮给南邦埠众拜年，包括十八头龙虎狮头“拜年大军”和锣鼓队等。全体师生统一着装，亦在拜年之列。南邦埠众在门口高悬鞭炮、红包，备有茶水、点心，共贺中国新年。

此次舞狮拜年筹到善款百余万铢，将用于育华学校的进一步发展。

18. 2016年“中华文化大乐园——优秀才艺学生交流团”北美巡演

2016年2月12日，由中国国务院侨办主办、北京市侨办和美国亚洲文化传媒集团亚文中心承办的“中华文化大乐园——优秀才艺学生交流团”北美巡演活动第三

年到美东地区演出。从北京等地选拔出的具有优秀表演才能的中小学生，为当地华侨华人带去舞蹈、杂技、京剧、二胡、武术等10余个精彩节目。

19. 2016年“中华文化大乐园——优秀才艺学生交流团”赴澳大利亚巡演

2016年2月12日起，“中华文化大乐园——优秀才艺学生交流团”开始在澳大利亚悉尼、布里斯班和堪培拉3个城市进行为期12天的交流演出，为当地青少年朋友表演歌曲、舞蹈、武术、民族乐器演奏、京剧、杂技等精彩节目，用才艺展演的形式搭建中华文化与世界各国文化之间互相交流的平台，加深海外华裔青少年对中华优秀传统文化的认知和热爱。

交流团于2月21日受邀参观中国驻澳大利亚大使馆，并受到大使馆临时代办蔡伟先生接见。随后，交流团赴当地最大的中文学校堪培拉标准中文学校进行文化交流。

20. 英国雷丁中文学校举办春节联欢会

2016年2月14日，雷丁中文学校春节联欢会在英国雷丁市政厅举行，吸引了1000余名各界华人和英国本地市民观看。雷丁中文学校校长刘彦博士、雷丁市长Sarah Hacker致辞。雷丁市John Madejski爵士、华为副总裁赵劲松先生等嘉宾出席。

联欢会在《双狮闹春》中拉开帷幕。雷丁中文学校的师生们准备了舞蹈、话剧、歌曲、乐器演奏、快板、绕口令、中国功夫、旗袍秀等节目。学校还邀请著名画家石泽先生现场作画。联欢表演之前还有惯常的国画、书法、剪纸、猜灯谜、写中文名字、识汉字、中国传统服饰、手工艺品、乐器等中华传统文化展示。

21. 荷兰华校举行迎春活动并表彰热心华教杰出人士

2016年2月15日晚，荷兰乌特勒支中文学校举行迎春聚会，该校老师、校董、义工及家属上百人欢聚一堂。中国驻荷兰大使馆领事部秘书袁春华参加活动，并代表中国国务院侨办分别向该校校董林太松、胡季普和华文教师王建晴颁发“热心海外华文教育杰出人士”和“优秀海外华文教师”获奖证书。袁春华在致辞中鼓励学校借助2018年中文被列入国家考试科目的契机，大幅度提升教学水平和学校的声誉，推动华文教育的更大发展。

22. 意大利温瑞学堂助力普拉托举办元宵节庆祝活动

2016年2月21日，意大利普拉托举行庆元宵盛典，以舞龙舞狮、各式花灯吸引众多中意民众参与庆祝中国的传统佳节。2月22日，地处唐人街中心位置的温瑞学堂也开展了欢庆元宵的活动，吃汤圆、做花灯，为普拉托的庆祝活动添上一笔。

23. 意大利华文教师献艺佛罗伦萨侨界元宵联欢晚会

2016 年 2 月 24 日，意大利佛罗伦萨华侨华人联合总会、佛罗伦萨华侨华人商贸联谊会、佛罗伦萨华侨华人妇女联合会、佛罗伦萨中文学校联合举办的佛罗伦萨侨界“2016 元宵联欢晚会”在永恒大酒店上演。

佛罗伦萨中文学校老师和侨界“草根明星”为观众献上丰富多彩的文艺节目。中国驻佛罗伦萨总领事馆王辅国总领事夫妇及总领事馆官员、佛罗伦萨孔子学院院长蔡潇丽及老师、10 余位侨团代表、佛罗伦萨中文学校全体教师以及意大利官员和友人 350 多人应邀参加晚会，观看演出。

24. 印度尼西亚苏北华社慈善与教育联谊会举行迎春晚会

2016 年 2 月下旬，由苏北华联主席团及理事会举办的“苏北华社慈善与教育联谊会成立九周年暨 2016 年迎春晚会”在亚洲国际友好学院举行，主题为“华社同歌迎新春”。

晚会在舞狮献春联中开幕，各族学生身着印度尼西亚民族服饰、中国唐装、西服等各色服装，呈献了印度尼西亚舞蹈、中文歌曲、武术等节目，并在中国驻棉兰总领事馆朱洪海总领事的推荐下，安排中国二胡、竹笛、琵琶演奏家登台，充分展现了中印文化的完美交融。

25. 意大利佛罗伦萨华校老师献艺“三八”妇女节庆祝活动

2016 年 3 月 8 日，意大利佛罗伦萨华侨华人庆祝“三八”妇女节文艺晚会上演，来自佛罗伦萨中文学校的华文教师登台献艺，表演了诗歌朗诵《共筑中国梦》、琵琶独奏《彝族舞曲》、独唱、合唱、戏曲、旗袍秀、空竹等富民中华民族特色的节目。

此次活动由中国驻意大利佛罗伦萨总领事馆、意大利佛罗伦萨华侨华人妇女联合会、意大利佛罗伦萨孔子学院联合主办，意大利佛罗伦萨华人华侨联合总会、意大利佛罗伦萨华人华侨商贸联谊会、意大利佛罗伦萨学生学者联谊会、意大利佛罗伦萨音乐家协会、意大利佛罗伦萨中意文化交流协会、意大利佛罗伦萨中文学校协办。

26. 暨南大学中华文化大讲堂启幕

2016 年 4 月 14 日，暨南大学中华文化大讲堂、中华文化研习及爱国主义教育基地在毛泽东同志主办的农民运动讲习所旧址纪念馆正式开幕。暨南大学副校长饶敏、纪念馆馆长颜晖、广东东翩堂本土文化促进中心主任李和顺等共同为讲堂、基地揭牌。仪式上，汉服与中华传统礼仪研习班同学们带来典雅庄重的汉服及唐代女子笄礼表演；饶敏作为正宾，为同学们加笄；广州古琴协会会长边江红演奏《酒狂》；《弟子规》合唱团唱诵《弟子规》。

中华文化大讲堂由暨南大学学生处、华文学院、农民运动讲习所和东翩堂 4 家单位共建，以“逐梦一带一路，品读中华文化”为主题，以“礼乐诗书”为主要内容，设置专题讲座、研习班、志愿服务、汇报演出、微信公众号、“一带一路”实践考察等丰富多样的学习项目，为广大学生尤其是港澳台侨生提供线上线下全方位的研习平台。

27. 印度尼西亚玛中大学中文老师献艺“中华文化节”

2016 年 4 月 10 日，由印度尼西亚玛中大学学生组织的“中华文化节”在玛琅唐人街开幕，玛琅唐人街区区长、玛中大学校长、玛中大学语言与艺术学院院长出席活动。

此次中华文化节是玛中大学学生独立组织的第二届唐人街文化节。活动内容包括学校老师和歌咏组的精彩表演、客家书法班现场挥毫、永安宫的舞狮表演以及众多的中华美食。

28. 缅甸南华中学举办 70 周年校庆暨曼邦当阳教育研讨会

2016 年 4 月 11 日，缅甸南华中学 70 周年校庆。缅北华文教育协会尚兴玺会长一行 8 人出席庆典。尚兴玺会长发表讲话，向南华全体师生致以热烈的祝贺和良好的祝愿。

校庆活动结束后，缅北华文教育协会邀请曼邦地区和当阳地区的华校负责人开展华文教育研讨会。会上，曼邦教育局央朝天局长提出，当前缅北华文教育要做出相应的改革，一要换教材，二要改学制，三要改教法。

29. “中华文化大乐园——优秀才艺学生交流团”日本巡演

2016 年 5 月 8 日至 13 日，由国务院侨办精心推选的“中华文化大乐园——优秀才艺学生交流团”，在日本东京、横滨、福冈等地展开巡演，旨在通过国内青少年才艺教育的进展，增进与在日华侨华人青少年的交流，助旅日侨胞以及部分在场日本朋友发现中华传统文化之美。

5 月 8 日晚，交流团在东京读卖大厅举行其第二次访日巡演的首场演出。中国驻日使馆总领事王军出席并致辞。演出节目包括民乐演奏、民族歌舞、川剧变脸、豫剧清唱、杂技、少林功夫等，还特意安排了“同唱老歌、现场学艺”等观众互动节目。

5 月 9 日，交流团在著名百年侨校横滨山手中华学校交流演出。

5 月 13 日，交流团首次亮相名古屋福冈，再献一场精彩演出。

30. 西班牙马德里华侨华人中文学校喜庆20华诞

2016年5月28日，西班牙马德里华侨华人中文学校庆祝建校20周年。全校师生、家长，中国驻西班牙大使馆官员，中国侨联“亲情中华·美丽四川”艺术团全体成员，及来自社会各界的中外朋友2000多人齐聚PALACIO DE VISTALEGRE演出中心，共同庆祝马德里华侨华人中文学校20华诞。

在庆典仪式上，马德里华侨华人中文学校校长叶玉兰致欢迎词并介绍了学校20年来的发展情况和取得的成果。中国驻西班牙大使馆大使吕凡致辞。西班牙华侨华人协会主席毛峰代表该会向叶玉兰赠送一幅“善”字书法作品，以褒奖叶玉兰20年来对华文教育事业无私奉献，为海外华文教育树立了榜样。

庆典仪式结束后，大家一起观看马德里华侨华人中文学校建校20周年文艺演出。

31. 希腊“中华杯”汉语才艺赛举行汇报演出献礼儿童节

2016年5月28日，希腊“中华杯”汉语才艺大赛在雅典举行颁奖仪式暨汇报演出，这也是希腊侨界献给小朋友们六一国际儿童节的厚礼。中国驻希腊大使邹肖力、希中友协主席波塔米亚诺斯、雅典所在的阿提卡大区区长外事顾问卡特里娜等嘉宾为书法、作文、绘画、朗诵、唱歌等7项比赛的获奖者颁奖。

此次汉语才艺大赛由希腊华人妇女联合会、希腊华侨华人总会、中国驻希腊使馆主办，雅典主要侨团、中文学校、华文媒体等协办，吸引了153名来自雅典及外地的选手报名参加，参赛选手年龄从4岁到14岁不等。为鼓励希腊孩子更好地学习汉语和中国文化，扩大侨界在希腊社会的影响，2016年的大赛还增设外国人组，项目包括汉语朗读、中国舞蹈和武术等。

32. 米兰华侨中文学校迎建校十五周年举办庆六一活动

2016年6月1日，米兰华侨中文学校在米兰公园学校礼堂内举办庆六一暨建校十五周年庆典活动，中文学校的师生及家长们欢聚一堂。中国驻米兰总领馆副总领事黄永跃、公园学校校长Mariarosaria D'Alfonso、米兰侨界以及华商代表等嘉宾应邀出席，为华侨中文学校的孩子们送上祝福。

33. 意大利佛罗伦萨中文学校举办意中儿童文艺会演

2016年6月1日，佛罗伦萨中文学校举办意中儿童文艺会演，活动包括歌伴舞、独唱、民族舞、街舞、武术、小品、相声、创意舞蹈、诗歌吟唱等，充分体现了中华传统文化特色，反映出华裔学生的新风尚、新面貌。

一年一度的佛罗伦萨中文学校意中儿童文艺会演由托斯卡纳大区政府、国际 CO-SPE 协会、佛罗伦萨中意文化交流协会、佛罗伦萨孔子学院、佛罗伦萨甘地学院、岗比 ICSLA PIPA 学院和佛罗伦萨中文学校共同主办，已连续举办 10 多年。

34. “中华文化大乐园——优秀才艺学生交流团”赴留尼旺演出

2016 年 6 月 22 日，由中国国务院侨办主办，留尼汪华商会承办的“2016 年中华文化大乐园——优秀才艺学生交流团”在留尼旺大学剧场上演。这是才艺团赴非洲之旅第二站。来自中国的优秀才艺学生表演了民乐、戏曲、杂技、武术和中文歌曲。演员年龄在 8 ~ 18 岁，阵容强大，技艺精湛。中国驻圣但尼总领事郭玮、留尼旺文化部部长等嘉宾观看了演出。

35. 中华文化大乐园庆祝“中泰建交 40 周年”演出在泰国宋卡举行

2016 年 7 月 1 日，由国务院侨办主办，福建省侨办、泰国南部华文民校联谊会共同承办的“2016 中华文化大乐园——优秀才艺学生交流团”庆祝“中泰建交 40 周年”演出活动在泰国宋卡府合艾举行。中国驻宋卡总领事张晋雄、中国国务院侨办文化司副司长周虹等出席活动并致辞。

来自中国的 20 位青少年艺术新秀和小童星在表演后还到曼谷、宋卡、普吉岛、清迈等地，和当地的华人学校以及华裔青少年进行联谊活动。

36. 英国利兹中文学校五十周年庆典活动举行

2016 年 7 月 3 日，中国驻曼彻斯特总领馆副总领事赖波应邀出席利兹中文学校五十周年庆典活动。利兹市市长代表、市议员麦肯纳，英国英中教育促进会会长伍善雄，利兹大学孔子学院负责人及学校师生百余人出席。

37. “中华文化大乐园”优秀才艺学生交流团赴塞舌尔巡演

2016 年 7 月上旬，“中华文化大乐园”优秀才艺学生交流团在塞舌尔国际会议中心举办了两场巡演。此次活动由国务院侨办主办，塞舌尔中国和平统一促进会和塞舌尔中国友好协会联合承办。国务院侨办文化司司长雷振刚、中国驻塞舌尔大使殷立贤，以及塞舌尔国民议员、区长等出席。

38. “激情一夏 · 华文大联欢”晚会在北京华文学院举办

2016 年 7 月 26 日，“激情一夏 · 华文大联欢”晚会在北京华文学院回龙观新校区大会堂举办。来自英国、法国、德国、西班牙、葡萄牙、美国、加拿大、老挝等国家夏令营的400多名海外华裔青少年营员、外方领队和中方授课教师参加了联欢晚会。

39. 缅甸曼德勒新世纪国际学校欢庆中国教师节

2016年9月10日，缅甸曼德勒新世纪国际学校为全体中方教师庆祝教师节，并为2015～2016学年为学校华文教育做出特殊贡献的优秀老师和管理人员举行了颁奖典礼。

40. “中华文化大乐园”优秀学生才艺交流团赴英国伦敦演出

2016年9月16日，由中国国务院侨办主办、华侨大学承办、《欧洲时报》协办的“中华文化大乐园”优秀学生才艺交流团在英国伦敦举行首场演出。近1300名当地华侨华人等观看了演出。中国驻英国大使馆侨务参赞卢海田等出席。随后，交流团赴英国曼彻斯特北方皇家音乐学院剧场举行文艺晚会。中国驻曼彻斯特总领事馆赖波副总领事夫妇应邀出席。曼彻斯特市及领区有关侨领、英国中文教育促进会会长伍善雄、当地中文学校师生及华侨华人共600余人到场观看。

41. 葡萄牙淑敏语言文化中心“庆国庆文艺会演”在里斯本举行

2016年10月2日，由葡萄牙淑敏语言文化中心主办的“庆国庆文艺会演”在里斯本Casino Estoril演出厅举行。中国驻葡萄牙大使馆政务参赞聂泉、领事部主任万涛和旅葡华侨华人代表以及葡萄牙友人观看了演出。

本场演出为庆祝新中国成立67周年而举办，同时表达了对中葡经济文化等方面和谐关系的希冀。

42. “美丽南方·诵读经典”活动在老挝举办

2016年10月16日，由广西人民广播电台与老挝琅勃拉邦新华学校等共同主办的“美丽南方·诵读经典”中老文化交流活动在老挝举行。中国主持人与老挝师生以歌舞、诵读等形式展示和演绎中华经典著作片段。广西人民广播电台还向该学校赠送一批电脑、投影仪等教学设备。

43. “2016中国文化进校园”活动在尼日利亚举行

2016年10月27日，由中国驻尼日利亚使馆文化处与尼日利亚首都区基础教育委员会主办、阿布贾加基区政府中学协办的“2016中国文化进校园”活动在尼日利亚举行。尼首都区基础教育委员会主任阿达穆·诺玛、中国驻尼使馆文化参赞严向东等出席开幕仪式。活动当天，来自阿布贾首都区的8个中学代表团表演了富有尼民族特色的歌舞、中文诗朗诵和中国民族舞等节目，共 12 所学校约 500 名师生代表参加了此次活动。

44. 2016 年“中华文化大乐园”优秀学生才艺交流团赴印度尼西亚演出

2016 年 11 月 26 日至 12 月 6 日，由中国海外交流协会主办、北京华文学院承办的 2016 年“中华文化大乐园”优秀才艺学生交流团赴东南亚访演分别在印度尼西亚锡江家乐福喜酒店、印度尼西亚巴厘巴里市政厅、马来西亚亚庇建国中学大礼堂、马来西亚山打根市客家公会大礼堂举办演出。

中国驻印度尼西亚使馆参赞兼总领事刘玉飞、中国驻哥打基纳巴卢总领事陈佩洁、沙巴州副首席部长陈树杰、当地官员及近千名观众观看了此次巡演。

45. 菲律宾怡省毓侨中学举办建校 70 周年校庆活动

2016 年 12 月上旬，菲律宾怡省毓侨中学庆祝建校 70 周年，学校董事长赖谋昌出席并致辞。此次校庆活动除了篮球比赛、手工艺品展出，还有师生们准备的美食和舞龙舞狮等表演。

46. 大型纪实节目《海外少年到我家》在福建播出

2016 年 12 月中旬，由福建省侨办和福建电视台少儿频道共同摄制的大型纪实真人秀节目《海外少年到我家》播出。福建省侨办与福建少儿频道合作，采用专业团队跟拍的方式全景展示海外少年与福建本土青少年共住、同游纪实。

47. 泰国醒民学校庆祝彭世洛华侨协会成立 70 周年

2016 年 12 月下旬，由彭世洛华侨协会主办、泰国彭世洛醒民学校协办的庆祝泰北华侨协会成立 70 周年晚会在醒民学校大礼堂举行。彭世洛华侨协会主席黄春国先生出席晚会并致辞，醒民学校孔子课堂中方负责人公书婉老师以及醒民师生代表等 300 多人出席了晚会。

48. 泰北第八届“中华文化节”在教联高级中学举行

2016 年 12 月下旬，由泰国清迈地区华人村华文教师联谊会主办，中国海外交流协会、中国驻清迈总领事馆协办的泰北地区大谷地村教联高级中学第八届“中华文化节”开幕。

文化节上，任义生总领事与参会的 27 所华人村华校负责人座谈，会见了来自中国的教师和志愿者代表，对泰北地区华人村教师联谊会举办的“中华文化节”给予了肯定。

（五）公益活动

1. 云南海外交流协会一行赴 10 所华校挂牌赠书

2016 年 1 月 1 日，云南海外交流协会缅甸分中心唐建军主任、缅北华文教育协会副会长杨新业一行到缅甸 10 所华校捐赠图书暨挂牌“博览书苑”。受赠华校表示，图书室的成立激发了学生的学习兴趣和热情。他们将认真管理好每一本书，鼓励、鞭策学生的学习。缅北华文教育协会杨新业副会长对缅北华校挂牌赠书后强调：缅北华文教育协会是缅北 425 所华校的服务机构，协会将为会员学校提供尽可能多的服务，包括申请外派教师，申请教材、图书、办理机票、延期签证及教师培训、教研、命题考试等。

2. 马来西亚一企业举办“春节谢师恩”活动助力华教发展

2016 年 1 月 19 日，为弘扬尊师重道、教育工作者无私付出的精神，马来西亚一企业举办“春节谢师恩”活动，共赠送 554 份礼品给槟城州内 5 所独中教职工。受惠学校包括大山脚日新独中、韩江中学、槟华独中、菩提独中及钟灵独中。

这是“春节谢师恩”活动举办的第 14 年。

3. 马来西亚十大义演办 30 周年推介礼筹华教基金

由马来西亚 Carlsberg 皇帽集团、《南洋商报》及《中国报》联办的十大义演正式迈入第 30 个年头，联办单位于 2016 年 1 月下旬在吉隆坡市中心主办 30 周年推介礼，并推介全新标志，期许十大义演迈向新高峰。

推介礼上，学生表演了二十四节令鼓、变脸、合唱等，过去曾参与十大义演表演的艺人如凌佳峻、黎升铭、张诒博等人分享了十大义演的心得。

十大义演至今帮助超过 600 所学校，并筹集超过 4 亿 5838 万令吉的华文教育发展基金，协助各校改善校舍白蚁蛀蚀的情况以及渡过缺乏硬体和软件设施的难关。

4. 中国驻马来西亚大使首访居銮华中并捐 2 万令吉中文图书

2016 年 2 月 15 日，中国驻马来西亚大使黄惠康莅临马来西亚居銮中华中学，向该校捐献价值 2 万令吉的中文图书。该校创办至今近百年，首次迎来中国大使的到访。

5. 中国驻瓜亚基尔总领事向当地华文学校捐赠汉语教材

2016 年 2 月 19 日，中国驻瓜亚基尔总领事雷同立向厄瓜多尔的瓜亚基尔华文学校捐赠汉语教材并会见华校校长和教师代表。此次捐赠的教材是由中国国务院侨办精心挑选、提供的，包括幼儿园和小学《汉语》教材、练习册、教师用书等。

6. 西班牙马德里华助中心向 Alcobendas 市政府赠中文书籍

2016 年 2 月中旬，西班牙马德里华侨华人互助中心在西班牙 Alcobendas 市 Espacio Miguel Delibes 图书馆内举行向 Alcobendas 市政府赠送中文书籍仪式。

中国驻西使馆朱健参赞、Alcobendas 市长 Ignacio García、西班牙华侨华人协会毛峰主席、Alcobendas 市文化教育局局长 Fernando Martínez、Espacio Miguel Delibes 图书馆负责人等出席赠书仪式。西班牙华人华侨联合会会长陈品鑫主持赠书仪式。

7. 西班牙侨领捐资 20 万设立“温州华教基金”

2016 年 4 月 6 日，西班牙华侨华人协会副主席孙小敏捐资 20 万元设立“温州华文教育基金”，以促进家乡华文教育发展。温州市外侨办主任邱华萍代表市慈善总会侨爱分会接受了孙小敏的捐赠。

该基金将由温州市慈善总会侨爱分会专项管理，专门用于帮助海外温籍华校解决普遍存在的师资短缺、教材和课外读物匮乏、办学经费不足等问题。

8. 马来西亚首现巫裔商人拨款资助华文小学

2016 年 5 月 5 日，马来西亚峇东埔 AMN 蚬壳油站东主捐出 2000 令吉资助麦曼珍华小作为董事部发展基金。这是首位资助华文小学的巫裔商人。创校 32 年的麦曼珍华小目前共有 27 名巫裔学生。

9. 马来西亚华商捐赠千万设立“华侨大学华教专项基金”

2016 年 6 月 24 日，马来西亚华人企业家、拿督胡瑞连先生向华侨大学捐资 1000 万元人民币，设立“华侨大学华文教育专项基金”，用于支持华侨大学华文教育事业，推动华文教育现代技术的应用和发展。胡瑞连、华侨大学校长贾益民共同签署捐资协议。华侨大学副校长刘斌和唐风汉语集团董事长刘飞、总经理李劲松等嘉宾出席签约仪式。

贾益民代表学校对胡瑞连先生的捐资义举表示感谢，指出“华侨大学华文教育专项基金”的设立将极大推动华侨大学华文教育和国际化办学事业的发展，也必将有力地促进华侨大学与相关社会机构和力量在华文教育领域联手开展协同创新工作，引领教育领域现代技术发展潮流，惠及广大海外学子。

胡瑞连表示，希望尽己所能，助推华侨大学教育事业发展进步，推动华文教育结合“互联网+”等现代技术，建立传播平台，让更多海外华人子弟及海外友人学习汉语和中华文化。

同时，胡瑞连受聘为华侨大学兼职教授，当天即为数百名华侨大学师生作题为《捉住成功的感觉》的讲座，分享自己的创业经历和成功理念。·

10. 中国华文教育基金会资助昆明华校近200名优秀华裔生

2016年6月29日，中国华文教育基金会海外华裔初高中学历教育奖学金发放仪式在昆明华文学校举行。该项目由中国华文教育基金会主办，昆明华文学校承办，李敬伟、孙小敏等3人提供资助。2016年，该项目总金额为70万元，昆明华文学校、昆明华文学校海外合作办学点、昆明华文学校边境先修教学点共195名来自缅甸、泰国、老挝、越南、加拿大5个国家的华裔学生获得资助。

11. 澳大利亚维省侨团举办化装舞会筹款助中华文化教育

2016年6月25日，澳大利亚维省中华协会举办一年一度的年中筹款晚会，为旗下中文学校建设基金（School Building Fund）筹得近2.5万澳元，作为该学校推广汉语和传播中华文化教学的工作经费。

筹款晚会以著名电影 *Grease* 为主题，约300名嘉宾参与盛会，欣赏精彩的音乐、舞蹈表演，并参与捐款、拍卖等活动。澳大利亚联邦人类服务部部长 Alan Tudge、参议院副议长 Gavin Marshall、中国驻墨尔本领馆代总领事黄国斌等出席晚会。

12. 马来西亚文德甲姚贞暖华小为“筹募太阳能养校基金”筹款义演

2016年7月3日，由马来西亚 Carlsberg 集团赞助主办、《中国报》与《南洋商报》联办、马来西亚文德甲姚贞暖华小承办的“十大义演”在各界华教人士支持下，为该校“筹募太阳能养校基金”筹获434872令吉。

13. 柬埔寨侨领率团拜访金边民生学校捐资助学

2016年7月上旬，新任柬埔寨福建总商会会长邱国兴率团拜访了福建会馆及民生学校，与民生学校校长林丽丹交流，并代表太子地产慈善基金会向民生学校捐献5000美元，同时希望动员起更广泛的社会力量参与到支持会馆建设和办学当中。

14. 华人青年公益项目“KeYi Awards”在英国伦敦启动

2016年7月上旬，由英国上议院议员韦鸣恩勋爵创建的华人青年领袖培养计划Diaspora Emerging Leadership Programme和华人社团Eastern Blossoms Network共同发起的公益项目KeYi Awards在伦敦议会大厦举行启动仪式。该项目的宗旨为“Give time, Get recognised”，致力于鼓励青年人参与当地社区公益活动，在回馈社会的同时，起到连接东西方、促进华人社群融入英国社会的作用。

15. 南非贵州商会带领华裔青少年捐助当地儿童福利院

2016年7月13日，南非贵州商会在位于约翰内斯堡Malvern East的Lambano儿童福利院举办第二次捐助活动，捐出包括食品、衣物等在内的物资。南非贵州商会会长袁瑛、黄志博律师事务所负责人黄志博、贵州商会主要骨干以及10余名华裔青少年参加了此次捐助活动。

16. 温州瓯海籍侨胞捐助华文教育基地开展中文教学

2016年7月14日，浙江温州瓯海茶山籍华侨周东乐在瓯海区侨办主任董国华及丽岙街道侨务工作站人员的陪同下到华文教育基地——瓯海第一高级中学，为该校捐资2万元用于购买教学设施设备。

17. 中国华侨公益基金会与“钢丝善行团”开展系列公益合作

2016年7月14日，中国华侨联合会副主席、新闻发言人、中国华侨公益基金会理事长乔卫在北京召开的新闻发布会上宣布，该基金会计划与网络捐赠志愿者组织——“钢丝善行团”开展系列公益合作，共同推动互联网公益。

中国慈善榜年度慈善家、“一起捐”全民慈善纯公益倡导者钢子，中国华侨公益基金会副理事长兼秘书长何继宁，中国华侨联合会海外联谊部副部长李涛等表出席新闻发布会。

18. 中国驻斐济大使为中文优异学生颁发“大使奖学金”

2016年7月14日，中国驻斐济大使张平赴斐济苏瓦逸仙学校，参加该校年度奖学金授予仪式，并为该校中文成绩优异的24位学生颁发了“大使奖学金”。驻斐济使馆“大使奖学金”旨在鼓励逸仙学校在斐济推广中华文化，激发当地学生学习汉语和中华文化的兴趣。

19. 中国驻清迈领事馆为华文教师联谊会捐赠教学物资

2016 年 8 月下旬，中国驻清迈领事馆代总领事王秀胜一行 4 人莅临清迈大谷地教联高级中学，向清迈地区华人村华文教师联谊会捐赠课桌椅、打印机、一体机等教学设施与设备。

20. 中国驻蒙古国大使馆向旅蒙华侨友谊学校捐赠修建中蒙友好交流中心

中国驻蒙古大使馆向旅蒙华侨友谊学校捐赠修建中蒙友好交流中心。2016 年 9 月 6 日，捐赠仪式在旅蒙华侨中蒙友谊学校举行，驻蒙古大使邢海明出席仪式并代表大使馆向旅蒙华侨中蒙友谊学校捐款。在蒙华人华侨代表、中资企业负责人、蒙中友谊学校在校师生等 500 余人出席捐赠仪式。

旅蒙华侨中蒙友谊学校自成立以来，在教育教学事业方面取得了令人欣喜的成绩，为蒙古国家建设培养了大量优秀人才。此次驻蒙大使馆向旅蒙华侨中蒙友谊学校提供的援助，用于改善学校的文体中心并成立“中蒙友好交流中心”，将成为中蒙友谊的见证与桥梁。

21. 马来西亚“育才基金”拨款资助华语学校师生

2016 年 9 月中旬，马来西亚“育才基金”2016 年度奖学金/助学金说明会在八打灵再也公教国民型中学举行。此基金主要资助以华语为媒介语的学校，包括提供奖学金给在华校就读的马来西亚各族优异学生，也协助提升科学技术的教学和学习。

22. 侨界爱心人士为中国华文教育基金会捐款

2016 年 9 月 28 日，国务院侨办和中国海外交流协会在北京举办“为侨服务日”系列活动，为与会者安排了专家演讲、中医问诊等服务。一批侨界爱心人士现场向中国华文教育基金会捐款，他们是：

完美（中国）有限公司董事长古润金先生捐赠 1000 万元，他已为中国华文教育基金会累计捐款 7500 万元；

雅居乐地产控股有限公司投资部总经理刘鸿先生代表公司捐赠 1000 万元，“雅居乐”已为中国华文教育基金会累计捐款 8000 万元；

深圳坤祥投资有限公司董事长谢贤团先生捐赠 525 万元，他已为中国华文教育基金会累计捐款 1525 万元；

香港经纬集团副主席陈亨达先生代表公司捐赠 2000 万元港币；

香港英皇集团主席杨受成先生捐赠 860 万元；

嘉鑫控股有限公司副总裁陈铁群先生代表公司捐赠 800 万元；

新恒基集团董事副总裁俞斌先生代表公司捐赠 500 万元。

全国政协港澳台侨委员会副主任、中国华文教育基金会理事长赵阳代表基金会接受捐赠支票。

23. 昆明华文学校优秀华裔生获“国务院侨办非学历教育汉语长期班华裔学生奖助学金”资助

2016 年 10 月 13 日，昆明华文学校向华裔学生发放了由国务院侨办、云南省侨办提供的“国务院侨办非学历教育汉语长期班华裔学生奖助学金”共计 195 万元人民币。同时，云南省侨办 2016 年为华裔学生提供了 45 万元的华裔学生困难补助，有 150 名华裔学生获得此项困难补助。

24. 中国驻哥打基纳巴卢总领事馆向华校颁赠奖助学金及图书

2016 年 10 月下旬，中国驻哥打基纳巴卢总领事馆向沙巴州华校颁赠 2016 年度总领馆赴华留学奖学金及助学金暨移交赠书。获助学金的同学代表、获赠图书的各校校长、沙巴州教育局官员、沙巴华文独立中学董事会联合总会和沙巴国民型华校董事会联合会相关负责人以及社会热心华教人士等出席活动。

经由马来西亚董总、董联会协助推荐，择其中成绩优异、家庭困难的，总领事馆确定来自华校的 8 名学生获得赴华留学奖学金、160 名学生获得助学金，14 所华校获赠图书，捐助总额为 31 万元人民币。

（六）表彰活动

1. 温州市外侨办主任向华教功臣颁发捐赠荣誉证书

2016 年 2 月 19 日，温州市外侨办主任邱华萍会见西班牙华侨华人协会副主席孙小敏，并代表中国华文教育基金会向孙小敏颁发捐赠荣誉证书。

孙小敏原籍温州瓯海，在西班牙事业有成后，不忘回馈故里。2015 年 11 月，孙小敏向中国华文教育基金会捐资 100 万元，助力海外华文教育事业，并分别向温州市瓯海区慈善总会侨爱分会和浙江省慈善总会侨爱分会各捐赠 100 万元人民币，支持家乡慈善事业。

2. 英国中文教育促进会为50余所中文学校颁发助学金

2016年2月21日，“第十五届英国华文教师节”庆典暨英国中文教育促进会中文学校助学金颁发、年刊发布和新春联欢盛会隆重举行。中国驻英国大使馆费明星总领事、李辉参赞和卢海田参赞，英国内政部国务大臣、枢密院顾问官麦克·贝茨勋爵、李良福议员，著名侨领伦敦互助工团永久名誉会长文祖述，以及近70多所中文学校的校长和学校代表共190多位来宾出席盛会。英国中文教育促进会会长伍善雄致辞。

英国中文教育促进会在庆典上表彰了47名英国中文学校的优秀老师、“金水桥之恋”全球书画大赛的优胜选手和指导老师。全英50余所中文学校接受了助学金的颁发。首届赴“河南少林寺武术夏令营”的英国华裔青少年，向在场的老师们作了精彩的汇报表演。

费明星总领事、李辉参赞、卢海田参赞和伍善雄会长共同主持了《中国心·中国梦》文集和《怎样写毛笔字》字帖以及英国中文教育促进会2015年年刊的首发式。

3. 泰国华文教师公会举行常年联欢大会表彰优秀教师

2016年5月8日，泰国华文教师公会在曼谷举行常年联欢大会暨第三届全泰在职华文教师奖励金颁发盛典，北京华文学院院长周虹应邀出席并致辞。

泰国华文教师公会正式注册于1984年，是一个致力于提高华文教师福利、弘扬中华文化、促进中泰文化交流的文化团体。从2014年开始，华文教师公会对泰国华校的在职老师进行奖励，表彰教师们在华文教育战线上几十年如一日的默默奉献，同时也鼓励更多的年轻人参与到华文教育事业中。

4. 新加坡11名教师获“全国模范华文教师奖”

2016年6月4日，第19届新加坡“全国模范华文教师奖”在新加坡会展中心颁奖。11名模范华文教师凭着对教学的热忱和专业精神，从评审团遴选和面试中脱颖而出，获颁此奖，得到奖杯和1500元现金。他们是圣婴女校（客洛）教师刘世维、宏文学校教师许清惠、南洋女子中学校教师戴雪梅、醒华小学教师晏楠、光洋小学教师司徒慧敏、军港中学教师陈欣、励仁高中教师刘美岑、淡马锡小学教师王佩佩、公教中学教师黄承鸿、新民中学教师汤俊杰和立才中学教师郑志勇。

“全国模范华文教师奖”由《联合早报》主办，新加坡中学华文教师会及华文教师总会协办，并获得李氏基金赞助和教育部支持。

5. 澳大利亚维州华人社团举办晚会奖励优秀华人学子

2016年6月25日，澳大利亚维州帝汶华人联谊会在千禧宴会厅举办“2016年奖励帝汶华人优秀学子晚会”。中国驻墨尔本总领事馆侨务领事周育江、澳大利亚维州州长代表维州规划部部长 RICHARD WYNNE、维州帝汶华人联谊会会长梁汝德等嘉宾及东帝汶华侨学子共计 200 余人出席晚会。12 名取得优秀成绩的学子获得礼物与现金奖励。

6. 美国大纽约区华人教育基金会奖学金颁发奖金

2016 年 6 月下旬，第 11 届大纽约区华人教育基金会奖学金颁奖典礼在法拉盛举行，9 名优秀华裔学子获得奖学金。《世界日报》纽约社社长张汉升将《世界日报》捐助的 5 万元捐赠给大纽约区华人教育基金会作为奖学金，基金会会长李德怡代表接受。纽约市议员顾雅明、华裔神探李昌钰等嘉宾出席，指出教育是缩小各阶层差距的利器，鼓励华裔学子勇敢追梦。

7. 新加坡华社自助理事会嘉奖补习计划教师和学生

2016 年 7 月 30 日，新加坡教育部兼贸工部政务次长、华社自助理事会学生教育与发展委员会主席刘燕玲颁发表扬奖给 12 名教师、长期服务奖给 60 名严守岗位的中心主任和管理员，同时表扬了 137 名取得显著进步的补习班学生。

8. 新加坡 3 名华文教师获颁“杰出学前母语教师奖”

在 2016 年 8 月 20 日举行的母语学习论坛上，新加坡教育部兼贸工部政务次长刘燕玲为 12 名教师颁奖。7 名学前教师获颁“杰出学前母语教师奖”，包括 3 名华文教师：Sparkletots 学前教育中心的李丽萍、教育部幼儿园的魏秀蓉以及 Smart Kids Educare 的柴瑞娟。另外 5 名学前教师获得优秀奖。

此奖项由推广华文学习委员会、推广马来文学习委员会及推广淡米尔文学习委员会颁发，并获得李光耀双语基金支持。

9. 侨领陈永栽获评“中华之光——传播中华文化年度人物”

2016 年 12 月 16 日，第五届“中华之光——传播中华文化年度人物”颁奖典礼在中央电视台举行。倾心投入“留根工程”的菲律宾著名侨领陈永栽荣获 2016 年“中华之光——传播中华文化年度人物”奖。组委会给陈永栽先生的颁奖词写道：“实业大王，稳扎稳打，雄踞菲律宾；华人巨子，一树常青，名震东南亚。践行公益，投资办学，振兴华文教育，传续故土乡音。德高望重的华商领袖，举国盛典的座上之宾，放舟南洋去，不改中国心。侨乡血脉，商业传奇。”

六　华教师资培养

（一）中国外派华文教育师资培训

1. 郑州大学举办2016年国务院侨办外派教师行前培训班

为增强外派教师对海外任教的责任感和使命感，提高其教学水平及在海外处理问题的能力，河南省政府外侨办于2016年3月21日委托郑州大学对2016年新入选外派教师储备库的教师和2016年拟派教师进行了为期5天的行前培训。陕西省外侨办也组织教师参加该培训班。两省共有56名教师参加培训。

此次外派华文教师行前培训班得到了国务院侨办文化司的大力支持，汤翠英副司长专程前往郑州指导培训工作，并为教师们举办内容丰富的“海外侨情、华文教育”专项讲座。河南省政府外侨办王自文副主任、张志伟副巡视员，郑州大学张倩红副校长分别与汤翠英副司长就开展海外华文教育工作进行交流。

河南省外侨办和郑州大学精心挑选有经验的专家，从外事纪律、涉外礼仪礼节、海外侨情、跨文化交际、海外华文教学方法、外派教师管理及注意事项等方面对学员进行综合培训，并邀请在外任教回国的教师介绍教学经验。此次培训课程设置针对性和可操作性强，有助于外派教师尽早适应海外教学任务。

2. 贵州举办2016年国务院侨办外派教师行前培训班

经国务院侨办批准，由贵州省侨办承办，2016年国务院侨办外派教师行前培训班在贵州省政协干部培训中心举办。来自全省9个市州和贵安新区共45名中小学及幼儿教师参加培训。

此次培训班得到国务院侨办文化司的大力支持，汤翠英副司长专程到贵州指导培训工作，就如何更好地开展海外华文教育工作对老师进行指导。汤翠英进行了包括海外侨情、华文教育等内容的讲座，向在场的外派教师详细介绍了重点外派国家的文化、侨情及当前华文教育状况，使外派教师们更加了解海外华文教育的性质及身上肩负的文化传播的使命。贵州省侨办孔金星巡视员作了开班致辞。

贵州省侨办侨务工作处围绕外事纪律、涉外礼仪礼节、海外侨情、跨文化交际、海外华文教学方法、外派教师管理及注意事项等内容进行了授课，并安排外派回国的教师们介绍教学经验，与即将派出的教师进行经验交流。

3. 安徽省侨办举办外派教师行前培训班

2016 年 5 月 4 日至 8 日，由安徽省侨办和安徽大学国际教育学院联合举办的 2016 年外派教师行前培训班在安徽合肥举办。来自全国 13 个市的新选和留任外派教师及市侨办相关工作人员参加此次活动。安徽省侨办、省教育厅和安徽大学国际教育学院相关领导出席开班仪式。

安徽省侨办副主任黄英在开班式上做动员报告，希望老师们认真做好海外华校的汉语和文化教学工作，遵守任教国的法律和外派工作纪律，尊重任教当地的文化习俗，努力传播中华优秀文化。

2016 年，经国务院侨办批准同意，安徽省推荐了 35 名教师赴菲律宾、印度尼西亚和泰国的近 20 所华校执教，派出人数创近年来新高。

4. “华文教育·名师亚洲巡讲团”完成教师行前培训工作

2016 年 5 月 5 日，中国华文教育基金会副秘书长方文国、项目二部主任李晓梅到广东省中山市，对承办中国华文教育基金会 2016 年“华文教育·名师巡讲”任务的优秀学校开展走访调研、业务指导及访前培训。中山市政协副主席韩泽生、外事侨务局局长冯金怡，完美（中国）有限公司董事长古润金与方文国副秘书长一行进行了友好深入的交谈。中山市外侨局组织中山市石岐中心小学等 5 所承办项目的学校召开了培训会议。培训会上，李晓梅主任详细介绍了中国华文教育基金会的职能和宗旨、该会组织出访教学的成功案例。方文国副秘书长对海外各国华文学校的情况作了综合介绍，强调顺利与海外华文学校交流和沟通的重要性。会后，李晓梅主任聆听了 2016 年 6 月出访的中山市石岐中心小学名师巡讲团的讲课，并进行有益的指导。

5. “中华文化大乐园”纽约营教师选拔会在福建福州举行

2016 年 5 月 6 日，“中华文化大乐园”纽约营教师选拔会在福建福州举行。来自泉州师范学院、武夷学院、福建省幼儿高等专科学校、福州一中、福州三中、福州实验小学、福州钱塘小学、福建省实验幼儿园、福建省保育院、福建省体校共 10 所学校的 24 位优秀教师进入复选。

福建省侨办副主任刘良辉在致辞中希望老师在教学过程中加强团队配合，不仅弘扬中华文化，也兼具福建文化特色，发挥各自专长开展教学。根据国务院侨办海外执教的要求，此行开设中国文化经典诵读、中国书法、中国音乐、中国武术、中国节庆文化、中国民族舞蹈、中国民族乐器、乒乓球、手工等课程。

福建省侨办自2012年起承接国务院侨办任务，在印度尼西亚、马来西亚、美国洛杉矶等地开展此项活动，近千名华裔学生从中受益，在海外华人社会产生了较大的影响，取得了良好的成效。

6. 重庆市首届外派华文教师行前培训班结束

2016年5月13日至18日，重庆市外侨办举办2016年外派华文教师行前培训班。承担2016年外派执教任务的教师和部分区县侨办、教委、大学院校国际处相关人员共计44人参加培训。

这是重庆市首次举办外派华文教师行前培训班。重庆市侨办副主任杨大庆出席开班仪式并作动员讲话，他要求外派教师们牢固树立五个意识，即政治意识、法律意识、责任意识、团队意识和防范意识。通过为期5天的封闭式培训，外派华文教师统一了思想、提高了认识、明确了使命，达到了预期的培训效果。

7. “中国文化海外行·金辉西班牙营”授课教师举行行前座谈会

2016年5月19日，由中国华文教育基金会主办、华侨大学承办、金辉集团资助的“中国文化海外行·金辉西班牙营”外派授课教师选派暨行前座谈会在华侨大学举行。中国华文教育基金会项目一部主任熊志远、华侨大学华文教育处相关负责人及拟选派授课教师出席座谈会。

根据中国华文教育基金会的具体要求，华侨大学认真选拔了各课程授课教师，专门购置了龙、狮道具和鼓等相关教学用品，将分别开设中国民族音乐、中国民族器乐、中国民族舞蹈、舞龙、舞狮、中国画、武术等课程。

8. “2016中国文化海外行·金辉印度尼西亚营”教师团开展行前培训

2016年5月25日，中国华文教育基金会副理事长兼秘书长左志强、项目一部主任熊志远赴湖南师范大学，为参加“2016中国文化海外行·金辉印度尼西亚营”的教师团做行前培训并座谈。由湖南师范大学体育学院、音乐学院、美术学院以及湘潭市云塘学校选派出的优秀外派教师参加了培训，为赴印度尼西亚教授华裔青少年武术、舞蹈、器乐、书法、国画、手工等中国文化课程打下了基础。

9. 福建省举办国务院侨办2016年外派教师培训班

2016年5月25日，由国务院侨办主办，福建省侨办、华侨大学共同承办的2016

年国务院侨办（福建）外派教师培训班在华侨大学厦门校区开班。福建省侨办文宣处调研员秦大富、华侨大学华文教育处有关负责人，以及来自福州、泉州、漳州、南平、龙岩等地的68名外派教师出席开班式。

参加此次培训的是由各地市侨办及教育部门选派到菲律宾、印度尼西亚等国家执行2016年、2017年华文教育外派工作任务的教师。培训为期3天，开设了“海外华文教学的特点和幼儿汉语教学方法”“国务院侨办外派教师管理条例”“外事纪律及涉外礼仪培训”“突发事件处理及心理辅导”等课程，邀请了历年外派教师介绍工作经验，并召开交流座谈会。通过培训，外派教师们进一步明确了外派任务和工作要求，了解了相关国家的地域特点、人文环境，以及外事纪律、涉外礼仪等，强化了工作和心理准备，对完成好外派任务更加有信心。

10. 山东省举办国务院侨办外派教师行前培训班

2016年5月26日，国务院侨办（山东）外派教师行前培训班在山东德州开班。国务院侨办文化司副司长汤翠英、山东省侨办副主任孙西忠、德州市副市长杨玖庆以及31位外派教师出席开班式。

汤翠英副司长指出，外派教师工作是华文教育工作的重要组成部分，对于提升海外华校教学水平、传承中华文化、增进中外友好关系具有重要作用。孙西忠指出此次培训是山东首次组织的外派教师系统培训，培训内容要突出实用性和可操作性。

参加此次培训的教师来自济南、枣庄、东营、烟台、泰安、威海、莱芜、临沂、德州、聊城、滨州11个市。培训结束后，其中21位教师将赴泰国任教，其余10位教师将陆续赴菲律宾、南非、印度尼西亚任教，任期1~2年。

11. 广西防城港市外侨办举行2016年外派教师座谈会

2016年7月29日，广西防城港市外侨办举行外派教师座谈会。防城港市外侨办主任禤东、副主任吴连彩等负责人以及外派教师共10余人参加了座谈会。结束2015年外派援教工作的教师和2016年即将赴国外援教的教师会聚一堂，进行行前经验分享和联谊交流。

座谈会上，防城港市外侨港澳办相关负责人分别为大家做行前动员，讲解外事纪律和注意事项，强调要有国家荣辱感，做好中华文化的传播使者，搭建友谊的桥梁。已援教回国的教师在会上倾心分享其在国外援教期间的工作经验和生活感受，将有关的注意事项和准备措施一一详述，耐心解答其他与会老师提出的问题，让拟外派教师做好相关思想和业务准备。

12. “名师北美洲、大洋洲巡讲团”接受行前培训

2016 年 9 月 6 日，中国华文教育基金会联络宣传部副主任张彦一行到访中山市，与中山市外事侨务局副局长谭文辉一同对中山纪念中学和中山华侨中学的出访教师进行行前培训。

中山纪念中学在北美洲巡讲团培训座谈会上以《激发学习汉语的兴趣——对比法、情境教学法示例》《中国书画之美》等题目，汇报展示了 2016 年 9 月下旬前往加拿大、美国、墨西哥巡讲的课程内容。

中山市华侨中学在大洋洲名师巡讲团培训座谈会上以《中华文化典故与汉语课堂教学相融合》《对外汉语课堂教学游戏设计》等为题，从课程设计思路、授课大纲、重点难点等方面展示了 2016 年 9 月底前往澳大利亚、斐济、新西兰巡讲的课程内容。

张彦等针对老师们的汇报内容，结合海外华文教育的受众特点和华文教师的实际需求，逐一给予了详细的点评指导，与两个巡讲团的领导和老师们共同商议具体的改进方案，并在最后总结中提示和强调了巡讲活动项目的要求以及出访注意事项等。

13. 国务院侨办举办 2016 年侨务干部华文教育专题培训班

2016 年 9 月 20 日至 25 日，由国务院侨办主办、广西壮族自治区侨办承办的 2016 年外派教师聘方学校校长研习班暨侨务干部华文教育专题培训班在南宁举办。来自 9 个国家 69 所华文学校和华教机构，以及中国国内 28 个省市区侨办和有关教育部门的近 200 名代表参会参加了此次培训。国务院侨办文化司副司长汤翠英、广西壮族自治区侨办副主任陈洁一同出席开班式并分别致辞，侨务干部学校吕剑光副校长主持开班式。

汤翠英副司长在致辞中指出，召开外派教师聘方学校校长研习班和侨务干部华文教育培训班的目的是进一步加深各方同人对侨务工作以及华文教育的认识，交流推广外派教师工作经验，规范外派教师工作，解决外派教师工作中的新问题，共同为外派教师创造良好的教学、生活环境，使其更好地推动华文教育事业发展，向华裔青年传播优秀的中华文化。2016 年度，国务院侨办文化司已选派了 900 多位教师到 23 个国家的 260 多所华文学校长期任教，并得到了海外华校及华人社会的广泛好评。培训中，与会代表结合外派教师工作情况，交流经验和体会，就如何解决外派教师工作中的困难等展开讨论，为进一步做好外派教师工作打好基础。

此次会上大家对《国务院侨办外派教师工作管理办法》进行了集中讨论。

（二）海外来华师资培训

1. 专项教学能力培训

（1）“一带一路”华文教育管理人员汉语培训班在暨南大学开班

2016 年 4 月，“一带一路”华文教育管理人员汉语培训班在暨南大学华文学院开班。暨南大学华文学院院长邵宜教授、项目负责人及部分授课教师、全体学员出席了开班仪式。本期培训班专门面向泰国举办，旨在为学员创造一个学习汉语、了解中国文化的机会。邵宜院长在典礼上回顾了中泰传统友谊，指出语言是跨国沟通必不可少的桥梁，并向学员简要介绍了暨南大学以及暨南大学华文学院的发展情况。曾毅平副院长介绍了本项目服务于“一带一路”理念下华文教育合作的意义，并就课程设计及其研究价值进行了说明。培训期间，学员们学习了多门特色型专业课程，并前往广州、中山、开平等地参加文化体验活动。

（2）缅北华文教师赴昆明参加图书管理培训

2016 年 4 月 22 日至 29 日，由云南省海外交流协会主办、海外文化教育中心承办的 2016 年博览华文书苑图书管理员培训班在云南昆明举行。此次活动由缅北华文教育协会副会长杨新业带队，精选了来自曼德勒、曼沾、当阳、眉苗、腊戍、东枝、贵慨等地区 30 所华文学校的 42 位资深华文教师参加。

学习期间，培训班学员们还前往石林、云南民族村、西山森林公园进行文化考察，深入体验云南历史文化与民族风情；此外，学员们还参观了云南省图书馆、华文学校等。

（3）“2016 年海外华校艺术类师资培训班”在云南昆明开班

2016 年 10 月 19 日，由云南省侨办主办、昆明华文学校承办的“2016 年海外华校艺术类师资培训班”在昆明华文学校开班。云南省侨办文化教育处调研员高厘原、昆明华文学校副校长陈娜等出席开班仪式。

此次培训班有来自缅甸和越南的 40 名学员，开设有舞蹈、声乐、葫芦丝、书法、武术、剪纸等课程，并安排了文化考察活动。

（4）“2016 年马来西亚华文教师中华才艺研修班”在武夷学院开班

2016 年 11 月 30 日，由福建省侨办主办、南平市外侨办和武夷学院联合承办、福建省海外华文教育发展中心协办的“2016 年马来西亚华文教师中华才艺研修班”开班典礼在武夷学院举行。福建省侨办文宣处处长齐志，南平市外侨办主任高天明，武夷学院校长吴承桢，马来西亚华校教师会总会代表、团长罗佩贞女士以及来自马来西亚的30名华文老师共同出席开班仪式。

齐志在致辞中回顾了福建省侨办与马来西亚华教界20多年来在师资培训等方面合作所取得的成效，希望借力“一带一路”全新的发展机遇，与马来西亚教师会总会在文化教育等领域有着更加广阔的合作发展空间。

此次活动由马来西亚华校教师会总会组织，连续3年在武夷山市举办，为期14天，安排了中华才艺、武夷文化、朱子理学、茶文化、汉语教学观摩研讨等一系列课程，形式多样，内容丰富。

（5）暨南大学举办“一带一路”华教高级管理人员双语双文化培训班

2016年11月9日，“一带一路”华文教育高级管理人员双语双文化培训班开班仪式在暨南大学华文学院举行。

此次培训班是继“一带一路”华文教育管理人员汉语培训班（泰国班）后的第二期，面向印度尼西亚举办，来自印度尼西亚8个省的18位教育管理部门官员、校长、教务主任接受了培训。学员们系统学习了生活汉语、交际汉语、常用教学管理用语、中印（尼）跨文化交际等一系列课程，并参加广州、深圳、开平等地的文化考察活动。

培训班于11月25日举行结业座谈会和结业典礼。

2. 教材教法专题培训

（1）“2016年九年义务制教育教材教法培训班”在云南昆明举办

2016年3月9日，“2016年九年义务制教育教材教法培训班”在昆明华文学校举行开班仪式。80位来自缅甸曼德勒云华师范学院的学生参加培训。

此次培训班由云南省侨办主办、昆明华文学校承办，云南省侨办文化教育处高厘原调研员和昆明华文学校金海副校长、陈娜副校长等相关负责人出席开班仪式。

营员们进行了九年义务制教育教材教法的系统学习，包括现代汉语、中国文化、教育学、教育心理学、报刊语言、缅中翻译、班级管理、备课与教案设计、小学数学教材教法（课堂教学技巧、实践教学、数学基本功）、小学语文教材教法（词语教学、课堂实践教学、识字教学、作文教学）、说课评课等课程。营员们还一览云南美丽的风土人情，更进一步了解了中国文化。

（2）暨南大学举办《中文》教材使用培训班

2016年4月，暨南大学华文学院迎来加拿大BC省中文协会旗下各学校的校长和校董共28位学员。他们在暨南大学听取题为《汉字的简化与发展》的专家讲座；与暨南大学华文学院各项目组教师讨论《中文》教材在加拿大的使用，提出了很多建设性的意见和建议；讨论了华文教师证书、华文水平测试项目在加拿大的试测和推广等；还考察了具有岭南特色的自然、人文景观，体验祖籍国改革开放近40年来所取得的伟大成就。

（3）世界华文教学观摩活动在北京华文学院举行

2016年7月2日，由教育部语言文字应用管理司发起、国家语委语言文字应用培训基地北京华文学院承办的“世界华文教学观摩活动（汉字季）”在北京华文学院举行。北京华文学院副院长郭熙教授、教育部语用司宣教处副处长张艳出席开幕式并致辞。数位对外汉语教学领域的知名专家担任评委。来自东北师范大学、重庆师范大学、陕西师范大学、暨南大学、海南大学、湖南师范大学和北京华文学院7所华文基地院校以及来自新加坡、泰国、印度尼西亚等地华校的共28位华文教师参加活动。活动分为海外组和国内组同时进行。教授内容不仅使在座学生收获良多，更让作为观众的老师们对汉字教学有了新的认识和体会。

（4）云南举办“2016年九年义务制教材教法培训班”秋季班

2016年11月14日，由云南省侨办主办、昆明华文学校承办的“2016年九年义务制教材教法培训班”在昆明华文学校开班。云南省侨办文化教育处处长高厘原、昆明华文学校副校长陈娜等领导出席开班仪式。

此次培训班共有来自老挝和越南的50名学员参加。培训期间，学员们密切结合九年义务制教材的教学需要，系统学习了普通话正音、汉语语法教学、备课与教案设计、课堂教学设计、课堂教学技巧等课程，并进行了文化考察。

3. “华文教师证书”专项培训

（1）“华文教育·华文教师证书”培训班在辽宁大连举办

2016年7月1日至18日，由国务院侨办主办、辽宁省侨办协办、辽宁师范大学承办的2016年第二期“华文教育·华文教师证书”培训班在辽宁大连举办。参加培训的教师学习了中文词汇、语言要素教学法、儿童认知心理发展、华文教学基础、中华文化等课程，并在学习结束后进行了“华文知识与能力”“华文教学及中华文化”“华文教学实践”3个科目的考核。

（2）暨南大学举办“华文教育·华文教师证书”培训班

2016年8月，由国务院侨办/中国海外交流协会主办，暨南大学华文学院承办的2016年“华文教育·华文教师证书”培训班开班典礼在暨南大学举行。来自全球28个国家和地区的70名华文教师参加培训。

暨南大学华文学院院长邵宜向学员们阐释了华文教师证书的研发意义。他表示，推广华文教学、提升师资队伍、发展华文教育事业是所有华文老师共同的目标，大家也因而得以相聚于此，希望所有老师们能学有所得，不虚此行。

参加培训的华文教师们分班进行全面、系统的华文教育研习，学习了华文知识与能力、华文语法教学、词汇教学、汉字教学、华文教育技术、华文教材分析、华文教学测试等一系列课程，并参加了“华文教师证书”标准化测试。此外，承办方还组织全体华文教师到广州、深圳、佛山等地进行文化考察，使老师们更加深入地感受岭南文化、中华文化的魅力。

（3）陕西师范大学承办“华文教育·华文教师证书”培训班

2016年8月5日，由国务院侨办主办、陕西师范大学承办的2016年“华文教育·华文教师证书”班（西安）结业典礼在陕西师范大学雁塔校区举行。来自全球25个国家和地区近80名华文教师在陕西师范大学进行为期18天的学习后顺利结业。陕西师范大学国际汉学院院长张建成为全体学员颁发结业证书，并希望参加培训的各位老师通过此次培训，在海外把中国文化讲得更加生动，把中国文字讲得更加清晰，成为新时期华文教育的重要开拓者和优秀中华文化走向世界的重要传播者。

在培训中，海外华文教师们既学习了华文基础课程，还参加了丰富多彩的专业讲座、教学经验交流与文化考察活动。学员们参加了华文教学课堂视频录制，以及“华文知识与能力”“文化教学及中华文化”两个科目的考试。

（4）四川大学举办“华文教育·华文教师证书”培训班

2016年8月9日，由国务院侨办主办，四川省外事侨务办、四川大学承办的2016年“华文教育·华文教师证书”培训班在四川大学文新学院举办。

四川省外事侨务办副巡视员陈志孔、四川大学文新学院院长曹顺庆以及来自世界各地的65名华文教师共同出席开班典礼。陈志孔表示，推广华文教学、提升师资队伍、发展华文教育事业是所有华文老师共同的目标。他希望海外华文教师更加奋发有为，成为优秀中华文化走向世界的重要传播者。

经过系统学习，培训班于8月24日举行结业典礼。参加培训的华文教师获颁结业证书。

（5）暨南大学举办“华文教育·华文教师证书”秋季班

2016年10月11日，由国务院侨办主办、暨南大学华文学院承办的2016年“华文教育·华文教师证书”暨南大学秋季班开班。暨南大学华文学院副院长张礼与来自全球20多个国家和地区的60多位华文教师等参加了开班仪式。

培训期间，暨南大学对学员们进行了华文教学实践能力考查，主要从教学内容、教学方法、教学行为、教学基本功和教学效果五个方面，综合评价学员们的教学能力和质量。

培训班学员们分班参加了系统学习，内容涵盖华文教材、汉语知识与能力、华文词汇及语法教学和华文教育技术等，还进行了“华文教师证书”的教学实践考查和标准化考试。此外，学员们还赴广州、深圳、佛山等地开展文化考察。

(6)“华文教师证书”承办单位教学人员培训班在暨南大学开班

2016 年 10 月 26 日，由国务院侨办主办、暨南大学承办的“华文教师证书”承办单位教学人员培训班开班典礼在暨南大学华文学院举行。

暨南大学副校长宋献中、华文学院院长邵宜出席并致辞。来自北京语言大学、华侨大学、北京华文学院等国内 16 所高校的 40 余名相关领导及教学骨干参加了此次培训。

宋献中副校长介绍了“华文教师证书”出台的背景、必要性和特殊性。邵宜院长强调了“华文教师证书”培训、考核、认证系列工作是一项专业性很强的工作，需要众多专业人士的参与。

培训班期间，项目组专家围绕“汉语知识与能力”“汉语教学知识与能力”“中华文化知识与技能”的测评大纲、教学内容和计划、试卷体系设计，以及“华文教师证书”培训、考试、认证操作流程等方面进行了详细解读和说明，让参训人员对“培训－考核－认证”三位一体的师资培养思路有了全面认识，对“华文教师证书”颁行的总体设计有了深入了解。

(7) 暨南大学举办第三期“华文教育·华文教师证书”培训班

2016 年 11 月 29 日，由国务院侨办/中国海外交流协会主办、暨南大学华文学院承办的 2016 年“华文教育·华文教师证书”培训班开班。暨南大学华文学院副院长曾毅平等领导以及来自马来西亚、新加坡的共 50 位学员参加开班典礼。

在培训中，学员们系统学习了华文语法教学、汉语教学知识与能力、中国文化知识、汉语拼音及难音校正等课程内容。

12 月 15 日，2016 年“华文教育·华文教师证书”培训班对学员进行了“汉语知识与能力”和“汉语教学及中华文化”两个科目的测试。12 月 20 日，培训班举行普通话水平测试，包括“读单音节字词”“读双音节词语”“朗读短文”“命题说话”四个环节。此次普通话水平测试对提高学员自身的语言文字规范意识和语言应用能力有重要意义。

12 月 26 日，2016 年“华文教育·华文教师证书”暨南大学培训班落下帷幕。

(8) 青岛大学举办“华文教育·华文教师证书”培训班

2016 年 12 月 10 日，由国务院侨办主办的“华文教育·华文教师证书”培训班在青岛大学开班。来自美国、加拿大、印度尼西亚等 15 个国家和地区的 99 名海外华文教师参加本期培训班。

此次培训班为期 18 天，学员系统学习了汉语基础知识、汉语教学知识、中国文化知识等课程，并参加“华文教师证书”考试，考试合格的学员获颁中国相关部门认可的华文教师证书。

学员们还走进青岛经济技术开发区实验初中和黄岛齐鲁第一实验小学进行教学交流观摩活动。

4. 中小学类华校校长、校董培训

(1) 华文教育校长教师研习缅老泰班在云南华文学院举办

2016年4月10日，由国务院侨办主办、云南省侨办承办、云南华文学院协办的2016年“华文教育·校长研习”和“华文教育·教师研习”缅老泰班开班仪式在云南师范大学举行。云南省侨办副主任刘云娥、云南师范大学副校长原一川等相关负责人以及来自缅甸、老挝、泰国华校校长和教师共120余人参加了开班仪式。云南华文学院党委书记和雪莲主持开班仪式。

云南师范大学副校长原一川教授致欢迎词，并介绍了学校的基本情况。同时感谢国务院侨办、云南省侨办长期以来对云南师范大学、云南华文学院的重视和支持。云南省侨办副主任刘云娥详细介绍了云南省侨办近年来开展华文教育的情况，肯定了云南师范大学作为华文教育基地的作用，同时对海外华校校长和教师在华文教育工作中付出的辛劳表示敬意。

来自老挝百细华侨公学的谭方玲老师和缅甸东枝东华学校的朱美英老师分别作为校长班和教师班的学员代表发言。她们表示，感谢中国国务院侨办、云南省侨办提供这次宝贵的研习机会，在此次研习班中，他们一定遵守学习纪律，认真完成学习任务，将所学知识和技能带回所在国，为华文教育事业贡献自己的力量。来自缅甸、泰国、老挝的100名华校校长和教师在云南华文学院进行了为期3周的教学观摩和考察活动。

(2)“华文教育·校长研习”老挝泰国班在广西南宁举办

2016年5月28日，由国务院侨办文化司主办、广西壮族自治区侨办和广西华侨学校共同承办的2016年“华文教育·校长研习”老挝泰国班开班。国务院侨办文化司司长雷振刚、华文教育发展中心副主任邱立国，广西侨办主任秦春成、副主任陈宁、陈洁以及广西华侨学校校长陈进超等领导出席开班仪式。来自老挝和泰国的63名华校负责人齐聚南宁，共襄盛举。

雷振刚司长表示，华文教师是一个崇高的职业，华文教育是一项崇高的事业，希望各位校董们能以此次研习班为契机，为老挝、泰国的文化建设做出贡献，并希望大家加强联系，密切合作，进一步发展彼此的友好关系。

秦春成主任指出，随着东盟博览会的召开和会址永久落户南宁，广西成为中国联

系东盟国家的又一扇南大门，在国际社会上的地位日益重要；希望双方携手不断推进海外华文教育大发展、大繁荣，继续加强中国－老泰人文交流，为中国－东盟世代友好，为建设更为紧密的中国－东盟命运共同体，做出应有的贡献。

此次研习班为期10天，主要开设治校方略、课程设计与管理、教师情绪管理、青少年身心发展与情感教育等课程。雷振刚司长、北京大学张英教授还为校长们做了关于新时期华文教育现状及中华文化认知与传承的精彩讲座。

（3）“华文教育·杰出人士/华校校董华夏行”参访团赴河南郑州参观考察

2016年7月8日，美国、澳大利亚、新西兰等20多个国家和地区校董、校长参加的“华文教育·杰出人士/华校校董华夏行”参访团赴河南郑州参观考察。

参访团在郑州市互助路小学锦艺校区观看了当地的武术、书画、团扇、乐器、手工制品等展览。校董们都表示希望能把中国的教育引进当地华校的教学当中。此次活动不仅展示了中原教育的新风貌，交流了教育教学的新思想，还为郑州教育与国际接轨搭建了友谊的桥梁，为中原教育注入新的活力。

（4）“海外红烛故乡行——2016吴越文化之旅”在浙江杭州举办

2016年8月3日至5日，由中国华文教育基金会主办、浙江省外侨办承办的“海外红烛故乡行——2016吴越文化之旅”在浙江杭州举行，来自英国、意大利、西班牙、韩国、厄瓜多尔、加拿大、墨西哥7个国家的15名海外华文学校校长及校董参加。

此次活动围绕吴越文化进行，华校校长和校董们不仅聆听专家学者的专题讲座，还将重点放在“旅”上，到桐庐、千岛湖、义乌、西湖、灵隐寺等代表吴越文化的地方，身临其境地感受中华文化的博大精深。

（5）云南德宏州举办中小学校长培训班

2016年8月21日，受云南省德宏州侨办邀请，缅北华文教育协会尚兴玺会长率缅北华校代表一行20人赴德宏州参加为期2天的“2016年德宏州中小学校长培训班”。

培训班开幕式上，德宏州政府孔勒干副州长介绍了德宏州的教育基本情况，并对尚兴玺会长一行的到来表示热烈欢迎。云南师范大学附属世纪金源学校、曲靖一中和瑞丽一中校长就学校管理分别做了专题讲座。尚兴玺会长作为特邀嘉宾发言，感谢德宏州委州政府长期以来对缅甸华文教育的大力支持，并介绍了缅甸的华文教育概况和曼德勒云华师范学院情况。

（6）“2016年东盟国家中小学校长交流研修班”在云南昆明举办

商务部对外援助培训项目“2016年东盟国家中小学校长交流研修班”于2016年9月8日在云南师范大学举行开班仪式。云南师范大学校长助理、国际汉语教育学院院长、汉语国际推广师资培训基地（昆明）执行主任武友德教授，云南省商务厅副厅长周学文等负责人，及来自缅甸、泰国、伊朗、斯里兰卡、巴布亚新几内亚5国的17名中小学校长参加开班仪式，开班仪式由国际汉语教育学院副书记沈毅主持。

周学文向与会人员介绍了援外培训的相关情况，并表示今后将继续借助这一平台为发展中国家提供培训机会并开展高质量的教育交流合作，并对云南师范大学为该项目做出的努力与成绩表示肯定。

武友德介绍了云南师范大学国际教育合作交流及汉语国际推广师资培训基地的基本情况。他表示，学校高度重视商务部对外援助培训项目，云南师范大学将举全校之力做好此次培训，希望校长团成员在紧凑务实的行程中收获一个富有成效的云南之行。

（7）“2016海外红烛故乡行——经纬置地北京之旅”在北京举办

2016年10月14日，“2016海外红烛故乡行——经纬置地北京之旅”系列活动在北京举行。来自德国、日本、澳大利亚等7个国家的15位海外华文学校校长及校董齐聚北京，体验中医诊疗，交流华文教育，重温中华文化。

主办方组织的把脉诊疗、中医体质测评问卷、专家讲解等活动，深受大家欢迎和好评。富有中医特色的刮痧、拔罐、按摩、理疗体验更是引起了在场华文教师的浓厚兴趣。随后，海外华文教师一行15人到史家胡同小学听课交流。该校三年级语文老师潘锶以地质学家李四光为题，做了一堂公开展示课。校长和校董们就华文教育的发展及所面临的问题各抒己见，互相交流。

（8）“华文教育·示范学校和华教机构负责人华夏行”在济南大学举办

2016年10月22日，历时12天的“华文教育·示范学校和华教机构负责人华夏行”在济南大学举行结业仪式。山东省副省长夏耕出席结业仪式。

新时期的海外华文教育工作，重在引导华文学校转型升级发展，加快向标准化、专业化方向迈进，全面提升华文教育教学水平。大家心往一处想、劲往一处使，华文教育才会拥有源源不竭的发展动力。夏耕指出，广大海内外华文教育工作者是华教事业绵延发展、兴旺发达的力量所在，希望参加“华夏行”的各位华文教育家充当所在国与山东交流合作的纽带。

此次“华夏行”活动分别在上海和山东的青岛、潍坊、淄博、曲阜、泰安、济南等地学习考察。

（9）“华文教育·骨干教师研习”马来西亚班在华侨大学举办

2016年12月12日，来自马来西亚中小学的42位教师到华侨大学参加“华文教育·骨干教师研习”马来西亚班，研习华文教育及中国传统文化课程，开展以“海上丝绸之路”为主题的文化考察活动。此次研习班由国务院侨办主办，华侨大学承办，马来西亚华校董事联合会总会（以下简称“董总”）组织，团员由马来西亚独立中学的校领导、主任等组成。

研习班采用华文教育的观摩与交流活动等形式，研习不同类型的华文教育课程。教师们听取了“世界遗产与海上丝绸之路”专题课程，并实地走访和考察了有泉州特色的“海丝”文化。泉州七中校园观摩活动和中国古典文学等系列专题课程，也让来访教师感受到了中国深厚的文化底蕴和丰富的文化内涵。

为进一步促进来访教师对华侨大学的了解，骨干教师参加了“华大升学讲座”“不忘初心、潜心育人”“大学校园文化建设”“中国高校对海外学生的管理”等教育课程，在学习过程中切身体验了华侨大学的校园文化。此外，研习班还安排了龙舟实训、传统民歌和蒙古族舞蹈学习等中国传统文化活动体验课程。

以董总教师团组织者李丽珍为代表的来访教师纷纷表示，回国后会向学生们介绍中国的发展，并积极推荐优秀学生来华侨大学交流学习。

(10)“华文教育·校长研习”印度尼西亚班在广州举办

2016 年 12 月 22 日，由中国海外交流协会主办、暨南大学华文学院承办的“华文教育·校长研习”（印度尼西亚）班在暨南大学华文学院开班。来自印度尼西亚的 81 位长期从事华文教育工作的校长及机构负责人参加此次研习。暨南大学华文学院党委副书记史学浩等领导、印度尼西亚全国华文教育协调机构联合秘书处副主任郑洁珊老师等出席此次研习班欢迎仪式。研习班从 12 月 22 日持续至 1 月 1 日，为期 11 天，课程设置丰富，专业性、实践性强。

5. 学历型师资培养

(1) 泰国南邦、大谷地地区汉语言文学函授本科班学员到云南进行面授学习

由国务院侨办主办、云南省侨办承办、云南师范大学云南华文学院协办的 2012 级泰国南邦、大谷地地区汉语言文学函授本科班于 2016 年 3 月 25 日至 4 月 15 日在云南师范大学一二一校区进行最后一个学期的面授学习及毕业论文答辩。3 月 30 日，该班学员还集体赴云南师范大学世纪金源学校进行教学观摩，并到官渡古镇进行文化考察。

(2) 菲律宾华研中心举办第二届华文教育专业第四次面授

2016 年 5 月中旬，由菲律宾华文教育研究中心和中国暨南大学华文学院联合举办、中国国务院侨办提供奖学金的第二届华文教育专业本科学历教育函授班在马尼拉富都大旅社举行了第四次面授。此次面授由暨南大学华文学院副教授伍丽梅和讲师梅丽讲授“现代汉语修辞”“高级汉语”“华文教育心理学”“儿童语言学习心理”4 门课程。

(3) 马来西亚华文教师在华中师范大学本科毕业

2016 年 6 月，来自马来西亚古晋中华第四中学的陈安丽等 42 位马来西亚华文教师穿上学位服、戴上“四方帽”，成为华中师范大学汉语言文学专业的本科毕业生。

这批来自马来西亚的毕业生，都是当地的华文教师。4 年前，他们成为华中师范大学的函授本科生，每两年一次来校学习；华中师范大学国际文化交流学院则定期选派教师赴马来西亚面授，并通过视频和网络等方式进行远程辅导。

（4）马来西亚华文教师学历培训班毕业典礼在上海举行

2016 年 6 月，由国务院侨办委托华文教育基地上海师范大学对外汉语学院承办的“马来西亚华文教师学历培训班”毕业典礼在上海举行。来自马来西亚教育部门、华文学校和国际学校的 46 位学员获得上海师范大学汉语言本科学历和学士学位。上海市侨办副主任姚卓匀出席毕业典礼。

（5）印度尼西亚华文教师汉语言本科学历班在湖南师范大学开班

2016 年 6 月 21 日，由中国海外交流协会主办、湖南省海外交流协会协办、湖南师范大学承办的印度尼西亚华文教师汉语言专业本科学历班开班仪式在田家炳教育书院 101 报告厅举行。湖南师范大学副校长蒋新苗、印度尼西亚雅加达华文教育协调机构负责人吴莎丽及湖南师范大学国际汉语文化学院院长杨玲、国际交流合作处副处长唐秀丽以及来自印度尼西亚的近 70 名华文教师参加开班典礼。

蒋新苗副校长表示，海外“华语热”持续高涨，世界华文教育进入转型升级的历史机遇期。对于正在从事华文教育工作或有志成为华文教育工作者的学员们来说，参加此次本科学历班的学习，将会受益终生。

（6）暨南大学举行海外函授教育本科暨首位华文教育博士生毕业典礼

2016 年 6 月 28 日，暨南大学华文学院举行“暨南大学 2016 届华文教育专业海外函授教育本科暨首位华文教育博士生毕业典礼”，为 150 名印度尼西亚、泰国和英国的华文教育专业海外函授教育本科毕业生授予学位。中国华文教育基金会项目二部主任李晓梅，暨南大学教育学院院长李世云、华文学院院长邵宜等与 150 位毕业生参加了毕业典礼。

暨南大学华文学院院长邵宜为学生拨穗并颁发毕业证书，李晓梅主任与雅居乐地产控股有限公司刘鸿经理等为受表彰的优秀毕业生颁发荣誉证书。

全球首位华文教育博士毕业生唐根基在毕业感言中表示，将谨记父亲“莫忘根”的遗言，回到印度尼西亚世界大学，努力传播中华文化，加深两国人民的友谊。

6. 华文教育师资远程培训

（1）“海外华文教师完美远程培训”在美国和澳大利亚开课

2016 年 1 月，中国华文教育基金会主办的“海外华文教师完美远程培训”分别为澳大利亚标准中文学校和美国旧金山南侨学校的近百名华文教师展开“中文口语教学”和“华文教师课堂管理”的培训。“海外华文教师完美远程培训”已成为中国华文教育基金会的品牌项目，国务院侨办给予高度肯定和积极支持。习近平主席在出访南非期间，中国中央电视台也对“完美远程培训”在南非开展的情况进行了报道。2016年4月，该网络课程也在澳大利亚布里斯班同心中文学校设立，布里斯班成为继悉尼、堪培拉之后，澳大利亚第三个开展完美远程师资培训的地区。

“海外华文教师美远程培训”现已被澳大利亚首都地区教育部列为TQI教师培训资格认证的培训。根据澳大利亚各州教育部规定，公立学校和私立学校的教师每年必须参加至少20小时的教育部资格认证教师专业培训（TQI Approved PD）才可持证上岗教授学生。中国华文教育基金会“海外华文教师完美远程培训”以完善的师资、齐全的课程内容以及先进的网络教学平台获得澳大利亚首都地区教育部的认可，成为当地华文教师持证上岗的培训项目，这将极大提升澳大利亚首都地区公立学校和私立学校中文教师的教学水平。

（2）“华文教师完美远程培训”在德国北威州开课

北京时间2016年4月16日下午，“华文教师完美远程培训”德国北威州开课仪式在波恩文德书院和北京四中网校同时举行。中国华文教育基金会联络宣传部副主任张彦，中国驻杜塞尔多夫总领馆领事韩东升、陆霞，波恩华侨中文学校校长、波恩中文教育与德中文化交流基金会理事会主席卢康乐博士，波恩华侨中文学校校董会副主席、理事会会长邓程礼先生，波恩华侨中文学校校董会副主席、全德华侨华人联合总会执行主席金建书先生等出席开课仪式。出席开课仪式的还有德国多特蒙德华德中文学校赵瑞芳校长、华东师范大学对外汉语学院华霄颖副教授和近40位当地华文教师。

韩东升领事致辞表示，与国内相比，海外华文教育缺少资源，海外华裔子女的中文教育有各种困境，海外华文教师对专业培训有迫切需求，这样的远程培训犹如“及时雨”，很好地解决了以上种种问题。他祝贺此次远程师资培训顺利举行，同时表示总领馆会继续支持领区内的华文教育发展，为各类培训提供协助。

开课仪式结束后，来自北京四中的李峋老师给德国的老师们带来“教学活动技巧设置”课。李峋老师根据课前与德国老师的沟通情况，针对他们提出的问题，就如何因材施教、如何组织小组活动、如何进行汉字教学和教学课堂设置作了详细讲解。

（3）“华文教师完美远程培训”在塞浦路斯开课

2016年5月8日，“华文教师完美远程培训”开课仪式在北京四中网校和塞浦路斯中文学校同步举行，塞浦路斯也成为加入此项目的第19个国家。

中国华文教育基金会联络宣传部副主任张彦，北京四中网校项目负责人翟影、授课教师王敏媛，中国驻塞浦路斯使馆领事部主任傅铁胜、政治处主任李言刚，塞浦路斯中文学校校长韩梅梅，塞浦路斯大学孔子学院中方院长王振先以及塞浦路斯的华文教师在两地出席了开课仪式。

（4）西班牙塞维利亚中文学校加入“华文教师完美远程培训”

2016年5月20日，西班牙塞维利亚中文学校加入中国华文教育基金会“华文教师完美远程培训”项目，成为全球第112所加入该项目的华文学校。开课仪式在北京四中网校和塞维利亚中文学校同步举行。中国华文教育基金会项目二部主任李晓梅，北京四中网校项目负责人翟影、授课教师王冬妮，塞维利亚中文学校校长王一平、中文学校协会主席林燕龙等领导出席了开课仪式。

（5）西班牙金钥匙国际语言学校加入“华文教师完美远程培训”

2016年5月27日，西班牙金钥匙国际语言学校正式加入中国华文教育基金会“华文教师完美远程培训”项目。这是加入该项目的第6所西班牙华校，也是全球第113所华校。

“华文教师完美远程培训”开课仪式在北京四中网校和西班牙金钥匙国际语言学校同步举行。北京四中网校副校长刘开朝、项目负责人翟影、授课教师李岩以及西班牙金钥匙国际语言学校校长王晓燕和该校全体教师在两地出席了开课仪式。

（6）泰国华校加入“华文教师完美远程培训”

2016年6月12日，由中国华文教育基金会主办、北京四中网校承办、完美（中国）有限公司资助的“华文教师完美远程培训”开课仪式在北京四中网校和泰国华文教师公会同步举行。中国华文教育基金会联络宣传部副主任张彦，北京四中网校项目负责人翟影、授课教师王丹妮，泰国华文教师公会主席罗宗正、永远荣誉主席周丽云、副主席兼秘书长陈年以及近60位泰国华文教师出席并参加了开课仪式。这是泰国华校首次加入远程培训项目中，此次共有37家泰国华校和华教单位参加培训。

（7）挪威、新西兰等国华校加入“华文教师完美远程培训”

2016年8月28日，上海华文远程师资培训在上海和美国匹兹堡两地同步进行，来自美国匹兹堡中文学校等华校的50多位华文教师通过远程网络参加了培训。

2016年9月4日，挪威中华文化教育促进会正式加入中国华文教育基金会“华文教师完美远程培训”项目。这是加入该项目的第一所挪威华文学校，华文远程培训项目在北欧落地发展。

2016年9月10日，“华文教师完美远程培训”项目迎来了韩国和英国的华文教育单位新成员。两国的海外华教同人通过互联网直播这一重要平台，举行了开课仪式。韩国首尔职业教育中国学校成为首家加入“华文教师完美远程培训”项目的海外职业教育学校；英国苏格兰华夏中文学校也成为培训项目的新成员。

2016年9月15日，“华文教师完美远程培训”课程在马来西亚开始招生，大约

50 位华文教师报名参加了此次培训。

2016 年 9 月 21 日，“华文教师完美远程培训”项目新西兰开课仪式在北京与新西兰两地同时举行。新西兰奥克兰西区华人教育中心成为加入完美远程培训的首家新西兰华文教育单位。

（8）法国白乐桑教授多平台全球直播中国文化课

2016 年 9 月 4 日，法国著名汉学家、法国首任国民教育部汉语总督学、世界汉语教学学会副会长白乐桑教授做客多平台全球直播中国文化课，与来自新加坡、澳大利亚、泰国、法国、荷兰、加拿大、英国、瑞典、奥地利、瑞士等 31 个国家和地区的 701 位华文教师探讨了文化这一范畴应该怎么界定、文化教学的方法等问题。此次课程由中国华文教育基金会主办，北京四中网校承办，完美（中国）有限公司资助。

在 1 小时的直播课程中，白乐桑教授以“中国文化教什么？怎么教?”为议题，首先阐述了第二语言教学的三大目标；接着探讨了文化教学的内容、方法等方面的问题，并以丰富的实例论述了文化教学中概括与换位思考的思维方法；最后就教学方法提出建议。讲解结束后，白乐桑教授与直播平台上的华文教师积极互动，详细回答了老师们的问题。他不仅在讲解中穿插多国语言，令听课教师产生了很大的共鸣，更以睿智的语言、精彩的阐述征服了在场所有教师，其对中国文化的阐释与解读令听课老师们大为赞叹。直播平台上反响热烈。

2016 年 10 月 30 日晚，白乐桑教授再次走上中国华文教育基金会“华文教师完美远程培训”全球直播平台，为来自泰国等 30 个国家和地区的 3000 多位华文教师带来“中国文化教学实例分析”课程。

（9）“华文教师完美远程培训”在德国黑森州举办

2016 年 11 月 6 日，由中国华文教育基金会主办、北京四中网校承办、完美（中国）有限公司资助的“华文教师完美远程培训”项目德国开课仪式在北京与德国黑森州两地同时举行。

出席此次开课仪式的有中国华文教育基金会联络宣传部副主任张彦，德国华达中文学校校长苏鸿雁、汪剑平等领导和该校全体华文教师。

德国华校方面此次选择了“综合课教学方法与技巧”“中文教学示范课”“教学活动技巧设置”等 24 节高清课程。

（10）阿联酋首次连线“华文教师完美远程培训”项目

2016 年 11 月 12 日，由中国华文教育基金会主办、北京四中网校承办、完美（中国）有限公司资助的“华文教师完美远程培训”项目迪拜开课仪式在北京与阿联酋迪拜两地同时举行。

出席此次开课仪式的有中国华文教育基金会联络宣传部副主任张彦，北京四中网校项目主管翟影、授课教师查云鹤，阿联酋迪拜“你好语言学校”副校长张晋峰及该校全体教师。

张晋峰副校长表示，海外华文学校一贯十分重视师资培训工作，通过中国华文教育基金会的远程培训项目，教师们会努力提高教学技能，担负起传承中华文化的神圣使命，为海外的华裔青少年提供完美的教育服务。

（11）“华文教师完美远程培训”在瑞典举办

由中国华文教育基金会主办、北京四中网校承办、完美（中国）有限公司资助的“华文教师完美远程培训”瑞典开课仪式在北京四中网校与瑞典诺贝尔故居同时举行。

出席此次开课仪式的有中国华文教育基金会副秘书长方文国等领导、授课教师李岩和中国驻瑞典大使馆教育处参赞窦春祥、瑞京中文学校校长王海琳以及瑞典多所华文学校主要领导和参加远程培训的全体教师。

方文国副秘书长表示，中国华文教育基金会充分考虑了海外华文教师的需求，在教师培训方面不断创新，力图提高海外华文教师的教学技能。开课仪式结束后，授课老师李岩与瑞典的华文教师们分享了精彩的“听说读写的课堂组织”直播课。

此次培训共有来自46所华校的122位老师报名，参加远程培训的瑞典各学校按照需求定制了高清直播课程。具体有“汉语写作”“《中文》教材分析与指导”“教学活动技巧设置”“趣味汉字教学”“幼儿教学组织与管理”“听说读写的课堂组织”等。

（12）“华文教师完美远程培训”在法国巴黎举办

2016年11月29日，由中国华文教育基金会主办、北京四中网校承办、完美（中国）有限公司资助的“华文教师完美远程培训”巴黎地区开课仪式在北京四中网校与法国巴黎同时举行。出席此次开课仪式的有北京四中网校副校长刘开朝、授课教师章文，中国驻法国大使馆领事部一等秘书李成元以及来自21所巴黎华文教育单位的华文教师。

开课仪式结束后，授课老师章文分享了一节精彩的“口语教学法”直播课。除此以外，巴黎地区此次选择的课程还有“趣味汉字教学”“幼儿课堂教学”“中文教学示范课”等。

（13）“华文教师完美远程培训”在墨西哥举办

2016年12月18日，由中国华文教育基金会主办、北京四中网校承办、完美（中国）有限公司资助的“华文教师完美远程培训”墨西哥开课仪式在北京四中网校与玛雅文化发源地墨西哥梅里达市同时举行。

出席此次开课仪式的有中国华文教育基金会项目二部主任李晓梅、北京四中网校副校长刘开朝等、北京语言大学教师章文、墨西哥尤卡坦半岛华侨中文学校校长白义等领导、墨西哥南方大学副校长伊尔玛丹妮耶拉·维西诺塞万提斯以及来自这两所学校的 30 位教师。

白义校长介绍，墨西哥尤卡坦半岛华侨中文学校是墨西哥尤卡坦半岛华人华侨联合会于 2014 年创办的一所公益性学校。此次远程培训利用网络直播平台高效、快捷、方便的特点，促进华文教育的进一步发展。

开课仪式结束后，授课老师章文与墨西哥的华文教师们分享了“中文教学示范课”直播课。除此以外，墨西哥方面此次选择的课程还有“趣味汉字教学”“汉语语音教学”“古诗新唱”“课堂活动技巧设置”等。

7. 综合性教师培训

（1）“2016 海外华文教师云南培训班”开班

2016 年 3 月 16 日，由中国华文教育基金会主办、云南省侨办承办、昆明华文学校协办、经纬置地有限公司资助的“2016 海外华文教师云南培训班”在昆明华文学校开班。中国华文教育基金会副秘书长方文国、联络宣传部副主任张彦，云南省侨办文化教育处高厘原调研员，以及昆明华文学校张明军校长、陈娜副校长出席开班仪式。

此次共 20 名学员参加培训，他们在为期 10 天的学习中进行普通话、备课与教案设计、课堂教学技巧、课件制作、汉语语法教学、汉语词汇教学等 12 门课程的培训。

（2）“海外红烛故乡行——瓯越文化之旅”活动在浙江温州启动

2016 年 4 月 6 日，来自意大利、西班牙、法国、荷兰、奥地利 5 个国家的近 20 位热心华文教育人士和长期在海外从事华文教育事业的校长、教师，齐聚温州市外侨办，参加“温州华文教育基金”成立和“海外华校蒲公英图书室”授牌仪式，拉开 2016 年温州侨界“海外红烛故乡行——瓯越文化之旅”活动的序幕。

这些海外温籍华文教育界人士走进温州少年艺术学校，参观校园、教学楼和校史陈列室等，并在华文班课堂观摩了一堂中文课。在随后 3 天的行程中，来宾们深入永嘉、文成两地，参观芙蓉古村、苍坡古村、丽水街和永嘉书院，游览百丈漈，走访刘基故里，领略温州特有的山水和人文景观。

（3）海外华文教师河北研修班在衡水第一中学举办

2016 年 4 月 18 日，河北省侨联举办 2016 年海外华文教师河北研修班，经泰国华文教师公会推荐的来自 14 所泰国学校的 15 名优秀华文教师参加了本期研修班。开班仪式在衡水第一中学举行，河北省侨联副主席兼秘书长封燕燕、副巡视员高琪及衡水第一中学校长张文茂等出席开班仪式，衡水市侨联主席王丙树主持。

研修班为期10天，老师们在衡水第一中学观摩了学生课间操、语文课、历史课、心理健康课、音乐鉴赏课、团活课、艺体学生训练，并分别与各学科老师座谈交流，与学生们畅谈互动；参观了校史展室、图书馆、教学楼、学生宿舍、食堂等；观看了“2016河北省学校普及高雅艺术活动”河北省交响乐团演出的音乐会；参观了习三内画博物馆、沧州市博物馆、吴桥杂技大世界、邯郸市博物馆、磁州窑遗址和博物馆、杨露禅故居、武氏太极学院、柏林禅寺、赵州桥，了解沧州、邯郸市历史文化，现场学习内画艺术和太极文化，感受杂技、剪纸艺术、磁州窑文化独特魅力。

（4）泰华文民校联谊会华文师资研修班在福建南平举办

2016年4月19日，由福建省侨办主办、南平市外侨办和武夷学院联合承办的“2016年泰国南部华文民校联谊会华文师资福建研修班”在武夷学院举行开班仪式。福建省侨办文宣处处长齐志、南平市外侨办副主任吴建华、武夷学院党委副书记姚进生，以及来自泰国15个华教机构和华文民校的40名校董、校长和华文教师参加。

此次研修活动于4月16日至23日举办，为期8天，开设中国传统文化、教育管理、教育心理学、课堂教学观摩等精品课程，同时安排福建海丝文化、朱子文化、茶文化等精彩体验。活动团组由泰国南部华文民校联谊会组织。

（5）缅甸华文教师培训班在云南曲靖开班

2016年5月19日，由中国海外交流协会暨云南省海外交流协会主办、云南省曲靖市政府外侨办和曲靖师范学院承办的2016年缅甸华文教师培训班在曲靖师范学院开班。曲靖市委常委、常务副市长傅学宾，曲靖师范学院院长浦虹，云南省侨办文化教育处高厘原处长等领导以及参加此次培训班的41位缅甸教师出席活动。

此次培训班为期16天，主要以实用性课程来提高华文教师的教学技能。培训班邀请了曲靖中小学9位专家和骨干教师授课，课程主要涉及中小学语文和数学的课堂教学技能、计算机运用、中华传统文化体验及教学实践观摩等研修领域。

（6）海外华文教师天津培训班结业

2016年5月19日，由中国华文教育基金会主办、天津市侨办承办，经纬置地有限公司资助的“2016海外华文教师天津培训班”在天津国际汉语学院结业。来自印度尼西亚的20名华文教师参加了此次为期10天的培训。天津市侨办副主任陈永义、对外宣传联络处处长于欣宜、中国华文教育基金会联络宣传部副主任张彦、天津国际汉语学院院长赵红弢等领导出席结业仪式。

此次培训班针对“口语难”这一教学难题，开设实用的“新汉语”教学法课程，涵盖普通话正音、国际汉语教学法等内容。通过考核后，全体受训华文教师获得了由国家语言文字工作委员会颁发的汉语口语水平测试等级证书。

(7) 马来西亚中学华文教师研修班在福建开班

2016 年 5 月 30 日，马来西亚中学华文教师研修班在武夷学院举行开班仪式。福建省侨办文宣处处长齐志、南平市外侨办副主任吴建华、武夷学院副校长吴承祯等领导出席活动。该研修班为期 9 天，研修内容主要为汉语教学法及中华文化专题。

(8)“海外华文教师上海培训班”在上海开班

2016 年 6 月 1 日，由中国华文教育基金会主办、上海市侨办承办、华东师范大学对外汉语学院协办、经纬置地有限公司资助的“2016 海外华文教师上海培训班”在华东师范大学对外汉语学院开班。来自美国、加拿大、澳大利亚、马来西亚的 19 名华文教师开展为期两周的培训。华东师范大学对外汉语学院党委书记黄薇、院长吴勇毅和上海市侨办代表韩流出席开班仪式。

此次培训班的教学课程包括语文、数学、汉字、语言课堂教学技巧和少年儿童心理等；文化课程包括电影品论、昆曲欣赏、中医养生、中国发展模式介绍等；实践课程包括参观中福会少年宫、宋庆龄学校、上海开放大学等。课堂讲座内容涵盖面广，实用性强，形式活泼有趣，参观的学校从幼儿园到大学，包括了所有参训教师的教学对象。

(9)“2016 亚洲华文教师北京培训班”在北京师范大学开班

2016 年 6 月 5 日，由中国华文教育基金会主办、北京师范大学汉语文化学院承办、完美（中国）有限公司资助的“2016 亚洲华文教师北京培训班”在北京师范大学开班。中国华文教育基金会项目二部主任李晓梅、北京师范大学汉语文化学院执行院长朱瑞平以及 35 名华文教师参加了开班仪式。

朱瑞平在致辞中表示，北京师范大学作为师资培训的最高学府，将精心打造每一节培训课程，给参训老师带来汉语教学最完美的培训。北京师范大学汉语文化学院前任院长、中国十佳对外汉语教师张和生教授与北京师范大学优秀教师吕俞辉教授等国内专家一起为学员设计了汉语语音、语法、词汇、汉字的基础知识与教学技巧以及中华文化精要、多媒体教育资源与应用、课堂教学活动设计、中华才艺（中国扇面画、珠心算、八段锦）等课程。

(10)“华文教育·教师研习”印度尼西亚班在北京华文学院开班

2016 年 6 月 20 日，由中国海外交流协会主办、北京华文学院承办的 2016 年“华文教育·教师研习”印度尼西亚班开班式在北京华文学院阜成门校区举行。北京华文学院院长周虹、中国海外交流协会文化交流部华文教育发展中心副处长王匡廷等领导和 60 多名印度尼西亚华文教师出席了开班式。

(11) 印度尼西亚华裔中文教师团赴广东梅州学习

2016 年 6 月 20 日，广东省梅州市首次于嘉应学院开展为期一周的印度尼西亚华裔中文教师团学习活动。此次活动由梅州市外事侨务局与印度尼西亚万隆客属联谊会协商创办，嘉应学院及梅江区、梅县区外事侨务局协办，学习班成员在中国的所有费用均由梅州市外事侨务局筹资解决。活动旨在通过活动让印度尼西亚华裔教师体验学习客家知识和文化，带动印度尼西亚华裔学子了解客家。

教师团由 20 名 30 岁到 60 岁的印度尼西亚万隆客属联谊会崇德三语学校的华裔中文教师组成，其中 90% 为梅州客家人的后代。在梅州期间，教师团在嘉应学院系统学习客家文化和方言，并走进山歌剧团学唱客家山歌，到广东蕉岭玉纯酒业有限公司学习客家酿酒制作，参观游览梅县区南口镇侨乡村、丰顺县大峡谷，以及到客家博物馆、东山教育基地、客天下等地了解客家民俗风情，学习客家知识。

（12）老挝华文教师金辉江苏培训班在晓庄学院开班

2016 年 7 月 12 日，2016 年海外华文教师金辉江苏培训班在南京晓庄学院开班。培训班由中国华文教育基金会主办，江苏省侨办和南京晓庄学院共同承办。来自老挝的 21 名华文教师参加培训，培训为期 10 天。

江苏省侨办文宣处处长朱杰、中国华文教育基金会项目二部项目主管肖领、南京晓庄学院海外教育学院院长王静萍等出席开班仪式。据朱杰介绍，江苏每年培训海外华文教师 200 位左右，培训学生 1000 人左右，每年分三四个批次进行培训。培训对象主要来自印度尼西亚、泰国、马来西亚、老挝等东南亚国家。

（13）缅甸腊戍八莫华校教师到云南保山培训

2016 年 8 月初，由中国海外交流协会暨云南省海外交流协会主办，云南省保山市侨办承办的 2016 年缅甸腊戍八莫华校教师保山培训班开班典礼在保山举行。来自缅甸腊戍、八莫、木姐地区的 100 名华校老师到保山参加培训。

云南保山市侨办副主任郑洪光致辞，对缅甸华校教师的到来表示热烈欢迎。杨振拔、屈丰忠、邵曰万老师分别作为腊戍、木姐、八莫地区参训教师进行发言。

本期培训班邀请隆阳区教师进修学校的专家为华文教师授课，重点讲授了“中学教材教学法”“小学数学课程标准”“小学语文课程标准”“教育心理学”“教师授课六大技能”“计算机技能”“普通话”等课程。

（14）“华文教育·教师研习”日本班在北京华文学院开班

2016 年 8 月 2 日，由国务院侨办主办、北京华文学院承办的 2016 年“华文教育·教师研习”日本班在北京华文学院阜成门校区举行开班仪式。国务院侨办文化司副司长汤翠英、北京华文学院院长助理曹正国、国务院侨办文化司华教中心副处长王匡廷、日本横滨山手中华学校校长张岩松与来自日本神户中华同文学校、横滨山手中华学校的 16 位参训教师出席了开班仪式。

开班仪式结束后，国务院侨办文化司领导与日本华文教师进行了座谈。两校教师就华文教师师资培训、中文教材编写、小学数学教材的使用、如何发挥“华文教育示范学校”作用等问题提出了想法和建议。

（15）缅甸华文教师在云南昭通学院进行教学培训

2016 年 8 月 5 日，缅甸的 48 名华文教师在云南昭通学院启动为期 16 天的教学培训。

此次培训的内容包括九年制义务教育标准，小学语文、数学教材教法，备课、说课、评课技能，中国历史文化和民族歌曲等，其间还组织参训教师到大关黄连河、豆沙古镇、龙氏家祠等地进行文化考察。

（16）海外华文教师培训班在浙江温州开班

2016 年 8 月 20 日，由浙江省温州市外侨办主办的海外华文教师培训班开班。来自意大利、西班牙的 20 余位海外温籍华校校长和华文教师以及外派教师参加培训。

此次培训为期 4 天，着重根据新华文教师教学经验不足和教学实际操作过程中容易遇到的问题，进行有针对性的培训。杭州天长小学校长楼朝晖、2013 年温州外派教师陈秀娟分别为培训学员进行了《国内语文教材修订趋势对华文教育的启示》和《全球化、中国梦与华文教育》两场专题讲座。

（17）宁夏举办“海外红烛故乡行”走进宁夏活动

2016 年 8 月 23 日，“海外红烛故乡行”走进宁夏活动在银川启动。来自德国、澳大利亚、匈牙利、泰国、越南等国家的 20 位资深华文教师，在宁夏开展为期 10 天的活动。

近年来，由中国华文教育基金会主办、宁夏回族自治区外侨办承办的“海外红烛故乡行”走进宁夏、海外华文教师培训班等活动，成为海外华人、华侨了解宁夏、联络感情的良好平台。

（18）缅甸华文教师在云南参加教学技能培训

2016 年 9 月 7 日，缅甸华文教师培训班在云南昆明开班。来自缅甸 50 多所华文学校的 100 名教师在云南进行为期 1 个月的教学技能培训。

在开班仪式上，云南省侨办副主任胡明学对 100 名华文教师的到来表示欢迎，并希望能够通过 1 个月的系统培训，切实提高老师们的教学水平和管理能力。

国务院侨办文化司华教中心王匡廷对参加此次培训的华文教师寄予了热切的期望，他希望参与培训的老师获得理论和实践的双重提升，为中国优秀文化在海外的传播做出更大的贡献。

此次培训班由国务院侨办主办，国务院侨办文化司与云南省侨办共同承办。培训课程涉及汉语拼音教学法、教学实践、集体备课等内容，培训老师还参加了教学观摩以及文化考察活动。

近年来，云南省侨办采取“走出去”和“请进来”培训的方式，培训了众多海外本土化教师，成为传播中华文化的主力军。

（19）海外华文教师培训班在贵州师范学院举办

2016 年 9 月 13 日，由中国华文教育基金会主办、贵州省侨办承办、贵州师范学院协办、完美（中国）有限公司资助的“2016 中国华文教育基金会海外华文教师贵州培训班”开班仪式在贵州师范学院举行。来自印度尼西亚、马来西亚、泰国、韩国、澳大利亚、英国的 17 位学员参加培训。

此次培训班为期 10 天，为学员们安排了对外汉语教学法、现代汉语语法知识、汉语听说教学法、中国书法等课程，并组织他们参观孔学堂、青岩古镇、西江苗寨、黄果树瀑布等，领略贵州自然景观和民族文化的多彩魅力。

（20）江苏举办 2016“华文教育·优秀教师和资深教师华夏行”活动

2016 年 9 月 21 日，由国务院侨办主办、江苏省侨办承办的 2016“华文教育·优秀教师和资深教师华夏行”在江苏举行。近百位在海外从教 20 年以上的资深和优秀华文教师参加活动。活动旨在通过游教结合的方式，加深海外华文老师对祖（籍）国历史文化的深入理解，提高教学技能。

在为期 8 天的活动中，江苏省侨办注重发挥华文教育基地的作用，文宣处会同南京晓庄学院、南京市浦口区行知教育集团、南京凤凰母语教育研究所等单位多次研究教学计划，遴选拥有丰富对外交流经验的优秀中文教育专家组织授课。

授课内容包括中华历史文化讲座和中文教学技能培训，以及立足艰苦岗位投身教育事业的励志宣讲等。

（21）陕西师范大学举办海外华文教师培训班

2016 年 10 月 10 日，由中国华文教育基金会主办、陕西师范大学承办的“2016 海外华文教师陕西培训班”开班授课。此次培训授课周期为 10 天，包括中文教学技巧与方法、汉字与汉字中的文化、古典诗词赏析及教学、丝绸之路与中西文化交流等讲座，以及手工剪纸、太极拳等文化体验课程。承办方还安排学员们参观兵马俑、华清池、大雁塔、陕西历史博物馆、西安城墙、碑林博物馆、关中民俗博物院等文化点。

（22）“2016 海外华文教师湖北培训班”在华中师范大学举办

2016 年 11 月 29 日，由中国华文教育基金会主办、湖北省外事侨办承办、华中师范大学华文教育基地协办、经纬置地有限公司资助的“2016 海外华文教师湖北培训班”在华中师范大学开班。参加培训班的 20 位海外华文教师分别来自马来西亚、泰国、新加坡、韩国。

学员们接受了汉语语音、珠心算教学、教育心理学、小学语文阅读素养、硬笔书法与汉字教学、初中级现代汉语写作等课程培训，并参加楚文化、中国茶道、当代中国青年文化、中国古琴等文化项目的学习和考察。

8. 幼儿教师培养

（1）广东举办第13期海外华文幼师培训班

2016年10月14日，由国务院侨办、中国海外交流协会主办，广东省侨办、广东省海外交流协会承办的第13期华文幼师培训班在广州市幼儿师范学校举行开班仪式。广东省侨办副主任郑建民等嘉宾和来自印度尼西亚、泰国、柬埔寨等国家的56名学员出席了开班仪式。

郑建民在致辞中回顾了华文幼师培训班的办学历程，勉励学员珍惜难得的学习机会，希望大家用一年的时间刻苦学习，特别是认真学好三方面知识：一要学习好汉语，不断提高中文水平；二要学好幼教技能技巧，提高幼儿教学的实践能力；三要学好中华文化知识，加深对中华文化的了解。争取做一名合格的华文幼儿老师，为居住国的幼儿华文教育做贡献。

从2004年至今，广东省侨办、广东省海外交流协会已成功承办12期海外华文幼儿师范培训班，为世界各国特别是东南亚各国培养了800多名华语幼师专业人才，有效地缓解了海外华文教育师资缺乏的困境，促进了华文教育的发展。

（2）福建省举办马来西亚华文幼儿教师研修班

2016年11月30日，由福建省侨办主办、福建师范大学承办、福建省海外华文教育发展中心协办的“2016年马来西亚华文幼儿教师研修班”在福建师范大学国际学术交流中心举行开班仪式。福建省侨办文宣处调研员秦大富、福建师范大学教育学院院长连榕等领导以及来自马来西亚的30名华文幼儿教师和新纪元学院教育系学生代表参加。

此次研修活动于11月29日至12月12日举办，为期14天，设置中国传统文化、幼儿教育心理学等课程，并安排海丝文化等精彩体验。

（三）境外华文教育师资培养

1. 国务院侨办、中国华文教育基金会名师巡讲系列活动

（1）名师巡讲团赴澳大利亚培训双语双文化师资人才

由国务院侨办派遣的中国名师巡讲团，于2016年3月6日在澳大利亚悉尼南海

传媒有限公司展厅举办了全天师资培训讲座活动。此次活动由中国驻悉尼总领馆委托澳大利亚中文学校联合会承办，旨在加快培养双语双文化师资人才，提升海外华文学校的教学质量。专家讲学团由国务院侨办文化司王匡廷担任领队，成员有华中师范大学附属小学校长、特级教师沈爱华，暨南大学文学院历史系教授勾利军，以及暨南大学附属第一医院副主任医师兼副教授赵长鹰。活动受到当地中文教师们的热烈欢迎，与会者达 130 余人。

此次讲座还邀请了 Chatswood 公立高中语言学习系主任吕崇伟老师，介绍本地 HSC 中文考试 Heritage 课程的现状，探讨帮助学生提高学习此项课程效果的措施。来自丰华中文学校的许易校长，也在会上介绍了编撰适合澳大利亚本土 Heritage 课程高中中文教材的近况。澳大利亚中文学校联合会全程录制课程内容，供更多未能亲临现场的老师观摩。

（2）国务院侨办专家巡讲团莅临菲律宾讲学

2016 年 3 月 16 日至 19 日，中国国务院侨办吉林省专家巡讲团一行 4 人，在菲律宾华教中心郝海庭主任的带领下，莅临大马尼拉华教协会、怡省毓侨中学、碧瑶等地进行专家讲座。专家巡讲团由吉林省侨办李广赫主任带队，来自吉林的樊颖副教授、杨娜副校长、赵晶老师主讲了华文教学的相关内容。杨娜以“行走在语文教学的路上”为主题，对小学识字教学进行了细致的解说，从语言教学的流派及辅助教学方法角度对华语教学进行了深度分析。樊颖从第二语言教学的课程设置及汉语教学模式的发展变迁等方面，结合菲律宾华语教学实际，进行了有趣的例解。

（3）名师巡讲团赴英国曼城中文学校培训教师

2016 年 5 月，国务院侨办名师巡讲团一行纵穿英伦南北，先后在北爱尔兰、格拉斯哥、曼彻斯特、伯明翰及伦敦进行英国中文学校教师培训。

此次培训活动由国务院侨办派出资深教授和高级教师到英国为华文教师讲解先进的教学理念及教学方法，介绍中国文化背景及知识。英国中文教育促进会受中国国务院侨办委托，承办了 2016 年第九届国内专家名师团赴英华文教师培训，并为此做了精心安排。

（4）华文教育名师亚洲巡讲团赴蒙古开展教学交流活动

2016 年 6 月 10 日，由中国华文教育基金会主办，广东省中山市外事侨务局承办，中山市石岐中心小学、蒙古旅蒙华侨蒙中友谊学校协办，完美（中国）有限公司资助的“2016 华文教育名师亚洲巡讲团”一行到赴蒙古开展教学交流活动。

（5）华文教育名师亚洲巡讲团赴韩国开展教学交流活动

2016 年 6 月 13 日，由中国华文教育基金会主办，广东省中山市外事侨务局、中山市石岐中心小学、韩国光州全南中国侨民学院中国华侨学校联合承办，完美（中国）有限公司资助的“2016 华文教育名师亚洲巡讲团”一行到韩国进行华文教育巡讲。

（6）华文教育名师亚洲巡讲团走进日本

2016 年 6 月 18 日，中国华文教育基金会名师亚洲巡讲团到日本同源中文学校进行华文教育巡讲。同源学校的 27 名中文教师以及 CJC 中国语学校的 4 名老师参加了此次培训。

同源中文学校现有 900 多名学生，60 多个班级，30 多名中英文教师。有舞蹈班、合唱团、书画班、英文班，还准备开办武术班，尽可能地为学生们提供使用和展示中文的平台，以激励学生学习中文。同源中文学校理事长杨林介绍了同源学校“教书育人”的理念和现状，还谈到了同源中文学校建校 20 周年之后面临的新目标和新课题，并诚恳基金会和同行给予建议和支援。

（7）“华文教育·名师巡讲”美国中线团赴美国讲学

2016 年 8 月中旬，由中国海外交流协会主办、广东省海外交流协会承办、全美中文学校协会协办的“华文教育·名师巡讲”美国中线团专家们分别赴俄亥俄州克利夫兰、密歇根州底特律和明尼苏达州明尼阿波利斯等四州五站讲学。

8 月 13 日至 14 日，巡讲团分别在美国密苏里州圣路易斯市和俄亥俄州哥伦布市进行了两场讲学活动。8 月 16 日至 17 日，巡讲团赴克利夫兰进行讲学活动。在克利夫兰当代中文学校，41 位一线华文教师在克利夫兰当代中国文化中心参加培训并获证书。8 月 20 日至 21 日，巡讲团分别在美国密歇根州和明尼苏达州明尼阿波利斯市进行了两场讲学活动。

来自美国密苏里、俄亥俄、密歇根和明尼苏达地区 20 余所华校的 261 名一线华文教师踊跃参加并获得培训证书。

（8）“华文教育·名师巡讲团”赴缅甸曼德勒举办活动

2016 年 8 月 11 日至 15 日，由中国海外交流协会主办、福建省海外交流协会与缅甸曼德勒福庆学校共同承办的 2016 年“华文教育·名师巡讲团”巡讲在缅甸曼德勒福庆学校举行，缅甸曼德勒福建同乡会黄鹏飞理事长与曼德勒福庆学校李祖清校长出席巡讲活动。来自曼德勒华文学校的 50 位华文教师参加此次培训。

在 5 天的巡讲活动中，老师们为曼德勒华校老师讲授中华文化、青少年心理学与汉语基础知识与小学汉语教学法，受到当地华校教师以及缅甸学生的热烈欢迎，包括当地寺庙学校教师以及缅甸外国语大学的学生都前来参加学习。

此次华文教育名师巡讲团先后赴缅甸曼德勒和东枝开展培训活动。

（9）“华文教育·名师巡讲团”赴美国费城地区进行中文教师培训

2016 年 9 月 6 日，由中国海外交流协会主办、全美中文学校协会和费城地区中文学校联合会联合承办的“2016 年中国海外交流协会名师巡讲团费城地区中文教师培训”在宾州 Upper Merion 高中礼堂举行。

名师巡讲团成员由华侨大学研究生院院长王丽霞教授、延边大学孙惠欣教授和北京师范大学实验小学高级语文教师刘媛老师组成。培训内容包括：跨文化传播的话语影响力、教师职业口语的含义和特点、学科实践活动背景下的语文新思考。华夏中文学校总校校长、教务长和中文老师等近 40 人参加了培训。

（10）名师巡讲团赴西班牙巴塞罗那开展培训工作

2016 年 10 月 25 日至 26 日，由中国华文教育基金会组织的“名师巡讲团”对巴塞罗那华文学校开展为期 2 天的培训活动。中国驻巴塞罗那副总领事唐凌云出席当地华校为巡讲团举办的欢迎仪式并致辞。

巡讲团由温州大学国际合作学院、杭州市金城外国语小学、温州少年艺术学校的专家组成，他们分别讲授了华文教育发展、提升教育品质和中文授课方法等内容。加泰罗尼亚自治区华文学校校长、教师等近 40 人参加了培训。培训期间，西班牙温州总商会接待了“名师巡讲团”一行。

（11）“华文教育·名师巡讲团”赴菲律宾讲学

2016 年 8 月 24 日至 9 月 4 日，由中国海外交流协会主办、山东省海外交流协会承办的 2016“华文教育·名师巡讲团”赴菲专家讲学活动，在菲律宾马尼拉和树立殳举办。菲律宾华教中心常务副主席黄端铭、大马尼拉华教协会会长蔡蕊沓、棉兰老华教协会会长王建生、树立殳孙逸仙小学董事会副董事长林瑞权等出席开班仪式并致辞，两地 30 所华校的 320 余位华文教师参加培训。

来自山东大学的张卫东、马道伟、孙建风等专家，分别做了《幼儿园语言集体教学活动的组织与实施》《呵护心灵，健康成长——青少年心理健康教育》《各个击破，全面提高——小学语文阅读写作专项训练指导》等专题讲座。他们结合丰富的工作经验，用生动的语言、形象的案例和多样化的教学形式进行演示，受到广大华文教师一致好评。

在菲期间，巡讲团还走访了务端信心学校等多所华校，与校董事会及校领导进行座谈交流、看望外派教师，深入了解当地华文教育情况，拜访了菲律宾晋江同乡总会等侨社团及华教组织，向他们宣传山东及齐鲁文化，邀请他们组团到山东考察，并就合作开展外派教师、“中国寻根之旅”夏令营和师资培训等华文教育工作进行了交流探讨。

（12）“中华武术·名师巡讲”活动印度尼西亚楠榜开班

2016 年 9 月 17 日，由中国海外交流协会主办，河南省海外交流协会、印度尼西亚全国华文教育协调机构联合秘书处、楠榜华文教育协调机构和楠榜武术协会承办的

“中华武术·名师巡讲”活动在印度尼西亚楠榜省开班，首日即吸引当地200多名武术爱好者参加。

此次活动也是中国海外交流协会第一次举办以中华武术为主题的名师巡讲培训活动，因此，专门委托中华少林武术文化之乡、中国太极拳发源地河南省承办。河南省海外交流协会从郑州大学、河南警察学院遴选了3名理论功底深厚、技术精湛的老师赴印度尼西亚讲学，并就太极和健身气功、少林拳术、刀剑器械等内容展开教学培训。

(13) 名师巡讲团赴北美讲学

2016年9月23日至28日，由中国华文教育基金会主办、广东省中山市外事侨务局承办、广东省中山市纪念中学协办、完美（中国）有限公司资助的“2016华文教育·名师北美洲巡讲团”赴加拿大、美国、墨西哥讲学。

巡讲团成员有中国华文教育基金会联络宣传部副主任张彦，广东省中山市教育教学研究室副主任陈春艳，中山市纪念中学副校长向琴以及王金泉、张洁、李竞成、罗文斌等授课教师。

9月23日，巡讲团抵达加拿大多伦多Saint－Robert天主教中学，开始了巡讲团的首场讲座。9月25日，巡讲团到位于纽约白原高中的大纽约华夏中文学校讲学。9月28日，巡讲团到墨西哥尤卡坦半岛华侨中文学校，继续进行华文教育巡讲教学。

讲学过程中，中山市教育教学研究室陈春艳副主任主讲《趣味记字法例谈》，中山纪念中学张洁老师主讲《连词成句——激发写作兴趣例谈》，李竞成老师主讲《中国国画之美》，罗文斌和张洁共同主讲《如何激发学习汉语的兴趣》。

(14) 名师巡讲团赴大洋洲讲学培训

2016年10月12日，由中国华文教育基金会主办，广东省中山市外事侨务局、中山市华侨中学承办，完美（中国）有限公司资助的2016年“华文教育·名师大洋洲巡讲团”，完成澳大利亚、斐济、新西兰讲学交流任务。

此次巡讲团由中国华文教育基金会办公室主任徐婷婷担任团长，中山市教育和体育局基础教育科副科长黄建章和中国华文教育基金会项目二部项目主管肖领带队，中山市华侨中学的汤杰、徐艳波、郑智慧、张秋香4位教师作为主讲成员，先后在澳大利亚堪培拉标准中文学校、斐济苏瓦和新西兰奥克兰市St Peter's College为当地华文教师作汉语教学法的专题讲学和培训。培训内容包括“汉语课堂教学激情引趣法”“如何引导学生积累词汇和提升写作能力”“中华文化典故与汉语课堂教学相融合”“趣味学汉语”。

(15) 名师欧洲巡讲团赴葡萄牙里斯本巡讲

2016年10月23日，由中国华文教育基金会主办、浙江省外侨办承办、温籍侨领孙小敏资助的“2016 华文教育·名师欧洲巡讲团”走进葡萄牙里斯本中文学校，为该校全体老师做专题报告，交流教育教学技巧。

温州大学国际合作学院院长严晓鹏等一行分别以《华文教育现状和趋势》《打造有品质教育》《简简单单教中文》为题，从华文教育理论研究、办学理念、教学技巧等不同层面，传授了华文教育趋势、品质教育、中文教学的理念、经验和技巧。

（16）名师巡讲团赴欧洲三国进行师资培训

由中国华文教育基金会主办，中山市外事侨务局、中山市教育和体育局、中山市第一中学承办，完美（中国）有限公司资助的“2016 华文教育·名师欧洲巡讲团（英国、丹麦、瑞典）”，于 2016 年 10 月 22 日至 10 月 30 日在欧洲三国开展对华文教师的培训。来自英国豪士罗中文学校、瑞典新星学校以及丹麦华人总会中文学校等单位的 500 多位华文教师参加了此次师资培训与交流活动。

在英国期间，英国中文教育促进会会长伍善雄率领来自英国 66 所华文学校的教师参加了培训。中山一中程有圣等 3 位教师主讲的《激发华文学习兴趣，弘扬中华优秀文化》《中国画基础》《快乐阅读，趣享华文魅力》专题讲座，以及来源于教学一线的经验，为当地华文教师提供了实例和行之有效的方法。巡讲团一行还应邀出席了英国华文教师节十六周年庆典暨优秀教师表彰大会。

巡讲团第二站到达丹麦首都哥本哈根，哥本哈根华人总会会长林燕标带领 3 所中文学校的教师代表参加了培训座谈。巡讲团教师结合自己的教学经验与当地华文教师进行了深度交流。中国驻丹麦大使刘碧伟在使馆会见了巡讲团一行。刘大使详细介绍了丹麦文化特色以及旅丹侨社建设和华文教育发展情况，并就如何进一步做好华文教育工作与巡讲团进行了磋商。

巡讲团最后一站是瑞典首都斯德哥尔摩。活动在瑞典新星中文学校举行，来自瑞典新星、瑞京、瑞青等中文学校的教师参加了培训。巡讲团教师举办了讲座和示范课。两位教师的讲座介绍了拼音字技巧以及中山市第一中学开展的中华文化传承的各种方法，并向在场的华文教师推荐了一些阅读书目。中国驻瑞典大使馆领事部主任郭延航全程听课。

培训期间，李晓梅代表基金会分别向三地的华文学校赠送了新教材及配套使用的点读笔，帮助其利用现代技术更便捷地做好华文教学工作。

（17）名师巡讲团走进葡萄牙、西班牙

2016 年 10 月 22 日至 30 日，由中国华文教育基金会主办、浙江省外侨办承办、新温州贸易有限公司董事长孙小敏先生资助的“2016 名师欧洲巡讲团”走进葡萄牙、西班牙，为两国三地近 20 所华文学校老师举办了 9 场专题报告会并开设了观摩课。

在葡萄牙里斯本，巡讲团成员深入了解当地华文学校开展华文教育的情况，结合实际为里斯本中文学校40多位老师带去精彩巡讲。温州大学国际合作学院院长严晓鹏、杭州金成外国语小学校长孙小芙、温州少年艺术学校副校长张静分别以《华文教育现状和趋势》《打造有品质教育》《简简单单教中文》为题，从华文教育理论研究、办学理念、教学技巧等不同层面分析了华文教育趋势，传授了品质教育、中文教学的理念、经验和技巧，为老师们如何更实际教好华文打开思路、提供借鉴。

在巴塞罗那，Mataro纺织子女小学、中加华文学校等11所华文学校的50多位教师听取了专家们的巡讲。在马德里，张静副校长为当地学生和老师上了一堂生动的示范课。

此次巡讲活动，得到中国驻西班牙使领馆的高度重视和支持，还得到了葡萄牙中华总商会、里斯本华人工商会、西班牙华侨华人协会、西班牙温州总商会等当地侨团的热烈欢迎和盛情接待。

（18）“华文教育·名师巡讲”专家赴泰国清迈培训教师

2016年10月29日，国务院侨办文化司联合崇华新生华立学校举办“华文教育·名师巡讲”华文教师培训会。中国驻清迈总领馆总领事任义生、国务院侨办华文教育发展中心谢国桥主任、崇华新生华立基金会主席关复兴先生、来自安徽重点中学和大学的名师巡讲团专家以及崇华新生华立学校领导、中文部51位中文老师出席了此次培训会。

此次培训会为期2天，培训内容由“中小学语文教学技巧”“中国文化概述”“中小学数学式教育思维”“中国书法艺术”四大块组成，其间还有“发散性教学心得讨论”环节，让参加培训的老师与巡讲老师们互相讨论、资源共享。

（19）名师巡讲团赴南非开普敦举办讲座

2016年11月初，由国务院侨办组团的“名师巡讲团”为南非开普敦中文教育机构进行中文教学培训。开普敦中国国际学校校长武长虹及开普敦大学孔子学院、斯坦陵布什大学孔子学院等中文教育机构教师30余人参加。

来自北京师范大学文学院、心理学院及附属实验小学的巡讲团各位教师，从学生心理发展与引导、文字教学与兴趣激发、中国传统文化中的教育思想等不同角度，进行中文教育专题讲座，以专业理论和丰富的案例实践，为与会者奉上精彩的培训。讲座结束后，巡讲团团长王森向参训教师颁发培训证书。

（20）名师巡讲团赴南美洲讲学

2016年11月7日，由中国华文教育基金会主办，中山市外事侨务局、中山市实验小学承办，完美（中国）有限公司资助的“2016中国华文教育基金会名师南美洲巡讲团”到此次巡讲的第一站——巴拿马开展讲学培训活动。中国驻巴拿马代表处代表王卫华、领事张慧芬，巴拿马仁爱书院校长钟金生，中国华文教育基金会项目二部主任李晓梅，中山市教体局副科长邹远程、中山市实验小学副校长何利、黄曦煜以及中山市实验小学的教学骨干教师和来自巴拿马城3所中文培训机构的华文教师参加了活动。

11月10日，巡讲团到达距离中国最远的国家阿根廷，开展名师巡讲活动。此次活动由阿根廷侨联中文学校承办。巡讲团一行首先出席了中国驻阿根廷大使馆举行的华文教育座谈会，随后在阿根廷侨联中文学校校长刘芳勇和新太阳中西英三语学校中文教学部主任贾微的陪同下，参观了新太阳中西英三语学校。该校是阿根廷第3所开设中文课程的全日制学校，分幼儿园、小学部、成人培训部。在阿根廷侨联中文学校，来自中山市实验小学的陈清玲和胡桂兰老师，分别作了《如何上好写话课》和《浅谈成语故事教学》的专题讲座。两位老师通过生动活泼的案例和听课的老师们分享了日常教学中积累的教学方法。

11月12日，巡讲团最后一站到巴西圣保罗。经中国驻圣保罗总领馆和巴西华人协会圣保罗华助中心教育组的协助，来自圣保罗各中文学校以及外州的中文教师共160多人接受了巡讲团为期2天的教学技能培训。这是巴西各地中文教师首次齐聚一堂参加华文教学培训。

（21）“华文教育·名师巡讲团”赴泰国北部讲学

2016年11月9日，由中国海外交流协会主办、安徽省海外交流协会承办的“华文教育·名师巡讲团”一行，分别在泰北清迈府大谷地教联高级中学、清莱府满星叠地区回鹏中华中学、南邦府公立育华学校、清迈崇华新生华立学校4个教学点进行讲学活动。

巡讲主要内容是关于中国文化、中国书法、中小学语文和数学教学方面的知识，由安徽大学沙宗元等4位老师讲授。在15天的讲学中，主讲老师们根据泰北地区华文教育实际情况，精心制作课件，采用生动讲解、课堂互动等形式，帮助泰北华文老师加深对中国文化、新的教学理念的理解。泰北地区的近200名华文教师参加了此次培训并获得证书。

（22）华文教育名师巡讲团赴法国讲学

国务院侨办华文教育名师巡讲团于2016年11月19日抵达巴黎，与旅法华社座谈交流，并拜访多所中文学校，进行调研考察。

11月21日，巡讲团在首站巴黎开讲，湖南师范大学教授刘湘溶等为巴黎各大华文学校中文教师开课，分别就中华文化、幼儿汉语教学和小学汉语教学法进行专题讲解。

该团此行在法国巴黎、马赛、里昂3座城市为华校教师开讲授课。

2. “华文教师证书”境外培训

（1）奥地利、荷兰举办“华文教师证书”培训班

2016年5月5日至16日，由国务院侨办文化司组团、文化司院校处处长汪会领队、暨南大学华文学院蔡丽等3位老师组成的讲学团，赴奥地利维也纳、荷兰海牙两地进行“华文教师证书”培训与考试工作。此次培训与考证旨在使海外华文教育朝着标准化、正规化和专业化的方向发展。来自两国近30所中文学校的100余名中文教师参加了培训与考试。

（2）马来西亚沙巴州地区“华文教师证书培训班”开班

2016年6月7日，由中国海外交流协会主办、马来西亚沙巴州华小校长协会及沙巴华校教师总会协办的沙巴“华文教师证书培训班”在亚庇雅导卓越小学开班。中国驻哥打基纳巴卢总领馆副总领事孙笑武、沙巴华小校长协会署理主席徐志雄等领导以及来自沙巴州各地华校的36位参训华文教师出席开班仪式。

培训班开设“汉语基础知识”“汉语教学理论与方法”“中华文化专题”等课程，并在结课后进行专业考试，还增设了“华文教学实践”考查，以检验学员的培训成果并展现一线华文教师的教学经验。

（3）老挝“华文教师证书培训班”在万象举办

2016年8月2日，由中国海外交流协会主办、福建省海外交流协会和老挝万象寮都公学联合承办的2016年“华文教师证书培训班”在老挝万象寮都公学开班。福建省海外交流协会讲学团一行4人、万象中华理事会副理事长林俊雄以及30名受训华文教师及工作人员出席开班式。

在为期15天的培训中，华文教师们系统学习了“汉语基础知识”“汉语教学理论与方法”“中华文化专题”等课程，并参加了华文教师证书考试的笔试和面试。

（4）菲律宾第二期“华文教师证书培训班”落幕

2016年11月8日，由国务院侨办主办，四川省外事侨务办、四川大学、菲律宾华教中心共同承办的菲律宾第二期“华文教师证书培训班”在菲律宾怡朗华商学院落幕。四川省外事侨务办、四川大学培训团、菲律宾华教中心、菲律宾怡朗华商学院及全体培训教师出席结业典礼。

结业典礼上，菲律宾怡朗华商学院院长黄华仁对全体学员顺利完成各项培训任务表示祝贺，希望本土教师和外派教师能在以后教学中互相帮助，共同做好华校中文教育。此次培训班在国务院侨办大力支持下，各项工作前期准备充分，培训内容贴近海外华文教师实际需求，培训工作开展顺利。

（5）澳大利亚、新西兰举办“华文教师证书培训班”

2016 年 11 月 17 日，由国务院侨办文化司组团，暨南大学华文学院张金桥教授、梅丽博士、李卫涛博士组成的讲学团，赴澳大利亚墨尔本、新西兰奥克兰，进行“华文教师证书”培训与测试工作。当地 100 余名华文教师参加。

此次培训设置了“汉语基础知识”“汉语教学理论与方法”“中华文化专题”3 门课程，并举行“汉语知识与能力”“汉语教学及中华文化”两个科目的测试。针对学员的疑问，老师们还介绍了“汉语教学实践”考查科目的操作实施办法。

（6）印度尼西亚“华文教师证书培训班”在文桥三语学校举办

2016 年 12 月 26 日，由中国海外交流协会主办，福建省海外交流协会、印度尼西亚全国华文教育协调机构联合秘书处及印度尼西亚文桥三语学校共同承办的印度尼西亚“华文教师证书培训班”在培训地点文桥三语学校举行结业典礼。印度尼西亚巴厘省华文教育统筹机构黄建辉主席、福建省海外交流协会文教部李佳羚、印度尼西亚全国三语协会江睿副主席，以及来自福建师范大学、印度尼西亚文桥三语学校的教师和参加培训的学员们参加了结业典礼。

培训期间，福建省讲学团在授课之余，还把介绍福建省情、清新福建和海丝文化等的相关宣传材料和光盘等资料赠送给印度尼西亚文桥三语学校的教师和参加培训的学员。

3. 海外华校、华教组织华文师资培训

（1）意大利中文学校举办“如何激发学生学习中文的热情”研讨会

为了提升全校教师的课堂教学效率，促进学生全面发展，2016 年 1 月 16 日，意大利佛罗伦萨中文学校举办“如何激发华校学生学习中文的热情”主题研讨会。研讨会邀请王颖倩老师和程雅楠老师做主题发言。

王颖倩老师从学习动机和学习兴趣的关系入手，讲述了社会心理学中工具型动机和融合型动机对激发学生学习中文热情的启示，具体分析了教材中词汇量、难度、大纲覆盖率分配等情况对学生学习中文兴趣的影响，并与大家分享了世界各地华校开展的有关“激发学生学习中文的兴趣”的文化活动。程雅楠老师则结合自身的成长经历和工作实际，畅谈了通过激发兴趣、关注学生和培养成就感三个方面，将有趣生动的教授方式与实际教学目标相结合，帮助学生设定自己的成功目标，激发学生学习中文积极性的成功案例。

佛罗伦萨中文学校校长潘世立指出，许多学生缺乏学习动机，兴趣不高，需要老师在授课的同时，采取灵活多变的方法，激发他们的学习兴趣，增强他们学习的动力。此次研讨会，为全校教师提供了一个相互学习、相互研讨、相互促进、共同提高

的平台，老师们对如何提高学生的学习兴趣有了新的认识，为以后的教学工作提供了更多的思路。

（2）菲律宾晋江同乡总会举办第18次华文教育研习班

2016年1月30日，菲律宾第18届华文教育研习班结业仪式在马尼拉举行，来自马尼拉各华校的校长、主任及华文老师近700人出席结业仪式。中国驻菲律宾大使赵鉴华应邀到会场发表贺词，并向出席仪式的华校代表颁发结业证书。

每年元月是菲律宾马尼拉华校的“华文教育研习季”。菲律宾晋江同乡总会、菲律宾华文学校联合会都会举办华文教育研习班，从1999年开始，至今已举办了18届。马尼拉华文教师通过连续4个周六上午的培训，寻求提高华文教育效率的破解之道。此次华文教育研习班于1月9日在菲律宾侨中学院开幕。中国中山大学副教授、菲律宾亚典耀大学孔子学院中方院长梁广寒博士作题为《中国二十一世纪青年与网络流行文化》的专题报告。1月16日，晋总督导老师张静萍、杜世斌、刘晓燕分别开设《务虚与务实　成就幸福人生》《加强字词教学　铸实华文基础》《幼儿园手指游戏在华语教学中的应用》讲座。1月23日，晋总督导老师徐云、宫玉忠、爱国中学陈晓军主任分别开设《紧扣听说读写　创新五步教学》《华语作文教学探索》《快乐游戏　健康成长》讲座。1月30日，在第18届华文教育研习班结业仪式前，国务院侨办特派专家、四川大学教授王晓路作题为《全球化语境中的中国文化：融合和复兴》专题报告。

与2015年研习班不同的是，2016年的研习分幼儿园、中小学组同时进行。来自广东的外派教师张相、胡汉超、黄素芬、吴瑜全程参与了研习活动，其中黄素芬、吴瑜还带领爱国中学幼儿园学生进行音乐游戏展示，受到观摩老师的好评。

（3）加拿大BC省中文协会举行“猴年春茗会”交流华文教育办学经验

2016年2月14日，加拿大BC省中文协会举办“猴年春茗会”，30多位中文学校校长和教师欢聚一堂，交流信息，共享经验，就华文教育话题畅所欲言。会长王满霞老师致辞。列治文市议员欧泽光博士、市教育局学务委员何锦荣先生，本拿比市议员王白进先生，中文协会顾问欧阳金玲老师，加拿大华人联合总会执行会长牛华先生以及加西侨校联合会会长钱慰曾博士等出席。

席间，专业会计师张明伦先生进行了有关“经营中文学校税务需注意事项”的讲解；协会副会长袁珑女士为大家介绍了“赴华考察观摩交流活动”的注意事项，同时就各校预订下学期《中文》教科书及与《大华商报》联合举办中文园地等事宜作了说明。

（4）缅甸曼德勒云华师范学院深入缅北开展师资培训

为了加强与缅北华文教育协会会员学校的交流与联系，逐步提高华校教师教学水平，受缅北华文教育协会会长暨云华师范学院董事长尚兴玺先生委托，曼德勒云华师范学院副院长宝翠兰深入缅北华校开展华文教师教学技能培训。2016 年 2 月 26 日，宝翠兰副院长抵达当阳孔圣佛经学校，受到当阳华助会张家强理事长、华助会余家正顾问、孔圣学校陈德富副董事长、孔圣学校唐恩发校长和周正强校长等学校领导的热情接待。2 月 27 日，宝翠兰与孔圣学校领导进行交流，了解当地教师的需求和愿望，做好培训前的准备工作。2 月 28 日，宝翠兰在孔圣佛经学校新校区对学校全体华文教师进行教学技能培训。唐恩发校长向全体教师转达缅北华文教育协会会长暨云华师范学院董事长尚兴玺先生对全体教师的关怀，同时向全体教师讲述此次教学培训的意义和纪律要求。

宝翠兰老师开展课堂教学中新课导入、课堂提问、教学讲解、板书设计、教具演示、教学结束及组织教学等技能的培训，同时结合培训内容深入课堂听课，与教师们互相交流和学习，了解缅北华文教学的情况。

（5）意大利佛罗伦萨中文学校召开识字教学研讨会

2016 年 3 月 2 日，意大利佛罗伦萨中文学校全体教师齐聚学校办公室，围绕如何开展低年级学生识字教学进行共同探讨，学习汉字构成及教学规律，探究差异化教学经验方法。教研主题会由郑玉珊与李灵妙两位老师主讲。郑玉珊老师从学生汉字学习习惯出发，进行了差异化教学下的低年级汉字教学方法阐述。李灵妙老师围绕“如何提高学生汉字认知和学习兴趣”，从“归纳学生识字偏误，探索识字教学方向；巧解汉字构成规律，激发学生学习兴趣；善用汉字学习方法，营造汉字学习氛围”三个方面进行阐述。两位老师例证翔实、准备充分的发言，引起现场热烈讨论。与会老师纷纷分享教学经验，探讨教学问题。

（6）英国中文教育促进会举办中文师资培训研讨会

为了增强英国华校的师资力量，贯彻华文教育向标准化、正规化、专业化方向迈进的精神，2016 年 3 月 6 日，由英国中文教育促进会组织，伦敦大学亚非学院、伦敦孔子学院支持，在伦敦大学亚非学院举办了为期 1 天的中文教师师资培训班。来自全英 40 多所中文学校的 130 多位中文老师参加了培训。

此次培训的主题是根据英国华文学校中文教师的特点设计的。第一，运用多种方法提高学生学习中文的兴趣，正确评估学生的中文学习水平；第二，了解英国的中文考试要求，探讨学生听说读写能力发展与教学策略；第三，帮助一线老师们理解高中考试的要求，指导学生写好作文和研究论文。伦敦大学亚非学院中文系的高级讲师宣力和宋连谊博士担任主讲。英国中文教育促进会还特聘中文考试专家、资深中文教师周孟玲老师担任指导作文课题的主讲教授。

当天的培训还邀请到英国中文教育促进会赴北爱尔兰提供教师培训的 3 位主讲老

师来分享他们的教学心得和经验。在 Beths Grammar School 担任中文和法文教师的冷雪年老师，用“学习目的语”与参加培训的老师们互动，再现了一堂高效、轻松、欢快的法文课。Oxford High School 中文教务主任兼雷丁中文学校校长的刘彦老师演示了自己备课的环节：“备人、备书、备方法”。UCL Academy 中文教务主任尹海燕老师，从调动学生学习主动性的角度，展示了自己的课堂设计。

（7）意大利佛罗伦萨中文学校举办阅读教学研讨会

2016 年 3 月 23 日，意大利佛罗伦萨中文学校举办“阅读教学”主题教学研讨会。何荧双老师和许敏老师为此次研讨会的主讲人。

何荧双老师重点介绍了国内目前的阅读教学现状。何荧双老师根据自身的教学体会提出了一些建议，如增加学生的阅读积累，培养学生良好的阅读习惯，同时结合精读、泛读、快读等多种形式来刺激学生的阅读兴趣。此外，教师要注重学生在阅读中发挥想象力、发散思维的能力，鼓励学生“多想、多问”，让学生获得良好的阅读体验。

许敏老师则从海外华文阅读的角度切入，借鉴新加坡华文教学提出“面对学生——激发学生阅读兴趣，强调互动式阅读教学；面对教材——注重文本的教学，结合实际真实阅读；面对课堂——提倡自主阅读教学，提高阅读技能”这三条教学策略。

（8）缅甸曼德勒云华师范学院举办新教师入岗培训

2016 年 3 月 25 日，在加强对全体学生和全体教师进行新学期入学教育的同时，缅甸曼德勒云华师范学院特别对本学期引进的青年教师进行了深入细致的入岗培训。

院长李暾教授讲述了云华师院建院历程、学院教育理念及发展愿景，提出“知晓历史，珍惜当下，投身云华，服务华教”的总体期望，结合实际赠言青年教师“五清”（即“头脑清醒，职责清楚，智能清仓，同事清热，身心清爽”）与青年教师共勉，并就学院加强常规管理、过程管理、目标管理、结果管理提出了工作要求。林林副院长、杨周副院长对青年教师进行了具体细致的培训，并安排原有教师与新教师实行“一对一”的教育教学教研对口培训。

曼德勒云华师范学院坚持“蒙学养正，培根启智；中华底蕴，世界视野”的教育理念，求真务实地推进学院教育教学整体工作取得长足进展。随着云华师范学院的公众认可度及社会知名度的不断提升，新学期开学伊始全校学生总数由上学期 710 人增加到 907 人。为了满足家长及学生进校就读的愿望，学院及时增班扩容，增添教学设备，增加教学人员，并从中国引进教育教学经验丰富的骨干教师和青年大学生，以保证新学期教育教学工作顺利有序开展。

（9）马来西亚华文独中董事基础培训班启动

由槟威华校董事联合会、吉打华校董事联合会及吉兰丹州华校董事教师联合会联办，双溪大年新民独立中学承办的“马来西亚华文独立中学学校董事基础培训班（北马站）”，于2016年4月23日在双溪大年新民独立中学讲堂举办。

此项培训班旨在提升马来西亚华文独中董事对董总、母语教育和华文独中的认识，以及提升他们的校务经营与学校管理能力。课程内容包括董总和董教总独中工委会概述，学校问责与学校董事角色和责任，建立学校的愿景和使命，学校人力资源管理的理念、政策与规划，以及财务管理与监控。

（10）缅北华文教育协会在曼邦地区开展华文教师培训

2016年5月6日，缅北曼邦地区14所华校的华文教师教学技能培训在南木昔南华中学举行闭幕仪式。曼邦教育局局长央朝天参加闭幕仪式，并表示要逐步改善办学条件，提倡“走出去，引进来，广交流”教育方针，多创造机会让老师们出去培训，也要引进先进的教育理念和教学方法为当地教育服务。此次教师培训由缅北华文教育协会主办，为教师们创造了一个共同学习和交流的机会。

（11）泰国崇华新生华立学校组织中文老师培训会

2016年5月18日，泰国崇华新生华立学校组织了新学年中文教师培训会，共40多位中国、泰国籍中文老师参加培训。中文校长张静组织此次会议，崇华新生华立基金会董事主席关复兴、清迈中华商会主席及崇华新生华立基金会副主席成荣波以及基金会董事出席培训会开幕式。

此次培训有利于增强中文部老师们的凝聚力，提高学校中文教学的整体水平。老师们从中学到了优秀的教学经验，了解了中泰文化的差异。

（12）泰国合艾树强学校举行教师工作效率研讨会

2016年6月19日，泰国合艾树强学校在宋卡BP Samifa Beach酒店举行“提高本校教师及工作人员工作效率”研讨会，全体教职员工参加。

会议开始，陈成然董事长致开幕词，向中国教师阐述了学校的办学理念——“十章八则”，希望老师在教学中注重学生的品德塑造，把道德教育融于平日的教学工作，言传身教，以德育人，使学生成为一个讲道德、对社会有贡献的人。

（13）缅甸福星孔子课堂召开全体志愿者教师会议

2016年6月28日，福星孔子课堂全体志愿者教师会议在福星总部召开。福星孔子课堂缅方理事长吕振膑、董事长苏一新、副校长傅湘华、中方院长罗建平出席会议，福星孔子课堂在仰光地区的27名志愿者教师参加了会议。在会上，吕振膑理事长强调了安全问题是志愿者教师应该注意的首要问题；苏一新董事长要求全体志愿者教师要认真做好本职工作，严格要求自己，要发扬中华民族吃苦耐劳的传统美德，促进缅中人民友谊发展。

(14) 美国得克萨斯州召开中文教师学会年会

2016 年 8 月 16 日，美国得克萨斯州中文教师学会年会在美国圣安东尼奥得克萨斯大学召开，50 余名汉语教师出席会议。本届年会主题为“21 世纪技能与汉语学习”，由得克萨斯州中文教师学会主办，得克萨斯大学圣安东尼奥分校孔子学院承办。共有 11 名专家和教师在会上分享了他们的教学理念、教学及管理实践经验以及在教学领域的最新研究成果。两天的会议使与会教师受益匪浅，特别是此次年会正值秋季学期开学前夕，在会上学到的新方法和新思路可以更直接地运用到新学期的教学实践中。

(15) 西班牙巴塞罗那孔林中文学校举办教师培训

2016 年 8 月，西班牙孔林中文学校巴塞罗那 Sants 校区举办了中文教师培训班。校方聘请原青田方山中学教导主任梅王平观摩教师授课，针对每一位授课教师的课堂内容、授课方式、教学质量进行评论与指导。此外，孔林中文学校制定了 2016 年暑期培训计划及 2016 学年教师培训与提高计划，从多方面提高教师授课质量，为巴塞罗那地区华裔学子提供更好的中文教育。

(16) 第七届夏季汉语教师培训班在美国亚特兰大举办

2016 年 8 月，由亚特兰大孔子学院和现代中文学校联合举办的第七届夏季汉语教师培训班在爱默蕾大学举办。

延边大学教授孙惠欣的口语教学讲座，让在座老师们深刻领悟到口语教学的重要性。她通过模仿数个方言口音引发的教学问题和笑话，指出身为一名语言教师，不是只教导学生说话，更重要的是注意自己发音是否正确。

翻转课堂是近年来倡导的新教学模式。乔州中文教师协会会长胡慧星指出，翻转课堂顾名思义就是把作业与听课的时间对调，转换成以学习为中心，让学生经由课前预习，达到学习的目的，因为这种教学方式能提高学生学习兴趣，在不知不觉中，学生经由反向的学习，进入老师的默认目标，同时也化解了学生在课堂上的压力。

擅长语文教学课程规划的北京师范大学实验小学刘媛老师跟大家分享了语文教学心得，并展示了学生学习作品。

(17) 泰国北碧府首届汉语教师培训在育侨学校举行

2016 年 8 月 27 日，泰国北碧府首届汉语教师培训在呈万公立育侨学校举办。北碧府及周边 10 余所学校的 80 余位汉语教师参加培训。育侨学校校长许英周、校董会主席冯丰茂等出席培训。

此次培训以“汉语教师问答教学法”为主旨，内容涉及汉语教学法、案例教学、泰国汉语教学的问题及解决策略等。王玮教授系统分析了在泰汉语教学的性质，并着眼于在泰汉语教学所存在的问题，提出行之有效的教学方法。参与培训的教师们通过学习，掌握了新的教学方法，了解到前沿的教学理念。

（18）菲律宾棉兰老华文教育协会举办年会和专家讲座

2016年9月7日至8日，菲律宾棉兰老华文教育协会举办年会。此次年会共有中国国务院侨办巡讲团专家、菲律宾华教中心领导以及12所华校的董事、校长、主任、教师等120多人出席。

年会共组织了8场中小学与幼儿园公开课、3场教学案例分析和3场中国国务院侨办专家专题讲座。各校代表积极参与各项交流，相互学习借鉴，提高了本地区华语教师的业务水平。

山东大学幼教服务中心主任张卫东举办《幼儿园语言教学活动的组织与实施》专题讲座；山东大学学生心理健康教育咨询中心副主任马道伟作《青少年心理健康教育》专题讲座。闭幕式上，棉兰老华文教育协会会长王建生总结了本届年会的特点：主题鲜明、协作广泛、特色课题引领。

（19）澳大利亚举办中小学汉语教师培训

2016年9月15日，澳大利亚维多利亚州中小学汉语教师培训在拉筹伯大学举行。

此次培训由拉筹伯大学孔子学院、维多利亚州教育培训部和维多利亚州汉语教师协会共同举办，来自该州约70名从事汉语教学的中小学教师参加。

维多利亚州汉语教师协会主席、私立名校苏格兰学校中文部主任徐纪兴、公立学校Alkira中学经验丰富的教师Jeremy Chen、拉筹伯大学汉语项目负责人高宝强应邀担任主讲。他们分别围绕“如何在汉语课堂上吸引和引导学生”“如何充分利用信息技术增强教学效果”“当前澳大利亚汉语教师所面临的文化、教学语境及教学氛围”进行深度剖析，并引导参训教师讨论交流。

（20）意大利佛罗伦萨中文学校举行教学观摩公开课活动

2016年9月，意大利佛罗伦萨中文学校举行教学观摩公开课活动，全体教师参加活动。活动分为教学公开课与教师研讨两个部分。在该校执教10年的华文教师石莹老师为在场的老师开设了公开课。随后的研讨会中，与会老师探讨了如何加强华文教学，对课程的组织、案例设计、交流互动、新老知识对比教学等方面有了更深的感悟。

（21）新西兰首届大洋洲中文教师大会在奥克兰大学举办

2016年9月23日至25日，由奥克兰大学孔子学院、新西兰教育部国际语言交流发展项目和新西兰中文教师协会联合举办的新西兰首届大洋洲中文教师大会在奥克兰大学召开。

来自新西兰、澳大利亚及大溪地的90多位汉语教育专家、学者及中文教师参加了此次活动。新西兰国家党议员杨健博士、新西兰中国关系促进委员会陈少杰以及新西兰语言教师协会主席马丁·易斯特教授等出席活动并致辞。

杨健在致辞中指出，随着新中关系的迅速发展，近年来新西兰中文教学的需求也日趋增长。如何保持新西兰年青一代学习中文的热情，增进他们对中国及其文化的了解，任重而道远。

陈少杰和马丁教授在发言中表示，中文教学的蓬勃发展与当地老师的付出密不可分。新西兰中文教师协会作为新西兰外语教师队伍的一支生力军，为新西兰的汉语教学做出了极大的贡献。

中文教师协会主席黄田表示，此次大洋洲中文教师大会是一次里程碑式的大会，中文教学不仅要有深度，还要有广度，欢迎大洋洲相邻国家的中文教师共同合作，为未来的中文教学打开一个新的局面。

奥克兰孔子学院姚载瑜院长作题为《新西兰中文教学现状》的报告。她指出，新西兰中小学学习中文的人数在逐年增加，但如何提高中文老师的教学质量，激发学生学习中文的兴趣和积极性，仍待老师们去探索与努力。

在为期两天的研讨会上，与会学者分别就中文教学法、中文考试、文化教学、教学资源、教师注册及中文教学现状等多个方面分享了各自的经验与体会。

(22) 美国新英格兰地区中文教师研讨班开班

2016年10月，由美国塔夫茨大学孔子学院与新英格兰地区中文教师协会联合举办的新英格兰地区中文教师研讨班开班。来自新英格兰地区的近40名中文老师参加了此次研修活动。

此次研讨班采取主题报告和专题培训交流相结合的方式进行，分为两个主题，一是“如何做一名合格的中文教师”，该主题围绕汉语本体知识、中华文化知识以及课堂教学技巧三个方面展开；二是“汉语课中的文化教学”，由北牛顿高中的汉语老师汪刚柳主持。汪刚柳与学员们讨论了许多中国传统的文化元素，并分享了她在教学实践中经常使用的技巧。

(23) 菲律宾华教中心举办外派教师交流会

2016年12月27日，菲律宾华教中心举办“2016～2017年度国务院侨办外派教师交流会”，此前刚刚荣获第五届“中华之光——传播中华文化年度人物”奖的陈永栽博士、中国国务院侨办文化司巡视员汤翠英、中国驻菲律宾大使馆领事董洪亚、菲律宾华教中心主席黄端铭以及国务院侨办外派教师280多人与会。

菲律宾华教中心主席黄端铭指出，每年举办的外派教师交流会既是对上一个阶段的总结会，也是探讨解决问题的交流会。黄端铭对外派教师提出了要求，希望各位教师除了要做好本职工作，身正为范，还要发挥专业优势帮助本土教师提升教学水平。陈永栽在讲话中表示，今后一定会继续为传播和弘扬中华文化而努力。汤翠英对菲律宾华教中心所开展的各项工作表示了高度肯定，特别赞赏菲律宾华教中心制定了一套完整规范的外派教师管理方法，表示国务院侨办正在向其他国家积极推广。5 位与会外派教师代表分别从提高业务水平、华语教学管理、幼儿园华语教学的核心、华语综合课案例分析等多方面，分享自己的经验和体会。

（24）曼德勒云华师范学院开展师范生教育见习

为提高师范生教育专业素质和技能，帮助师范生了解中小学教学实际，深入理解教育教学理论，为教育实习奠定基础，使师范生更好地把理论与实践相结合，曼德勒云华师范学院师范部学生于 2016 年 11 月 15 日起到云华师范学院基础部观摩教学实践，进行为期两周的教育见习。此次参加见习的学员共 80 余人。见习内容以小学、初中的语文和数学为主。

此次见习以分组的形式进行，5 ~ 6 人为一组，各组选出 1 名同学担任组长。见习中各学员认真观摩老师们上课的课堂结构、教学语言、教态、板书等，并做好见习笔记。每节课见习结束后，各小组先分组讨论，从老师导入的技巧、重难点的讲授方法、师生间的互动、课堂小结及板书等方面进行讨论交流，然后再把个人的收获在全班进行分享。参加见习的每位师范生必须进行课堂演习，展示每个学员的见习成果。

七　华教资源建设

1. 国务院侨办“侨宝”移动客户端上线试运行

为更加优质、便捷、高效地服务广大侨胞，实现为侨服务的全天候、全覆盖，国务院侨办“侨宝”移动客户端于2016年1月1日上线试运行。

客户端围绕“资讯、服务、互动”三大中心功能，通过视频、图文、推送、短信等多种信息传播方式，使广大侨胞能随时随地获取最新涉侨资讯，同时可通过活动、侨友圈等功能促进侨胞间的交流与沟通。

“侨宝”开设“侨务”“资讯”“侨友”“我的”四大功能板块。“侨务”部分设置“涉侨活动”“华助中心”“生活服务”“文化教育”“信息查询”“在线咨询”6个二级栏目；“资讯”部分设置“要闻”“华人”“侨讯”“文化”4个二级栏目；“侨友”部分设消息推送等功能，为侨胞打造专属的“侨友圈”；“我的”部分提供个人信息、更多设置等功能。

2. 乡土教材《温州非遗》发行

由温州市外侨办编印的华裔青少年乡土教材《温州非遗》发行，成为继《温州童谣》之后温州市外侨办为海外温籍华裔青少年编印的第二本乡土教材。《温州非遗》以图文并茂的形式，生动形象地介绍了温州市已经列入市级以上名录的58个非物质文化遗产项目，包括乐清黄杨木雕、永嘉昆剧、泰顺木偶戏等耳熟能详的非遗精品，以及木雕、米塑、瓯绣等非遗绝活。

2016年1月，《温州非遗》正式走进温州市少年艺术学校华文班的课堂。该教材将作为华文班学生的补充读物，让华裔学生在传承中华传统文化的同时，也能更加了解瓯越土地，更加热爱自己的家乡。

2016年5月，海外华裔青少年“中国寻根之旅”夏令营“相约温州营”下设的8个分营都收到了《温州非遗》。该教材已经作为各分营的授课内容，供华裔青少年阅读和学习。

3. 澳大利亚试行中文等早教外语 App

为扭转学习第二外语的澳大利亚学生人数下滑趋势，澳大利亚联邦政府于 2016 年 1 月推出一系列针对学龄前儿童的早教外语试点项目，包括开发出多款可帮助学龄前儿童学习外语的应用（App），方便孩子们通过平板电脑学习包括中文在内的 5 种常用外语。

2015 年，澳大利亚联邦政府承诺提供 980 万元资助早教或幼儿园项目中的儿童网络语言教学试点，旨在巩固国内儿童外语教学的成效。在此次试点项目中，共有 35 个学外语 App 被开发出来，而澳大利亚最常用的 5 种外语，即中文、日语、印度尼西亚语、法语和阿拉伯语，每种语言都有 7 个与之对应的 App。

该试点项目已在全国 41 所幼儿园推行，这些幼儿园的 1764 名儿童可通过学外语 App 学习这 5 种外语。

4. 海峡两岸专家合编、出版中华语文系列工具书

2016 年 1 月 8 日，中国大陆和台湾地区专家学者合作完成编纂的中华语文工具书发布会在江苏南京举办。两岸语文工具书编纂工作自 2010 年开始，先后完成出版《两岸常用词典》《两岸差异词典》《两岸生活常用词汇对照手册》《两岸科学技术名词差异手册》《两岸通用词典》《两岸常用科技词典》等书。两岸合编语文工具书，为两岸交流扫清了语言上的障碍。

两岸语言用字差异造成的误会与笑话比比皆是，正因如此，编纂两岸语文工具书显得意义重大。另外，台湾的古语保护工作做得较好，许多在大陆普通话里已经沉寂的古词语，仍以较高的使用频率活跃在台湾人的语言中。

5. “ChineseBon 中文帮” 上线

“ChineseBon 中文帮” 上线暨 “iPanda” 全球中文在线联盟成立发布会于 2016 年 1 月 29 日在中国外文局报告厅举行。

国务院侨办文化司司长雷振刚，国务院推进 “一带一路” 建设工作领导小组办公室何江川，央视网董事长汪文斌，中国外文局局长周明伟、副局长方正辉、副总编辑兼融媒体中心主任陈实，全球中文在线联盟轮值主席代表、中山大学周小兵教授，北京大学徐晶凝教授，华东师范大学吴勇毅教授等出席发布会。参加当天活动的还有中文在线联盟联合发起单位代表，数字资源出版社代表，中文培训机构、教师、学习者代表以及中国外文局局属各单位代表。

社交化中文在线学习平台“ChineseBon 中文帮”，服务于全球中文教师和中文学习者，汇聚行业资源，形成中文网络教学模式与国际化教学产业链。在平台上可以找老师、找学生、找课程、找语伴、开网校。

平台进行了多国本土化多语言版本课程体系的搭建，中文学习者通过平台完成注册，便可轻松选择适合的老师与感兴趣的课程进行学习，课程结束，学生对课程可进行评价，平台最透明、最公开的评价体系会为其他正在寻找老师和课程的学生提供参考；“ChineseBon 中文帮”平台通过数据分析，根据学习者的兴趣爱好进行课程的推送服务，中文学习者可充分享受全球中文优质资源、全球师资、全球服务。

平台提供满足个性化学习需求的产品和服务，突破时空界限、打破全球教育边界。平台突出社交化和在线属性，开展互动式碎片式教育，移动端突出社交功能，提供 LBS 和语音识别测练评服务。在不同板块各国学习者形成不同主题学习圈，交流学习心得。以新媒体为手段的汉语学习类 App 加在线课程，将社交化语言融入练习，让中文在线学习具有良好体验。

“ChineseBon 中文帮”平台拥有师资系统、审核系统、机构系统、视音频互动教学系统、视音频直播点播系统、用户管理系统、数据分析管理系统七大运营系统，为面向全球市场开展业务运营提供保障。

为了更好服务于中文学习者和中文教师，中国外文局华语教学出版社联合中外业界同道成立“全球中文在线联盟”。联盟为世界各国的中文学习者、教师、学校、培训机构提供信息交流、资源分享、产业合作和价值提升等在线服务，促进中文教育的国际化交流与合作。“ChineseBon 中文帮”通过平台在线优势发挥作用，为联盟提供运营服务。

6. 云华师范学院开设“云华讲坛”

为了加强学校文化建设，推动华文教育发展进程，云华师范学院推动开设“云华讲坛”，鼓励教师积极踊跃登坛讲授，形成“百花齐放，百家争鸣”的现代教育开放交流氛围，促进了学院师范学生专业知识技能的提升与发展。

“云华讲坛”除了成为云华师范学院教师展示云华文化风采的平台外，同时也成了现代教育对外交流开放的纽带。

7. 《你好，中国》印地语、泰米尔语光盘在印度发布

2016 年 4 月 4 日，由中国国际广播电台策划制作的大型学汉语媒体产品《你好，中国》印地语、泰米尔语双语光盘在印度首都新德里发布。中国国际广播电台台长王庚年、中国驻印度大使馆公使刘劲松、全印广播电台德里分台副台长拉吉夫·苏格

拉，以及来自当地媒体和社会各界近百名人士出席发布仪式。

王庚年台长在致辞中说，语言在跨文化传播中发挥着重要作用，它能让不同国家、不同民族、不同信仰的人们交流变得更为轻松。为此中国国际广播电台特别策划制作了《你好，中国》这一介绍中国传统文化知识的节目。它通过选取代表中国传统文化精髓的100个汉语词，从不同侧面解读中国文化的意境和价值观。此次在新德里发布的光盘是其中的印地语版和泰米尔语版，此后还将出版其图书版。王庚年表示，希望有越来越多的印度朋友能够通过《你好，中国》学习中文、了解中国文化、认识中国。

在中国国际广播电台印地语部工作的印度专家阿尼尔的新书《我在中国》也于当日正式出版发行。

8. 新加坡推出首个儿童华语教学频道

2016年5月17日，新加坡星和视界和真实东方传媒（MyChinaChannel）举行媒体发布会，宣布合作推出全新儿童频道“满满通”（MaxToon）。“满满通”是当地第一个针对儿童寓教于乐的华语频道，为3岁至12岁的小朋友提供有趣及富有教育性的节目。

2016年6月，“满满通”首播了新访谈节目《童言无际》，节目的访谈嘉宾都是6岁至10岁的小朋友，观众可以通过小朋友简单纯真的答复，了解他们的小小世界。真实东方传媒连同名创教育出版社（Marshall Cavendish Education）在2016年年底制作了竞赛节目《3，2，1前进!》，以游戏方式评估参赛者的团队合作精神，也测试他们的华文水准，可帮助参赛者和观众提高华文水平。

9. 新加坡华文教研中心推出节庆教材指导学前教育

2016年6月，新加坡华文教研中心推出节庆教材《来！来过节——学前节庆教案》。这是一套由新加坡华文教研中心为学前教育工作者设计的教学资源。该整套资源包括一本200多页的华文教案书，以及节庆活动布景和人偶等教具。

教案书收录13个新加坡节庆活动，如农历新年、开斋节、屠妖节、清明节、圣诞节、耶稣受难日、国庆日和新加坡特有的种族和谐日等的介绍和教学点子。

除了教案书，教师也能灵活利用所提供的节庆活动布景和人偶叙述故事，让学生进行角色扮演或学习活动。例如，根据特定节庆为客厅布景装饰一番，为人偶换上相关的种族服饰。幼教教师可利用这些收录的节庆活动，引起学生的学习兴趣，让他们从互动中了解新加坡本地多元文化。

10. 移动互联网助汉语教学“汉语移动教室”落户英国

2016年6月下旬，北京易华语公司与英国森塔姆教育集团正式签署协议，“易华语汉语移动学习教室”落户英国赫尔市。赫尔市市长查特、赫尔市首席行政官朱克斯、北京丰台区区委书记杨艺文等共同见证签约仪式。

赫尔市市长查特表示，随着中英两国关系的日益紧密，越来越多的英国人开始学习汉语。“汉语移动学习教室”利用移动互联网进行汉语教学，将使英国的年轻人学习汉语更加便捷。

北京易华语公司总经理苏跃飞介绍，这个项目把学习软件、课程内容、学习硬件、实体教室有机整合在一起，组成一个完整的汉语移动学习教室，为广大汉语学习者提供了新的汉语便捷学习途径，也为汉语文化交流开辟新媒体阵地。

11. 《全球华语大词典》出版发行

2016年8月26日，由商务印书馆出版发行的《全球华语大词典》亮相2016年北京国际图书博览会。商务印书馆与新加坡名创教育集团现场举行了该书的海外出版发行协议签约仪式。此次签约，商务印书馆将授权新加坡名创教育集团在东南亚地区以及英国、美国等地出版发行《全球华语大词典》的中文简体字版。

由商务印书馆主持编纂的《全球华语大词典》于2016年6月正式出版发行。作为国家“十二五”出版规划重点项目和国家出版基金项目，该书汇聚了语法学、词汇学、词典学等多个领域的专家，依托全球各地10余个编写组近100人的编写团队，历时6年编纂完成，共收录华语通用词语和特有词语88000多条，收录范围包括中国大陆、中国港澳、中国台湾、新加坡、马来西亚、印度尼西亚、菲律宾、泰国、老挝、柬埔寨、缅甸、印度、日本、欧洲和北美等国家和地区。词典同异兼收，在展示丰富多样的华语词汇的同时描绘华语在全球范围内的语言生态，可供世界各地华人和华语学习者使用。

作为一部全球华人学者合力打造的大型华语词典，《全球华语大词典》充分吸收了全球华语研究领域的学术成果，反映出全球华语发展的全貌，彰显出多姿多彩的中华文化。它不仅仅是一部语言类工具书，还是华人社会交流、发展的时代缩影和文化载体，具有在世界范围内广泛传播的价值。

12. 中国面向海外华校推出两项教学资源

2016年12月15日，中国华文教育基金会在吉林长春正式推出“汉语语法教学课件设计100例”“海外华文教学词汇资源库”两项教学资源。今后，这两项教学资源将向全球华校推广，用以提升海外华文教学质量。

该项目由东北师范大学教授赵俊峰团队负责，获得完美（中国）有限公司资助。项目团队由具有海外教学经验的一线教师及传媒、美术、计算机人才组成，历时 1 年顺利结项。

“汉语语法教学课件设计 100 例”涵盖了《国际汉语教学通用课程大纲》常用汉语语法项目分级表里 6 个级别 100 余个重要语法点，每个语法点都由教学课件和指导用书两部分构成；“海外华文教学词汇资源库”则紧密结合海外华文教学通用教材，对教材中 1571 个词语逐一定性，在例句中解释词义，并配以音频、图片，设计教学课件，形成语音、文字、图片结合的教学资源库。

13. 中国与老挝合作出版《老挝语汉语词典》

2016 年 12 月 21 日，云南人民出版社与老挝国家图书出版发行社在老挝首都万象签署合作协议，共同出版发行《老挝语汉语词典》。

《老挝语汉语词典》是云南人民出版社策划组织的“丝路国家非通用语双语词典工程”之一。该词典体量庞大、条目丰富、内容全面，囊括了语言、文学、宗教和各门学科的用语与知识，以规范的现代汉语加以翻译和释义，实用性强。

第四部分

台湾地区华文教育活动

1. 越南名校海外校友联欢活动在美国举行

2016 年 1 月 9 日，越南名校海外校友联欢会在美国洛杉矶举行。来自自由太平洋学院、耀汉中学和鸣远中学的 300 多位旅美校友齐聚一堂，联欢庆祝。“台湾驻洛杉矶办事处”夏季昌、王秉慎，“洛杉矶侨教中心”翁桂堂，洛杉矶中华会馆主席伍尚齐等人出席活动。

活动伊始，3 所名校的校友代表合唱校歌。随后，夏季昌致辞，对三校校友在越南宣扬中华文化、推广华文教育表示赞赏，并对他们积极配合工作表示感谢。翁桂堂也肯定了三校校友饮水思源、感恩母校的精神品质。最后，众人在精彩的歌舞表演中共同庆祝新年的到来。

2. 台湾元极舞协会海外教学活动举行

2016 年 1 月 26 日，台湾元极舞协会赴美开展海外教学活动，首站抵达洛杉矶。总会长潘美莲率领数位台湾舞蹈教师于洛杉矶侨教中心举办“2016 海外教学研习营”，来自南加州各城市的 200 多名学员参加活动。为期两天的活动中，潘美莲带领学员们做热身操，并示范新的舞蹈表演《万物向明》。学员们认真学习，配合音乐节奏融入元极舞的世界。

2016 年 1 月 29 日，潘美莲再次携台湾教师前往旧金山举办为期 3 天的元极舞研习营活动，共有 100 多名学员前往学习。

元极舞融合舞蹈、气功、武术、医学和音乐，注重养生，强调通过锻炼提高身体的反应能力和协调性，预防常见的疾病，男女老少皆宜。目前，全世界每天有 10 万多人在跳元极舞。此次研习活动也是为了让大众认识元极舞的精髓，以舞会友、舞出健康。

3.“2016海外华语文能力测试和实施办法”发布

2016年1月29日，“台湾驻洛杉矶办事处”召开记者会，正式发布“2016海外华语文能力测试和实施办法”。2016年上半年，南加州地区将举行13场测试，包括听力阅读测试和写作测试。测试将分为入门基础、进阶高阶、流利精通3个等次6个级别。各等级考试得60分以上即可获得证书。

美国自2006年起在洛杉矶举行华语文能力测试，南加州地区至今已有4000多人参与此项测试。

4. 台湾地区侨务主管部门举办侨教图书志愿者座谈会

2016年3月18日，侨教图书志愿者座谈会在台北举行。台湾地区侨务主管部门信世昌出席并主持。22位志愿者到场分享服务心得。

信世昌在致辞中勉励志愿者继续协助海外侨胞充实精神生活，并为志愿者代表颁发纪念品。志愿者代表连美娥感谢台湾地区侨务主管部门对其工作的肯定，并表示将坚持不懈发挥特长，为海外侨教事业献言献力。

5. 台湾地区侨务主管部门新编华语教材示范教学座谈会在澳大利亚举行

2016年3月19日，台湾地区侨务主管部门新编华语教材示范教学座谈会在澳大利亚布里斯班侨教中心举行，会议由昆士兰华语教师联谊会主办。“台湾驻布里斯班办事处”赖维中、宋永福，台湾地区侨务主管部门董幼文、黄素珍等出席会议，22位侨校及主流学校教师到场聆听。

董幼文介绍了侨务主管部门在积极推广华文教育、传承汉字方面所做的努力。台湾地区侨务主管部门陈今仪、台湾文化大学教授方丽娜、台湾师范大学讲师孙懿芬依次为新编华语教材系列《学华语向前走》进行宣传。陈今仪为大家介绍了全球华文网最新的教学资源，方丽娜讲解了新编教材的编辑理念，孙懿芬对新编教材进行了示范教学。最后，董幼文为到场的华语教师颁发证书，并希望他们继续在海外发扬中华文化。

6. 台湾地区海外文化教师授旗仪式在台北举行

2016年3月23日，台湾地区侨务主管部门在台北举办菲华校联暑期师资讲习会、菲华暑期文教研习班及上半年赴海外教学的海外文化教师授旗仪式。台湾地区侨务主管部门陈士魁出席并致辞，“侨教处”处长张景南主持活动。

海外文化教师赴海外各地进行的台湾民俗文化教学，目的是加深海外华裔青年对中华文化的认识，提升他们对汉字及汉语学习的意愿与兴趣。

7. 加拿大侨校参访团赴台湾地区访问

2016年3月24日，由加拿大地区侨校负责人组成的参访团一行23人赴台湾地区访问。台湾地区侨务主管部门信世昌热情接待。

信世昌在致辞中欢迎参访团与台湾教育界交流探讨，共同促进侨教事业的发展。参访团受邀参加台湾地区新编国别化教材《学华语向前走》说明会。参访团此行还与台东大学以及台湾多所中、小学进行交流。

8. 台湾地区侨务主管部门陈士魁访问中山工商学校侨生专班

2016年3月26日，台湾地区侨务主管部门陈士魁访问高雄中山工商学校侨生专班，了解侨生学习生活情况，并与校方及侨生代表进行座谈。他对学校多年来培育侨生以及该校侨生辅导机制表示肯定，对其为协助东南亚初中毕业侨生到台湾地区求学所付出的努力表示感谢。

9. 2016年海外青年技术训练班招生倡导说明会在泰国举行

2016年3月29日，2016年海外青年技术训练班招生倡导说明会泰北地区专场于清迈大谷地华兴中学举行。“台湾驻泰国代表处”谢武樵，泰华中心主任卢景海，台湾地区侨务主管部门吕素珍、张良景等出席会议。来自泰国华校的30多位校长参加。此次海外青年技术训练班招生倡导说明会共有台湾文化大学、铭传大学、逢甲大学等27所高校前往宣传。

此外，中华函授学校的远程教学课程也是此次倡导会的重点宣传内容。中华函授学校2016学年继续开设华文教师科、实用华语文科、文史艺术科等9个学科，并新增华文教师科“华语正音与教学”“语义学”“阅读理解与策略教学”等课程，总计多达100多种课程。

10. 台湾地区侨务主管部门张良民访问泰北地区多所华校

2016年3月27日至31日，台湾地区侨务主管部门张良民赴泰国北部地区访问多所华校并举行座谈会。“台湾驻泰国代表处”谢武樵、清迈华校联合会会长王世玺等嘉宾出席。

张良民对泰北地区各华校长期推动汉语教学、发展侨教事业予以肯定与感谢，他肯定了各华校的教学成果，并表示将协助改善该校教学环境、共同推动海外华文教育向前发展，希望汉语和中华文化能在泰北地区继续弘扬和传承。

11. 台湾地区侨务主管部门信世昌赴美国旧金山湾区宣传新编二语教材

2016年3月31日，台湾地区侨务主管部门赴美国旧金山湾区参加侨教座谈会，宣传新编二语教材《学华语向前走》。北加州中文学校联合会邱佩芝会长、全美中文学校联合总会副会长陈安东等出席活动。思源华校、博爱华校、东方华校等侨校的校长到场支持。

12. 2016年侨生春季活动在台北东吴大学举行

2016年4月2日，2016年侨生春季活动在台北东吴大学展开，台湾北部地区各大专院校的侨生们踊跃参与。台湾地区侨务主管部门陈士魁在活动中亲切致辞，并为来宾颁奖。东吴大学校长代表校方向全体侨生致以问候。

活动现场，各大学轮流表演精彩的节目。淡江大学带来《祥狮献瑞》表演，配合隆隆的鼓声震撼全场。东吴大学献上活泼有趣的舞蹈表演，节奏轻快，活力四射。文化大学带来各国服饰的走秀表演，力图发扬侨生的侨居地文化。世新大学献上名为《铃舞飞翔》的扯铃表演，获得满堂彩的同时将活动推向高潮。

13. 台湾地区侨务主管部门信世昌赴美国访问

2016年4月3日，台湾地区侨务主管部门信世昌赴美国访问华府中文学校，华府中文学校校长黄秀媚热情接待。信世昌对华府中文学校积极推广汉语教学、举办各项汉语教育活动表示认可，并对该校师生及家长的长期支持表示感谢。黄秀媚为来访人员介绍学校概况及教学成果，并感谢台湾地区侨务主管部门长期以来的支持与帮扶。

随后，信世昌与美国华府地区负责人进行侨教座谈。全美中文学校联合总会会长谢文玲、大华府地区中文学校联谊会总干事王丽萍等30位侨教人士出席会议。

14. 南非中华语文协会举办学生朗诵书写比赛

2016年4月4日，南非中华语文协会在约翰内斯堡 Queens 高中举办学生朗诵书写比赛。比赛及其颁奖典礼由中华语文协会副会长黄梁轩主持，“台湾驻南非代表处”杨先耀应邀担任颁奖嘉宾并进行总结点评。

此次比赛分成朗诵和书写两个部分，参与比赛的选手包括当地的华裔与外族学生。活动旨在推动中华文化在南非的传播与发扬，反响热烈。

15. 美中中文学校协会举办中文识字比赛

2016 年 4 月 4 日，由美中中文学校协会主办的中文识字比赛在芝加哥芝北中文学校举行。“台湾驻芝加哥办事处”张志强、“芝加哥侨教中心”王伟赞、美中中文学校协会会长石鸿珍等出席活动并为优胜者颁奖。

此次比赛共有 6 所中文学校近 60 位学生参加，来自各校的参赛选手分成 9 组角逐冠军，竞争激烈。活动旨在让华裔后代了解中华文化、感受汉字之美，推动海外华文教育的发展。

16. 马来西亚吉隆坡留台同学会会所开幕

2016 年 4 月 10 日，马来西亚吉隆坡留台同学会会所在马来西亚雪兰莪州开幕。台湾地区侨务主管部门陈士魁、“台湾驻马来西亚代表处”章计平、雪兰莪州高级行政议员邓章钦等出席开幕式，留台联总各属会校友及各乡团代表 200 人参加。

开幕式上，陈士魁致辞称，侨生政策是台湾地区教育政策中最成功的一项，应继续坚持、完善。章计平表示，辅导华裔子弟到台湾地区就学是台湾地区的重要教育目标，希望吉隆坡留台同学会全力支持，吸引更多华裔青年到台湾地区就学。

17. 台湾地区侨务主管部门吕元荣与西班牙华语教师协会成员展开座谈

2016 年 4 月 11 日，台湾地区侨务主管部门吕元荣在西班牙侨商处处长林瑞隆、侨务秘书孙树立的陪同下，与西班牙华语教师协会成员展开座谈。西班牙华语教师协会会长傅春梅、马德里华侨学校校长蔡仁琳等 30 多位海外华文教育工作者出席座谈会。

吕元荣首先转达了台湾地区侨务主管部门陈士魁对海外华语教师的感谢与关怀，并强调台湾地区侨务主管部门对海外侨教工作的重视与肯定。随后，他向与会者详细介绍了新编教材《学华语向前走》的教材特色与开发方向。与会教师积极献言献策，希望能为西班牙侨教事业贡献自己的一分力量。

18. 美国南加州中文学校联合会举办“2016 汉字文化节”

2016 年 4 月 11 日，由美国南加州中文学校联合会主办的“2016 汉字文化节”在“洛杉矶侨教中心”举行。活动现场除了能体验造纸技艺外，还可以参与各种游戏项目。捏面猴、吹墨画梅、猜谜语等游戏在吸引华裔儿童对汉字兴趣的同时，也让当地主流学校的非华裔学生体会汉字之美、感受中华文化之渊博。活动最后，4 位高年级学生带来风趣的相声表演，为本届汉字文化节画上句号。

此次活动是南加州中文学校联合会主办的第40届汉字文化节，由来自11所学校近百位工作人员筹备完成，希望以一种寓教于乐的方式让华裔后代传承发扬优秀的传统中华文化。

19. 2016北加州中文学校联合会举行学术比赛

2016年4月15日，“2016北加州中文学校联合会学术比赛”在北加州圣何塞市举行。500多位参赛选手及各校教师、学生家长到场支持。赛事颁奖典礼也于当天举行，“台湾驻旧金山办事处”马钟麟、“旧金山侨教中心”吴郁华等出席典礼并为获奖选手颁奖。

北加州中文学校联合会学术比赛的举办时间已超过20年，是北加州中文学校联合会每年最重要的活动之一，对于提高学生的汉语水平和兴趣、发展海外华语文教学以及弘扬中华文化具有重要意义。2016年度的比赛共分为16个项目、51组竞赛，包括演讲、作文、书法、国画等比赛内容。

20. “2016美国西北区汉字文化节暨园游会活动”举行

2016年4月17日，“2016美国西北区汉字文化节暨园游会活动”在西雅图贝尔维优市举行，活动由西北区华文学校联谊会主办。“西雅图侨教中心”颜国裕、西北区华文学校联谊会会长李雅慧、“台湾驻西雅图办事处”金星等出席活动。

活动开始前，金星、颜国裕分别上台致辞，并为“侨务促进委员”曾淑华颁发台湾地区侨务主管部门荣誉聘书。活动伊始，南普峡中文学校带来精彩的舞狮表演，中华会馆女子仪仗队表演了优雅的彩带舞，慈济中文学校的小朋友为观众献上可爱的手语歌曲，喜达中文学校等其他学校也带来富有特色的演出。

园游会现场，特刊长廊上名为“第一届汉字之美创意展”的展览展示了400多幅丰富多元的学生作品。食物义卖活动和特色小游戏令活动现场热闹非凡。师生、家长还可以亲手制作工艺品，感受传统的中华文化。

21. “2016菲华暑期文教研习会”在菲律宾马尼拉举行

2016年4月19日，由中华文化复兴运动总会主办的“2016菲华暑期文教研习会”开幕仪式在马尼拉自由大厦举行。中华文化复兴运动总会菲律宾分会会长王家鹏担任大会主席，“台湾驻菲律宾代表处”林松焕、菲华文教中心主任吴学诚等应邀出席。

开幕式上，王家鹏对前往马尼拉弘扬中华文化的5位台湾教师表示感谢，并鼓励学生努力学习传统中华技艺。林松焕勉励学生用心学习传统文化，为继承民族文化精髓、推动民族兴旺发展做出不懈的努力。

2016 年 5 月 30 日，为期 6 周的研习会落下帷幕。闭幕式上，研习会将学员们在书法班、民族舞蹈班、水墨画班、珠心算班和语文作文班的学习成果进行展示。王家鹏为学员颁发证书，并对所有参与此次研习活动的工作人员表示感谢。

22. “2016 纽约地区海外民俗文化种子教师培训活动”启动

2016 年 4 月 19 日，“2016 纽约地区海外民俗文化种子教师培训活动”启动，第一场培训活动在“纽约侨教中心”举行。来自纽约及长岛等地区主流学校及中文学校的 20 多位校长、教师参加。

正值清明节，讲师王培霞、蒋香凤为学员们讲授清明美食“润饼”的制作材料和方法。随后，在长岛济慈人文学校老师康舜乔的指导下，学员们学习制作草编。蚱蜢、鱼、蝴蝶等形状各异的草编玩具展现了中国早期农业社会的生活乐趣。此次活动旨在提升海外华文师生汉语水平、传承经典的中华民俗文化。

23. 2016“欢乐暑期台湾行”夏令营报名工作启动

2016 年 4 月 22 日，由纽约救国团之友会和剑潭海外青年活动中心共同举办的 2016“欢乐暑期台湾行”夏令营报名工作启动。2016 年度夏令营的主题为“看见台湾，爱上台湾”，学员们除了可以参观台北的风景、学习文化体验课程，还将置身全中文的语言环境感受中华文化。

此项活动已在纽约举办了 12 年，曾带领大量第二代、第三代侨胞回台湾地区认识家乡的风土人情。

24. 金融“亚洲杯”侨生人才培育暨企业媒合商谈会在台北举行

2016 年 4 月 22 日，台湾地区侨务主管部门联合台湾地区“金融监督管理委员”在台中东海大学举行金融“亚洲杯”侨生人才培育暨企业媒合商谈会。台湾地区侨务主管部门陈士魁、台湾地区“金融监督管理委员会”黄天牧出席并致辞。活动现场，陈士魁发表讲话称，侨生政策的目的之一是培养人才。他鼓励毕业侨生留台就业，成为台湾地区经济发展的尖端人才。

此次商谈会共有 110 位华裔青年参与其中，了解海外新兴市场金融发展现况、留台工作居留、创业贷款等相关信息。

25. 新泽西中文学校协会举办多媒体 PPT 比赛

为响应汉字文化节系列活动，新泽西中文学校协会于 2016 年 4 月 27 日举办多媒体简报比赛。“纽约侨教中心”王映阳、王盈蓉，台湾地区侨务主管部门戴松昌等应邀观赛。

比赛中，来自各中文学校的12名学生通过制作PPT介绍、宣扬中华文化与历史。除了对各自的PPT内容进行讲解外，参赛选手还流利地回答评审的提问，展现了较高的汉语水平和深厚的中华文化素养，得到评审嘉宾以及现场观众的高度认可与赞扬。此次活动旨在加强各地区华校学生之间的沟通交流，加深华裔后代对中华文化的认同。

26. 全美台湾同乡联谊会参访团赴台湾地区访问并为侨生捐款

2016年5月3日，全美台湾同乡联谊会参访团共40人赴台湾地区访问，台湾地区侨务主管部门陈士魁热情接待。为响应台湾地区相关政策、鼓励留台侨生学习就业，全美台湾同乡联谊会还为侨生捐款3200美元作为奖助学金。

陈士魁在接见时肯定了全美台湾同乡联谊会长期以来服务旅美侨胞、关怀台湾地区人民的成绩，并强调海外侨团应团结和谐、携手推动侨务工作的有效发展。

27. “西雅图侨教中心”主任颜国裕参访俄勒冈私立主流学校

2016年5月4日，“西雅图侨教中心”主任颜国裕携夫人参访俄勒冈州谷心市的私立主流学校，受到了该校创始人David Gore、陈辉沄，校长Melissa以及中文班教师陆璋等人热情接待。

David Gore介绍了学校的设施、环境，并带领参访人员参观颇具规模的校园剧院。Melissa校长介绍了该校第二语言教学的实施情况。随后，陆璋带领参访者参观充满中华文化特色的中文教室，并为大家讲解该校中文班的数字化软硬件设施及其教学方式。颜国裕也将台湾地区侨务主管部门最新编制的《学华语向前走》《快乐学华语》等教材赠送给校方。

28. 新编海外华语文教材发布会在台北举行

2016年5月4日，新编海外华语文教材《学华语向前走》发布会在台北举行。台湾地区领导人马英九出席并致辞，台湾地区侨务主管部门陈士魁到场支持。

马英九指出，台湾地区侨务主管部门在华文教学上的新做法、新举措体现了“文化本位、文化创新”的思想理念，值得肯定与提倡。他还赠送《中华语文大辞典》给陈士魁，并与书法家现场挥毫。陈士魁也为来自海华文教基金会赴外华语教师志愿者授锦旗。

《学华语向前走》是一套国别化二语教材，它顺应全球华语的教学趋势，广泛采纳海外华校的建议，力图将中华传统文化融入侨居国的历史文化和地理特色，贴近侨胞生活实况，帮助第二代、第三代华裔学习汉语，传承中华文化。

29. 台湾地区“2016 侨生奖助学金颁奖典礼”在台北举行

2016 年 5 月 6 日，台湾地区“2016 侨生奖助学金颁奖典礼”在台北举行。台湾地区侨务主管部门陈士魁、张良民等出席致辞并颁奖。153 名优秀侨生到场领奖。

陈士魁称，侨生政策是台湾地区最成功的教育政策，60 年来共培育了超过 20 万名优秀人才留台发展，回到侨居地的侨生则加入侨社建设，形成绵密的关系网，有助于推动侨教事业的发展。2016 年度共计颁发 96 项奖助学金，共有来自 92 所大专院校 406 位优秀侨生获奖，合计颁发金额超过新台币 400 万元。

30. 台东大学成立韩国侨务研究中心

2016 年 5 月 6 日，台东大学成立韩国侨务研究中心。台湾地区侨务主管部门信世昌受邀出席，并与该校副校长陈锦忠、人文学院院长李玉芬等共同揭牌。信世昌肯定台东大学长期致力研究韩国华教的成果，并期许双方在既有基础上进一步合作交流，共同推进侨务学术研究向前发展。

揭牌仪式后，台东大学随即举办韩国侨务发展论坛，以“韩国侨务回顾与前瞻”及“侨教的挑战与展望”等为主题让与会专家学者展开探讨交流。

31. 美国西北区华文学校举行校际学艺竞赛

2016 年 5 月 14 日，由美国西北区华文学校联谊会主办的汉字文化节系列活动之华文学校校际学艺竞赛在西雅图顺利举行。“西雅图侨教中心”颜国裕、美国西北区华文学校联谊会会长李雅慧等出席颁奖典礼。

此次比赛包括个人赛及团体赛两个部分，每个部分分为初级组、中级组、高级组三个级别，十几个团队四五百名选手踊跃参与到演讲、讲故事、诗词朗诵等形式各异的竞赛项目中。活动现场，南普峡中文学校还带来精彩的舞狮表演，让海外学子在领略汉语之美的同时感受传统中华文化的魅力。

32. 慈济人文学校匹兹堡分校启动儿童华语文能力测验

2016 年 5 月 19 日，慈济人文学校匹兹堡分校儿童华语文能力测验启动。“台湾驻纽约办事处”王宪筠负责监考。

王宪筠称，此次测试由台湾地区教育主管部门设计并认证，分为萌芽、成长、茁壮三个等级。参与测试的儿童除了可以获得国际认可的华语文能力证书外，还可向台湾地区教育主管部门申请奖学金。

33. 第一届泰北华文文学研习营举办

为了培养泰北地区学生的华文写作习惯与能力，第一届泰北华文文学研习营在泰国清莱举行，并于2016年5月21日落下帷幕。研习营由泰北文教推广协会主办，台湾都扶轮社翰林文教基金会、泰华文教服务中心协办。

为期6天的研习活动期间，主办方邀请了6位来自台湾地区的优秀教师担任主讲。在主讲教师的带领下，学员们不仅在课堂上学习，还实地探访泰北抗日英雄、杰出教育工作者等6位耄耋老人，将受访者口述的个人经历、时代历史转写成文章，以此加强语文写作能力，传承泰北华文历史。

闭幕式上，来自泰北华校的21位学员依次分享自己的学习心得，并合唱歌曲《感恩的心》以示谢意。主办方为学员们颁发证书。

34. 新泽西中文学校协会举行校长会议

2016年5月29日，新泽西中文学校协会校长会议在东布朗士维克举行。“纽约侨教中心”王映阳、王盈蓉，台湾地区侨务部门有关负责人戴松昌等出席会议。新泽西中文学校协会会长任佩冬主持会议。

会上，王映阳详细介绍了台湾地区侨务主管部门新编的二语教材《学华语向前走》以及“一侨校一主流”计划。特邀双语教学专家许雅宁博士作专题演讲《如何让孩子喜欢中文》，分享主流学校的教学经验和技巧。青少年文化大使协会（FASCA）暑假培训、中华文化营等夏令营负责人也到场介绍各夏令营活动的时间、地点和教学内容，并为各位华校校长答疑解惑。与会者还就推动海外华文教育、传承中华文化等相关内容进行深入探讨。

35. “2016菲律宾华文学校联合会暑期师资研习会”举办

2016年5月29日，“2016菲律宾华文学校联合会暑期师资研习会”在菲律宾圣公会中学落下帷幕。菲律宾华校联合会常务理事李淑慧、文教服务中心主任吴学诚、商联总会副理事长叶芳枫以及台湾地区驻菲律宾人员张泰来等出席闭幕式。

张泰来在致辞中指出，此次活动成果丰硕，对传承优秀中华文化、推动海外华文教学具有积极的意义。李淑慧为菲律宾华文学校联合会文教服务中心与圣公会中学颁发感谢奖牌。各位领导、嘉宾为学员们颁发毕业证书。

此次研习会为期 3 周，由南投市营盘小学前任校长梁静如主持。共有 7 位优秀的华语教师分享自己的教学经验，来自 24 所侨校共 140 多位学员分成幼教组、小学组、中学组、计算机组及行政组参与学习实践。

36. “2016 海外巡回教学华文教师行前说明会”在台北举行

2016 年 6 月 3 日，“2016 海外巡回教学华文教师行前说明会”在台北举行。台湾地区侨务主管部门田秋堇出席并致辞，希望此次出行的教师全力以赴协助汉语教学、推广传统文化。24 位华文教师和 29 位民俗文化教师到场聆听，表示一定将台湾地区多元活泼的华语教学和文化技艺传授给侨校教师及华裔子弟，以此推广海外华文教育，弘扬优秀中华文化。

37. 马来西亚华仁中学 2016 年台湾教育考察团赴台湾地区访问

2016 年 6 月 4 日至 10 日，马来西亚柔佛州华仁中学 2016 年台湾教育考察团到台湾地区访问。

访问期间，华仁中学校长黄祯玉于 6 月 6 日率团参访台湾地区侨务主管部门，台湾地区侨务主管部门田秋堇热情接待。田秋堇称，台湾地区侨教有关规定成功搭建起台湾地区与各华校的桥梁，到台湾地区就读的侨生人数以马来西亚最多，仅华仁中学就有超过 600 名学生到台湾地区就学。她也对华仁中学长期以来在海外推动汉字传承、弘扬中华文化方面的贡献表示认可与感谢。

38. 首届东南亚台商企业揽才媒合会在台北举行

2016 年 6 月 8 日，为协助企业选拔东南亚人才，帮助侨生留台就业，首届东南亚台商企业揽才媒合会于台大医院国际会议中心举行。台湾地区侨务主管部门田秋堇出席并致辞，31 家企业、340 位侨生到场参加。

田秋堇称，海外侨生具备语言优势，又了解台湾地区和侨居国的文化及社会环境，毕业后若能留台工作将对台湾地区经济发展、侨教事业向前推进大有裨益。

39. 台湾师范大学侨生先修部举行 2016 年度毕业典礼

2016 年 6 月 16 日，台湾师范大学侨生先修部举行 2016 年度毕业典礼。台湾地区侨务主管部门田秋堇受邀出席，1015 位毕业生盛装参加。

田秋堇在致辞中鼓励侨生到台湾地区求学，留台就业，并为毕业生颁发奖助学金，祝福毕业生鹏程万里。台湾师范大学校长张国恩勉励毕业生勤奋学习，创造个人价值，迎接困难挑战。

40. 台湾地区侨务主管部门吴新兴访问“洛杉矶侨教中心”华埠图书阅览室

2016年6月16日，台湾地区侨务主管部门吴新兴访问“洛杉矶侨教中心”华埠图书阅览室。“台湾驻洛杉矶办事处”夏季昌、“洛杉矶侨教中心”翁桂堂陪同接待。

“洛杉矶侨教中心”华埠图书阅览室自2011年4月24日创办，为华埠侨民提供便利舒适的服务，侨胞及游客可以在此咨询索取台湾地区的文化宣传资料。建成至今，已陆续举办“台湾传统茶道”“台湾娜鲁湾”等10场讲座活动，在当地侨社获得热烈反响。

41. 爱育学校2016汉字文化节全校朗读比赛总决赛在阿根廷举行

2016年6月16日，爱育学校2016汉字文化节全校朗读比赛总决赛在阿根廷的布宜诺斯艾利斯举行。校长何仁豪出席并颁奖。来自小学、初中、高中的同学分成5组参与比赛，他们积极热情的表现得到了评委和观众的好评。

42. 美东中文学校协会召开第43届年会

2016年6月16日，以“推动侨校多元转型，创新教育终身学习”为主题的美东中文学校协会第43届年会在美国新泽西中部举行。纽约中华公所主席萧贵源、全美中文学校联合总会会长谢文玲、“台湾驻纽约办事处”徐俪文、“纽约侨教中心”王映阳等出席会议。

年会上，汉语精英领航中心中文部主任赵德麟教授作了题为《如何帮助华裔学生提升竞争力》的专题演讲，建议侨校与美国中小学加强合作，通过与主流社会接触让中文教学内容更为多元。随后的颁奖典礼上，大会为来自美东地区近百所中文学校的87位优良教师、75位资深教师与55名资深行政人员颁奖，并为品学兼优的同学颁发优秀学生奖学金。此外，扯铃、演讲、黑板报等形式的学艺竞赛，乐团演奏、《祥狮献瑞》、民族舞蹈、武术表演等精彩节目，将现场气氛推向高潮。

43. 新兴中文学校“2016数字化教学推广研习会”在阿根廷举行

2016年6月19日，新兴中文学校“2016数字化教学推广研习会”在阿根廷布宜诺斯艾利斯举行。“台湾驻阿根廷代表处”丁健民、新兴中文学校校长杨秀琴出席会议。

研习会上，郑欣娣讲师首先为大家带来《简报达人密集培训之设计思考方向与分享》的报告，介绍了几款实用的应用软件并亲自指导学员使用。筱玲讲师为学员们讲解如何运用图文数据展现创意并完成各项教学备课工作。此外，学员们还进行分组讨论，分享教学技巧，提供有益经验，以提升华语数字教学设计与教材制作能力。

44. 华兴中文学校“2016 汉字文化节”系列活动在阿根廷举办

2016 年 6 月 28 日，阿根廷华兴中文学校举办“2016 汉字文化节”系列活动。“台湾驻阿根廷代表处”丁健民出席致辞并颁奖。当天的活动包括讲故事、朗诵、演讲等内容，以个人赛、团体赛的形式分成幼儿组与小学组进行比赛。参赛者活泼可爱、落落大方的表现得到了评委及观众的认可与掌声。

45. 2016 海外青年技术训练班招生倡导说明会在马来西亚沙捞越、吉隆坡举行

2016 年 6 月 28 日，台湾地区侨务主管部门 2016 海外青年技术训练班倡导说明会在马来西亚揭开序幕，首站登陆沙捞越州的美里。沙捞越州议员拿督陈超耀、美里留台同学会会长赖玟忠等受邀出席。开幕式吸引了大批学生及家长到场参加。

2016 年 7 月 11 日，台湾地区侨务主管部门 2016 海外青年技术训练班招生倡导说明会登陆吉隆坡。台湾地区侨务主管部门吕素珍、“台湾驻马来西亚代表处”尹新垣等出席会议，当地国民型中学教师及学生、家长到场参加，规模空前。

此次说明会在马来西亚共举办 15 场，来自台湾地区的 22 所大专院校参与其中，以吸引更多马来西亚华裔子弟到台湾地区升学，习得专业技能，掌握一技之长。据了解，马来西亚侨生是台湾地区侨务主管部门海外青年技术训练班最主要的生源之一，因此是此次倡导说明会的重点宣传对象。

46. 台湾地区侨务主管部门吴新兴访问巴拉圭中正学校

2016 年 6 月 29 日，台湾地区侨务主管部门吴新兴赴巴拉圭访问巴拉圭中正学校并与校方展开会谈。“台湾驻巴拉圭代表处”吴丰兴、该校董事长曹水胜等出席会议。

吴新兴建议校方从招生新策、成本管控及多元化经营角度展开侨教工作，推动侨务发展，还赠予中正学校修缮老旧校舍经费和一幅“布教薪传”挂轴以表彰该校建校 30 年对海外侨教事业做出的贡献。

47. 第九届“联成杯”青少年中华文化常识问答赛在美国举行

2016 年 7 月 1 日，第九届“联成杯”青少年中华文化常识问答赛在美国纽约举行。活动由美东联成公所与美东中文学校协会第六区共同举办。“台湾驻纽约办事

处”陈丰裕、“纽约侨教中心”王映阳等出席并致辞。

此次比赛共吸引了来自纽约、新泽西、波士顿等地区 11 支中文学校代表队积极参与，11 支代表队分成普通组、进阶组、常识组进行比拼。赛题内容包括文学哲学、风俗伦理、科学医学、历史地理、《论语》论孝、华侨与革命等部分。最终，双文教育系统获得进阶组第一名，北新中文学校获得普通组和常识组双料冠军。

此次活动以竞赛的形式深化华裔子弟对中华传统文化的了解和认识，获得广泛好评。

48. 印度尼西亚华文教师研习班闭幕式在台北举行

2016 年 7 月 2 日，由台湾地区侨务主管部门举办的印度尼西亚华文教师研习班在台北闭幕。台湾地区侨务主管部门田秋堇等出席闭幕式并颁发结业证书。

闭幕式现场播放了为期 19 天的研习活动短片，教师、学员轮流上台分享学习心得，表示将带着丰硕的研习成果回到侨居地继续为海外华文教育事业努力。此次研习班分为基础班和进阶班，共吸引了 77 名海外教师报名参加。

49. “2016 海外华裔青年英语服务营”在台北闭幕

2016 年 7 月 8 日，“2016 海外华裔青年英语服务营”于台北落下帷幕。台湾地区侨务主管部门吴新兴，台湾地区“教育事务主管部门”“客家委员会”“台湾少数民族委员会”代表出席闭幕式。

闭幕式上，吴新兴用英语致辞感谢华裔青年暑假返回台湾地区开展教学，并希望通过他们正规标准的英语示范提升台湾地区学生的英语能力。西雅图华盛顿大学的陈威宇作为华裔青年代表上台发言，感谢主办方给予他们到台湾地区从教及欣赏观光的机会。

50. “德华中文学校 2016 汉字文化节成果发表会”在德国举行

2016 年 7 月 8 日，“德华中文学校 2016 汉字文化节成果发表会”在德国法兰克福举行。“台湾驻法兰克福办事处”张玉枝等出席活动。

活动现场，唐诗朗诵表演、《茉莉花》歌曲表演、《七只小羊》话剧表演、《七只瞎老鼠》广播剧表演等节目引起观众阵阵掌声。主办发还特邀海德堡大学的王志宏博士为观众介绍布袋戏文化并作《白蛇传》布袋戏表演。随后，包括布袋戏、踢毽子、扯铃等内容的闯关游戏以及“中文认字”计算机游戏让孩子们体验乐趣的同时感受中华文化的魅力。

51. 澳大利亚小宝贝中文班举办十周年庆祝活动

2016 年 7 月 12 日，澳大利亚小宝贝中文班在澳大利亚布里斯班举办十周年庆祝活动。“昆士兰台湾中心”董幼文、中文班创始人马丁夫妇等出席。

活动现场，李婉丽老师为观众介绍每一位小朋友并带领他们进行不同的才艺表演。布袋戏达人吴秉宪也带来精彩的布袋戏表演并教小朋友玩布袋戏偶。随后，马丁太太致辞感谢李婉丽老师 10 年来长期的努力与付出。董幼文为马丁夫妇颁发奖状以示感恩。

52. 美国旧金山湾区举办 2016 海外华裔青少年夏令营

2016 年 7 月 14 日，由北加州中文学校联合会主办的旧金山湾区 2016 海外华裔青少年夏令营落幕。“台湾驻旧金山办事处”马钟麟、北加州中文学校联合会会长邱佩芝等出席闭幕式并致辞。

马钟麟在致辞中表示，此次活动让学员体验台湾民俗技艺、认识自己的文化，有利于优秀传统文化的弘扬与传承。邱佩芝表示，夏令营活动通过寓教于乐的方式提升了华裔子弟对中华文化的认识，成效显著。

53. 德国福尔摩沙中文学校举办汉字文化节

2016 年 7 月 17 日，福尔摩沙中文学校汉字文化节在德国杜塞尔多夫举行。“台湾驻法兰克福办事处”张玉枝、福尔摩沙中文学校校长颜徽玲等出席并致辞。活动当天，全校共 70 名学生分别带来精彩表演，儿童班学生表演了吟诗游唱和绕口令，成人班以话剧、吟唱的形式改编经典诗歌。活动最后，福尔摩沙合唱团带领全校合唱歌曲，以示对汉语的热爱和对学校的感谢。

54. 阿根廷新兴文教中心学校举行 26 周年校庆活动

2016 年 7 月 18 日，新兴文教中心学校 26 周年校庆活动在阿根廷布宜诺斯艾利斯举行。“台湾驻阿根廷代表处”丁健民、新兴文教中心学校校长杨秀琴等出席活动。

活动伊始，杨秀琴致辞，感谢侨界以及台湾地区侨务主管部门 26 年来对新兴文教中心学校的支持与帮扶，希望学校能够继续蓬勃发展。丁健民在发言中对该校校务给予高度肯定，并传达了台湾地区侨务主管部门对学校给予补助的好消息。在校师生也为众人带来精彩的节目表演。随后的园游会活动中，美味的台湾美食和浓烈的现场氛围将活动推向高潮。

55. 柏林中文汉字学校举办汉字文化园游会

2016 年 7 月 18 日，柏林中文学校在德国柏林举办汉字文化园游会活动。“台湾驻柏林办事处”吴晓竹、柏林中文学校校长刘桂莲出席。

活动现场，筷子夹夹乐、汉字丢丢乐、国画译名乐、汉字刺青乐等以“汉字”为主题的互动游戏不仅让华裔子弟收获颇丰，也让很多德国学生对中文产生了兴趣。

56. “2016 纽约区海外华文教师研习会”举行

2016 年 7 月 20 日，由新泽西中文学校协会主办的“2016 纽约区海外华文教师研习会”在美国新泽西州东布朗士维克落下帷幕。“纽约侨教中心”王映阳出席闭幕式并致辞。

在为期 3 天的研习活动中，来自台湾地区的资深教师卢毓文、陈素红以她们新颖风趣的示范教学和分析讲解让海外侨校华文教师受益匪浅。卢毓文老师以打竹板的方式要求学生用中英文朗读并依照四声唱诗，陈素红老师将简单的游戏作为教学素材融入课堂教学，让学生在欢乐的学习氛围中学习汉语，感受中华文化。

闭幕式上，王映阳对与会的 60 位海外华文教师表示感谢并颁发证书。活动现场还上演了打竹板、朗诵等节目，展现了此次研习的教学成果。

57. “2016 华文教师在线远程研习班”正式开课

2016 年 7 月 23 日，“2016 华文教师在线远程研习班”正式开课。台湾地区侨务主管部门田秋堇出席开幕式并主持。她鼓励学员多利用全球华文网“云端 Moodle 教学平台”及“学员课业辅导专区”交流、探讨，形成相互切磋、教学相长的群体学习模式，共同打造台湾地区优质的华语文教学品牌。

此次课程为期 6 周，来自美国、加拿大、多米尼加、阿根廷、巴拿马、荷兰、法国、西班牙、土耳其、澳大利亚、新西兰、文莱、泰国及越南等国家的 70 名华文教师报名参与。

58. “2016 澳新华文教师研习会”在新西兰举行

2016 年 7 月 23 日，由新西兰台湾华夏协会主办的“2016 澳新华文教师研习会”在新西兰奥克兰举行。“台湾驻奥克兰办事处”周中兴出席开幕式并致辞，41 位奥克兰华文教师到场参加。

此次研习会邀请了台东大学助理教授舒兆民和讲师连育仁为与会人员进行演讲。他们分别就教学方法、数字教学等内容进行了专业的讲解与分析。台湾地区侨务主管部门刘敏如等人也发言致意。

59. 第五届旧金山湾区青少年中华文化学习团闭幕

2016年7月26日，由慧智文教基金会主办的第五届青少年中华文化学习团活动在台北闭幕。台湾地区侨务主管部门田秋堇和参与活动的美国旧金山湾区华裔青少年进行交流，并给予他们高度肯定。

此次访问活动共有17位华裔子弟参与。他们前往台湾地区南投信义乡的罗娜小学进行为期10天的志愿服务活动。活动期间，除了教孩子们英语与美国文化，华裔青少年志愿者也接触到汉语文化，并与孩子们建立了深厚的友谊。

60. 美国东方中文学校举办“爱有双营”夏令营

2016年7月26日，东方中文学校“爱有双营”夏令营活动在美国圣何塞落下帷幕。佛利蒙市副市长高叙、“金山湾区侨教中心”吴郁华等出席闭幕式。

此次夏令营活动共有160位小朋友、40位助教以及10位教师参与其中，体验中华传统民俗的同时感受优秀中华文化的魅力。

61. “2016阿根廷地区海外汉字文化节之捏面人活动”举办

2016年7月28日，“2016阿根廷地区海外汉字文化节之捏面人活动”在阿根廷布宜诺斯艾利斯华语文翻译专科学校举办。校长黄怡华出席活动并为来宾介绍活动主题，工作人员带领众人一起捏面人。捏面人是中华文化的传统民俗艺术之一，又称米雕或面术，面人由可食用色素、面粉、糯米粉等材料捏制而成，富有情趣，老少皆宜。

62. “2016波特兰地区海外教师研习会”举行

2016年7月31日，“2016波特兰地区海外教师研习会”在美国波特兰拉开序幕，会议由台湾地区侨务主管部门主办、波特兰华文学校联谊会承办。“西雅图侨教中心”颜国裕、波特兰华文学校联谊会会长黄蓁蓁出席。

在为期3天的研习活动中，台湾师范大学华语文教学系讲师曹静仪、台北市新生小学导师林丽丽为参与研习的中文学校校长及华文教师带来精彩的演讲，为大家分享翻转式课堂教学、游戏融入教学的经验与心得。

63. 圣儒华校教师研习会在巴西圣保罗举行

2016年7月31日，圣儒华校教师研习会在巴西圣保罗举行。校长林志孟致辞，120位教师及教职人员参加。

林志孟在发言中强调，一名合格的华文教育工作者应当以“为人谋而不忠乎、与朋友交而不信乎、传不习乎”反省自己。他鼓励在校华文教师本着初心不断鞭策自己。由于巴西地区毒品贸易猖獗，会议还邀请圣保罗台北文化中心主任李宏文讲解毒品的危害，希望以此让参会者对毒品有所了解，并教导学生拒绝毒品。

64. 台湾地区侨务主管部门吴新兴访问南非斐京华侨公学

2016 年 8 月 1 日，台湾地区侨务主管部门吴新兴访问南非斐京华侨公学。受到了“台湾驻南非代表处”陈忠，斐京华侨公学董事会副董事长刘利国、行政校长罗志尧、副校长刘玉华等热情接待。刘玉华详细介绍了学校的中文教学现状。学校因材施教的教学方法得到了吴新兴的认可与赞扬。

65. 澳大利亚凯恩斯台侨中文班筹备工作、师资培训工作启动

2016 年 8 月 3 日，凯恩斯台侨中文班筹备工作在澳大利亚凯恩斯正式启动。“昆士兰台湾中心”主任出席筹备说明会，并向与会人员介绍《五百字说华语》《学华语向前走》等教材。凯恩斯中文班已由凯恩斯台湾联谊会筹备近一年的时间。成立初期，中文班以幼教为主，分为幼儿班、初阶班和高阶班进行授课，以传承中华文化为教学宗旨。

2016 年 9 月 12 日，凯恩斯台侨中文班师资培训工作启动。来自台湾地区的幼教老师黄卉逸与教师学员分享自己的教学理论及经验，学员们也分享了自己培育儿童的心得体会。

66. 马来西亚“2016 台湾高等教育展”拉开序幕

2016 年 8 月 5 日，由马来西亚留台校友会联合总会主办的“2016 台湾高等教育展”在马来西亚吉隆坡拉开序幕。马来西亚首相特使张庆信、台湾地区侨务主管部门吴新兴、台湾地区教育事务主管部门陈良基等出席开幕式。近百所台湾地区高校约 350 名高校领导、教师到场介绍各自的升学、招生情况。

吴新兴在致辞中指出，马来西亚华文基础深厚，台湾地区教育质量良好，2016 年度台湾地区各大高校的海外青年技术班开班门槛从 40 人调降为 20 人，希望加速该班学生人数的增长。此外，马来西亚与台湾地区语言相通、文化相近，希望双方加强交流，共同推动侨教事业的发展。

67. 台湾地区侨务主管部门吴新兴访问马来西亚董教总

2016 年 8 月 5 日，台湾地区侨务主管部门和“台湾驻马来西亚代表处”章计平

等人访问马来西亚华校董事联合会总会（董总）及马来西亚华校教师会总会（教总）。董总主席刘利民、教总主席王超群等热情接待。吴新兴致辞时肯定了董教总在推动华文教育方面的努力，并鼓励台湾地区各高校能继续为马来西亚学生提供奖学金以推动侨教事业继续发展。

68.“2016 全加华文教育会议”在加拿大举行

2016 年 8 月 5 日至 7 日，由全加中文学校协会主办、爱城中文学校承办的“2016 全加华文教育会议”在加拿大埃德蒙顿市举行。台湾地区侨务主管部门张良民、“台湾驻温哥华办事处”李志强以及加拿大亚伯达省议员 Bob Turner、国会议员 Matt Jeneroux 等出席会议。来自加拿大各省的侨教界人士及主流教育界学者约 300 人到场支持。

此次会议以“顺应潮流宣扬核心文化”为主题，对华裔二代在加拿大多元文化中所扮演的角色、华语文在国际经济和社会领域的机遇、课室教学法、海外华文教材、中华文化艺术等议题进行探讨。会上，张良民以“侨教政策与华文教育”为主题主持专题研讨，和与会的华语文教育人士热烈交流。

69.“2016 美中区华语教师研习会”在美国举行

2016 年 8 月 8 日，“2016 美中区华语教师研习会”在美国芝加哥举行，为期两天。“芝加哥侨教中心”王伟赞、“台湾驻芝加哥办事处”林易民、美中中文学校协会会长石鸿珍等出席并致辞。

林易民在致辞中肯定了海外华文教师努力弘扬中华文化的精神。王伟赞表示，举办此次研习会的目的是提升美中地区中文教师的华语文教学质量，加强各中文学校与主流学校的沟通交流。石鸿珍也发表讲话，她希望凭借研习会提高海外华文教师的华文素养和教学动力。此次研习会不仅吸引了数十位美中地区华校教师报名参加，还通过远程视频通道让其他州的学员学习受益。

70. 2016 年海外华裔青年语文研习班在台北落幕

2016 年 8 月 10 日，2016 年海外华裔青年语文研习班落下帷幕。台湾地区侨务主管部门田秋堇出席闭幕式并颁奖。闭幕式上，田秋堇为优秀学员颁发学业优异奖和学业进步奖。学员代表上台进行成果演出。

此次研习活动为期 1 个月，来自 21 个国家的 165 位海外青年参加。活动期间，学员们参访台湾地区风景名胜，学唱华语流行歌曲，学习扯铃、书法等传统技艺，体验汉语乐趣的同时感受优秀的中华文化。

71. “2016 西雅图地区海外华文教师研习会”举办

2016 年 8 月 11 日，“2016 西雅图地区海外华文教师研习会”在美国西雅图举办。“台湾驻西雅图办事处”金星、“西雅图侨教中心”颜国裕等出席。

研习会上，由台湾地区侨务主管部门特别选派的教师曹静仪、林丽丽与来自西雅图、奥林匹亚塔可玛和南普峡等地区 14 所侨校的海外华文教师亲切交流。曹静仪分享了最新的华文教学知识、语音教学设计、翻转教室等内容，林丽丽介绍了注音符号、声调教学语法与句型教学等课程设计以及课堂互动游戏。

72. 大阪中华学校华语暑期班、中文夏令营举行

为了让学生有一个丰富多彩的暑假，大阪中华学校精心策划华语暑期班和中文夏令营等活动。2016 年 8 月 13 日，系列活动落幕。

活动包括2 天 1 夜的暑期探索体验营、5 天的中文夏令营以及 5 周的华语暑期班。中文夏令营以“艾丽斯梦游台湾”为主题，由台北市立大学华语文教学团队统筹组织，老师们穿上不同的卡通服装介绍台湾各地风景，带领孩子们唱歌跳舞、学习制作油纸伞等手工艺。华语暑期班由台北教育大学的华语教学团队负责，他们让学生通过每周一换的主题认识全世界，通过一周两次的烹饪课制作中华传统美食。此次系列活动寓教于乐，让孩子们体验乐趣的同时学习汉语、体验中华文化。

73. 台湾奖学金暨华语文奖学金颁奖典礼在新加坡举行

2016 年 8 月 14 日，台湾奖学金暨华语文奖学金颁奖典礼在新加坡举行。“台湾驻新加坡代表处”黄健良出席并主持典礼。

黄健良对获得奖学金的新加坡学子给予充分肯定，希望他们继续深入探索台湾地区的文化。来自台湾师范大学、翻译研究所、台湾“清华大学”生物科技研究所以及东吴大学的 5 名新加坡学子获此殊荣，他们表示将回到新加坡为汉语推广和中华文化传承做出贡献。

74. “2016 巴西地区华文教师研习会”落幕

2016 年 8 月 15 日，“2016 巴西地区华文教师研习会”在巴西圣保罗文化中心落下帷幕。巴西中文教学协会会长林志孟，“台湾驻圣保罗办事处”王启文、李宏文、张宏昌等出席闭幕式并致辞。

在为期 3 天的研习活动中，台湾地区特派讲师张于忻、陈雪妮分别带去精彩的课程。她们将台湾的新编二语教材以生动活泼的方式介绍给各位学员。闭幕式上，张宏

昌为两位台湾讲师颁赠礼物，王启文、林志孟为各位学员颁发证书，对海内外汉语工作者在发展华文教育、传承中华文化上的贡献致以敬意。

75. 中南美地区华裔青年参访台湾地区

2016 年 8 月 18 日，在台湾地区侨务主管部门的安排下，来自中南美地区的华裔青年深入台湾地区的乡镇参观访问。在茶园站，学员们在专心聆听茶师讲解制茶流程并亲自体验“炒茶”后，纷纷表示此次活动让他们有了认识台湾、接触中华文化的机会，收获颇丰。

76. “2016 海外文化种子教师培训班”在美国举办

2016 年 8 月 21 日，“2016 海外文化种子教师培训班”在美国休斯敦落幕。“台湾驻休斯敦办事处”黄敏境，“休斯敦侨教中心”庄雅淑、甘幼苹、刘秀美等出席闭幕式。39 位来自洛杉矶、迈阿密、亚特兰大、达拉斯、奥斯汀等地的海外种子教师收获“千里良驹奖”。

此次培训班，学员们除了亲手制作民俗道具，学习操练舞狮、民族舞蹈，还对创新编排的文化课程进行研习，寓教于乐，学习成果丰硕。

77. 海外杰出青年台湾文化研习营在台北举行

2016 年 8 月 22 日，海外杰出青年台湾文化研习营在台北落下帷幕。台湾地区“侨生处”庄琼枝出席成果发表会并致辞。会上，经过激烈竞争与严格选拔脱颖而出的 21 位优秀华裔青年带来精彩的研习报告，分享活动期间的心得体会。

此次活动中，学员们分成 4 组进行为期半个月的台湾寻访之旅。从文化古迹、自然景观，到台湾地区的高科技园，再前往东部地区参与民族群活动，学员们深入了解台湾地区环境之美，亲切感受中华文明之魅力。

78. 第 167 批赴日韩侨校替代服役男专业训练落下帷幕

2016 年 8 月 22 日至 26 日，台湾地区侨务主管部门第 167 批赴日韩侨校替代服役男专业训练落下帷幕。台湾地区侨务主管部门田秋堇出席并主持综合座谈暨闭幕式。田秋堇称，在海外发展侨教工作，能增进侨胞后裔的故乡认同感，特此感谢将赴海外侨校传承中华文化的替代服役男，希望他们为推动侨教事业的发展献出力量。

此次共派出替代服役男 16 人，其中 10 人被派赴韩国首尔华侨中小学、釜山华侨中小学、大邱华侨小学服勤，1 人被派赴日本大阪中华学校服勤，5 人被分配至侨务主管部门服勤。

79. 北加州中文学校联合会举行38周年年会

2016年8月24日，北加州中文学校联合会38周年年会在美国圣何塞的“旧金山湾区侨教中心”举行。“台湾驻旧金山办事处”马钟麟，北加州中文学校联合会前任会长邱佩芝、新任会长钟玛莉，加州众议员朱感生等出席并致辞。

邱佩芝致辞感谢大家对北加州中文学校联合会的支持。马钟麟向邱佩芝长期推动华文教育发展、推广中华文化致以崇高敬意。加州众议员朱感生表示，中文教育是华人在美国长期生活发展、传承中华文化的根本，必须大力推广发展。随后，会议进行北加州中文学校联合会新旧会长交接仪式。新任会长钟玛莉表示，在目前传统侨校学生越来越少的形势下，亟须转型华文教育，招收第二语言学生的同时增设成人班，以此推动海外华文教育的发展。

80. “2016海外青年技术班招生倡导说明会”在印度尼西亚举行

2016年8月28日，“2016海外青年技术班招生倡导说明会”在印度尼西亚雅加达举办。雅加达留台校友会会长江泽民、前会长叶秀娟，“台湾驻印度尼西亚代表处”丘志凯等出席会议并对相关事宜进行说明。

静宜大学、逢甲大学、文化大学、弘光科技大学等11所台湾地区大学参加此次倡导会并介绍各自学校的招生制度与训练课程。符合条件的华裔青年可以通过海外青年技术班对烘焙烹饪、美容美发、机械技术、观光餐饮、汽车修护、食品加工、数字媒体设计、空间设计以及牙体技术等内容进行学习。

81. 缅甸曼德勒孔教学校举行建校50周年庆祝大会

2016年8月28日，缅甸曼德勒孔教学校举行建校50周年庆祝大会。台湾地区侨务主管部门张良民、“台湾驻缅甸代表处”黎燮培等出席大会，50多所侨校代表及学生家长2500多人参加。

会上，张良民致辞称赞曼德勒孔教学校扎根缅甸薪传文化，为侨教事业做出了卓越的贡献。他同时勉励缅甸华文学校克服困难与挑战，提高教学质量、教师素养。大会还为优秀教师颁发50年、40年资深教师奖，各年级学生带来民族舞蹈、现代舞、舞狮等精彩表演。

82. “2016澳新组华文教师研习会”在澳大利亚举行

2016年8月30日，“2016澳新组华文教师研习会”在澳大利亚布里斯班举行。“昆士兰台湾中心”董幼文受邀出席，昆士兰华语文教师联谊会教师林伊莹、陈彦伶主持开幕式。来自布里斯班黄金海岸等侨校的教师以及多位主流学校华文教师积极响应。

开幕式上，董幼文强调侨教是侨社的根本，台湾地区侨务主管部门将持续提供华文教材以推动汉语的学习和中华文化的传承。随后的研习会上，台东大学华语文学系讲师连育仁为学员讲授全球华文网在侨校的应用，并带来新编教材《学华语向前走》。新西兰北岛佛光中华学校教师曾怡华作以桌游为主题的演讲，用以提高学生学习中文的兴趣。

83. 北加州天乐语文学校夏令营在美国举行

2016 年 8 月 31 日，北加州天乐语文学校夏令营在美国圣何塞闭幕。米尔布雷市市长奥利瓦，前市长罗伯特、玛吉等出席闭幕式。为期 5 天的夏令营活动中，来自台湾地区的庄淑玲、简奕翔两位老师亲切教授民俗舞蹈和民俗体育。另有 4 位台湾地区大学应届毕业生实习，协助学员学习中华文化。

84. “2016 非洲地区华文教师研习会”在南非举行

2016 年 8 月 31 日，“2016 非洲地区华文教师研习会”在南非普利托利亚的斐京华侨公学落幕。“台湾驻南非代表处”陈忠、杨先耀，非洲中华语文学校联合会主席黄梁轩，斐京华侨公学中文副校长刘玉华等出席闭幕式并致辞。

闭幕式上，黄梁轩、刘玉华对海外华文教师的贡献给予肯定，也对参与本次活动的两位台湾教师张忆如、陈雅芳表示感谢。随后的研习成果展上，学员们带来了精彩的民族舞蹈，陈忠、张忆如、陈雅芳也受邀上台与之共舞。

此次研习活动共有来自非洲地区 19 所华校的 30 多位华文教师参加，他们在为期 7 天的活动中不仅对台湾地区最新的教学方法和教材进行学习，也对传统的中华文化有所传承，学习成果丰硕。

85. 北美地区海外专业青年研习会在台北举行

2016 年 9 月 2 日，北美地区海外专业青年研习会在台北举行。台湾地区侨务主管部门田秋堇出席并致辞。

研习会邀请美国与加拿大的华裔青年到台湾地区进行参访交流，并为其安排了青年创业、公平贸易、志工文化等内容的专题演讲，让与会者能从多元的角度认识台湾地区，并希望他们在参访结束后能从不同专业领域给予回馈，达成双向交流。

86. 海外华语文教师文化教学培训美加菁英班在加拿大落下帷幕

2016 年 9 月 2 日，海外华语文教师文化教学培训美加菁英班在加拿大多伦多落下帷幕。为期 3 天的训练课程中，来自美国、加拿大 6 个城市的数位教师学员学习制作铃鼓、舞狮道具，体验传统的中华文化技艺。闭幕式上，多位侨务主管部门代表受邀出席，共同见证菁英班学员的学习成果。嘉宾与学员还共同展开了一场文化游戏的比拼。

87. 泰北地区华校第八届汉字文化节艺文竞赛在泰国举行

2016 年 9 月 5 日，泰北地区华校第八届汉字文化节艺文竞赛在泰国清莱举行。清莱华校教师公会荣誉会长颜协清、会长王绍章，“台湾驻泰国代表”谢武樵，泰国华侨协会主席余声清等出席活动。泰北地区 25 所华校校长及参赛学生、家长约 1500 人共襄盛举。

比赛现场，700 多位参赛选手进行了包括演讲与朗诵、阅读测验、书法、作文等 9 项内容的竞赛。最终，光复高中荣获小学组、初中组冠军，建华高中夺得高中组冠军。

88. “2016 美南地区海外教师研习会”在美国休斯敦举行

2016 年 9 月 8 日，“2016 美南地区海外教师研习会”闭幕式在美国休斯敦举行，为期 4 天的研习活动落幕。“休斯敦侨教中心”庄雅淑出席活动并为学员颁发结业证书。

研习期间，台湾师范大学蔡荣芝、美国耶鲁大学詹秀娴分别开展讲座，并与与会学员面对面沟通交流。台湾联合大学教师陈玉明作华语文教学技巧、华语课堂活动设计、课程设计与创意教学等内容的演讲报告。

89. “2016 西雅图地区海外华语文教师文化教学菁英班”闭幕

2016 年 9 月 12 日，“2016 西雅图地区海外华语文教师文化教学菁英班”闭幕式在美国西雅图举行。“台湾驻西雅图办事处”金星，“西雅图侨教中心”颜国裕等出席。

闭幕式上，来自北美 21 个地区的教师学员带来串铃鼓、采茶、斗笠、舞狮等精彩的民俗舞蹈表演。学员们也邀请现场嘉宾与他们进行“南街殷赈拼拼乐游戏”的比赛。金星、颜国裕为学员颁发结业证书。

为期 3 天的研习活动中，学员们通过对中华文化、艺术、民俗等内容的学习，提高了自身的品质素养。

90. “2016 美东美南地区中文夏令营”举行成果发表会

2016 年 9 月 12 日，“2016 美东美南地区中文夏令营”在美国新泽西州举行成果发表会。学员们展示了一周以来的学习成果，包括《仙童献瑞》金环舞表演、《卧虎藏龙》功夫扇表演、《彩絮迎春》彩带舞表演、五人小组抛接表演、扯铃串铃表演等节目。

91. “2016 海外联合招生委员会倡导团”在菲律宾举行系列座谈会

2016 年 9 月 25 日，“2016 海外联合招生委员会倡导团”在菲华文教服务中心主任吴学诚的陪同下拜访菲律宾华文学校联合会，菲律宾华文学校联合会常务理事李淑慧、吴紫薇等热情接待。拜访期间，倡导团与菲律宾华文学校联合会举行座谈会，针对海外侨生赴台升学政策、菲律宾教育制度改革等问题进行了深入细致的讨论。

此前，倡导团还前往菲律宾那牙耀华中学、宿务东方学院、马尼拉灵惠学院、崇德学校、菲律宾华文学校联合会举行了 5 场座谈会，详细说明了台湾地区高等教育现状、教学环境与奖学金以及到台湾地区升学申请流程等信息，以吸引更多的菲律宾华裔青年到台湾地区学习。

92. 第二届海外师铎奖颁奖典礼在台北举行

2016 年 9 月 25 日，第二届海外师铎奖颁奖典礼在台北举行。台湾地区陈建仁、侨务主管部门吴新兴、海华文教基金会董事长吴松柏等出席。

陈建仁充分肯定了来自 9 个国家的 15 位校长、资深教师常年在海外为华文教育做出的贡献，并亲自为获奖者颁奖。吴松柏与大家分享设立海外师铎奖的初衷，以推动海外华文教育的发展，弘扬中华文化。

93. 菲华文经总会第四届学生墙报比赛在菲律宾举行

2016 年 9 月 28 日，菲华文经总会第四届学生墙报比赛在菲律宾马尼拉举行。菲华文经总会常务委员胡尔浓出席并主持，菲华文教中心主任吴学诚到场颁奖。此次比赛共吸引了来自菲律宾中正学院、崇德学校等 9 所侨校的 300 多名学生参加。

94. “2016 侨生保荐单位工作研讨会”在台北举行

为吸引更多东南亚侨社后裔到台湾地区升学深造，台湾地区于 2016 年 9 月 25 日至 10 月 1 日在台北举办“2016 侨生保荐单位工作研讨会”。来自马来西亚、印度尼西亚、文莱、泰国、菲律宾、越南6国的27位海外侨胞出席。

2016年9月30日，台湾地区侨务主管部门田秋堇出席研习会并致辞。她对各保荐单位保障侨生到台湾地区升学表示感谢，并表示台湾地区侨务主管部门将协调台湾地区各部门让更多侨生有机会到台湾地区学习。

95. 马来西亚大同韩新传播学院赴台参访

2016年10月4日至14日，马来西亚大同韩新传播学院师生组成第26届台湾传媒教育考察团到台湾地区参访。10月5日，考察团访问台湾地区侨务主管部门，华侨通讯社社长陈奕芳热情接待。她欢迎考察团到访，并实地了解台湾地区的教育与生活环境。

96. 海外多地华校举办庆祝教师节活动

2016年10月5日，美中地区中文学校协会10多所中文学校在美国“芝加哥侨教中心”举办庆祝教师节活动。“台湾驻芝加哥办事处”何震寰、全美中文学校联合总会总会长刘娟、美中中文学校协会会长石鸿珍等出席活动。活动现场不仅进行了优良教师奖颁奖礼，还安排了精彩的节目表演，以此感谢各位教师长期的辛劳与付出。

2016年10月13日，清迈地区华文学校联合会联合33所华校在泰国清迈云南会馆举办庆祝孔子诞辰暨教师节活动。泰国华侨协会主席余声清、清迈地区华文学校联合会会长王世玺等出席敬香，并致辞感谢华文教师传承中华文化、培育中华英才方面的努力与付出。

2016年11月4日，“台湾驻休斯敦办事处”举办教师节庆祝活动，50多位来自当地主流学校的华语教师受邀参加。“台湾驻休斯敦办事处”黄敏境、周慧宜发表讲话，并为优秀的华语教师颁发优良教师奖。活动现场还进行了休斯敦中文学校联谊会新旧会长交接仪式。

2016年11月4日，美西北区华文学校联谊会在美国西雅图举办教师节庆祝活动。“台湾驻西雅图办事处”姚金祥、“西雅图侨教中心”颜国裕出席致辞，对各位教师在海外推广华文教育表示感谢。

97. “2016美西北区海外华裔青少年中华文化夏令营”举行

2016年10月6日，“2016美西北区海外华裔青少年夏令营”在美国西雅图落下帷幕。“台湾驻西雅图办事处”金星、“西雅图侨教中心”颜国裕等出席成果展示会。展示会上，学员们带来了精彩的舞狮、武术、扯铃、跳绳、铃鼓舞等表演。嘉宾也受邀上台体验彩带舞。

此次夏令营活动为期5天，来自台湾地区的特派教师叶怡君、何致霖为学员们开设了扯铃、民俗舞蹈、跳绳、国画、书法、民俗手工艺、武术等课程。

98. 北加州中文学校联合会举行2016优良教师颁奖典礼

2016年10月9日，由北加州中文学校联合会主办的“2016优良教师颁奖典礼”在美国圣何塞举行。“台湾驻旧金山办事处”马钟麟受邀出席并致辞。

颁奖典礼在柏拉图健身鼓队气势磅礴的鼓声中拉开帷幕。马钟麟首先致辞，肯定了华校教师在海外推广汉语、弘扬中华文化的贡献。随后，马钟麟同萨拉度加学区委员张琛、曾景琳以及费利蒙学区委员魏虹等一起为获奖教师颁奖。获奖教师纷纷表示，将继续为海外华文教育事业贡献力量，使汉语和中华文化在海外发扬光大。

99. “2016悉尼海外华语教师文化培训基础班”落下帷幕

2016年10月14日，由台湾地区侨务主管部门主办的“2016悉尼海外华语教师文化培训基础班”在澳大利亚悉尼落下帷幕。“台湾驻悉尼办事处”处长沈正宗、“悉尼侨教中心”黄国柟等出席闭幕式并致辞。

沈正宗强调，在海外传承文化实属不易，如何让华裔子弟及海外友人认识中华文化是重要的课题。沈正宗、黄国柟为学员颁发结业证书，希望他们在海外继续将中华文化发扬光大。

为期3天的培训活动中，慧智文教基金会执行长赖美智率领台湾地区特派教师潘莉君、林碧玲、曾丽珍等为侨校教师开设了客家花布粽制作、皮影戏等课程。

100. “2016奥克兰华语文教师文化培训班”举行

2016年10月24日，“2016奥克兰华语文教师文化培训班”在新西兰华夏协会会馆拉开序幕。“台湾驻奥克兰办事处”周中兴、杨贵森等出席开幕式并致辞。

为期3天的培训活动中，台湾地区侨务主管部门特别选派民俗艺术教师林碧玲、偶戏艺术教师曾丽真以及民族舞蹈教师潘莉君，带领31位学员对中华民俗文化进行学习体验。此外，“皮影大观园”“青春岭上筷舞情”“彩绸风姿台湾情”以及花布粽制作、手帕舞等课程也让学员们汲取了丰富的文化知识，体验了优秀的民俗艺术。

101. 德国莱茵台北中文学校举办夏令营经验分享会

2016年10月28日，莱茵台北中文学校在德国杜塞尔多夫举办夏令营经验分享会。莱茵台北中文学校校友会邀请2016年暑假到台湾地区参加由台湾地区侨务主管部门主办的夏令营以及红十字会志工营的学员分享心得体会，为将来到台湾地区参加夏令营的孩子们提供经验、建议。

102. “2016海外华裔青年台湾观摩团行前说明会”在新西兰举行

2016年11月1日，“台湾驻奥克兰办事处”举行“2016海外华裔青年台湾观摩团行前说明会”。此次观摩活动为期3周，希望以此加深华裔子弟对传统中华文化与台湾地区发展现状的了解。来自新西兰各城市的华裔青年报名参加。

103. 台湾地区侨务主管部门吴新兴访问东京中华学校

2016年11月1日，台湾地区侨务主管部门吴新兴到日本访问东京中华学校并与该校理事展开座谈。吴新兴感谢校理监事对校务运营的全力支持和该校教师的辛劳付出，并表示将继续协助学校师资建设以缓解海外侨校师资不足的困境。

2016年11月2日，台湾地区侨务主管部门吴新兴访问横滨中华学院并举行座谈会，以了解该校办学情况。“台湾驻横滨办事处”粘信士、横滨中华学院校长冯彦国等出席会议。吴新兴表示，横滨中华学院创校百余年，现已成为培育侨界精英的摇篮，更是日本侨界的宝贵遗产。

104. 菲律宾灵惠学院参访团访问台湾地区

2016年11月3日，菲律宾灵惠学院院长陈宏涛率参访团到台湾地区交流参访。台湾地区侨务主管部门张景南热情接待，并对菲律宾侨界长期以来秉持传承中华文化的理念教育华裔子弟表示肯定与感谢。

菲律宾灵惠学院成立于1950年，从最初的中学规模逐步扩展成涵盖幼儿园到大学的完整教育体系，学生人数达3000多人。

105. 休斯敦独立学区成立中文班

2016年11月9日，在多位侨胞的捐款助力下，“台湾驻休斯敦办事处”与美国主流教育机构休斯敦独立学区达成合作，在得克萨斯州市民学校试办为期10周的中文班。台湾地区侨务主管部门林映佐、周慧宜，休斯敦独立学区教育委员梅格烈，前休斯敦台商会长王敦正等出席开班活动，他们对由此展开的中文教育计划表示欢迎，希望以此推动汉语和中华文化在海外的推广与传承。

106. “亚特兰大侨教中心”举办民俗文化种子在地研习班

2016年11月9日，“亚特兰大侨教中心”举办民俗文化种子在地研习班，30多名华校教师报名参加。于2016年7月参加海外华语文教师文化教学培训美加菁英班的亚特兰大中文学校教师刘承璋、张玉华和慈济人文学校教师王萌慧，将他们的学习成果传授给各位学员，以推动中华民俗文化的弘扬与传承。

107. 缅甸华文教师研习班幼儿园华文班研习活动落幕

2016 年 11 月 11 日，缅甸华文教师研习班幼儿园华文班研习活动在台北落幕。台湾地区侨务主管部门田秋堇、台中教育大学推广教育部主任许可达出席闭幕式并致辞。

田秋堇致辞时称，台湾地区侨务主管部门请台中教育大学安排专业课程及教学活动，并带领学员造访华陶窑、9・21 地震教育园区及桃米社区等地，希望学员在 19 天的课程中能增长更多专业知识以提升华文教学质量。

108. “2016 全美华文教育菁英研讨会”举行

2016 年 11 月 18 日，“2016 全美华文教育菁英研讨会”在美国波士顿举行。“台湾驻波士顿办事处”陈铭俊、“波士顿侨教中心”欧宏伟、全美中文学校联合总会总会长陈安东等应邀出席。纽约州立大学教授唐力行作题为《人文主义教育理念及其对美国中文教学的启示》的专题讲座，美国大学理事会代表共 100 多人到场聆听。

109. “2016 多伦多民俗文化种子在地培训活动”举行

2016 年 11 月 19 日，“2016 多伦多民俗文化种子在地培训活动”顺利举行。研习课程包括介绍舞狮狮头及其 DIY 制作，来自台湾的 6 位特派教师葛文孟、曾锦芬、黄惠英、王璨英、陈翠琴、叶雅芳担任讲解工作。此外，休斯敦地区“台湾文化导览”主要负责人张世勋也作题为《休斯敦推动文化导览经验谈》的讲座，向当地华文教师分享休斯敦地区推动文化导览的成功经验。

110. “2016 加西汉字文化节”在加拿大举行

2016 年 11 月 19 日，“2016 加西汉字文化节”系列活动之华语文创意演书团体竞赛在加拿大温哥华举行。“温哥华侨教中心”杨修玮、黄俪萱，温哥华联合中文学校校长赖飞钟等出席致辞并颁奖。

颁奖典礼上，赖飞钟致辞称，开展创意演书竞赛是希望帮助学生学习词汇与成语，从而活用汉语进行表达、交际。杨修玮表示，学校用心发挥创意带给学生不同的体验，校长与教师的教学热忱让学生体验到了学习汉语的快乐。活动现场 12 个班级获得优胜奖与卓越奖，主办方还为优秀个人颁发表演奖、旁白奖与威力导演奖等奖项。

111. 驻巴拉圭办事机构举办2016年度华语教学成果发表会

2016年11月19日，台湾地区驻巴拉圭办事机构在亚松森美国学校举办2016年度华语教学成果发表会。台湾地区驻巴拉圭办事机构俞大澐莅临主持。

俞大澐指出，汉语是当今最重要的语言之一，台湾地区精心营造多元的汉语学习环境，引进创新活泼的教学方法，受到各校师生的欢迎，希望海外学子继续努力，并到台湾地区升学深造。各校华语学生表演了戏剧、舞蹈、歌曲、演说、益智问答等节目，展示他们的学习成果。

112. 厄瓜多尔举行汉字文化节活动

2016年11月19日，厄瓜多尔汉字文化节之唐诗朗诵暨唐诗书法比赛在基多市国立理工大学举办。"台湾驻厄瓜多尔代表处"郑力城、访厄书法名家邱山藤、厄京华侨公会荣誉会长黄文宏等出席并担任评委。

来自厄京华侨公会附设中文班、厄京军事理工大学及国立理工大学的18位学生参加比赛，5位学生获得优胜奖。此外，为鼓励致力于华文教学的老师，主办方特别增设最佳指导老师奖，厄京华侨公会附设中文班教师刘秀娟荣获该奖项。邱山藤也进行现场讲评与示范教学，充分展现了古代文学诗意之美。

113. 菲华成语绘画比赛在菲律宾举行

2016年11月19日，菲律宾华文学校联合会与教师教学研究会在菲律宾马尼拉联合举办中学生成语绘画比赛。菲华校联常务理事李淑慧担任主席，"菲华文教中心"主任吴学诚出席活动并为获奖学生颁奖。来自马尼拉的20多所华文学校师生250人到场支持。

114. 越南胡志明市台湾学校举办文化教学成果发表会

2016年11月20日，胡志明市台湾学校举办文化教学成果发表会。"台湾驻胡志明市办事处"梁光中、胡志明市台商会副会长张世雄等出席发表会。胡志明市台湾学校校长江家衍主持会议。活动现场，江家衍为两位文化教师李宗翰、林金樟颁发奖状。同学表演了扯铃、跳绳等节目。

115. 南加州尔湾中文学校举行2016汉字文化节系列活动

2016年11月20日，南加州尔湾中文学校举行"2016汉字文化节系列活动"之首届中文童诗节。"橙县侨教中心"杨海华出席活动。中文童诗节最大的特色是通过朗诵、诗歌快板、诗音画、歌舞等方式，展现中文童诗的文学性与趣味性，让孩子们快乐地学习汉语。

11 月 20 日，南加尔湾第五届汉字文化节中文认字闯关大赛举行。大赛以最常见的 1000 个汉字为题库，根据就读程度分组，参赛者准确发音并造词即可得分。杨海华表示，认字竞赛有助于提升学习乐趣，使学生灵活运用学习内容，从而推广中华文化。

116. 第 17 届海外台湾学校董事长、校长暨家长会长联席会议于印度尼西亚举行

2016 年 11 月 22 日，第 17 届海外台湾学校董事长、校长暨家长会长联席会议在印度尼西亚举行。台湾地区教育主管部门蔡清华、“台湾驻印度尼西亚代表处”张良任等出席并致辞。

2016 年举办的“董事长、校长、家长”三长联席会议，除了安排各校做校务经营报告，也就各校特殊需求及面临的问题进行讨论。会上，蔡清华做了专题演讲。他关注华语文教学、数字化学习、中华文化认同、师资聘任、海外实习教师等议题内容，并与在场各校董事长、校长及家长代表深入讨论。

117. 印度尼西亚西爪哇省华文教育协调机构到台湾地区访问

2016 年 11 月 22 日，印度尼西亚西爪哇省华文教育协调机构组成参访团到台湾地区访问。台湾地区侨务主管部门田秋堇热情接见并与来访人员亲切交流。

参访团前往台湾地区各级学校进行交流，并实地走访台湾地区的教育单位，深入了解其内部运作，为侨居印度尼西亚有意到台湾地区深造的华裔子弟明晰相关信息。参访团还与台北医学大学附属医院签署专属的医疗合约。

118. “2016 海外侨商青年参访团活动”落下帷幕

2016 年 11 月 22 日，“2016 海外侨商青年参访团活动”在台北落下帷幕。台湾地区侨务主管部门吕元荣、吴新兴等出席闭幕式并与全体学员进行座谈，他们与与会学员亲切交流、一一回复提问，并颁发证书。

为期 5 天的参访活动中，学员们走访台湾北部地区各知名企业及其产业根据地，对农业、生物技术、医药、文化创作、艺术等产业领域进行学习考察。

119. 澳大利亚侨社举办“2016 华裔青年台湾观摩团活动行前说明会”

2016 年 11 月 23 日，澳大利亚侨社在布里斯班举办“2016 华裔青年台湾观摩团

行前说明会”。“昆士兰台湾中心”董幼文欢迎与会学生及家长，并讲解注意事项。曾参加2015年台湾观摩团活动的代表林昕分享心得体验。

120. 首届蹲点侨世界·侨社志工服务暨影像竞赛在台北举行

2016年11月23日，首届蹲点侨世界·侨社志工服务暨影像竞赛在台北举行。台湾地区侨务主管部门田秋堇、海华文教基金会董事长吴松柏等出席颁奖典礼并致辞。

此次比赛共有25件作品参赛，拍摄地点涵盖南非、印度、伯利兹、泰北、缅甸、美国，内容包含侨校老师、泰北孤军、社区华人历史博物馆及华裔二代身份认同等。最终，台湾政治大学国际志工队的作品《看见北方泰阳》夺冠，第二名是台湾清华大学的《垦场博物馆》，季军由东吴大学《遇见》获得。

121. “2016世界华影·金侨奖颁奖典礼”在台北举行

2016年11月25日，“2016世界华影·金侨奖颁奖典礼”在台北举行。台湾地区侨务主管部门田秋堇、张良民等出席并颁奖。田秋堇在致辞中表示，金侨奖自2009年设立以来，吸引了全球众多的作者参赛，2016年度金侨奖共吸引来自五大洲超过24个国家地区的作者报名参与。

在奖项方面，短片组冠军由陈俊仰夺得，得奖作品为《布袋的马拉松》。照片组冠军得主则是来自马来西亚的黄约瑟，他的得奖作品《第二个家》记录了他对台湾的热爱。

122. “2016文化教师教学成果分享座谈会”在台北举行

2016年11月25日，“2016文化教师教学成果分享座谈会”在台北举行。台湾地区侨务主管部门田秋堇出席并致辞。她强调了文化传承与认同的重要，并为出席教师颁发奖状。随后，6位文化教师就此次巡回教学的情况进行报告。

2016年度台湾地区侨务主管部门共选派65位文化教师赴海外进行文化教学，其中18位教师分赴美国、加拿大、欧洲地区43个营区支援夏令营活动，47位教师前往亚太、中南美洲及南非等12个国家进行巡回教学。

123. 加拿大安大略省华教协会举行会员大会

2016年11月26日，加拿大安大略省华教协会在“多伦多侨教中心”举行会员大会。“多伦多侨教中心”李叔玲出席并致辞。会后的民俗手工制作课程邀请资深文化种子教师现场教学，教授纸艺及折纸等手工制作。大会还举办亲子家庭讲座，由专业心理咨询师担任主讲，内容包括什么是沟通、沟通目的、亲子无法沟通的原因、问题和解决之道等主题。大会吸引会员及社区人士共80余人参加。

124. 澳大利亚悉尼汉字艺术书法展举行

2016年11月26日，澳大利亚悉尼汉字文化节系列活动之汉字艺术书法展在“悉尼侨教中心”举行。兰亭书法研习社关德基携弟子共同展出书法作品近50件。“台湾驻悉尼办事处”蒋嘉一、“悉尼侨教中心”主任黄国相等出席开幕式。

蒋嘉一对关德基荣获2015年繁体汉字全球书法比赛特优奖表示祝贺，并指出通过书法展能让更多人认识书写艺术，从中体会作者的思想意境及汉字之美，进而陶冶性情。黄国相肯定了关德基传承中华传统文化的贡献，并鼓励师生继续努力，分享教学成果。

125. 菲华文经总会举办汉字文化节活动

2016年11月26日，菲华文经总会举办汉字文化节活动。菲华文总常务委员庄杰森出席并主持。中正学院、计顺中学、圣公会中学及能仁等多所华文学校的60多位教师参加。

圣公会中学教师古景伊、罗济榕阐释汉字的优势及其艺术美感。中正学院教师吕铭崴介绍繁体字教育与传统文化中的哲学思维，教师黄声豪为大家讲解汉字史上的繁、简与规范。

126. 台湾地区侨务主管部门吴新兴赴泰国访问曼谷侨社

2016年11月26日，台湾地区侨务主管部门吴新兴奔赴泰国访问曼谷侨社。“台湾驻泰国代表处”谢武樵、泰国华侨协会主席余声清等热情接待。

吴新兴拜访泰国中华会馆并举行座谈会。中华会馆理事长苏真娜在会上详细介绍中华会馆的历史及设立中华语文中心的历程。吴新兴也就泰国侨社现状、侨教推广及组团到台湾地区参加观摩团、语文研习班等事项进行说明。

127. “2016纽约地区华语文数位教学研习会”举行

2016年11月26日至27日，“2016纽约地区华语文数位教学研习会”在纽约数位学习中心示范点——优势学苑举行。“纽约侨教中心”王映阳、王盈蓉等出席会议。

两天的研习课程特别邀请数位中文教师协会会长陈姮良以远程教学方式进行授课，课程内容包括全球华文网内容介绍、数位教学科技新知、数位工具的选择应用及营造趣味与学习兼顾的华语教学、Google Drive在中文教学上的应用等。研习会上，师生互动交流热烈，与会老师皆表示此行收获颇丰。

128. “2016 法国汉字文化节之汉字创意绘画比赛”举行

2016 年 11 月 27 日，“2016 法国汉字文化节之汉字创意绘画比赛”在法国大诺瓦希市举办。“台湾驻法国代表处”林宏颖出席活动。来自亭林、中华、佛光山、希望之声及大诺瓦希国际中学等中文学校及主流学校的 53 位学生参加比赛。

比赛分为幼儿组、儿童组、少年组及成年组进行，参赛学生发挥创意及想象力，运用水彩、水墨等绘画技巧在画纸上描绘多彩汉字。赛后的颁奖典礼上，参赛学生介绍了创作理念及学习中文的心得，林宏颖等人为获奖选手颁奖。

129. “2016 海外华文教师研习会”在台北落幕

2016 年 11 月 30 日，“2016 海外华文教师研习会”在台北落下帷幕。台湾地区侨务主管部门田秋堇在闭幕式上致辞，并为与会教师颁发证书。15 组教师派代表以简报的方式轮流分享教学成果，以及侨校教学面临的师资、教材等方面的困难与挑战。

130. “华盛顿侨教中心”举办“2016 主流学校华语文教师研讨会”

2016 年 12 月 3 日，“华盛顿侨教中心”举办“2016 主流学校华语文教师研讨会”。“华盛顿侨教中心”陈世池、“台湾驻美国代表处”迟耀宗到场支持。华盛顿主流学校中文教师联谊会卢瑞平主持会议。

卢瑞平称，学习汉语在美国已成为风潮，各地的主流教育主管机关纷纷开设中文课程，对汉语老师的需求也日益增加。此次会议希望整合主流学校汉语教师的力量，增进彼此的交流互动并分享教学经验及资源，以提升华语教学水平。

131. 新泽西中美文化协会举办 5 校联合演讲比赛

2016 年 12 月 3 日，新泽西中美文化协会举办 5 校联合演讲比赛。中美文化协会会长吴丽卿、“纽约侨教中心”王盈蓉、新泽西中文学校协会会长任佩冬等出席。来自联合、中部、爱迪生、梅山及瑞谷中文学校的 54 位学生参赛，100 多位教师与家长到场支持。

132. 2016 年纽约地区民俗文化种子在地研习班举行

2016 年 12 月 3 日，2016 年纽约地区民俗文化种子在地研习班在“纽约侨教中心”开课。“纽约侨教中心”王盈蓉出席开班式，24 位中文学校师长参加。优秀文化教师林千惠、刘訾玉、倪旭萍担任讲师，为学员们开设童趣纸鸢、故宫山水等课程内容。

133. 2016年“佛光杯”三好说故事校际友谊赛在菲律宾举行

为鼓励华校学生说华语，国际佛光会菲律宾协会于2016年12月3日举办2016年“佛光杯”三好说故事校际友谊赛。“菲华文教中心”主任吴学诚受邀出席并担任评委。来自菲律宾马尼拉地区崇德、中正、晨光、计顺、能仁等华校学子踊跃参加，现场气氛热烈。

134. 美国休斯敦地区民俗文化种子在地文化培训班举行

2016年12月3日，休斯敦地区民俗文化种子在地文化培训班在“休斯敦侨教中心”举行。“休斯敦侨教中心”庄雅淑、李美姿等出席。此次课程特邀谢兰英、阮祥鸿两位优秀文化教师教授客家斗笠农家舞和欢乐铃鼓舞，30多位来自休斯敦、糖城等地侨校及主流学校的华文教师以及青少年文化大使协会青年文化志工报名参加。

135. “2016华盛顿汉字文化节系列活动之书法比赛”举行

2016年12月3日，“2016华盛顿汉字文化节系列活动之书法比赛”在“华盛顿侨教中心”举行。“华盛顿侨教中心”陈世池、华盛顿中文学校联谊会总干事杨贤俊等出席活动。来自黎明、华府、中华圣经教会等10所中文学校的42位学生参加比赛。

陈世池致辞时表示，书法是中华文化珍贵独特的遗产之一，不仅是文字的记载，更是艺术的结晶。举办中文学校校际书法比赛，有助于当地华裔子弟深入了解汉字结构之美及中华文化的博大精深，意义深远。

136. 第十二届泰北华语文艺文比赛在泰国举行

2016年12月4日，由泰国华侨协会主办的第十二届泰北华语文艺文比赛在泰北孟安圣心中学举行。“台湾驻泰国代表处”石柏士、“泰华文教中心”副主任杨碧华、泰国华侨协会主席余声清等出席活动。清莱及清迈地区30多所华文学校的师生近1500人到场支持。

余声清致辞时表示，泰国华侨协会举办该活动是为了鼓励泰北学子学习华语文、弘扬中华文化，并提升学生的汉语表达能力。石柏士对清莱华校教师推广海外华文教育表示感谢。随后，石柏士为演讲、象棋等多项比赛的获胜学生颁奖。

137. 纽约主流教师联谊会举办年会及专题演讲

2016年12月4日，纽约主流教师联谊会在美国新泽西举办年会及专题演讲。

“纽约侨教中心”王映阳、王盈蓉等出席会议。

王映阳致辞表示，美国各地主流教育机构都急需华语文老师，希望通过联谊会的平台让主流学校的华文教师分享资源及经验，增进与中文学校的互动交流。

138. 2016年“旧金山湾区数位师资培训研讨会”举行

2016年12月4日，北加州中文学校联合会在“旧金山湾区侨教中心”举办数位师资培训研讨会。“旧金山湾区侨教中心”吴郁华、北加州中文学校联合会会长钟玛莉等出席。多所中文侨校校长及教师近100人到场参与。

洛杉矶资深华语文教师郑雅文以“数位软硬件工具需求”“平板、计算机与手机的交互运用”“课堂的教学影片种类分析与制作”“教学素材取得与数位版权的声明”“教学影片的制作与云端呈现”等主题为学员带来精彩的讲座，以帮助中文学校教师在没有网络的环境下也能运用数位工具开发多媒体教学教材，提高教学水平与质量。

139. 首届菲华学生现场作文比赛在菲律宾举行

2016年12月4日，首届菲华学生现场作文比赛在菲律宾举行。活动由菲华文经总会、菲华健行学会、菲华文总教师联谊会联合主办。“菲华文教中心”主任吴学诚出席活动并致辞。来自马尼拉地区的150多位中小学生参加比赛。

140. 马来西亚永平中学参访团到台湾地区体验技职教育

2016年12月6日，马来西亚柔佛州永平中学参访团到台湾地区参访，了解台湾地区高等教育相关信息的同时，深入校园体验技职教育。景文科技大学为参访人员安排了调酒体验课程、多媒体信息AR与VR课程，并鼓励马来西亚华裔青年到台湾地区升学。

141. 2016年纽约地区举行校际中文歌唱比赛

2016年12月7日，“台湾驻纽约办事处”联合纽约市立亨特大学、哥伦比亚大学举办2016年纽约地区校际中文歌唱比赛。“台湾驻纽约办事处”张佳琳等出席活动。来自纽约各校的17名学生报名参加。参赛者大展歌喉，演唱《月亮代表我的心》《原谅我》等知名华语歌曲；也有学生演唱自创或改编的中文歌曲，展现出非凡的创作才华。

142. 2016年旅居南洋乡侨青年返金寻根团到台湾地区参访

2016年12月7日，旅居南洋乡侨青年返金寻根团到台湾地区参访。寻根团由高中生、大专学生组成。台湾地区侨务主管部门吕元荣热情接待，并为参访人员致赠纪念品。

旅居南洋乡侨青年返金寻根团由台湾金门县政府于 2003 年创办，2016 年是该项目举办的第 13 个年头。

143. 美中中文学校协会举办多媒体 PPT 观摩活动

2016 年 12 月 10 日，美中中文学校协会在“芝加哥侨教中心”举行多媒体 PPT 观摩活动。“台湾驻芝加哥办事处”林易民、“芝加哥侨教中心”王伟赞等到场支持。美中中文学校协会会长石鸿珍主持活动。来自西北郊、联合及瑞柏等 3 所中文学校的 8 位学生参与活动，并于现场制作 PPT 并进行道具表演。

144. 2016 年华校学生“我爱唐诗”背诵比赛在菲律宾举行

2016 年 12 月 10 日，由菲律宾华文学校联合会与菲律宾黄巽楠基金会联合主办的 2016 年华校学生“我爱唐诗”背诵比赛在菲律宾嘉南中学举行。基金会董事长吴建美、嘉南中学副校长许丽玲等出席并致辞。马尼拉地区 16 所华校 600 多位师生及家长到场支持。参赛学生尽全力争取佳绩，现场气氛热烈。

145. 华盛顿“2016 汉字文化节数位导览竞赛”举行

2016 年 12 月 10 日，华盛顿华文网络师资协会、美东中文学校协会联合“华盛顿侨教中心”举办“2016 汉字文化节数位导览竞赛”。“华盛顿侨教中心”陈世池出席。

陈世池表示，希望借由校际观摩竞赛让华裔子弟深入了解汉字结构之美，并通过数位导览方式，提高学生数位科技运用能力及华语文口头表达能力。

146. 菲律宾灵惠学院举办校际书法比赛及文字创意设计比赛

2016 年 12 月 10 日，菲律宾灵惠学院举办校际书法比赛及文字创意设计比赛。“菲华文教中心”主任吴学诚、灵惠学院院长陈宏涛等出席活动。

陈宏涛在致辞中强调了在全球学习华文热潮下学习中文的重要性，并感谢师生及家长支持协助推广华文教育、传承中华文化的工作，鼓励学生到台湾地区升学深造。最终，来自中正学院、崇德学院、圣公会中学等学校的学生分获奖项。

147. 2016 年泰北同胞子女奖助学金颁奖典礼在泰国举行

2016 年 12 月 11 日，中华救助总会在泰国清迈、清莱举办 2016 年泰北同胞子女奖助学金颁奖典礼并展开教育座谈。中华救助总会理事长张正中、“泰华文教中心”副主任蒋翼鹏出席并颁奖。

张正中表示，中华救助总会从 1954 年开始对泰北同胞提供救助，62 年来尽可能支持泰北华教的发展，资助奖励绩优贫困学生，补助教师工资，并举办短期华校种子教师师资培训等活动，帮助提升泰北地区师资水平。蒋翼鹏充分肯定中华救助总会救助泰北同胞、不遗余力促进华教事业发展的义举，并鼓励泰北学生努力学习，服务泰北家园。

148. 2016 年加东地区冬令华文教师研习会在加拿大开幕

2016 年 12 月 11 日，加东地区冬令华文教师研习会在加拿大“多伦多侨教中心”开幕。“多伦多侨教中心”李叔玲、欧阳群，加东中文学校联合会理事长施善美等出席开幕式。

研习会上，主办单位邀请当地资深的华文教师举行座谈会，针对多伦多的教学环境及多元化的学习对象展开深入探讨，分享教学心得及教学经验，以强化华文教师的专业素养，提升学生的学习兴趣。

149. “2016 美加地区民俗文化种子在地研习班”举办

2016 年 12 月 11 日，“2016 美加地区民俗文化种子在地研习班”在美国新泽西举办。“纽约侨教中心”王盈蓉、戴松昌等出席。来自各中文学校的近 50 位教师与青少年文化大使协会学员齐聚一堂，共同学习中华文化。此次课程内容包括民俗艺术纸鸢、民俗舞蹈采茶舞、传统美食麻糬及客家擂茶制作等。

150. “2016 侨生教育国际研讨会”在台北举行

2016 年 12 月 12 日，为提高侨生教育质量，培养侨生教育素质，台湾师范大学侨生先修部举办“2016 侨生教育国际研讨会”。台湾地区侨务主管部门吴新兴、台湾地区教育主管部门邱玉蝉等出席会议。研讨会由台湾师范大学副校长吴正己主持。

吴新兴在致辞中强调，欢迎侨生到台湾地区就学，学有所成后能够协助台湾地区整体发展。此次研讨会邀请学术界的语言教育专家及侨生代表参加，以学术论文报告、海外招生政策论坛为内容搭建起侨界与学界的桥梁。

151. 台湾地区侨务主管部门吴新兴访问泰北侨校

2016 年 12 月 12 日至 13 日，台湾地区侨务主管部门吴新兴赴泰北清莱访问当地侨校。清莱云南会馆会长汤宗静、清莱华校教师公会会长王绍章等热情接待。

12 月 13 日，吴新兴一行拜访满堂村建华中学，了解该校办学情况，并探访在学校服勤的 7 位替代役男。随后他前往满堂村建华高中，与泰北侨校校长及建华中学、建华高中的 15 位替代役男展开座谈。他希望各校校长以广阔的视野和积极的做法经营学校，并保证台湾地区侨务主管部门将持续协助泰北侨校改善硬件设施，推动当地华语文教育的发展。他也勉励替代役男发挥专长，帮助提升泰北地区的师资水平。

152. 美国旧金山湾区举行教师研习会暨夏令营服务心得分享会

2016 年 12 月 14 日，美国旧金山湾区举行教师研习会暨夏令营服务心得分享会。“旧金山湾区侨教中心”吴郁华、全美中文学校联合总会总会长陈安东、北加州中文学校联合会会长钟玛莉等出席致辞，感谢各位志愿者的参与与奉献。与会志愿者分享心得体会与服务经验。

153. “2016 马来西亚中学教育参访团”到台湾地区访问

2016 年 12 月 14 日，马来西亚留台校友会总会秘书张济率领“2016 马来西亚中学教育参访团”到台湾地区访问。台湾地区侨务主管部门吕元荣热情接待。为期 8 天的访问活动中，参访团就台湾地区升学政策及学习环境等内容进行深入了解。双方达成合作共识，期待更多的马来西亚华裔子弟了解台湾，并到台湾地区深造。

154. “2017 侨生技职专班缅甸地区联合招生倡导会”举行

2016 年 12 月 16 日，“2017 侨生技职专班缅甸地区联合招生倡导会”在缅甸举行。台湾地区侨务主管部门吕素珍率台湾 15 所学校代表赴缅甸腊戌地区，与当地 26 所华校的负责人展开座谈。

吕素珍在致辞中鼓励缅甸华裔青年到台湾地区升学，并详细介绍侨生技职专班报读资格、年龄限制、申请方式及流程、侨生学业及生活辅导措施等相关事宜。随后 15 所协办学校代表介绍各校的招生科别及特色，欢迎华校负责人鼓励优秀学生到台湾地区就读高职建教侨生专班。

155. “2016 洛杉矶民俗文化种子在地师资培训班”举行

2016 年 12 月 17 日，“2016 洛杉矶民俗文化种子在地师资培训班”在“洛杉矶侨教中心”开课。“洛杉矶侨教中心”庄博智出席并致辞。洛杉矶多所中文学校校长及教师 30 余人参加。

庄博智表示，希望此次培训课程可以提升海外文化教师的文化素养、传承优秀的中文民俗文化。课程内容包括介绍台湾狮头面具、农历新年传统文化等。

156. 旧金山湾区慧智文教基金会青年志愿者分享志愿服务心得

2016 年 12 月 17 日，美国旧金山湾区慧智文教基金会举办 2016 年海外菁英青年志愿者返台暑期服务营年终感恩成果分享会。“旧金山湾区侨教中心”吴郁华、慧智文教基金会副执行长吴翠萍等出席并致辞。50 多位青年志愿者到场分享志愿服务心得。

157. 荷兰台北学校举办手工纸体验教学活动

2016 年 12 月 17 日，荷兰台北学校举办手工纸体验教学活动。工艺讲师吴淑均利用超市的鸡蛋包装材料加上树叶花瓣，制作手工纸工艺品。此前，该校也于 2016 年汉字文化节活动中开办环保手工纸制作课程，反响较好。

158. “休斯敦侨教中心”数位学习示范点举办“2016 数位教学观摩会”

2016 年 12 月 17 日，“休斯敦侨教中心”数位学习示范点举办“2016 数位教学观摩会”。“休斯敦侨教中心”李美姿出席会议。她希望通过观摩会，本地的华文教师可以掌握更多的教学信息及教学方法，提升数位专业知识与教学质量，从而推广海外华语文教育。

此次数位教学观摩会邀请到 4 位主流学校及侨校的优秀教师，为学员讲授中文教学与平板计算机 App 的运用、方位词的运用、儿童华语文数位教学教案分享及数位资源在华语文教学中的运用分享等课程。

159. 美国“橙县侨教中心”举办第二届冬至文化节活动

2016 年 12 月 17 日，美国“橙县侨教中心”举办第二届冬至文化节活动。“橙县侨教中心”杨海华出席致辞，并为参与 2016 年度亚太文化节的青年志愿者颁发奖状。青少年文化大使协会青年橙县咨询导师张珮鋆携台湾地区青年志愿者一起讲述冬至节庆的由来及其民间习俗，他们还带来自编的汤圆舞点燃现场氛围。80 多位与会者参与，亲手制作熊猫汤圆。

160. “2016 青年海外和平工作团绩优团队表扬大会暨分享会”举行

2016 年 12 月 18 日，“2016 青年海外和平工作团绩优团队表扬大会暨分享会”于台北举行。台湾地区侨务主管部门田秋堇等出席并致辞。

陈建仁在致辞时表示，奔赴海外各地的青年志愿者“智仁勇”的优良美德和为国际社会提供服务的奉献精神令人敬佩。田秋堇表示，台湾地区侨务主管部门与教育主管部门2007年合作进行海外青年志工侨校服务计划，优秀青年可借此机会走出台湾地区，放眼国际，体验不同的风俗文化。随后，田秋堇为11个绩优团队颁发佳行奖。

台湾地区侨务主管部门2016年度共资助18个志愿者团队共96人于暑假期间奔赴5个国家12所侨校进行志愿活动，服务内容包括师资培训、课业辅导、文化教学及卫教倡导等。

161. “2016侨生技职专班缅甸地区联合招生倡导说明会”举行

2016年12月18日，“2016侨生技职专班缅甸地区联合招生倡导说明会”在缅甸仰光正友中学举行。台湾地区侨务主管部门吕素珍、“泰华文教中心”副主任杨碧华、仰光正友中学校长段珊珊等出席会议。学校教师及学生、家长约60人到场参加。

吕素珍就台湾地区“侨生相关规定”、侨生专班申请方式及流程、侨生学业及生活辅导措施、奖助学金与助学贷款等相关事宜进行简单介绍，并向小学部学生介绍海外华裔青年语文研习班及台湾观摩团活动，鼓励他们到台湾地区提升汉语能力。

162. 越南华文学校赴台湾地区参访

2016年12月20日，越南华文学校校长、主任及升学辅导人员到台湾地区参访。台湾地区侨务主管部门田秋堇热情接见。她表示，越南侨生到台湾地区就读“3+4侨生技职升学方案”的人数由2014年的194人到2015年的374人再到2016年的564人，成效显著，希望参访人员了解台湾地区教育环境与教学质量后，鼓励越南华裔子弟到台湾地区升学深造。

163. “2016菲律宾华文学校教育参访团”到台湾地区访问

2016年12月21日，“2016菲律宾华文学校教育参访团”到台湾地区访问。台湾地区侨务主管部门吴新兴、田秋堇热情接待。双方就台湾地区教育环境与技职教育现状进行探讨，达成在菲律宾学制改革背景下鼓励在菲华裔青年到台湾地区升学的共识。访问期间，参访团还走访了台湾师范大学、侨生先修部大专院校、技职中学等7所学校。

164. 澳大利亚“布里斯班侨教中心”举办侨社文化志愿者成果发表会

2016年12月21日，“布里斯班侨教中心”举办侨社文化志愿者成果发表会。“台湾驻布里斯班办事处”蒋元嫄、“昆士兰台湾中心”董幼文等出席并致辞。

会上，世界多元文化艺术协会会长卢宛玉指导表演筷子舞及彩带舞。教师古绣莲指导师生进行皮影戏表演。慈晖妇联会理事张秀美带来精彩的舞龙表演。学员杨雪莹、中天学校教师洪富华带领众人品茶赏鉴。

165. “2016台湾宝岛游学团及亲子团”到台湾地区参访

2016年12月22日，马来西亚雪兰莪暨吉隆坡留台同学会筹组的“2016台湾宝岛游学团及亲子团”到台湾地区参访。台湾地区侨务主管部门田秋堇热情接待。

田秋堇表示，希望游学团与亲子团此行能够深度了解台湾地区的教育质量以及多元的文化习俗，从而鼓励海外华裔子弟到台湾地区升学深造。

166. 台湾文藻外语大学陈立言赴美国体验中文沉浸式教学

2016年12月22日，文藻外语大学行政副校长陈立言赴美国参访伊利诺伊州54学区中文沉浸式教育计划执行学校——Capanelli公立小学。“台湾驻芝加哥办事处”董庆丰、“芝加哥侨教中心”王伟赞等陪同访问，Capanelli公立小学校长Amy Christi等热情欢迎。

陈立言表示，此次参访、体验美国公立小学中文沉浸式教学意义非凡。希望结合台湾中文教师培训计划，派遣学生赴该校实习，以推动海外汉语教学、提高汉教水平与质量。

167. 非洲阿弥陀佛关怀中心到台湾地区访问

2016年12月23日，阿弥陀佛关怀中心非洲执委会执行长陈阡蕙、秘书长林青嵚等人携30位受助儿童拜访台湾地区侨务主管部门。台湾地区“侨民处”阎树荣热情接待并赠送礼物以示关怀。30位受助儿童现场表演汉语及英语歌曲演唱，并展示了非洲传统歌舞及中华武术。

非洲阿弥陀佛关怀中心服务于因贫穷战乱、天灾肆虐、艾滋蔓延而痛失父母的非洲儿童，是一个国际非政府组织。自2004年在马拉维创办第一个院所后，陆续在莱索托、斯威士兰、莫桑比克、纳米比亚等地成立院所。除了建设儿童村，该组织还创办圆通中小学，为儿童提供完善的学校教育。

168. 第34期海外青年技术训练班在台中和桃园举行毕业典礼

2016年12月23日，第34期海外青年技术训练班中南区联合毕业典礼在台中静宜大学举行。台湾地区侨务主管部门吴新兴出席致辞，并参观成果展示。来自静宜大学、逢甲大学、弘光科技大学、中台科技大学等12所学校700多位毕业学生参加典礼。

2016年12月29日，第34期海外青年技术训练班北区联合毕业典礼在台湾桃园举行。台湾地区侨务主管部门吴新兴到场致辞，并为毕业生颁发毕业证书。来自铭传大学、文化大学、中华大学、大华科技大学、龙华科技大学5所学校的461位毕业生盛装出席。吴新兴在致辞中鼓励毕业生无论留台深造还是回侨居地工作都应继续努力。来自马来西亚的毕业生代表上台发言，分享在台湾地区留学的心得体会。

169. “2016侨生奖助学金颁奖典礼暨岁末联欢晚会”在台北举行

2016年12月24日，由台湾地区华侨协会总会主办的“2016侨生奖助学金颁奖典礼暨岁末联欢晚会”在台北举行。台湾地区侨务主管部门陈右菁、台湾地区教育主管部门刘素妙等出席并致辞。华侨协会总会理事长黄海龙主持典礼。

2016年度共有52位侨生获得奖学金新台币1万元，18位侨生获颁奖学金5000元。2017年起，获台湾地区教育主管部门清寒奖助学金人数将提升到4000人，以协助侨生减轻经济负担。

170. “洛杉矶侨教中心”举办书画作品联展

2016年12月25日，“洛杉矶侨教中心”举办书画作品联展。“台湾驻洛杉矶办事处”杨国添、“洛杉矶侨教中心”庄博智等到场支持。此次书画展共展出书画作品60余件，作品由台湾中华邕庐书法学会、汉字书艺文化学会提供，内容包括历代各体书法及水墨画等。

第五部分

2016 年海外示范华校华文教育活动撮要

一　亚洲

1. 菲律宾华文教育研究中心

1月15日，中心及下属菲律宾华语教师协会共同出版由余明培先生纪念基金会资助的文摘季刊《华语教师之友》。

1月22日，组织学生参加菲律宾棉兰老华教协会举办的第八届“华语情”系列比赛。该比赛包括中小学生硬笔书法比赛、小学阅读理解比赛、中小学生讲故事比赛、中文歌曲独唱比赛和课本剧比赛等，是棉兰老地区华语教学实践活动的一大品牌。

1月27日，以中国内蒙古卓资职业中学校长王永贵为团长的中国西北教育文化考察团到校访问。双方就多个项目进行深入探讨交流。

2月15日，举办“中国走进课堂”菲律宾中学生中国知识竞赛决赛，共有16所菲律宾公校选手同台竞答中国知识，促进中菲友谊。

3月9日，中国北京市教委副主任郑登文一行到校访问。双方座谈交流加强合作。

3月21日，中国国务院侨办吉林巡讲团到校访问。双方就华文教育现状深入交流探讨。

3月25日，中国湖南湘潭人民政府代表团到校访问。代表团参观了中心办公室、华文教育展览厅和中国语言文化图书馆。双方就外派教师管理工作问题开展座谈。

3月26日，举办2015~2016年度中国国务院侨办外派教师总结会。

4月9日，在中心举办第二届菲律宾华校高峰会议。

4月9日，纪念中心成立25周年，正式出版《菲律宾华文教育综合年鉴（2005—2014）》。

4月18日至5月6日，参与举办第十一届中华文化大乐园，在马尼拉、宿务设点，接待来自中国华侨大学的16名教师在菲律宾开展教学。

5月9日，中国福建省三明市侨联副主席一行到校访问。双方就加强合作促进夏（冬）令营活动开展交流。

5月18日，举办第二十五届汉语夏令营汇报作品展示。

5月29日，接待中国国务院侨办外派教师260余人，召开华文教师岗前培训工作会议。

5月31日，中国四川侨联领导一行到校访问。双方就合作项目促进文化交流等问题交换意见。

6月4日至15日，中心教师参加中国华文教育基金会东南亚教师培训班。

6月20日，中国甘肃人大秘书处主任黄宏宇一行到校访问。双方就文化交流与进一步加强合作展开座谈。

8月28日，中心领导参加棉兰老华教协会年会，并协调邀请中国山东省侨办相关领导以及山东省教育专家为此次年会开展专题讲座。

9月27日，辽宁教育代表团到校访问。双方座谈交流期盼开展合作。

10月21日，举办为期1周的第二期华文教师证书班，共有12所华校的84名华文教师参加。学员们学习"汉语教学法""中华文化概论""汉语基础知识"3门课程后参与考试，成绩合格者由中国国务院侨务办公室根据考试成绩发给相应等级的"华文教师证书"。

11月12日，召开菲律宾华语教师协会第十三届代表大会。

11月15日，中国闽南师范大学领导到校访问。来宾们参观中心办公室、华文教育展览厅和中国语言文化图书馆等。双方期望未来开展更多合作。

11月21日，中国吉林省侨办领导到校访问参观。双方就深化师资冬令营合作项目进行探讨。

12月19日，中国国务院侨办文化司汤翠英一行到校访问参观。双方交流了合作项目，探讨了华教发展方向。

2. 菲律宾中正学院

1月14日，举办"中国与东南亚国家的关系"主题讲座。

1月22日，与拉刹大学签署高中联通教学方案。

2月4日，举办"中国对新丝路的愿景及其对菲中关系的影响"主题讲座。

2月5日，中正学院泉笙培幼园举办迎接中国传统春节活动。

2月15日至16日，举办2016迎春贺喜活动。

3月9日，中国北京市教育委员会副主任郑登文一行到校访问。双方探讨教育交流合作事宜。

3 月 18 日，与中国福建省晋江市养正中学缔结姊妹学校。

4 月 27 日，学校汉语考试网络考点新增 3 个考试项目：中小学生汉语考试（YCT）、汉语水平口语考试（HSKK）及商务汉语考试（BCT）。

6 月 1 日，中国四川侨联访菲代表团到校访问参观。

7 月 25 日，中国福建师范大学教育实习队到校开展教学实习。

7 月 29 日，在校内举行 2016 年海外文化教师成果展。

11 月 28 日，学校教育访问团访问怡朗新华学院。

3. 柬埔寨金边端华学校

4 月 18 日至 21 日，中国广西壮族自治区侨办主任秦春成一行到校访问。参访团与学校领导及外派教师们进行座谈交流，并走进教师们的住所、厨房了解他们的日常生活状况。

5 月 2 日，校长杨金义接受中国新闻社记者采访。杨金义校长指出，来自中国广西的华文外派教师到学校任教后，学校教学质量获得显著提升。

7 月 23 日，组织学生在中国广西桂林市少年宫学习中国舞蹈，体验中国特色文化。

9 月 8 日，中国国家汉办外派至柬埔寨华校的汉语教师志愿者到任；组织志愿者教师参加“2016—2017 年汉语教师志愿者岗前培训暨座谈会”。

4. 老挝万象寮都公学

1 月 22 日，学校教师参加由中国驻老挝大使馆主办的“第十一届汉语教学研讨会”。

2 月 5 日，中国驻老挝大使馆秘书莫小玲到校慰问公派教师。

2 月 8 日，老挝万象中华理事会理事长李燕金女士等侨领率万象华侨华人社团代表百余人到中国驻老挝大使馆拜年。

3 月 9 日，泰国曼谷培知公学校长以及教师一行到校参观访问。

3 月 19 日，云南省海外交流协会代表团一行到校参观指导并召开座谈会。

3 月 25 日至 26 日，举办“2016 年留学中国职业教育与高等教育联合展览会”，来自中国的 11 所职业技校和高校向老挝学生展示其办学特色和教学专业。

4 月 21 日，中国广西壮族自治区侨办主任秦春成到校，慰问公派教师并召开座谈会。

6 月 25 日，组织学校教师参加“第三届老挝——中国和平统一促进会成立大会”。

9 月 8 日，中国国务院总理李克强、国务院侨办裘援平主任一行到校参观访问并慰问外派教师。

11月11日，老挝侨领林泽民、万象中华理事会理事长李燕金及各位理事、寮都公学校友代表、寮都公学各董事、老挝国立大学孔子学院领导代表、中老两国各界人士与千名师生欢聚一堂，迎接79周年校庆。

11月26日，承办由中国四川省成都市外侨办主办的“PANDA成都—蓉韵老挝文化行”活动。

12月1日，中国国务院侨办副主任王晓萍一行到校访问。

12月6日，中国国务院侨办文化司华教中心王匡廷一行到校访问并慰问外派教师。

12月10日至13日，老挝华文教育联合会一行到校走访调研，了解关心外派教师工作环境和生活条件，并与学校负责人、教师进行交流。

12月26日，中国全国人大常委会委员、全国人大华侨委员会副主任委员陈国令，全国人大华侨委员会委员李昭玲、徐建中等一行到校调研。

5. 蒙古旅蒙华侨友谊学校

6月10日至6月29日，中国华文教育基金会主办的2016年“华文教育·名师巡讲”团到校巡讲。

9月12日，举行中国驻蒙古大使馆捐赠仪式，中国驻蒙古大使邢海明出席仪式并代表大使馆向学校捐款。款项用于修建中蒙友好交流中心。在蒙华人华侨代表、中资企业负责人、旅蒙华侨友谊学校在校师生等500多人出席。

10月13日，接待中国暨南大学副校长宋献中一行到校访问。代表团了解了学校近年来输送学生到暨南大学就读的情况，观摩旅蒙华侨友谊学校的华文课堂，参观学校学生体育馆和运动场。

6. 缅甸东方语言与商业中心

5月19日，举办“2016年中华文化大乐园”开幕式。来自中国的多位优秀教师向200余名缅甸华校师生讲授武术、舞蹈、歌曲、书法、绘画、传统手工等兴趣才艺课。

6月和7月，承担缅甸政府“建设部公务员汉语班”“商务部公务员汉语班”汉语培训工作，近百名缅甸政府官员参与培训。这是缅甸政府50年来首次专门为公务员开设汉语课程。6月20日，缅甸“建设部公务员汉语班”在内比都举行开班仪式，中心孔子课堂中方院长宋一杰出席。

10月底，中心学生杨紫韩在第九届“汉语桥”世界中学生中文比赛中获得个人一等奖。

7. 缅甸福庆学校

7月27日，缅甸曼德勒福庆语言电脑学校孔子课堂在吴英佛学院，即筹备中的世界和平佛教大学开设的汉语教学点，举行开班仪式。这是福庆孔子课堂开设的第41个教学点，也是首家“佛学院”教学点。

8月11日至15日，在学校举办由中国海外交流协会主办、福建省海外交流协会与缅甸曼德勒福庆学校共同承办的2016年“华文教育·名师巡讲团”活动。来自曼德勒华校50位华文教师参加培训。

9月13日，学校派教师代表在曼德勒金多堰大礼堂参加由中国驻曼德勒总领事馆主办、曼德勒华助中心协办的“2016年G20杭州峰会成果介绍会”。

11月11日，学生刘安经用汉语接受新华社记者采访，表达了缅甸青年人对中国文化的热爱之情。

12月12日，校长李祖清在接受新华社记者采访时表示，针对当地的实际需求，福庆孔子课堂开设了多个职业汉语教学培训课程，比如厨师、导游、机场工作人员等，“汉语+职业”，通过具有针对性的系统培训，让汉语学习者的就业前景更加广阔。

12月15日，中国华侨大学副校长曾路带领的访问团到校访问。双方商讨合作事宜。学校表示将积极配合华侨大学开办短期培训班及外国政府官员中文学习班的推广工作。

8. 缅甸曼德勒云华师范学院

3月10日，学院副院长宝翠兰深入缅北华校开展华文教师教学技能培训。

4月27日，在学院礼堂举行中国云南德宏州人民政府向学院的捐赠仪式。

6月21日，中国暨南大学副校长刘洁生教授一行到学院参观考察。双方就云华师范学院学生进入华文学院学前教育本科专业，开展华文水平测试（HSC）等项目的合作深入探讨，达成共识。

7月4日，中国云南民族大学李炳泽副校长一行到校访问。双方就建立云南民族大学海外实训基地事宜、学术交流、志愿者支教等项目展开座谈。

7月7日，中国海外交流协会摄制组吉风颂导演一行到校访问，进行《海外华校掠影》节目的拍摄取景工作。

11月7日，以中国云南省文山州侨办副主任韦恩祥为团长的文山州文化教育考察团一行访问学院，并看望外派教师。

11月10日，学院院长李暾为全体师范生作主题为“云华师范学院解析”的讲座，常务副院长杨周、副院长林林、院长助理马从源，师范部全体教师以及200余名师范生聆听讲座。

12月10日，举办首届“云华杯”篮球·乒乓球邀请赛。中国驻曼德勒总领事馆王宗颖总领事、云南省海外文化交流中心缅甸中心主任唐建军先生、各华校学校的运动员和部分老师，以及曼德勒云华师范学院全体师生计1500人参加开幕式。

9. 缅甸抹谷千佛中学

9月13日，与中国广西人民广播电台、北部湾之声在学校大礼堂共同举办“同一个月亮，共一片爱心”2016跨国友谊活动。

10. 日本横滨山手中华学校

1月1日，校长张岩松在接受《人民日报》采访时表示，虽然华文教育越来越受欢迎，但实际上面临的形势依旧十分严峻，解决困难需要长时间深耕细作。

6月13日，学校举行教学研讨，教师韦九报分享教学经验。他表示，教师应有针对性地设计教学内容，在日常交流中，多加鼓励，以保护和激发他们学习中华文化的热情。

7月22日，由中国国务院侨办主办，北京市侨办和日本横滨山手中华学校承办的“2016中华文化大乐园——日本横滨营”在校开营，共有230名横滨各界华侨华人的孩子参加本期中华文化大乐园。

8月2日，学校教师参加由中国国务院侨办主办、北京华文学院承办的2016年“华文教育·教师研习”日本班。

10月12日，组织学校师生参加由中国国务院侨办主办、北京华文学院承办的2016年海外华裔青少年“中国寻根之旅”秋令营日本横滨山手中华学校优秀学生游学营。

11. 日本神户中华同文学校

8月2日，学校教师参加由中国国务院侨办主办、北京华文学院承办的2016年“华文教育·教师研习”日本班。

9月10日，学校组织教职工参加中国驻大阪总领事馆在神户举办的2016年教师节庆祝活动。

10月8日，中国驻日本大使程永华、中国驻大阪总领事李天然到校参观访问，看望学校教职员工及神户侨胞。程永华大使充分肯定同文学校在办校治学方面取得的成绩，表示中国政府今后将继续在教师培训、回国交流等各方面给予学校一切可能的扶助和支持，并鼓励侨领继续关心和支持同文学校发展。

12 月 23 日，组织学生参加第十届“中华杯”在日华侨华人青少年汉语演讲比赛。学生吴优和爱新润并列小学低年级组一等奖。

12. 日本同源中文学校

4 月 20 日，举行一年一度的面向初中生、高中生的升学、考试家长交流会。

6 月 18 日，中国华文教育基金会副秘书长方文国率领的名师亚洲巡讲团到校开展教学活动。

6 月 27 日，组织学生参加“中华文化大乐园”优秀才艺学生交流团在东京的巡演。

13. 泰国崇华新生华立学校

1 月 14 日，受泰国清迈撒拉披警局的委托，学校中文部为 60 位警员开设了汉语短期培训班。

1 月 26 日，学校为 7 位即将赴中国厦门就读华侨大学的学生举行协议签订仪式。协议要求 7 位学生大学毕业后，回到泰国从事汉语教育工作。

2 月 3 日，泰国崇华新生华立基金会宴请学校中文老师共庆中国传统春节。

2 月 5 日，学校全校师生举行春节活动，庆祝中国农历猴年到来。

3 月 10 日，邀请中国驻清迈总领事巢小良参加 2015 学年初三、高三毕业典礼。巢小良总领事亲自为 201 位初三毕业生和 98 位高三毕业生颁发毕业证书，为优秀学生颁发优秀奖。

3 月 16 日，学校中文部举行年度优秀中文教师颁奖会。

4 月 12 日，为两位退休老师举办欢送宴会。

4 月 20 日，与泰国达府美速智民学校一行 20 余人到中国常州工程职业技术学院国际交流学院参观交流。

5 月 12 日，组织新学年中文老师培训会。

6 月 12 日，组织师生欢度中国传统端午佳节。

6 月 30 日，接待中国海外交流协会摄制组一行 3 人到校访问。摄制组在校园内进行《华夏掠影》节目拍摄取景工作。

8 月 18 日，举行 8 月汉语水平考试网络考试。此次考试是实施 HSK 网考后，使用电脑进行考试人数最多的一次，共有考生 84 人，其中四级考生 66 人，五级考生 13 人，六级考生 5 人。

8月20日，与中国上海华东师范大学联合举行“丽娃杯”国际汉语学生演讲比赛。

9月1日，举行军队高级军官中文培训结业仪式。学校经理陈后兴、中文校长张静，为顺利完成中文培训的清迈边防军人颁发结业证书。

9月12日，举行校内第三阶段学生中文比赛，比赛内容包括中华才艺表演和中华文化知识抢答。

10月17日至31日，由中国海外交流协会主办、安徽省海外交流协会承办的“华文教育·名师巡讲”团一行莅临学校讲学。

11月25日，中国驻清迈总领事任义生访问学校。

12月20日，接待泰国东北部华文民校联谊会一行15所华校共64人代表团到校访问。

14. 泰国春府大众学校

4月1日，组织学生参加由中国国务院侨办主办、北京华文学院承办的2016海外华裔青少年“中国寻根之旅”春令营——泰国华裔青少年古都游学营。

6月2日，东方大学孔子学院下设第一所孔子课堂在学校揭牌。

8月14日，学校孔子课堂联合泰国东方大学孔子学院、泰国中医师总会、春府明慧善坛、春府保福坛在春武里府为当地民众举办“中医养生保健泰国行”中医义诊和中医宣传活动，吸引了近200名患者前来咨询与诊治。

9月26日，组织学生参加由中国侨联、中国国家汉办主办，辽宁省侨联承办，东北财经大学协办的2016年“亲情中华·汉语桥”夏令营辽宁营。

15. 文莱中华中学

1月13日，为了使在校生了解SBAFL及SPE考试的内容，举办了21世纪国家教育系统（SPN21）说明会，进而了解文莱21世纪国家教育系统相关事宜。

1月24日，举办“挥春”大赛，弘扬中华传统文化。

1月30日，举办“金猴迎春”新春庆祝会、2015年HSK优秀成绩证书颁发、第五届文莱华校校园文学征文比赛颁奖礼暨2016新年“挥春”大赛颁奖礼。

3月18日，微软亚太区项目经理Ms. Felicia Brown到校访问参观。学校曾两次荣获“微软示范学校”的称号。

二　北美洲

1. 加拿大卡尔加里育丰中文学校

6 月 11 日，邀请中国驻卡尔加里总领事馆高振廷副总领事出席学校 2016 年毕业典礼。毕业生和家长 500 多人参加。高振廷代表王新平总领事向毕业生表示祝贺，对教职员工的辛勤付出表示钦佩和赞赏。他勉励同学们更加努力地学习中文，将来为中加友好多做贡献。

7 月中旬，组织学生参加在卡尔加里举办的“中华文化大乐园”夏令营。

2. 加拿大蒙特利尔孔子学校

2 月 6 日，中文班举办“孔子杯”读儿歌、讲故事、查字典比赛。

7 月 25 日，与中国湖北省外侨办联合承办由中国国务院侨办主办的“2016 年中华文化大乐园——加拿大蒙特利尔营”。

3. 加拿大蒙特利尔佳华学校

2 月 17 日，组织学校师生举办春节联欢晚会。

4. 加拿大萨城中文学校

1 月 30 日，举办春节联欢会。全校 15 个文化课班和舞蹈班、武术班、葫芦丝班、唱歌班学生及家长等表演 20 个节目。

6 月 4 日，邀请中国驻卡尔加里总领事馆总领事王新平一行 3 人参加学校举行的讲故事、演讲比赛。

5. 加拿大温哥华北京中文学校

3 月 28 日，学校副校长王满霞参加由中国国务院侨办主办、福建省侨办承办的

2016“华文教育·教育交流”加拿大访华团。访华团到中国福建福州第三中学、福州实验小学进行文化交流。

11月26日，举办二十周年校庆。邀请中国驻温哥华总领事馆副总领事田妮、中国驻温哥华总领事馆侨务领事张昊、大温哥华地区多位知名企业家和侨领等嘉宾出席庆典。

6. 加拿大亚省中文学校

1月16日，举办成立19周年联欢晚会。邀请中国驻卡尔加里总领事馆总领事王新平、阿尔伯塔省议员麦克弗森（Karen McPherson）、卢夫（Robyn Luff）、克兰斯特布（Jamie Kleinsteuber）和卡尔加里市议员朱文祥、卡尔加里市教育局官员等嘉宾，以及当地侨商学界代表等200人出席晚会。

6月4日，举行2016年毕业暨颁奖典礼。邀请中国驻馆卡尔加里总领事馆副总领事高振廷、加拿大联邦国会议员林宝莱（Michelle Rempel）、南亚省族裔语言协会协调员格雷顿（Michael Gretton）及卡尔加里市教育局代表等嘉宾出席。

7. 美国华夏中文学校

1月12日，举办“华夏演讲赛”。

1月17日，举办“2016华夏辩论比赛”。

1月26日，举行“2016年教务会议”。

3月14日，举办“华夏HSK毕业考试”活动。

3月23日，召开“华夏总校中期联席会议”。

9月2日，举办华夏教师年会。

9月2日，康州分校承办中国国务院院侨办“名师巡讲团”培训。

8. 美国南侨学校

1月26日至27日，“中华文化大乐园”优秀才艺学生交流团到校访问。才艺团成员——温州市少年艺术学校校长李绍可代表学校与旧金山南侨学校正式签订友好学校协议书。

3月7日，为五、六年级的学生安排《六尺巷的故事》中文专题课。

3月下旬，由中国华文教育基金会和“完美中国”主办、北京四中网校承办的海外华文学校老师远程培训课程在学校开课。

9月，举办系列中华文化比赛，如诗歌朗诵比赛、硬笔字书写比赛等。

9月，组织学生参加第十七届世界华人少年作文比赛。

10 月 18 日，学校校长谭鄰专程到友好学校、中国国侨办华文教育基地——温州少年艺术学校交流访问。

9. 美国匹兹堡中文学校

2 月 6 日，与“匹兹堡中华文化中心”“匹兹堡美华协会”“匹兹堡亚洲研究中心”“松鼠山城市联盟”“松鼠山商会”“犹太家庭和儿童协会”等单位联合举办首届匹兹堡中国新年庆祝活动。

5 月 8 日，为让对中文和中华文化感兴趣的家长和学生了解匹兹堡中文学校，举办学校开放日，开放给校内外家长、学生。

8 月 20 日，192 位家长和孩子参加在 North Park 举行的中文学校夏季野餐会。

9 月 10 日，学校参与第二届匹兹堡中华文化节，并设立展台，展示中文学校的活动、教学面貌，为感兴趣的学生、家长提供咨询和宣传材料。学校还演出《秀色》《竹林深处》《游子吟》等节目。

10. 美国希望中文学校

2 月 24 日，举办首届春节晚会。

5 月 14 日，在波城校区举行第二届讲成语故事大赛。

6 月 24 日，在波城校区举办高中结业典礼暨汇报演出。中国传统文化节目武术引起全体师生、家长热烈回应。

9 月 4 日，学校理事会举办“2016 希望中文学校教学管理研讨会”。

11. 中国哥斯达黎加文化教育中心

3 月 17 日，被哥斯达黎加教育部选取作为汉语教学试点学校。

9 月 11 日，接待中国驻哥斯达黎加大使汤恒到校访问。汤恒大使与汉语教师志愿者进行座谈。

三　欧洲

1. 奥地利维也纳中文教育中心

4月16日，学校64位同学参加第十六届世界华人少年作文比赛，其中15位同学分别获得二等奖和三等奖。

4月23日，学校重视培训教师，鼓励并派送教师到中国参加培训，以提高教学质量。

5月5日至16日，与荷兰中文教育协会承办奥地利维也纳、荷兰海牙两地的华文教师证书培训及考试工作。

5月29日，邀请美国著名华人教育家王双双举办教育讲座。

6月至11月，举行2016年度以“中”为主题的摄影比赛，要求作品在中国拍摄。

11月20日，举办中心成立20周年庆典。驻奥地利大使李晓驷、参赞丁雅贞、领事部主任钟奇，维也纳中文教育中心师生、家长及侨界代表700余人出席活动。

12月17日，为在各项作文比赛和汉语水平考试中取得优异成绩的学生举办颁奖仪式并颁发奖金。在2016年中，学校共150多人次参加汉语水平考试，并在考试中取得优异成绩；16名学生参加第17届世界华人学生作文大赛，1人获一等奖，4人获二等奖，2人获三等奖；参加第八届鲁迅青少年文学奖作文比赛的有16名学生，4人获优秀奖。

2. 法国巴黎精英中文学校

5月16日，与巴黎20区知名中学 Hélène Boucher 签订合作协议。自2016年9月17日起，学校在 Hélène Boucher 中学内开设中文及各类兴趣班。

7月15日，组织学生参加由中国国务院侨办主办、北京华文学院承办的2016年海外华裔青少年“中国寻根之旅”夏令营——法国华裔青少年游学营。

3. 法国华侨华人会中文学校

2月13日，“文化中国 四海同春”欧洲艺术一团在巴黎会议宫举行首演。学校的小学员表演了舞蹈节目《金猴迎春》。

11月28日，中国暨南大学副校长饶敏率领的暨南大学华文代表团到校访问。访问团考察了华文教育现状，期望对接华文教育资源，共同探讨华文教育融合之路。

4. 荷兰丹华文化教育中心

1月13日，学校鼓励、组织学生积极参加第十七届世界华人学生作文大赛。

2月22日，师生在中文课堂上共同庆祝中国传统春节。

3月25日，荷兰安多芬中文学校7位老师到校访问参观。双方就如何更好地开展华文教学展开座谈交流。

5月28日，中心幼儿班中文教师尹霞利用唐诗新唱的方式，帮助学生学习诗歌，迎接儿童节。

7月18日，中心李梅老师参加第十七届世界华人学生作文大赛颁奖典礼并代表获奖教师发言。

7月29日，中国文化网络传播研究会副会长兼秘书长金海峰探望在中国四川大学参加夏令营的荷兰丹华文化教育中心的老师们，并将“诗书礼乐国学堂”相关学习资料赠予丹华学校。

9月5日，中心迎来新学年，特色教学受到学生欢迎。

10月12日，组织教师进行教学研讨。教师分享《中华字经》课堂教学心得体会，改进识字教学方法，让孩子们快乐学习。

10月22日，校长李佩燕参加由中国国务院侨办主办、四川省外事侨务办公室和荷兰中文教育协会联合承办的2016“中华文化大乐园——荷兰苏思特营”开营仪式。

11月11日，接待《广东华侨史》访问团到校访问，邀请多名老侨、新移民、华裔新生代和专业人士口述历史。

11月12日，由中国国务院侨办立项、暨南大学华文学院华文水平测试中心研发的首次海外华裔青少年华文水平测试在中心举行。

5. 葡萄牙里斯本中文学校

4月9日至23日，为促进学生们学好中文，同时配合老师的教学工作，学校家长委员会组织10余位家长开展连续两个周末的“听课评课”活动。这是学校第一次组织家长听课评课活动。

4 月 28 日，与中国浙江省温州市瓯海区实验小学开展交流观摩活动。

5 月 8 日，组织学生通过画图画、写贺卡、做手工、讲故事等形式庆祝、感恩母亲节，祝福天下所有的母亲节日快乐。

5 月 22 日，举办首届“快乐风筝节”。

6 月 18 日，举行“不变的情怀·我爱中文”2015～2016 学年结业仪式。中国驻葡萄牙大使蔡润应邀出席，旅葡侨团侨领代表、学校部分师生及家长近 500 人参加。

7 月 19 日，组织学生参加 2016 年海外华裔青少年“中国寻根之旅”。

8 月 27 日，与中葡文化书院共同举办为期 2 个月的暑期国学课堂。

10 月 23 日，由中国华文教育基金会主办、浙江省侨办承办、温籍侨领孙小敏资助的“2016 华文教育·名师巡讲”欧洲巡讲团走进学校，为学校的中文教师开展培训活动。温州大学国际合作学院严晓鹏院长做《华文教育现状及其趋势》专题报告。

6. 瑞典瑞青中文学校

5 月 29 日，参加由瑞典两湖同乡会、瑞典华人文化交流联合会联合主办，瑞典俄罗斯全国协会、希腊民族舞蹈协会、乌克兰联盟以及瑞典中国文化协会、中欧文化协会协办的浓情“端午”中国传统文化活动。

9 月 28 日，学校教师参加中国北京市侨联主办、在北京召开的“海外华文教育研讨会”。来自美国、加拿大、澳大利亚、瑞典、西班牙、印尼等 11 个国家和地区的华文教育负责人齐聚交流问题，分享经验。

10 月 29 日，学校教师参加“2016 华文教育·名师欧洲巡讲团”活动。

11 月 4 日，学校师生访问中国北京汇文实验中学。

11 月 26 日，举行第五届“瑞青杯”中文朗诵比赛。

7. 西班牙马德里爱华中文学校

6 月 22 日，举办第五届中华知识竞赛笔试。

8 月 20 日，组织学生参加由中国浙江省侨办主办、杭州金城外国语小学承办的 2016 年海外华裔青少年“中国寻根之旅”夏令营。

10 月 22 日，组织学生参加由马德里中国文化中心和西班牙华侨华人协会主办、西班牙欧华传媒承办的西班牙华裔学生第三届“我是超级演说家”演讲决赛。

11 月 3 日，组织绘画班学生参加由马德里爱华中文学校、中西文双语学校、桑路易斯小学联合主办的“USERA 区首届中西少儿绘画作品展览”。

11 月 20 日，中国国务院侨办文化司汤翠英副司长率领的“海外师资培训团”到校参观考察，并开展示范课和专题讲座。

8. 西班牙马德里华侨华人中文学校

5月28日，举行建校20周年庆祝演出。中国驻西班牙大使馆官员、中国侨联“亲情中华 美丽四川”艺术团全体成员以及来自社会各界的中外朋友2000多人出席。

6月20日，学校学生获奖作文集《花开自有声》面世，并免费发放给全校学生。这是学校建校以来编印的首本学生作文集。

7月24日，组织学生分别参加在中国北京和中国浙江绍兴举办的“中国寻根之旅”夏令营。

10月5日，中国广西壮族自治区教育访问团到校访问参观。双方就文化交流、华文教育促进等方面进行座谈。秦斌先生代表教育访问团向学校赠送“中国画坛百杰”帅立功先生的作品《兰花图》。

9. 意大利佛罗伦萨中文学校

1月10日，围绕教学工作召开2016年新年座谈会。

1月16日，召开以“如何激发华校学生学习中文的热情”为主题的研讨会。

1月21日，举行“执笔书写汉字 传承文化瑰宝”主题活动。

1月27日至28日，和San Doninno初中教师开展为期2天的中意教师教学交流会。

2月6日至8日，为使远离家乡的孩子和在本校就读的华裔子女及佛罗伦萨中文学校教师们感受中国年味与中意文化情，举办做贺卡庆新春比赛等春节系列活动。

2月20日，学校教师围绕如何开展低年级学生识字教学共同探讨，学习实践汉字构成及教学规律，探究差异化教学经验方法。

2月24日，与意大利佛罗伦萨华人华侨联合总会、佛罗伦萨华人华侨商贸联谊会、佛罗伦萨华侨华人妇女联合会共同举办2016年元宵联欢晚会。

3月5日，举办以“舞动青春、放飞梦想”为主题的演讲比赛。

3月19日，召开3月主题教学研讨会，即国内阅读教学结构与策略对华校的提醒与警示。

3月22日，举办以“徜徉汪洋书海，分享一半书香”为主题的阅读竞赛活动。

4月5日，学校教师与Paolo Ucello学校的部分教师分享教学经验，共同探讨教育学生的有效方法。

4月11日，学校教师与合作联盟学校——意大利保罗茨落中学教师开展教学交流，共同探讨面向华裔学生的有效教学方法。

4月16日，召开以“书法实践与研究”为主题的研讨会。

4月22日，开展书法作品展示暨书法知识竞赛。

4月26日，学校全体老师参与由意大利协助发展中国家协会与佛罗伦萨孔子学院主办的“第二语言教学方法研究”教学研讨会议。

6月3日，举行“童心飞扬 · 梦想启航”——2016年佛罗伦萨中文学校意中儿童文艺汇演。

6月14日，组织学生参加“第十七届世界华人学生作文大赛”。

6月18日，学校代表与意大利佛罗伦萨华人华侨联合总会、佛罗伦萨华侨华人妇女联合会、佛罗伦萨中意文化交流协会共同召开“南海问题”研讨座谈会，集体发声支持中国南海立场。

9月16日，校长潘世立和副校长谢群老师为身在异国他乡的教师安排“中秋之夜”活动。

10月1日，学校三年级全体师生共同庆祝中国国庆节。

10月10日，圣托利诺校区一年级全体师生组织文化活动，共同感受中国传统重阳节。

10月14日，举行“一站到底——高二年级汉语词语大赛”。

10月15日，为让海外孩子感受中国传统剪纸文化的魅力，组织剪纸活动。

10月19日，举行以“荆轲到底是英雄还是莽夫”为题的中文辩论活动。

10月中旬，校长潘世立参加中国国务院侨办主办、上海市侨办承办的“2016华文教育示范学校和华教机构负责人华夏行”活动。

10月24日，开展“人教版语文课本课外阅读漂流书”活动。

10月27日，组织学生了解书法的书写工具——文房四宝。

10月27日，举行“中国古典名著阅读推介”活动。

11月9日，中国温州大学人文学院副院长夏雨禾、温州大学李校堃校长为团长的访问团一行到校访问交流。双方共谋中意合作宏图。

11月11至13日，协办由意大利中华诗书画艺术联合会主办的“纪念孙中山先生诞辰一百五十周年暨第三届意大利中华诗书画作品展”系列活动。

11月14日，举行“学传统道德课文 懂孝敬谦让礼仪”表演课。

11月28日，举办以“近墨者黑与近墨者未必黑”为题的辩论赛。

12月7日，举办“酷学酷玩”活动。

12月7日，伴着二十四节气申遗成功的喜讯，为一年级学生举办二十四节气文化活动。

12月10日，举办“标点符号的作用”主题活动。

12月12日，举办“我们一起读诗，传承中国文化”读诗会。

12月16日，举办“小小字典 大大帮手”查字典比赛。

12 月 17 日，举办“阅读课”教学研讨会。

12 月 18 日，开展“七巧板”活动课。

10. 意大利罗马中华语言学校

1 月，校长蒋忠华访问中国暨南大学华文学院。双方展开交流座谈。

1 月 12 日，校长蒋忠华与意大利 Cedis 文化协会主席 Sandra Monaco 于 Galilei 高中签署合作协议。根据协议，该协会授权中华语言学校独立组织意大利佩鲁贾大学 A1 - C2 各种意大利语言不同等级水平考试。

1 月 24 日，在罗马 ORIONE 剧院举办名为“飞向春天”的 2016 年春节晚会，得到中国驻意使馆领导和罗马侨界及学生家长的高度肯定和称赞。

3 月，举办第三届“爱在五月 感恩母亲”诗朗诵大赛，并在此基础上，组织全校学生参加诗歌自创作比赛。

4 月，组织学生参与由中国国务院侨办文化司、教育部关心下一代工作委员会、国家汉办、孔子学院、中国教育学会、教育部语言文字应用研究所中国教育国际交流协会、人民日报海外版主办，北京华人少年儿童文化教育交流协会承办的“第十六届华人少年作文比赛”，获得佳绩。

5 月 3 日，与华人仓库区旁的意大利国立高中 GIOVANNI XXIII 学校签署协议，将在该校共同开设罗马中华语言学校华人仓库区分校。

5 月 28 日，接待以中国国务院侨办国内司副司长张毅为团长的国务院侨办侨政咨询交流团的考察。

6 月 6 日，举办 2016 年毕业生毕业庆典，并组织毕业生和家长们参加学校组织的皮划艇活动。

6 月 6 日，应邀参加意大利国立学校克罗齐科利阿涅内河高中举办的国际文化交流义演。学校教师王娇阳演唱具有中国特色的《天路》获好评。

7 月 9 日，由上海世纪出版集团对外“走出去”单位——上海外文图书有限公司举办的 2016 年“阅读上海”书展欧洲行走入学校，为师生们送来一批中国最新的热销图书。近 200 名学生和家长参加此次书展活动。

8 月，校长蒋忠华受邀参加“亲情中华 汉语桥”夏令营闭营仪式。

8 月 6 日，仓库区分校第一届暑期班举办汇报演出。

8 月 12 日，学校为海外的侨二代、侨三代在暑假期间提供学汉语平台，并组织暑期汇报演出。

10 月 24 日，中国暨南大学华文学院汉语国际教育硕士专业学位意大利兼读制在职研究生海外教学点新生开学仪式在学校举行开学典礼。

四　大洋洲

1. 澳大利亚丰华中文学校

2016 年，学校学生参加全澳朗诵比赛取得优异成绩。

2 月 21 日，学校师生走进当地社区共同庆祝 2016 年中国新年。

3 月 6 日，学校教师参加由中国国务院侨办文化司主办的“2016 华文教育·名师巡讲团”悉尼培训讲座。

4 月 27 日，学校校长许易受聘为国务院侨办第一届华文教育工作专家指导委员会委员。

6 月 26 日，举行丰华中文学校教师年度培训。培训由新州资深中文教师、Chatswood 中学语言教研组组长吕崇伟老师和新州中文教师协会会长徐凡老师主讲。

7 月 2 日，学校召开教师会议。

8 月 27 日，同麦考瑞大学联合举办“中国文化节”大型庆祝活动，吸引近千名师生、家长以及附近社区居民参与，彰显中国文化。

9 月 10 日，庆祝中国传统佳节中秋节，举办节日活动，包括舞狮、灯笼设计比赛、填色比赛、月饼制作等。

10 月，学校组团参加 2016 年“中国寻根之旅”北京秋令营。

2. 澳大利亚新金山中文学校

3 月 28 日，组织学生参加由中国国务院侨办主办、福建省侨办承办的 2016 年“中国寻根之旅”澳大利亚华裔青少年春令营。参营师生到安徽省合肥市第五十中学访问，参观校园、观看数字故事视频、聆听中国古典诗词教学。

9 月 3 日至 4 日，举行《礼》演讲比赛，总校和精英部超过 20 名学生参与。

9 月 12 日，学校董事会主席孙浩良受邀参加中国驻墨尔本总领事馆举办的教师节庆祝活动并致辞。

10 月 17 日，学校董事会主席孙浩良在中国天津市侨联常务副主席陈钟林的陪同下访问天津华夏未来教育集团。

11 月 29 日，柬华理事总会领导到校访问，共商育华学校发展大计。

12 月 1 日，中国驻墨尔本总领事馆赵建总领事到校访问。

12 月 1 日，组织学生参加墨尔本首届学生中华礼仪写字朗诵大奖赛，并在比赛中获佳绩。

12 月 1 日，组织学生参与 2016 年墨尔本“中华文化大乐园”活动 。

12 月 11 日，组织 35 名学生参加 2016 年“中国寻根之旅”冬令营，开展为期 12 天的交流学习活动。

12 月 20 日，中国驻墨尔本总领馆总领事赵建到校访问。赵建总领事看望学校师生，并分别与学校负责人和教师座谈交流，听取他们对加强海外华文教育的意见建议。

3. 澳大利亚雪梨中文学校

6 月，组织学生参加 2016 全澳朗诵比赛取得优异成绩，荣获 4 ~6 岁组团体赛亚军。个人赛陈天楠荣获华语 13 ~15 岁组冠军，陈泳仪荣获粤语 4 ~6 岁组亚军，郭建丰荣获粤语 7 ~9 岁组季军。

9 月 10 日，举办中秋节活动，包括舞狮、灯笼设计比赛、填色比赛、月饼制作、学生表演、服饰巡游、抽奖、摊位游戏和美食出售。

9 月 24 日，举行学校教师会议。

3. 新西兰奥克兰华新中文学校

7 月 8 日，校长王博耀参加 2016“华文教育 · 杰出人士、华校校董华夏行”参访团。参访团考察了中国河南省郑州市互助路小学锦艺校区，对武术表演以及书画、团扇等学生作品，以及郑州的教学环境、硬件设施称赞不已。

9 月 28 日，校长王博耀参加在中国北京召开的“海外华文教育研讨会”，建议负责海外中国语言和文化推广的“三驾马车”，即国务院侨办、国家汉办及文化部可以建立更多合作机制，共享平台和资源。

4. 新西兰基督城路易 · 艾黎中文学校

4 月 12 日，校长及学校教师代表参加中国名画家在新西兰基督城举办的画展开幕式。

5 月 29 日，中国驻克赖斯特彻奇（基督城）总领事馆青年读书会在学校举行“我的中国梦”座谈会。总领事谭秀甜、总领事馆青年外交官、留新学生和学者等约

30 人参加。

9 月 11 日，组织学生参加“新西兰 2016 年中文周”启动仪式暨坎特伯雷地区中国语言文化日活动。学校的武术志愿者给现场观众表演了精彩的舞狮、二胡和太极等节目。

五　南美洲

1. 阿根廷富兰克林中文学校

4月20日，组织学生在布宜诺斯艾利斯金融中心区与来自阿根廷政府、议会和外交界的代表，旅阿华侨华人社团、中资企业和部分中国留学生代表一同观看特别影片——《向在阿根廷的中国社团致敬》。

12月10日，举办2016学年毕业典礼暨18周年校庆文艺汇演活动。学校师生及家长共600余人参加活动。

2. 阿根廷侨联中文学校

11月15日，与中国广东省中山市外事侨务局、中山市实验小学联合承办由中国华文教育基金会主办的“2016华文教育·名师巡讲”南美洲巡讲活动。巡讲团一行到达阿根廷，并在中国驻阿根廷大使馆举行华文教育座谈会。

3. 巴西圣保罗华侨天主堂中文学校

1月25日，为了照顾更多年龄段的学生，学校自由区分校开班招生，凡2.5岁以上的儿童都可入学幼稚班。幼稚班老师们用汉语、葡萄牙语、英语讲故事，做游戏，寓学习中葡英三语于娱乐之中；小学部的中文课程与中国国内公立小学1~6年级课程同步，使用中国正规教材。针对学生文化程度不同以及特殊要求，自由区分校还开设了加强辅导班，课程包括小学至高中的各个科目。

4. 苏里南广义堂中文学校

8月17日，邀请中国驻苏里南大使张晋雄等使馆官员出席第十九届学生毕业典礼。

第六部分

世界华文教育学术动态

一　华教学术会议

1. 2016 年中国语言文学研究暨汉语教学国际学术研讨会在澳门科技大学举办

2016 年 1 月 20 日至 21 日，中国语言文学研究暨汉语教学国际学术研讨会在澳门科技大学举办。此次会议由韩国中国语文学研究会、澳门科技大学、韩国又松大学孔子学院、韩国延世大学孔子学院及韩国延世大学中国研究院联合主办，澳门科技大学国际学院承办。

研讨会开幕式于 1 月 20 日上午举行，出席开幕式的嘉宾包括澳门特区政府高等教育辅助办公室苏朝晖主任，中央人民政府驻澳门特别行政区联络办公室文化教育部郭剑斌副处长，中国外交部驻澳特派员公署公共外交及新闻部李孝劝副主任，澳门科技大学陈曦副校长，韩国又松大学副校长、孔子学院院长甘瑞瑗教授，韩国中国语文学研究会朴敬姬会长及韩国中国语文学研究会执行理事、韩国延世大学孔子学院院长、中国研究院院长金铉哲教授。

会议期间，来自韩国及中国内地、中国香港、中国台湾、中国澳门的 60 余位专家学者就中国语言文学研究、国际汉语教学领域的学术发展进行探讨，特别针对以交际、交流为导向的语言教学法和文化传播展开了深入的讨论。

2. 2016 年第六届两岸华语文教师论坛暨第八届世界华语文教学研究生论坛在中国文化大学举办

2016 年 1 月 22 日至 27 日，全球华语文教师与研究生论坛在台湾中国文化大学举办。此次论坛由世界华语文教育学会、中国文化大学联合主办，吸引了包括美国、法国、新加坡、韩国、日本等 17 个国家和地区的 100 余位华语文教师及研究生参加。

此次论坛以“多元、精彩、跃进的华语文教学”为主题，共分 23 场论文研讨及

2 场主题演讲、2 场专题演讲和 4 次工作坊实践。论坛的举办，旨在进一步加强一线华语文教师及相关专业研究生的学术交流，深入探讨华教内涵，扩大讨论范围，提高会议的层次与实效。论坛自举办以来深受国际学界肯定，被称为“世界华语文教学的盛会、海峡两岸交流中的盛事”。

3. 2016 冬季海外教师教学研讨会在美国举行

为了促进华语教学的建设和发展，美国西北区华文学校联谊会于 2016 年 1 月 27 日在西雅图华侨文教服务中心举办“2016 冬季海外教师教学研讨会”。来自 10 多所学校的 70 余位华语教师出席会议。

研讨会上，西雅图侨教中心主任颜国裕首先致辞，对华文教师在华语教学中所做的努力表示感谢。随后，西雅图慈济人文学校教师陈樱娇介绍如何利用教学软件帮助学生有效学习中文字词并进行评估。发一崇德文教基金会教师林怡君以及中华学院校长郑采恩共同示范如何活用教材辅助汉语听说读写的教学。到场教师均表示此次研讨会令他们收获颇丰。

4. 2016 对外华语人才培育国际学术研讨会在台湾联合大学举办

2016 年 3 月 25 日至 26 日，“2016 对外华语人才培育国际学术研讨会”在台湾联合大学举办。此次会议由联合大学华语文学系和华语文中心联合举办。来自新加坡、韩国、日本、中国大陆、中国香港的专家学者参加了此次会议。会议安排了 4 场专题讲座：(1)《当代中文与信息结构（Contemporary Chinese and Information Structures)》；(2)《德国中文教学概况——师资培育的视角》；(3)《The analysis of wangwang “往往” and changchang “常常” based on large corpora》；(4)《从对比分析的视角谈台湾语言中与言语行为相关的常用词语：以“没有”“不会”“不行”“拜托”为例》。会议共发表论文 26 篇。

5. 第五届国际商业汉语会议在美国举办

2016 年 4 月 29 日至 30 日，第五届国际商业汉语会议（The Fifth Business Chinese Workshop）在美国宾夕法尼亚大学举办。来自美国和中国等地的学者参加了此次会议。会议第一天就“Business Chinese learning experience, Business Chinese teaching experience, Elementary Chinese Ⅰ, Beginning Chinese Online Learning”4 个议题进行了讨论；第二天就商业汉语“What to teach, How to teach, What have been done”三方面内容展开了讨论。

6. 第六届东亚汉语教学研究生论坛暨第九届北京地区对外汉语教学研究生学术论坛在北京大学举办

2016年5月7日至8日，第六届东亚汉语教学研究生论坛暨第九届北京地区对外汉语教学研究生学术论坛在北京大学举办。此次论坛以“多元·融合·创新——面向多样化需求的国际汉语教学与研究”为主题，围绕汉语教学的多个研究领域展开研讨。

参加此次论坛开幕式的专家有：日本大阪大学世界汉语教学学会副会长古川裕教授、韩国外国语大学中文学院院长孟柱亿教授、越南河内大学下属外国语大学中国语言文化系汉语教学研究中心主任阮黄英教授、台湾师范大学华语文教学系主任曾金金教授、香港教育学院学与教委员会召集人谢家浩教授、华东师范大学对外汉语学院院长吴勇毅教授、北京语言大学速成学院院长刘长征教授。

7. 2016年第六届开创华语文教育与侨民教育之新视野国际学术研讨会在中原大学举办

2016年5月13日，第六届开创华语文教育与侨民教育之新视野国际学术研讨会在台湾中原大学举办。来自新加坡、中国大陆、中国台湾的专家学者参加了会议。中原大学应用华语文学系彭妮丝主任主持开幕典礼，世界华语文教育学会董鹏程秘书长致辞。

中原大学应用华语文学系讲座教授邓守信发表了以《从当代中文课程论华语教学规则化》为题的专题演讲；北京语言大学对外汉语研究中心主任孙德金发表了以《现代汉语体语法与语体能力问题》为题的专题演讲；南洋理工大学新加坡华文教研中心院长兼首席讲师陈之权发表了以《善用校内外资源开展真实性华文教学：新加坡的经验》为题的专题演讲；台湾师范大学华语文教学系暨研究所讲座教授兼国际与社会科学学院院长陈振宇发表了以《国际华语文政策之刍议》为题的专题演讲。会议就4个主题进行了讨论：（1）华语文本体研究；（2）华语文教学与习得；（3）华语文教材与数位化教学研究；（4）华语文师资培训。

8. 世界华文教育发展专题研讨会在华侨大学举办

由台湾世界华语文教育学会、新加坡华文教研中心、华侨大学共同主办的“世界华文教育发展专题研讨会”于2016年5月22日在华侨大学厦门校区举行。来自新加坡、澳大利亚、印度尼西亚、泰国、菲律宾、马来西亚、中国等12个国家和地区的30余位代表与会，共同探讨世界华文教育的现状及发展前景，为其转型升级提出对策，共谋华文教育的未来发展。

与会人员主要是来自海内外的华文教育专家、华文教育机构负责人、中文学校校长、汉语国际传播企业代表等。在为期1天的研讨中，与会代表围绕当前世界华文教育的现状、面临的新形势以及发展前景等问题纷纷发言，提出了许多新观念、新思路和新概念。其中，提出了基于大华语的“世界华人责任共同体”、基于人才培养的社会需求和文化传播需要的“华文+”、基于市场化、产业化发展的“产、教融合”、基于信息化科技发展的“互联网+”国际华文教育等概念；提出了“一带一路”倡议下，如何抓住机遇拓展华文教育以及华文学校如何融入主流社会等问题。

9. 第九届国际汉语电脑教学研讨会在澳门大学举办

2016年5月27日，第九届国际汉语电脑教学研讨会在澳门大学举办。此次会议由澳门大学、美国科技与中文教育协会合办，来自16个国家和地区的专家学者参加，就语言习得、虚拟课堂、电脑辅助教学、教师培训等范畴进行讨论，剖析语言教学和技术应用的最新动向。

会上，澳门大学校长赵伟教授致欢迎词，他表示研讨会对促进大陆和港澳台的中文学术发展，以及澳门与海外学者的学术交流发挥了重要作用。澳门大学人文学院院长靳洪刚教授表示，近年科技广泛应用于收集学生的大数据，包括学习行为、语料库、信息处理及大脑活动等，从而追踪学生学习的过程和成效，继而作出相关研究和改善，分析学生如何学习新内容、更易于接受哪些教学方式。鉴于此，此次研讨会为专家学者提供了一个平台，分享相关经验，深入探讨语言教育的发展现状及未来发展方向，尤其是如何利用科技实现中文作为第二语言的教学目标和使命。

研讨会共吸引了美国、法国、意大利、奥地利、比利时、日本、韩国、新加坡、马来西亚、越南、阿根廷、墨西哥、中国大陆和中国台湾、中国香港、中国澳门等地近150位国际汉语教育领域的专家学者参与，共有77篇高质量的论文在会上发表，并被收录于此次研讨会论文集中出版。

10. 第六届中外商务合作跨文化交际与商务汉语教学研讨会在上海财经大学召开

2016年6月11日至12日，商务孔子学院发展与汉语国际教育暨第六届中外商务合作跨文化交际与商务汉语教学研讨会在上海财经大学召开。此次研讨会由世界汉语教学学会主办，由美国哥伦比亚大学、上海财经大学国际商务汉语教学与资源开发基地（上海）承办，外语教学与研究出版社协办。世界汉语教学学会原会长、北京大学陆俭明教授，国家汉办世界汉语教学学会秘书处顾蕾处长，上海财经大学副校长姚玲珍教授及来自韩国、日本、美国、澳大利亚以及国内各高校的近百名专家学者出席。

北京大学陆俭明教授为大会作了名为《"一带一路"建设需要商务汉语教学》的主题发言，开门见山地提出要认识"一带一路"的深远意义，重点强调了商务汉语教学在"一带一路"建设中的重要作用，并认为"一带一路"建设前景光明，而对外汉语教学特别是商务汉语教学更是在"一带一路"的建设中大有用武之地。

11. 第二届语言学与汉语教学国际论坛在北京举行

2016年7月2日至3日，第二届语言学与汉语教学国际论坛（IFOLICE－2）在北京举办，由北京语言大学对外汉语研究中心和北京大学对外汉语教育学院联合承办，北京市语言学会协办。此次论坛的主题是"汉字与汉语"，规模为50～60人，交流形式包括：（1）大会报告；（2）专题小组报告；（3）圆桌讨论。论文经严格评审后择优结集为《语言学与汉语教学》（*Linguistics in Chinese Education*）第二卷，由北京语言大学出版社出版。

论坛邀请王宁、陆俭明、崔希亮、万业馨、王洪君等12位语言文字学界的知名专家做特约报告，来自中国、美国、日本、韩国、马来西亚等地的会议代表共同探讨汉字与汉语教学这一重要问题。在两天的论坛上，来自各地的专家学者就"语""文"关系、"语""文"教学顺序、汉字教学方法、拼音的作用、汉字认读能力习得、现代技术手段与汉字教学等问题发表了自己的研究成果，与同行展开讨论。

该论坛由美国、北京和香港的8所大学（北京大学、北京语言大学、哥伦比亚大学、加州大学戴维斯分校、普林斯顿大学、斯坦福大学、圣母大学和香港中文大学）共同发起并轮流组织，旨在提倡以坚实的语言学研究为基础促进与提升汉语二语教学。论坛自2015年起在美国、中国香港和北京轮流举行，首届论坛于2015年在加州大学戴维斯分校成功举办，下届论坛将于2017年秋在美国圣母大学举办，论坛主题为"对外汉语教学历史与方法"。

12. 第二届中文前沿国际论坛在对外经济贸易大学举行

2016年7月9日，由对外经济贸易大学、复旦大学和美国肯塔基大学主办，清华大学出版社和唐风汉语教育科技有限公司协办的第二届"中文前沿"国际论坛暨商务汉语教学研究国际研讨会在对外经济贸易大学举行。本届论坛规模较2015年有所扩大，来自海内外商务汉语教学领域专家学者60余人围绕学科前沿问题交流研讨，而全程网络视频直播和举办"对外经济贸易大学国际商务汉语教材展"也成为此届论坛的两大亮点。

围绕论坛主题“商务汉语教学研究”，会议分成4个分会场，议题包括商务汉语本体特征、商务汉语教学与传播、商务汉语教材编写、商务汉语课程与教法研究。

“中文前沿国际论坛”是由对外经济贸易大学与海内外兄弟院校及机构共同建设的学术交流平台，旨在探索中国语言文学学科中的前沿问题、促进海内外学者的合作交流。论坛的特点是提倡“多角度、跨学科、新思维、新方法”的学术研讨。2015年的首届论坛以“跨界”为主题，探讨了“跨文化、跨学科视角下的语言文化研究”的相关议题，其中的优秀论文已结集于学术集刊《中文前沿》出版。

13. “互联网+华文教育”暨汉语国际教学研讨会在华侨大学举办

2016年7月11日，“互联网+华文教育”暨汉语国际教学研讨会在华侨大学厦门校区举行，主办方为华侨大学和唐风汉语科技有限公司。来自北京师范大学、重庆工商大学、西南大学、陕西师范大学、东北师范大学、沈阳大学、浙江海洋大学、厦门理工学院、台湾世界华语文教育学会等高校、单位专家参加了此次会议。与会代表就“互联网+”形势下如何协同创新，共同开展国际面授与网络相结合学历教育，实现优质教育资源的共建共享、学分互认以及海外招生合作等问题进行交流。

与会专家共同倡议，成立全球“互联网+汉语”国际教育协同创新联盟，以共同开展国际面授与网络相结合学历教育为共同目标，统一构建网上华文教育/汉语国际教育的平台，联盟各成员之间可进行资源共享、学分互认、课程体系共建等，共同推进汉语教育事业的发展，开创教育对外开放新模式。

14. “国际中国语言学会第24届年会”在北京语言大学举行

2016年7月17日至19日，“国际中国语言学学会第24届年会”在北京语言大学举办。此次会议由国际中国语言学学会主办，北京语言大学承办。会议的主题是“多元文化背景下的汉语教学与研究”，来自世界各地的百余名学者参加了会议，报告内容涉及语音、句法、语义、方言、类型学、古汉语与汉语史、认知与心理、信息处理、教学与习得、社会与规划、语篇与语用等多个语言学研究领域。此次会议筹备阶段共收到摘要393篇，最终录取会议文章254篇、海报展示文章26篇，现场共设置主题演讲8场、小组讨论47场以及海报展示4场。此外，会议还设置青年学者奖（YSA奖）、桥本万太郎汉语历史音韵学奖（MJH奖）以及跨学科研究奖（IRA），评奖及颁奖典礼于2016年7月18日举行。

国际中国语言学会年会是一个具有世界性影响的国际学术会议，自1992年创办以来已在新加坡、法国、美国、荷兰、澳大利亚、日本、韩国、中国等国家成功举办23届，旨在为从事汉语语言学及中国境内语言研究的广大学者提供一个国际性的交流平台。

15. 2016年语言政策及语言规划学术研讨会在北京语言大学举行

2016年7月20日至21日，由北京语言大学、中国语言学会语言政策与规划研究会主办，北京语言大学语言政策与标准研究所、中国语言文字规范标准研究中心承办，北京外国语大学国家语言能力发展研究中心、上海外国语大学中国外语战略研究中心、武汉大学中国语情与社会发展研究中心、教育部语言文字应用研究所社会语言学与媒体语言研究室、商务印书馆中国语言资源开发应用中心共同协办的2016年语言政策及语言规划学术研讨会在北京语言大学举行，来自全国40多所高校及科研机构的80余名学者参加了会议。

语言政策与规划研究会会长李宇明教授、武汉大学中国语情与社会发展研究中心主任赵世举教授和北京外国语大学国家语言能力发展研究中心戴曼纯教授分别就教育领域的语言竞争问题、网络空间的语言规划问题及国别语言政策研究中的理论建设问题先后做了主题报告，与会专家就相关问题展开了热烈讨论。在为期一天半的议程中，学者们围绕着“一带一路”与语言教育规划研究、汉语国际传播策略研究、语言文字规范标准研究、国际语言生活与语言规划研究、虚拟生活中的语言规划研究、城镇化进程中的语言规划研究等议题发表了各自的观点。

16. 新加坡华文教研中心·华侨大学“2016年华文教学交流年会”在华侨大学召开

由华侨大学与新加坡华文教研中心联合举办的“2016年华文教学交流年会”2016年7月22日至23日在华侨大学召开。来自新加坡华文教研中心的10余位专家学者与华侨大学华文学院、华文教育研究院、文学院等单位教师就华文教学的新视角与新方法进行交流。

新加坡华文教研中心副院长张龙晋，华侨大学校长贾益民、华文学院院长陈旋波和副院长胡培安、华文教育研究院副院长胡建刚等出席了开幕式，开幕式由华文学院陈旋波院长主持。华侨大学校长贾益民教授在交流会上作了《关于目前全球化与“互联网+”时代国际华文教育发展的思考》主旨报告。新加坡华文教研中心副院长张龙晋介绍了新加坡华教中心的课程设置和教师教学科研情况，分享了新加坡华文教学“保底不封顶”“乐学善用”等理念。在为期两天的学术交流中，与会专家学者就教学理论、教学方法、教学原则，以及教学组织、课型教学、教师素质等进行深入探讨。

“2016年华文教学交流年会”由华侨大学、新加坡华文教研中心共同举办，旨在有效搭建华文教育一线教师及相关学者沟通和交流的学术平台，推动华侨大学华文教师教学理念与实践能力接轨国际。此次年会由华侨大学华文学院、华文教育研究院、华文教育理论研究中心共同承办，下届年会将在新加坡举办。

17. 第十三届对外汉语国际学术研讨会在新疆大学举行

2016年7月23日至24日，由教育部人文社会科学重点研究基地北京语言大学对外汉语研究中心与新疆大学国际文化交流学院共同举办的第十三届对外汉语国际学术研讨会（The 13th International Conference on Chinese as a Second Language，ICCSL－13）在新疆大学召开。来自美国、奥地利、俄罗斯、新加坡、日本、新西兰、泰国、越南、苏丹、塞尔维亚、澳大利亚、蒙古、哈萨克斯坦、吉尔吉斯斯坦、塔吉克斯坦、中国（含港澳台地区）16个国家和地区的200多名专家、学者和研究生参加了此次会议。大会的主题是“面向一带一路的多层次国际汉语教育人才培养模式研究”，从数据库建设、第二语言习得、汉语本体、人才培养模式等不同研究领域探讨了多层次国际汉语人才培养的有效途径。

北京大学的陆俭明教授、新西兰梅西大学的White教授、香港中文大学的冯胜利教授、美国休斯敦大学的温晓虹教授、北京语言大学的卢德平教授、新疆大学的周殿生教授等，分别就一带一路建设中语言的重要作用、汉语作为第二语言的远程教学问题、《单双音节对应词词典》编纂的相关问题、对外汉语教师的培训问题、汉语的国际传播问题、外国人的汉字教学问题等议题作了精彩的报告。

对外汉语国际学术研讨会至今已成功举办12届。下一届会议将于2017年在山东师范大学举办。

18. “传承与创新：深化语文教育改革国际研讨会”在北京师范大学召开

2016年8月12日至13日，由北京师范大学文学院、香港教育大学中国语言学系和中国高等教育学会语文教育专业委员会共同举办的“传承与创新：深化语文教育改革国际研讨会”在北京师范大学召开。此次会议共有8场分论坛，来自中国大陆及港澳台以及美国、日本、韩国、新加坡等国家和地区的100余所高校、科研机构的300多位专家、学者，分别就当前语文教育改革的相关热点问题进行了深入的交流与探讨，主要讨论的议题有“语文教育国际比较研究”“语文教师培养等专题”“海外华文教育”等。

19. 全美中文学校联合总会第22届年会暨“全球参与创新教学”主题研讨会于美国举行

2016年8月12日至13日，全美中文学校联合总会第22届年会暨“全球参与创新教学”主题研讨会于美国华盛顿举行。台湾地区“侨务委员会”田秋堇出席并致辞。500多位华校教师及学生、家长到场参加。

研讨会上，来自美国、新加坡、中国台湾、中国香港等地的华文专家发表了40多篇论文，共同探讨华文教育的发展趋势。与会华校校长及教师也对侨校的发展、师资水平的提高等问题献言献策，受邀前来的中文专家向与会教师分享丰富的教学经验，帮助他们理解、解决学生学习的障碍。会议期间还举办了学艺竞赛，与会人员踊跃参加。最后举行全美中文学校联合总会新旧任会长交接仪式。

下届全美中文学校联合总会年会将在美国加州旧金山举行。

20. 第十届中文教学现代化国际研讨会在韩国延世大学召开

2016年8月13日至14日由中文教学现代化学会主办，韩国延世大学孔子学院、中国研究院、韩国中国语教育学会、中国语文学研究会、韩国又松大学孔子学院共同承办的第十届中文教学现代化国际研讨会于在韩国延世大学召开。来自中国大陆、香港、台湾以及新加坡、美国、韩国、日本等国家和地区的150余名学者参加了研讨会。会议论文集《数字化汉语教学（2016）》在会议召开前夕由清华大学出版社出版，共收录论文68篇。

大会的分组报告在3个分会场同时举行，报告共分为四大主题：（1）中文教学现代化的理论、实践应用与反思；（2）中文教学资源的建设、应用及支持服务体系的构建；（3）新产品新技术在中文教学中的探索与应用；（4）多元化师资培训与考评研究、汉语水平测试现代化研究。该次会议涉及了现代教育技术动态的主要前沿领域，如大数据、MOOC、翻转课堂等新技术在中文教学中的应用，从广度和深度上，都体现了中文教学现代化研究的发展与进步。

中文教学现代化，包括对外汉语教学、对中国少数民族的汉语教学以及汉语作为母语教学的现代化。前九届的中文教学现代化国际研讨会分别在美国旧金山，中国广西师范大学、南京师范大学、北京语言大学、香港城市大学、鲁东大学、华东师范大学、华侨大学，以及韩国又松大学成功举办。

21. 第四届汉语作为第二语言研究国际研讨会在华东师范大学举行

2016年8月19日至21日，第四届汉语作为第二语言研究国际研讨会（CASLAR

4）在华东师范大学召开。会议由华东师范大学国际汉语教师研修基地副主任张建民，美国纽约州立大学奥本尼分校教授、Intercultural Pragmatics 及 CASLAR 期刊主编 Istvan Kecskes 共同担任主席，来自世界各地的 150 多位专家学者出席此次会议。同时，此次会议还为德古意特出版社（De Gruyter Mouton）即将发行的汉语双语期刊《汉语作为第二语言研究》举办了创刊仪式。

为满足会议的多元化需求，主办方还邀请了北京大学出版社、北京语言大学出版社、高等教育出版社、上海教育出版社、世界图书出版公司、外语教学与研究出版社、唐风汉语科技有限公司、沃动科技等多家单位展示近年来汉语教材成果，为与会代表们提供丰富的教学科研资源。

汉语作为第二语言研究国际研讨会旨在聚集全球研究汉语作为第二语言的习得、发展与运用的专家学者于一堂，进行汉语教学领域中知识概念及实务经验的探究与交流，支持汉语教学领域学者间的切磋互动，以期能激发出更多学术研究计划的构想。该会议已成功举办 3 届，第一届研讨会于 2010 年由浙江大学主办；第二届研讨会于 2012 年由台湾师范大学主办；第三届研讨会于 2014 年由意大利帕尔玛大学主办。

22. 第一届全球化汉语教学与传播国际研讨会在新西兰梅西大学人文学院举行

2016 年 8 月 27 日至 28 日，由北京语言大学对外汉语研究中心与新西兰梅西大学人文学院主办的第一届全球化汉语教学与传播国际研讨会在新西兰梅西大学人文学院举行。

此次会议旨在结合当前“互联网 +”的时代背景，关注汉语远程教育与传播，提高汉语远程教育质量和汉语传播效率，从而有力推动互联网时代对外汉语教学学科发展。来自北京语言大学、北京大学、北京师范大学、中山大学、北京外国语大学、台湾师范大学、哈佛大学、威廉姆斯学院、新英格兰大学、梅西大学、奥克兰大学、新加坡国立大学、早稻田大学、格里菲斯大学、纽约大学、伦敦玛利曼国际学校等 10 余个国家 30 余所学校及机构的近百位学者参加了此次会议。

23. 第四届《世界汉语教学》青年学者论坛在北京语言大学举行

2016 年 9 月 24 日，第四届《世界汉语教学》青年学者论坛在北京语言大学召开，此次论坛主题为“汉语作为第二语言教学（TCSL）的跨学科研究”，由《世界汉语教学》编辑部帅志嵩主任主持。

中国社会科学院方梅教授、吴福祥教授，北京语言大学李宇明教授、王建勤教授、曹文教授、江新教授，江苏师范大学杨亦鸣教授，北京大学赵杨教授，北京师范大学朱志平教授等9位界内专家学者应邀出席。此次论坛自2015年9月25日公开征文开始，共收到国内外投稿论文72篇，最终9位青年学者入围，进行大会报告，分别是中国社会科学院乐耀博士、北京师范大学韩笑博士、北京大学范晓蕾博士、北京语言大学陈默博士、北京语言大学玄玥博士、青岛大学高珊博士、云南大学赵玮博士、香港中文大学马文津博士、美国杨百翰大学刘瑜博士。

24. 第十一届东南亚华文教学研讨会在印度尼西亚日惹召开

2016年9月24日至26日，第十一届东南亚华文教学研讨会在印度尼西亚日惹召开。此次会议由印度尼西亚三语学校协会主办，日惹崇德三语国民学校承办，雅加达智民学院和印度尼西亚华文教育协调机构联合秘书处协办。研讨会的主题是“华文教育的类型转型与质量提升”。

日惹特区省长苏丹十世、中国驻泗水总领馆副总领事江雷、东南亚华文教学研讨会永久秘书处秘书长叶新田、印度尼西亚三语学校协会主席陈友明等出席开幕式并致辞。华侨大学胡建刚和沈玲、暨南大学曹云华、印度尼西亚三语学校协会主席陈友明、台北大学马宝莲、菲律宾华教中心主席黄端铭、上海师范大学曹秀玲等人依次作主题发言。印度尼西亚雅加达八华学校林金江、中国中央民族大学吴应辉、文莱中华中学许月兰、暨南大学宗世海、北京师范大学刁晏斌及北京燕京文化专科学校原副校长潘汉亮等人作专题发言。

来自马来西亚、菲律宾、缅甸、泰国、文莱、越南与印度尼西亚各地的代表，以及宁夏海外交流协会、华侨大学、暨南大学、北京师范大学、中央民族大学、新疆师范大学、厦门大学、北京华文学院及台湾台北大学等单位的领导、专家、学者及教育机构代表等150余人参加会议。

第十二届东南亚华文教学研讨会将于2017年在泰国举办。

25. 第四届汉语中介语语料库建设与应用国际学术研讨会在扬州大学召开

2016年11月11日至14日，第四届汉语中介语语料库建设与应用国际学术研讨会在扬州大学文学院召开。此次会议由扬州大学、北京语言大学、南京师范大学、福建师范大学联合主办，扬州大学文学院承办。教育部语言文字应用研究所冯志伟教授、上海师范大学齐沪扬教授、中山大学周小兵教授、《语言文字应用》主编叶青教授、北京外国语大学许家金教授等5位学者作为特邀专家出席。

扬州大学党委书记姚冠新教授、北京语言大学校长崔希亮教授出席大会开幕式并致辞。大会期间6位专家做大会报告，3位刊物主编、责编介绍刊物并回答现场提问，2 家出版社举办书展并向与会学者赠书。会议旨在交流海内外汉语中介语语料库建设与应用研究的新成果，促进学界的交流与合作，进一步推动汉语中介语语料库的建设与基于语料库的汉语教学与习得研究的发展。来自海内外 28 所高校的近百名专家学者参加会议，并就“汉语中介语语料库建设研究”“基于中介语语料库的汉语语法习得研究”“基于中介语语料库的汉语字词习得研究”“基于中介语语料库的语音语义及其他相关研究”等议题展开广泛深入的研讨。

首届汉语中介语语料库建设与应用国际学术研讨会于 2010 年在南京由北京语言大学与南京师范大学联合主办，第二届汉语中介语语料库建设与应用国际学术研讨会于 2012 年在北京由北京语言大学主办、南京师范大学协办，第三届汉语中介语语料库建设与应用国际学术研讨会于 2014 年在福州由北京语言大学、南京师范大学、福建师范大学联合主办。

26. 亚太地区国际汉语教学学会第八届年会在北京语言大学举行

2016 年 10 月 29 日至 30 日，亚太地区国际汉语教学学会第八届年会在北京语言大学召开。此次会议由亚太地区国际汉语教学学会、北京语言大学主办，北京语言大学汉语国际教育学部国际汉语教学研究基地承办。来自中国、日本、韩国、越南、新加坡、新西兰、澳大利亚、泰国 8 个国家 50 所高校、科研院所及社会机构的 90 余位专家学者、教师、研究生出席了此届年会。

此届年会的主题是“亚太地区汉语国际教育的发展与创新”，会议以大会报告、小组报告等形式，针对相关议题进行了深入研讨。大阪大学古川裕教授、越南河内国家大学阮黄英教授、新加坡南洋理工大学吴英成教授、韩国外国语大学孟柱亿教授、中央民族大学吴应辉教授、北京语言大学姜丽萍教授、中山大学周小兵教授、北京大学刘颂浩教授等作了大会报告。分会场上，与会学者就课程与教学、语言习得、国别化与语言对比、“互联网 +”汉语国际教育、汉语教师培养、教材、跨文化交际与文化传播、词汇语法教学等议题进行深入交流探讨，展开热烈的互动和对话。

亚太地区国际汉语教学学会第九届年会将于 2017 年下半年在韩国外国语大学举行。

27. 首届语言学及应用语言学博士生论坛在北京师范大学举行

2016 年 10 月 29 日至 30 日，北京师范大学首届语言学及应用语言学博士生论坛在北京师范大学汉语文化学院举行。此次论坛由北京师范大学汉语文化学院主办，参会博士生来自北京师范大学、北京语言大学、清华大学、吉林大学、上海师范大学等多所高校。

论坛开幕式上，北京师范大学丁崇明教授、李晋霞教授、张亚旭副教授，首都师范大学李秉振副教授出席并发言。在会议的专家学术报告环节，专家们从语言学本体、语言认知、语言习得研究等不同研究方向进行报告，分享自己的研究成果。参会博士生围绕汉语本体研究、汉语第二语言习得研究、汉语认知研究三个主题进行分组发言与热烈讨论。此次语言学及应用语言学博士生论坛以专家学术报告、专家发言、博士生分论坛发言、圆桌讨论等形式，为相关领域的博士生们搭建了学术平台。

28. 第四届国际学校华语教育研讨会暨工作坊在台湾义守大学举行

2016 年 11 月 3 日至 5 日，第四届国际学校华语教育研讨会暨工作坊在台湾义守大学举办。研讨会由义守大学、高雄师范大学与香港大学共同举办，义守大学国际高级中学、台北美国学校与维多利亚双语中小学共同协办。研讨会旨在促进华语语言及文学于国际教育情境下的教学觉察与实践。

此次研讨会的主题为“溯本探新：全球读写与多元文本”，议题包括“教师专业发展”“教与学之信息与通信科技”“跨文化教学及文化教育”“教学方法与教学转化”“国际教育”。主讲人分别是南洋理工大学国立教育学院院长陈允成教授（新加坡），美国国家英语教师学会（NCTE）主席、美国亚利桑那大学语言阅读与文化学系及教学学习与社会文化研究学系教授暨世界文字中心主任 Kathy G. Short 教授（美国），儿童文学美术工作者曹俊彦老师（台湾）。

第四届国际学校华语教育研讨会暨工作坊承袭前几次研习的主题与传统，将本工作坊定位为供国际学校华语教师实际交流的平台。研讨会安排参访了两所国际学校，并以教师主导经验传承的主题贯穿整场研习活动，并增加研究研讨与实际教学经验分享时间以强化对教学领域的了解，促进交流。

29. 汉语教材史国际学术研讨会暨世界汉语教育史研究学会第八届年会在中山大学召开

2016 年 11 月 5 日至 6 日，汉语教材史国际学术研讨会暨世界汉语教育史研究学会第八届年会在中山大学召开。会议由世界汉语教育史研究学会和中山大学外国语学院联合主办，中山大学国际汉语教材研发与培训基地、中山大学对外汉语研究所协办。来自法国、日本、韩国、中国香港、中国澳门和中国大陆等地的 78 位专家学者与会并宣读论文。

研讨会分为大会发言和小组讨论两个部分。张西平、白乐桑（法国）、周小兵、李炜、黄仕忠、内田庆市（日本）、孟柱亿（韩国）、庄初升、郭丽娜、叶军 10 位教授做了大会发言，内容涉及语音、汉字、词汇、语法、文化、汉学和传播等方面。研讨会共进行11场小组讨论，学者们报告了各自的研究成果，内容涉及国际汉语教材、世界汉语教育史、中西文化交流史等诸多方面。

世界汉语教育史研究学会年会是聚焦世界汉语教育史、汉学史的专题研讨会，下届年会将于2017年11月在华东师范大学召开。

30. 语言教学与研究国际学术研讨会在南开大学举行

2016年11月4日至7日，语言教学与研究国际学术研讨会（2016）在天津市南开大学开幕。会议由《语言教学与研究》编辑部和南开大学汉语言文化学院联合主办。会议议题包括“面向第二语言教学的汉语本体研究”“汉语作为第二语言的教学研究”“汉语作为第二语言的习得研究”。会议共收到论文摘要100篇，全文79篇，共计179篇，录用论文126篇。来自中国、韩国、日本、泰国、美国、俄罗斯、澳大利亚的百余位学者参加了会议。

会议邀请日本神户外国语大学任鹰教授、南开大学汉语言文化学院郭继懋教授、北京外国语大学朱勇教授、美国爱荷华大学曹丽梦·吾西哈和中国青年政治学院冯丽娟、北京语言大学玄玥博士作大会主题报告。

会议为期两天。在小组报告环节，按照汉语教学、汉语研究、二语习得三个方向，共计10个小组进行讨论。会议期间还举办了语言学期刊与青年学者座谈会，由期刊编辑与青年学者面对面探讨语言学问题。另外，为勉励青年学者，大会特设立“语言教学与研究青年英才奖”，一、二等奖获得者均安排了大会报告，并在闭幕式举行颁奖仪式。

31. 第六届语言学与华语二语教学研讨会在华侨大学举行

2016年11月5日，以“语言学与华语二语教学：课程设计及测试”为主题的第六届语言学与华语二语教学研讨会在华侨大学厦门校区举行。本届研讨会由华语二语教研学会、华侨大学华文学院、华侨大学华文教育研究院、海外华文教育与中华文化传播协同创新中心联合主办。

会议邀请了海内外10位华语教学领域的知名专家学者作主题报告，来自华侨大学、厦门大学、中央民族大学、集美大学、厦门理工学院等单位的100余位师生参加会议。北京大学中文系陆俭明教授，中国人民大学文学院李泉教授，台湾师范大学应用华语文系蔡雅薰教授，全美中文教师协会主席、美国加州大学戴维斯分校储诚志教授，华语二语教研学会会长、香港中文大学吴伟平教授，鲁东大学国际教育学院胡晓清教授，中央民族大学国际教育学院吴应辉教授，华侨大学贾益民教授，华东师范大学对外汉语学院吴勇毅教授，陕西师范大学国际汉学研究所陈学超教授10位学者围绕会议主题先后作专题报告，并同与会代表交流研讨。

“华语二语教研学会”（The Chinese as a Second Language Teaching and Research Society）汇集了中国大陆、港台地区及美国、英国、韩国等地的一批卓越学者，旨在分享语言学及语言教学上的研究成果，特别是如何把语言学的研究成果应用到华语二语教学领域。

下一届语言学与华语二语教学研讨会将于2017年7月在山东烟台的鲁东大学举办，主题为“语言习得及语料库的建设及使用”。

32. 第三届当代语言学理论及国际汉语教育研究生学术论坛在华东师范大学举行

2016年11月19日，第三届当代语言学理论及国际汉语教育研究生学术论坛在华东师范大学对外汉语学院召开。论坛由华东师范大学研究生院和华东师范大学对外汉语学院主办，华东师范大学对外汉语学院承办。华东师范大学对外汉语学院院长吴勇毅教授、副院长叶军教授、副院长刘承峰副教授，上海外国语大学宋炳辉教授和同济大学黄立鹤博士与来自全国各地区的当代语言学及国际汉语教育研究者一起出席参加了此次学术论坛的开幕式和小组报告会，从多元化、多视角、跨学科角度，共同探讨了前进发展中的语言学理论。

会议由刘承峰副教授主持，共有32篇论文被收录到会议手册。学术论坛小组报告分语言组和文学组展开，论坛邀请到同济大学黄立鹤博士，华东师范大学蒋向艳副教授、祁峰副教授、王茜副教授、文娟副教授、俞玮奇副教授和袁丹博士担任点评指导专家。

33. 第二届汉语跨文化传播国际研讨会在复旦大学举行

2016年12月10日至11日，由复旦大学国际文化交流学院主办的第二届汉语跨文化传播国际研讨会在复旦大学举行。议题包括“国别语言政策和汉语传播模式研究”“基于多元理论的汉语教学研究”“多元环境下的汉语学习研究”“汉语传播中的跨文化问题研究”“面向第二语言教学的汉语研究”。会议共收到投稿论文近百篇，共有来自中国、新加坡、泰国、澳大利亚、美国、加拿大等8个国家和地区的87位专家学者到会宣读论文。

会议为期两天，安排了4组大会报告、2场专题论坛和5个时间段4个分会场的分组讨论。20位国内外知名专家分别作了大会报告或专题报告。会议论文经评审后将刊发于复旦大学出版社出版的《汉学论丛》。

第三届汉语跨文化传播国际研讨会将于2018年举办。

34. 第六届中青年学者汉语教学国际学术研讨会在北京大学举行

2016年12月17日至18日，第六届中青年学者汉语教学国际学术研讨会在北京大学对外汉语教育学院举行。该届研讨会以“基于学科建设的汉语作为第二语言教学与研究”为主题，围绕“面向汉语作为第二语言教学的汉语本体研究”“汉语作为第二语言的习得与认知研究”“汉语作为第二语言的教学研究”“汉语作为第二语言的教材研究”“信息化条件下汉语作为第二语言的教学与研究”等五个议题展开研讨。会议旨在促进学界对新形势下汉语作为第二语言教学学科建设的思考，推动在学科发展框架下汉语作为第二语言教学各项研究的深入开展。来自中国内地、美国、英国、日本、中国香港等国家和地区20余所高校的60多名中青年学者参加了此次研讨会。

应邀前来的国内外嘉宾主要有剑桥大学东方研究院袁博平教授、香港中文大学叶彩燕教授、美国加州大学戴维斯分校储诚志教授、美国圣十字学院何宝璋教授、日本山梨县立大学町田茂教授、北京师范大学冯丽萍教授等。会议分为大会报告和分论坛两部分。

中青年学者汉语教学国际学术研讨会是由北京大学对外汉语教育学院发起并主办的中青年学者国际学术交流会议，每两年一届，自2006年12月至今已成功举行6届。研讨会以“学术第一”为宗旨，以引领和担当为使命，在汉语教学界享有良好声誉。

二　论文选介

（一）华文教育理论与华文教育史研究

1. 民国时期华侨师范教育始末——以国立第二侨民师范学校为例

作者：王鸿英、袁征

期刊名称：《现代教育论丛》

刊期：2016 年第 1 期

摘要：国民政府为推进侨民教育，培养面向海外的侨教师资，在抗战期间创办了国立第一和第二侨民师范学校，招收来自海外的侨生和国内立志服务海外侨教的适龄青年。学生享受公费待遇，学制三年。学校开设课程较多，注重实习指导。但侨一师、侨二师管理专制、腐败，毕业生很难谋到海外侨校的工作。1949 年 7 月，国内仅有的这两所侨民师范学校被国民政府解散。

2. 民国时期华侨高等教育课程设置考论（1921—1937 年）——以国立暨南大学为中心的考察

作者：颜海波

期刊名称：《东南亚研究》

刊期：2016 年第 1 期

摘要：国立暨南大学是民国时期国内华侨高等教育的典型代表，特别是 1921—1937 年期间，学校办学方针鲜明地突出了弘扬民族文化和爱国主义精神，增强海外侨胞的生存、发展能力，加强适应南洋当地特点的课程设置目标。围绕这些目标，在具体的课程设置结构类型上，形成以必修课为主，兼顾选修课程，并在专业课和选修课内容上尽量贴近侨教的课程设置原则。这些理念和课程设置实践突出反映了把强化知识本位、意识形态和工具性三者相结合的价值取向，以及华侨高等教育适应海外侨生需求的发展规律和课程自身不断改进的特征，为中国近现代华侨高等教育的课程体系发展打下了扎实基础。

3. 海外华文教育的奇葩：马来西亚华文独立中学的办学方针研究

作者：祝家丰、王晓梅

期刊名称：《八桂侨刊》

刊期：2016 年第 3 期

摘要：马来西亚华人虽面对国家机关实施之单元教育政策的影响，但却能发展出一个独特且蕴含着韧力非凡的华文教育体系。马来西亚的华文教育体系可谓是在中国大陆、中国香港、中国台湾以外发展得最完善、肩负着薪传中华文化重任的体系。马来西亚的华文独立中学（独中）由于注重素质教育和民族文化的传承，因此得到华裔家长的支持。但 21 世纪全球化所带来的英语教育至上思潮冲击了马来西亚的独中。为了应此挑战，独中努力推广三语教学。

4. 同根共荣：东南亚华文教育与华文文学的历史回顾

作者：沈玲、姚文放

期刊名称：《华侨大学学报》（哲学社会科学版）

刊期：2016 年第 4 期

摘要：东南亚华文教育与华文文学的发展轨迹大略相似。从发展时间来看，东南亚华文文学与华文教育的兴起不完全同步，当东南亚华文文学兴起以后，它就与东南亚华文教育的发展交错前进。从东南亚各国华文教育在 20 世纪的发展情况看，华文教育性质的变化与华文文学性质的变化大致同期。东南亚华文教育的发展对东南亚华文作家的产生有着非常大的推动作用。不过华文教育断层的结果使得现在东南亚多数国家的华文文学创作人才面临着老龄化的问题。现在东南亚的华文教育正处于良好的发展时机，东南亚华文文学的发展前景却不容乐观。

5. 华文教育对中华认同的促进作用研究——以新疆师范大学华文教育基地项目学生为例

作者：王斌

来源：新疆师范大学硕士学位论文

发表时间：2016 年 5 月

摘要：近年来人们逐步认识到华文教育对华侨华人研究的重要意义，研究成果不断涌现。进入新世纪以后，中国综合国力大幅提升，随着华文教育事业的大力发展，越来越多的少数民族华裔选择到中国学习汉语。经过对新疆师范大学华文教育基地华侨华人学生的实证研究，分析新疆籍少数民族华裔留学生接受华文教育前后的中华认同差异，发现华文教育对其中华认同会造成一定影响，其受影响而产生变化的主要因素有华文教育传播方式、华文教育时间和学生汉语水平等。并且文章根据研究分析结果，提出了有效提升新疆籍少数民族华裔中华认同的华文教育相关对策。

6. 泰国艺术大学中文专业汉语教学模式研究

作者：苏贝贝

来源：华中师范大学硕士学位论文

发表时间：2016 年 5 月

摘要：文章以泰国艺术大学中文专业的在校学生和毕业学生作为调查对象，主要调查内容包括学生对汉语的兴趣、汉语教师、教材、汉语课堂。通过数据分析以及相关问题的解答，总结出艺术大学中文专业乃至整个泰国汉语教学模式存在的问题，文章发现泰国艺术大学中文专业主要存在的教学模式上的问题包括：师资力量不足及不匹配、课程设置不够合理等，并针对这些问题提出了相应的改进措施。

7. 泰国中文教育情况探究

作者：孙世伟

来源：吉林大学硕士学位论文

发表时间：2016 年 5 月

摘要：泰国有学习中文的历史，也是中国汉语国际推广的前沿阵地。1975 年中泰两国的正式建交以及双方在政治、经济、贸易、文化等各个领域的友好合作，促进了泰国中文教育的进一步发展。文章通过对泰国汉语教学状况的调查、研究和分析，总结出泰国汉语热的原因以及存在的问题，并对存在的问题给出相关的建议，阐述泰国汉语教学对中泰两国的意义。

8. 南澳大利亚州中文民族学校与孔子学院的比较分析

作者：范峻玮

来源：广西大学硕士学位论文

发表时间：2016 年 5 月

摘要：近年来，中澳关系一直保持着快速而平稳的发展，两国在各方面的交流都不断创造新的高度，其中以文化和教育上取得的成绩尤其令人瞩目。为了进一步推动南澳大利亚州的汉语教学与中华文化传播，阿德莱德大学孔子学院在中澳两国的共同努力下成功开办，发展至今已经成为南澳大利亚州的综合语言文化交流平台。同时，南澳大利亚州中文民族学校凭借在本地区，尤其是华人华裔中的社会基础和影响力取得了长足的发展，在南澳大利亚州汉语教学与促进中华文化传播中也有着重要地位。文章在对南澳大利亚州中文民族学校与阿德莱德大学孔子学院的发展情况进行梳理的基础上，借助问卷调查、访谈等方法，从教学与日常管理两个角度对二者进行了比较分析，以期二者可以相互参考，共同发展。

9. 荷兰中文学校考查分析

作者：吕娇娇

来源：山东大学硕士学位论文

发表时间：2016 年 5 月

摘要：中文学校是海外开展汉语教学和传播中华文化的平台之一，在欧洲通常指以非全日制形式开展汉语教育的组织，或者说是以课余补习方式开展汉语教学的单位。荷兰地处欧洲西偏北部，人口不到两千万。由于源远流长的汉学传统，汉语教学具有一定的历史和社会基础。目前荷兰的中文学校有 40 多所，最古老的中文学校已经走过了 40 年的风雨，他们在荷兰的汉语教学中发挥了重要作用。文章对荷兰的中文学校进行了介绍和较为全面的分析，对其发展情况进行探究，总结其共性，发现其特质，凝练其内涵，对深入发掘荷兰社会的汉语需求、更好推动中文学校的发展具有现实意义和学术价值。

10. 华文学校在菲律宾的发展现状分析

作者：张宁宁

来源：郑州大学硕士学位论文

发表时间：2016 年 5 月

摘要：华文学校在菲律宾较之前有了很大的发展，但综合来说还存在各种各样的问题。政府对华文学校的限制，把华校归入菲校却不加以资助，任华校自生自灭；华语课程在华校的课程设置中，处于从属地位，使华文教育陷入一个尴尬的境遇。而华校的学生对待汉语的态度又是消极的，不能积极主动而是被动地学习汉语，这些都是华校发展到今天所面临的问题。文章主要针对目前华文学校在菲律宾的现状和华校自身存在的问题展开论述，以作者所在的怡朗亚典耀学校为例，介绍了学校的发展、现状以及存在的问题。通过调查问卷，研究分析了为什么学生对待汉语的态度是消极被动的。在文章的最后一章作者针对华校的问题提出了解决措施，各华校之间要加强合作，华校内部要进行调整。作者还对华文学校的新发展进行展望。华文教育年限的延长、汉语教师队伍的壮大以及华校内部的调整，都将使华文学校在新的历史时期有新的突破。

11. 曼谷私立大学国际学院中文教学现状及问题分析——以斯巴顿大学国际学院为例

作者：瞿蕾

来源：云南师范大学硕士学位论文

发表时间：2016 年 5 月

摘要：泰国汉语教学事业近年来发展势头迅猛，很多国立大学与私立大学纷纷开设中文课程。文章采用问卷调查、访谈与文献查阅相结合的方法，对曼谷私立大学国际学院的中文教学基本情况进行了解，在此基础上对斯巴顿大学国际学院的中文教学现状进行调查。从师资、教学对象、师资教材、课程设置和教学方式等多个因素入手。发现该校实行中文教学过程中所出现的问题，由浅入深，结合实际情况，提出可行性建议。

12. 泰国乌泰他尼府中学汉语教学现状、问题及对策——以农昌中学为例

作者：刘苗利

来源：郑州大学硕士学位论文

发表时间：2016 年 5 月

摘要：随着中国国际地位的提高，汉语在世界上扮演着越来越重要的角色。与此同时，汉语国际教育推广在世界各国如火如荼地开展着。近些年来，由于泰国政府大力支持和帮助汉语在泰国的推广，泰国随之掀起了一股学习汉语的热潮。泰国从小学开始就开设汉语课，有的地区甚至是从幼儿园就开设汉语课。作者在泰国任教期间，调查研究了泰国乌泰他尼府中学的汉语教学情况。文章还针对一些教学问题提出了相应的解决对策。

13. 华文教学在印度尼西亚三语学校的发展模式探析

作者：程桂芝

来源：郑州大学硕士学位论文

发表时间：2016 年 5 月

摘要：在众多华文教学办学模式中，三语学校这种新模式脱颖而出。作为正规国民学校，它成为印度尼西亚中小学华文教学的最佳载体，也是华人创办学校的新趋

势。作者通过对12所印度尼西亚三语学校一线华文教师的访谈与问卷调查，从华文教学实施、华文教学管理、影响华文教学效果的主要因素这三方面，客观展现这些三语学校的华文教学情况，以期达到管中窥豹的效果。文章还针对三语学校华文教学在师资、教材、教学目标、课程设置、评估制度、课堂管理等方面存在的问题，提出了一些具体可行的发展对策。

14. 印度尼西亚占碑地区华文教学现状调查研究——以迦南国际学校及其周边私立学校为例

作者：尹春慧

来源：云南大学硕士学位论文

发表时间：2016年5月

摘要：印度尼西亚共和国是世界上华人最多的国家，印度尼西亚占碑地区约有5至6万华人，但因政策等因素导致其华文教学发展滞后。目前学界对印度尼西亚占碑地区华文教学的研究尚属空白。文章通过对占碑地区4所私立学校的华文教师进行问卷调查、访谈和课堂观摩，并随机选择4年级以上学习华文的100名学生进行问卷调查，完成了对该地区4所开设华文学校的华文教学的调查研究工作。通过该研究，以期对目前占碑地区的华文教学状况有一个清晰呈现，同时也为印度尼西亚占碑地区华文教育的发展提供一定的参考和借鉴。

15. 泰国华文教育研究——以乌汶华侨学校2为例

作者：郑瑛

来源：广西民族大学硕士学位论文

发表时间：2016年6月

摘要：文章从泰国华文教育历史出发，梳理了泰国华文教育的发展脉络，阐述了泰国华文教育现状及性质，并对乌汶华侨学校2做了重点分析，从学校概况、班级设置、师资力量等方面进行探讨，指明其优势及获得成功的原因，最后对泰国华文学校的发展趋势进行展望。

16. 泰国华文教育发展史

作者：李晚月

来源：哈尔滨师范大学硕士学位论文

发表时间：2016年6月

摘要：随着全球华文学习热潮的兴起，世界各国华文教育的发展呈上升趋势，其中泰国华文教育的发展极具典型性。论文从历史发展的角度梳理泰国华文教育发展的情况。依照泰国华文教育从萌芽到兴盛的发展轨迹，将文章分为三部分。在泰国华文教育大发展的同时也逐步显露出诸多限制其发展的问题，如师资力量的缺乏、教材及授课时数的不统一、教学效果不理想以及各地区发展不均衡。针对上述问题，文章建议推广“走出去”的师资培训模式、统一课程大纲和教材、合理调整华校布局以及提高华文教学质量。通过对泰国各历史时期华文教育发展状况的分析，总结出影响泰国华文教育发展的因素主要有华人社会的支持、中泰两国的华文政策以及中国的国际地位和综合国力。

17. 华文教育研究成果统计与分析（1990—2014）

作者：廖瑞钦

来源：华侨大学硕士学位论文

发表时间：2016 年 6 月

摘要：在几代学界人士的共同努力下，华文教育研究取得了丰硕的研究成果，然而对于这些研究成果的研究与梳理工作却一直比较少见。此外，海外华文教育事业在快速发展的同时也遇到了瓶颈与困难，这促使我们反观学科研究历史，做到“以史为鉴，可以知兴替”。文章以 1145 篇研究文献为对象，对华文教育的研究成果进行统计分析研究。纵观 25 年来关于华文教育研究领域的研究成果，可以看到，华文教育领域的研究成果数量正不断增加，领域不断拓宽，纵深不断拓展，角度不断更新，方法不断丰富，规范意识也日益增强。但是，从研究成果来看，华文教育研究也存在以下不足：学科研究内外部不平衡、专项研究仍有待深入、研究的体系性需进一步加强。

18. 印度尼西亚三语学校微观华语环境建设的特色分析

作者：高承

来源：华侨大学硕士学位论文

发表时间：2016 年 6 月

摘要：文章主要研究印度尼西亚三语学校的微观华语环境建设情况，分析三语学校的华语环境建设的特色与不足。首先，文章回顾了印度尼西亚三语学校十多年来的发展历程，对目前的三语学校做了分析和归类，并详细介绍了此次调查的 16 所三语学校。接着，基于语言环境理论框架，运用田野调查法、文献分析法等研究方法，与开设华语课程的其他类国民学校、华文补习班就学校华语环境建设进行了比较分析。最后，作者分别就三语学校在课内和课外华语环境建设中存在的问题做了总结和分析，并提出相应的对策和建议。

19. 马来西亚华文教育体系的省思

作者：黄集初

来源：华中师范大学博士学位论文

发表时间：2016 年 6 月

摘要：文章主要探讨马来西亚华文教育体系的形成、挑战及反思。马来西亚华文教育除了外在抗争的矛盾外，还有内在分歧的矛盾。论文回归华文教育的初衷，以更宏观的视野去呈现马来西亚华文教育应有的全貌。从梳理马来西亚语言教育政策的发展历程，深入评价第二次世界大战后至 1962 年华校改制的过程中，华社与政府之间如何博弈及其得失功过。对于 1962 年后的华文教育，则深入探讨华小与独中所面对的问题及内部的分歧，也首次全面调查及分析国民型中学的华校待征及其所面对的困境。在全面探讨及反省的基础上，对马来西亚华文教育提出建议。

20. 马来西亚区域华文教育研究——以霹雳州实兆远地区为例

作者：瞿美清

来源：南京大学硕士学位论文

发表时间：2016 年 6 月

摘要：华文教育的火种在 18 世纪末期随着中国华侨的到来而开始在马来亚扎根，经历了百余年的马来西亚华文教育发展史实际上是一场捍卫母语教育的斗争。文章从历史演变及传统传承的角度探讨福州人如何在实兆远区发展华文教育，以实兆远区为研究范围检视马来西亚的华文教育发展，并探讨马来西亚华人捍卫母语教育的原动力。文章探究马来西亚中小学从独立至今，公民教育及历史教科书的设置与沿革，在建立国民意识上的进展，进一步分析及探讨国民意识分歧的原因并提出建议，并对马来西亚华文教育进行展望。

21. 革新开放后越南胡志明市华文学校教学现状的调查——以福中外语中心为个案

作者：黄志媛

来源：广西民族大学硕士学位论文

发表时间：2016 年 6 月

摘要：越南华侨学校的发展已有上百年的历史，随着时代的变迁，昔日的华侨学校，现在只能称为华文中心。得益于 1986 年以来越南革新开放政策的实施以及中越关系的缓和，华文在经过1970年代的沉寂之后，又恢复了教学，并获得不同程度的发展。为了深入了解胡志明市华文教育情况，将福中外语中心作为个案进行调查，采用文献研究、访谈、实地调查等方法，从学校管理、课堂教学等方面对华文学校教学现状进行调查分析，发现胡志明市华文学校在师资、教材、经费等方面仍存在不足，影响了华文学校持续的发展。最后作者对华文学校发展困境的解决提出了建议。

（二）华文教学研究

1. 泰北地区大华语语境下汉语教学发展业态与评估

作者：李志凌

期刊名称：《民族教育研究》

刊期：2016年第1期

摘要：作为汉语国际传播的热点地区之一，泰国境内尤其是北部地区，长期保持着良好的汉语传播条件和发展状态。因此，要注意汉语在当地大华语背景下实现国别化、本地化发展的特点，它直接关联着汉语教学质量及汉语在地方文化建设与社会服务中的作用。与此结合，经过历时考察和对现实业态的调研，更好地发现汉语传播的某些个别性特征，并提出相应的发展建议。

2. 新加坡小学华文写作课堂鹰架教学模式先导研究

作者：周红霞、陈志锐

期刊名称：《国际汉语教育》

刊期：2016年第2期

摘要：由于语言环境的改变，新加坡的华文写作教学正面临着越来越大的挑战。为提高华文写作课堂教与学的成效，该研究以维果斯基的社会文化历史理论和最近发展区为理论基础，参考借鉴实证研究领域中写作课堂的鹰架教学策略，设计出由五个具体教学步骤组成的鹰架教学模式的方法。研究采取抽样的方法，抽取一所政府小学两个三年级班级为研究对象，将此教学模式试用于课堂，进行干预性教学，旨在检测该教学模式在课堂教学中的可行性与有效性。实验收集了实验班与控制班的看图作文前后测、教师访谈和学生访谈数据。统计分析后的研究结果证明，该鹰架教学模式在新加坡的二语华文课堂中具有可行性和有效性，有推广价值。

3. 华人地区的语言教学与教学语言

作者：李如龙

期刊名称：《华文教学与研究》

刊期：2016 年第 2 期

摘要：华语文教育走过漫长的历史，一百年来经过艰苦的转型走上了正道，但还背着沉重的包袱：文言为上、文学为佳、文本为限、文道结合，由于不同的历史文化和语言生活的差异，不同的华人地区也有一些特殊问题。华语文教学语言有方言、通语和双语三种模式，各有利弊。为了更好地为华人社会服务，发展华语文教育，宜求同存异，寻求柔性规范，取长补短，建设和谐多彩的语言生活。

4. 波兰东北部地区汉语教学探究

作者：苏博、赵锦

期刊名称：《课程教育研究》

刊期：2016 年第 32 期

摘要：随着与中东欧国家合作的不断加深，以及“一带一路”倡议的提出，中国与波兰的联系愈发紧密，人员交流日益频繁，波兰对汉语的需求也越来越多。但是波兰汉语教学存在着发展不均衡的现象，尤其是东北部地区，汉语教学发展基本为空白。文章主要探究波兰东北部最大城市比亚韦斯托克的汉语教学情况，并提出建议。

5. 缅甸东枝东华语言与电脑学校汉语拼音教学现状和教学策略分析

作者：易薇

来源：云南大学硕士学位论文

发表时间：2016 年 3 月

摘要：文章采用文献研究法分析总结了拼音教学的相关研究，并以缅甸东枝东华语言与电脑学校的师生为调查对象，采用问卷调查法和访谈法，通过有代表性的阶段调查学生拼音的掌握情况，对该学校从事拼音教学的几位老师进行访谈，全面了解拼音教学的各个方面，对拼音教学中出现的问题进行原因分析，并且提出对缅汉语拼音教学的可行性教学对策。

6. 越南岘港华语教学中心汉语词汇教学中存在的问题及对策

作者：刘扬

来源：广西师范大学硕士学位论文

发表时间：2016 年 4 月

摘要：越南学习汉语的人越来越多，汉语已经成为越南外语学习人数排名第二的语言（仅次于英语）。文章运用文献研究法、对比分析法、课堂观察法、调查法、统计分析法对越南岘港华语教学中心词汇教学过程中的问题展开系统调查和分析。根据对该校汉语词汇教学现状的调查与分析，发现问题，提出相应的教学对策。

7. 印度尼西亚初级汉语教学媒介语使用情况研究——以泗水中文世界华语学院为例

作者：雷亚玲

来源：广东外语外贸大学硕士学位论文

发表时间：2016 年 4 月

摘要：在对外汉语教学中，媒介语的使用问题一直存在争议，也成为很多学者研究的对象。文章以作者在印度尼西亚中文世界华语学院的教学经历为基础，通过调查问卷、课堂录音等方式，对中文世界华语学院的老师和初级阶段的学生就媒介语的使用情况进行调查。探讨印度尼西亚初级汉语课堂中教学媒介语使用的时机、频率、方法和效果，对课堂教学进行录音分析，以探求媒介语的利弊，对媒介语的使用提出较为实用的建议，以追求更好的教学效果。为了调查初级汉语课堂教学媒介语的使用情况，作者开展了问卷调查，并进行统计与分析。

8. 印度尼西亚中文世界学校幼儿汉语综合课教学设计

作者：郑彦南

来源：广东外语外贸大学硕士学位论文

发表时间：2016 年 4 月

摘要：作者于 2015 年 8 月至 10 月，在印度尼西亚泗水市中文世界学校进行为期 2 个月的汉语国际教育实习。调查了学校办学的软硬件环境，观察了两个班的初级汉语综合课教学，发现印度尼西亚华裔儿童口语能力优于书面语，汉字书写能力严重滞后，学习动力不足。在深入分析教材和教学对象后，作者进行了汉语综合课的教学设计。教学设计依据华裔儿童的特点，充分利用教学环境和教具的作用，综合使用了多种教学策略。学生对拼音、生词、短语和课文理解、掌握得较好，课堂气氛热烈。总体来看，基本达到预期教学目标。同时，由于教师教学经验不足，部分课堂教学环节较紧张，未达到预期效果，需要进一步改进和提高。

9. 任务型教学法在印度尼西亚华裔少儿汉语课堂的运用——以泗水中文世界华语学院为例

作者：钟楚红

来源：广东外语外贸大学硕士学位论文

发表时间：2016 年 4 月

摘要：近年来，任务型教学法作为众多教学法之一，受到语言学家以及一线教师的广泛关注。随着研究和实践的不断深入，任务型教学法逐渐进入对外汉语教学课堂。文章概括了任务型教学法在印度尼西亚华裔少儿汉语课堂的实际操作步骤，并结合具体案例分析了任务型教学法的实施情况。在对任务教学法的课堂教学效果进行调查和反思的基础上，作者对任务教学法在印度尼西亚华裔少儿汉语课堂的运用提出建议。

10. 泰国中部地区中学汉语课堂有效教学的调查与研究

作者：李路馨

来源：郑州大学硕士学位论文

发表时间：2016 年 5 月

摘要：文章通过对泰国汉语教学的历史概况及中部地区和 Nongkhayang 中学教学现状的分析，阐述了泰国持续火热的汉语教学在数量上的优势及日益凸显的教学效果低下等问题，并以 Nongkhayang 中学的学生和泰国中部地区其他十所中学的汉语教师志愿者为调查对象，通过问卷调查和追溯式访谈等手段，收集并对比分析了调查结果。按照师生对课堂教学行为的不同看法分为三类进行归纳，从政策影响、文化环境、教师和学生的个人因素等方面总结了泰中地区汉语教学效果不佳的原因。结合得出的结论和实际教学情况，针对教学中突出存在的诸多问题，帮助志愿者教师分析泰国中学生在课堂学习过程中的真实需要，从而提出一系列改善汉语教学效果的措施。

11. 新加坡“乐学善用”教育理念及其在学前华文教学中的应用

作者：曹青

来源：山东大学硕士学位论文

发表时间：2016 年 5 月

摘要：2010 年新加坡教育部针对母语教学进行最新一轮教育改革，提出“乐学善用”母语教育理念。文章以新加坡“乐学善用”理念为研究对象，从课程构建、教学资源研发等方面分析新加坡学前华文教学对“乐学善用”理念的实践，运用第二语言习得等理论和实地观摩等研究方法对南洋理工大学孔子学院学前华文教学进行个案分析与研究，提出“乐学善用”理念在新加坡学前华文教学中的应用建议。

12. 博茨瓦纳大学中文专业课程设置调查与分析

作者：马奕男

来源：上海师范大学硕士学位论文

发表时间：2016 年 5 月

摘要：文章以博茨瓦纳大学中文专业的教学为例，在课程设置相关理论的指导下，通过个别访谈、问卷调查、与其他外语教学比较，对该专业教学情况、教师配置、课程安排等问题做了较深入的调查，并且在此基础上对博茨瓦纳大学中文专业的汉语教学、课程设置等提出建议。

13. 文化认同视野下华文教育中的汉字教学探析——以东南亚为例

作者：李丽影

来源：华侨大学硕士学位论文

发表时间：2016 年 6 月

摘要：华文教育中的汉字教学与一般第二语言的汉字教学有着本质的区别，这种区别主要来源于教学对象的不同。文章以文化认同为视角，探究文化认同视野下如何进行华文教育中的汉字教学。内容包括华文教育中的汉字教学的定义、教学目标和思路、文化认同视野下要处理的几组基本关系、当前汉字教学面临的困境，以及面对这些困境应该采取的对策。在写作方法上，首先通过文献法梳理东南亚华文教育汉字教学的定义、目标和思路、基本关系的处理，其次通过问卷调查法、访谈法，探究当前汉字教学面临的困境，并分析造成这些困境的原因，进而提出相应的汉字教学策略。

（三）华文测试与习得研究

1. 美国沉浸式小学和中文学校学生的中文阅读习得的发展研究

作者：吕婵

期刊名称：《世界汉语教学》

刊期：2016 年第 4 期

摘要：美国的社区中文学校历史悠久且涉及学生人数众多，而主流学校的中文沉浸式项目是目前美国发展形势迅猛的一种中文教学模式，但针对这两类教学模式小学生的中文习得的研究甚少。文章通过纵向研究的方法考察了这两种不同项目中二年级小学生的字词和短文阅读能力在一个学年之内的发展。结果表明，与学年初的表现相比，在学年末沉浸式项目的被试在各项阅读指标上均有显著提高，而中文学校的被试仅在字词朗读速度及较短的短文朗读正确率和流利度上有所提高，在较长的短文朗读上没有变化。沉浸式项目的被试一年之内短文朗读正确率的增长率显著优于中文学校的被试。文章对研究结果进行讨论并强调针对小学生阅读习得研究的重要性。

2. 不同水平的美国汉语学习者在目的语环境中语用能力的发展

作者：杨黎

期刊名称：《语言教学与研究》

刊期：2016 年第 6 期

摘要：文章以美国汉语学习者为研究对象，从感谢言语行为的角度，通过书面语篇补全测试考察了不同水平的汉语学习者在目的语环境中语用能力的发展。研究发现，目的语环境对汉语学习者感谢策略的习得有积极的促进作用，但是高级学习者比初级学习者表现出了更多语用能力方面的进步和发展。

3. 汉语二语习得语篇话语标记使用考察

作者：吉晖

期刊名称：《海南师范大学学报（社会科学版）》

刊期：2016 年第 8 期

摘要：正确理解与准确使用汉语话语标记是汉语学习者语用能力不可缺少的一部分。一般情况下，外国留学生使用话语标记的频率低于母语者；汉语越熟练的学习者使用话语标记的频率越高，并且他们在话语标记的类型使用及功能使用上与母语者没有显著差异。外国留学生身处的社会文化语境成为其最大的语用输入，他们在与目的语群体频繁的社会文化互动中习得话语标记。

4. 泰国越南本土学生汉语学习的客观需求对比研究

作者：赵倩

期刊名称：《大理大学学报》

刊期：2016 年第 9 期

摘要：通过对泰国和越南本土学生的调查发现：本土学生的汉语接触和学习环境、对教师和教材的需求、对教学活动和教学内容的需求都呈现出多元特性。外在的需求受制于客观条件，客观条件受限也会导致需求的降低。泰国学生的汉语学习需求面较越南学生稍广，需求度稍高。受主观和客观条件的影响，本土学生汉语学习的需求呈现出区域化的多元特征，需求广度和需求程度皆受自身的社会背景影响。

5. 柬埔寨华校汉语学习者状语语序偏误分析及对策研究——以禄山华侨学校为例

作者：李子韵

来源：兰州大学硕士学位论文

发表时间：2016 年 4 月

摘要：文章以柬埔寨华校学生的口头表达和书面作业中的状语语序偏误作为研究语料，研究柬埔寨华校学生在学习汉语过程中产生的状语语序偏误，分析偏误产生的原因，探索出一些针对状语语序偏误的教学方法。作者利用在柬埔寨华校实习的机会将这些教学方法付诸实践，在实际教学中不断观察、总结、分析、试验，以达最佳效果。

6. 印度尼西亚华裔学生课外汉语环境对汉语学习的影响——以印度尼西亚泗水崇高基督教学校为例

作者：杨莉

来源：广东外语外贸大学硕士学位论文

发表时间：2016 年 4 月

摘要：语言学习离不开语言环境。在语言学习的过程中，环境是外部条件，它对语言教与学的重要性已经成为人们的共识。在华人众多的印度尼西亚，汉语传播似乎有着比其他地区更多的优势，但汉语教学的实际效果并不十分理想。文章以印度尼西亚华裔学生的汉语环境为研究课题，借助作者在印度尼西亚崇高基督教学校担任汉语教师之便，通过问卷调查和访谈，得到了来自华裔学生学校、家庭和社会汉语环境等三方面的第一手资料和数据。在调查研究的基础上，分析了学校汉语环境、家庭汉语环境以及社会汉语环境对印度尼西亚华裔学生汉语学习造成的影响。最后，在前人理论研究的基础上，结合自身教学经验，针对印度尼西亚华裔学生所处的汉语环境，提出了创设和优化语言环境的建议。

7. 印度尼西亚华裔学生中级汉语写作策略调查研究——以印度尼西亚慈育大学中文系二年级学生为例

作者：张红霞

来源：上海师范大学硕士学位论文

发表时间：2016 年 5 月

摘要：现阶段人们对写作主体的研究还不够，大部分研究的关注点在写作教学，对学习者的研究还比较少。在对外汉语教学界，人们对写作的研究更多地关注于写作教学，而对写作学习的关注比较少。作者对印度尼西亚华裔学生中级汉语写作策略的使用情况进行调查研究，分析华裔学生中级汉语写作策略的调查结果与印度尼西亚慈育大学中文系教师的写作策略推荐等级调查结果之间的一致性和差异性。文章根据调查结果，从教师和印度尼西亚华裔学生两个角度提出了建设性意见。

8. 基于语料库的缅甸华裔汉语学习者常用汉语连词习得研究

作者：李梦娜

来源：云南大学硕士学位论文

发表时间：2016 年 5 月

摘要：在对外汉语教学中，连词对于大多数老师和学生来说都是一个头疼的语法点，学生难懂，教师难教。文章在实地搜集缅甸华裔汉语学习者习作共计 10 万余字的基础之上，以《汉语水平等级标准与语法等级大纲》连词为依据，搜集连词偏误，分析缅甸华裔汉语学习者连词偏误类型和偏误原因。通过对连词的习得研究，探究四种连词习得顺序，找出连词在对外汉语教学中的最佳学习策略，进而提出针对性教学建议。

9. 老挝华文学校学生汉字书写偏误调查与研究

作者：朱少义

来源：鲁东大学硕士学位论文

发表时间：2016 年 6 月

摘要：汉字是汉语的书写符号系统，是第二语言学习者在听说读写中都要接触到的载体。在汉语作为第二语言教学和学习过程中，学习者不仅要学习如何正确地认读汉字，也要学习如何正确规范地书写汉字。就目前的汉字教学在汉语教学中的地位和现实情况来看，其并没有获得充分的重视。文章通过收集整理作者任教学校学生的汉字书写偏误，以偏误分析理论为基础，对语料中出现的偏误汉字进行统计和分析。在此基础之上，从多个角度分析该校学生汉字书写偏误产生的原因，进一步提出减少汉字书写偏误的具体策略。

（四）华文教材研究

1. 可供性理论与汉语国别化教材研发

作者：曾小燕、郑通涛

期刊名称：《国际汉语学报》

刊期：2016 年第 1 期

摘要：可供性是突现于个体与环境的互动关系，与个体的感知能力有关，涉及环境所提供的事物是个体可以利用的。人与环境的互动关系实际上是一种知识体系的转移。文章从可供性理论的视角，基于语言、人和环境三者的互动关系，对汉语国别化教材的内涵加以补充。国别化教材编写中的可供性因素具有复杂动态特征和非线性涌现特征，可供性理论对汉语国别化教材编写的启示有：结合两国的双向要素、结合学习者的认知特点、融入学习者的学习行为特点、结合汉语作为第二语言的教学法、实时更新教材内容。

2. 印度尼西亚高中华语教材的语音编排分析——以 8 套教材为例

作者：刘美丽

期刊名称：《国际汉语教育》

刊期：2016 年第 2 期

摘要：文章选取印度尼西亚高中使用广泛的 8 套华语教材，对其语音教学部分进行研究，认为当前印度尼西亚高中教材的语音部分国别化程度偏低，大多数教材在教学时间安排、语音项目的选取上不合理，教学顺序大多没有基于语言学研究成果予以针对性调整，语音部分的注释也没有考虑到印度尼西亚学生的华语习得规律，对当前的研究成果也没有予以充分应用。在 8 套教材语音教学考察的基础上，文章给出了教材编写的相关建议。

3. 汉语教材编写的两个问题

作者：李晓琪

期刊名称：《华文教学与研究》

刊期：2016 年第 3 期

摘要：文章从理论和实践两个方面讨论了有关汉语教材编写的两个问题，认为：

教材编写与汉语作为第二语言、汉语作为外语教学法理论关系密切。在一定教学法理论指导下编写出的教材有其鲜明的特色与生命力，能起到事半功倍的教学效果；教学大纲是教材编写的重要依据，在与教学目标与教学对象密切相关的教学大纲指导下编写的教材一定是脚踏实地的、受欢迎的教材。

4. 马来西亚华语教材句型分析——以《一年级华文》为例

作者：步延新

期刊名称：《云南师范大学学报（对外汉语教学与研究版）》

刊期：2016 年第 3 期

摘要：文章对马来西亚教育部颁发的两种小学华语教学标准进行了分析与对比，重点讨论了其教材课文中使用句型呈现出来的不同特点，认为非汉语环境下的华语教学与汉语环境下的语文教学具有较大的语言环境差异；非汉语环境下华语教学教材课文句型的设计与编排特点在一定程度更重视句型，教材中每一课的各个组成部分都是对课文重点句型的操练或补充，充分体现了非母语环境下华语教学的一大特色。

5. 意大利国别化汉语教材中的文化因素研究——以《当代中文》和《意大利人学汉语》为例

作者：王杰

期刊名称：《云南师范大学学报（对外汉语教学与研究版）》

刊期：2016 年第 5 期

摘要：文章就意大利高中学生使用的《当代中文》（意大利语版）和《意大利人学汉语》中的文化内容做了统计梳理，并对学生及其汉语教师做了相关的调查和访谈，总结了两部教材在文化内容选取和处理上的特点：《当代中文》（意大利语版）文化词汇地道、文化内容与时俱进，但是文化内容选取和场景设置对意大利高中学生来说针对性不足；《意大利人学汉语》中有意大利本土文化和中意文化的对比，文化内容选取和场景设置适合意大利高中生使用，但有些文化词汇不地道。在此基础上，文章对意大利国别化汉语教材的编写提出了建议。

6. 东南亚华文教材使用状况调查及当地化探讨

作者：李小凤

期刊名称：《海外华文教育》

刊期：2016 年第 5 期

摘要：文章是以暨南大学华文学院 45 名华文教育专业本科学生毕业论文中有关

东南亚8国29个城市或地区华文教材的调查数据为基础，通过分析、研究而得出的一份综合研究报告。主要内容有两大方面：（1）东南亚华文教材使用状况，包括使用率较高的教材、教材出版份额分析、自编及合作编写情况等；（2）东南亚华文教材面临的问题及当地化探讨。报告以详实的数据为基础，针对东南亚华文教材的发展作出预测和建议，为华文教材的编写、出版、发行提供参考和借鉴。

7. 论越南本土统编汉语教材的语法偏误问题与对策

作者：吴思聪

期刊名称：《云南师范大学学报》（对外汉语教学与研究版）

刊期：2016年6月

摘要：文章以越南教育培训部组织编写的越南第一套本土初中教材《汉语》的语法偏误为研究对象，经过深入考察发现：（1）遗漏和误加偏误中，主语/主题的遗漏偏误和主语误加偏误比较集中；（2）虚词的遗漏偏误和误加偏误中，体态助词“了”的遗漏和误加比较集中；（3）误代偏误主要是同义词或近义词之间和共享结构成分的词语之间的误代。文章还根据考察结果提出解决越南本土汉语教材语法偏误问题的对策和建议。

8. 华文教材《汉语》成语收录情况研究

作者：何洪霞、邱月清

期刊名称：《沈阳大学学报》（社会科学版）

刊期：2016年第6期

摘要：全面考察华文教材《汉语》的成语收录情况，将其与《新汉语水平考试大纲》进行对比，认为华文教材《汉语》成语选取与《新汉语水平考试大纲》差距较大，教材中成语复现量较少，复现率较低。文章提出完善相关词表的成语收录标准、提高对外汉语教材选词与《新汉语水平考试大纲》词表的匹配度、增加对外汉语教材成语复现率等具体改进建议。

9.《小学华文》在印度尼西亚补习学校的使用情况考察——以中文世界补习学校为例

作者：李世歌

来源：广东外语外贸大学硕士学位论文

发表时间：2016年4月

摘要：随着中国经济发展，印度尼西亚学习汉语和了解中国文化的热潮正处于蓬勃发展之势，各种中文补习性质的机构和学校应运而生。国内外针对印度尼西亚补习学校使用《小学华文》情况的研究较少。作者在印度尼西亚泗水中文世界补习学校实习期间，调查该校课堂存在的问题，以该校使用《小学华文》课本的学生为研究对象，具体调查结合补习学校学生的中文学习状况，对汉语课堂进行相关实践与调研，并对中文世界补习学校使用《小学华文》提出具体教学建议。

10.《轻松学中文》教材评估及其使用情况调查——以秘鲁皮乌拉太阳谷中学为例

作者：肖明慧

来源：广东外语外贸大学硕士学位论文

发表时间：2016 年 4 月

摘要：教材是对外汉语教学的基础和依据，是教学大纲实施的保证，在很大程度上影响着教学质量和教学效果。《轻松学中文》是一套为国外中小学生设计的汉语基础教材，在南美洲使用广泛。作者根据现有的国内外教材评估理论及评估标准，对此套教材的第一、二、三册进行评估。作者调查了秘鲁皮乌拉太阳谷中学该教材的使用情况。调查结果表明，该教材适用于中小学汉语初学者，调查对象对教材整体较为满意，但也存在词汇翻译不够准确、课文趣味性不足等问题。作者就加强国别化教材和文化教材的编写提出建议和对策。

11. 柬埔寨华校中学教材《华文》适用性分析及应对策略研究

作者：张倩

来源：广东外语外贸大学硕士学位论文

发表时间：2016 年 4 月

摘要：随着中国经济的飞速发展，汉语教学在众多国家呈现良好的发展势头，柬埔寨的华文教育也进入飞速发展的时期。文章以《华文》在柬埔寨华校的使用情况为出发点，以问题为导向，遵循“发现问题 - 分析问题 - 解决问题”的研究思路，首先梳理柬埔寨华文教育及华文学校的历史、现状和特点，并分析中学教材《华文》的文本；然后以中学教材为主要研究对象，对教师和学生进行有关教材适用性的问卷调查和访谈，从教师和学生两个角度分析教材的适用性；最后根据教材适用性分析结果从华校如何选择和编写第二语言教材、教师如何调整教学内容、学生如何更好地使用教材这三个方面提出相应的应对策略。

12. 柬埔寨华校小学教材《华文》研究——以金边公立崇正学校为例

作者：王芳

来源：鲁东大学硕士学位论文

发表时间：2016 年 4 月

摘要：柬埔寨华文教育发展历史相对较长，也有比较完整的教学系统，但是一直以来却没有统一的汉语教学大纲，教材相对也比较单一。文章以作者所在的桔井省为例，通过对桔井省 4 所华校师生的问卷调查与研究发现，华文教育存在的问题有很多，而其中出现的最大问题当属教材问题，当地师生普遍反映教材生词过多、课文内容晦涩难懂、课文与现实脱节等问题。因此，文章旨在通过对柬埔寨小学教材《华文》的分析，探讨其优点和缺点，并结合小学生学习的特点，提出教材编写的意见。

13. 马来西亚华语教材《华语入门》字词选编研究

作者：李璘

来源：华中师范大学博士学位论文

发表时间：2016 年 5 月

摘要：华语作为第二语言教学在国立大学萌芽于 20 世纪 70 年代初，始于马来亚大学和国民大学，规模小，学生人数不多。发展至今，马来西亚的 20 所国立大学均已开设华语课程。不论是政府单位抑或私立机构的语言教学，都需要优质且适用于本土的语言教材。文章以玛拉工艺大学华语课程所使用的教材《华语入门》第 1 至 3 册为研究对象，借此深入考察该教材字词选编的合宜性，总结归纳马来西亚华语作为第二语言教材字词选编需要考虑的事项。该研究先为研究对象和参照对象建立语料库，然后使用 Sketch Engine 进行分词并给予人工干预，最后使用 HZ_Freq 和 Excel 对所有字词进行统计与比对。主要统计研究对象的字量和字频、词量和词频、汉字和词语的复现与分布；比对研究对象和参照对象的字种和词种。另外，还进行了汉字构词数的统计。

14. 云端华文数字教材的学习工具分析——以新加坡《小学华文》数字教材为例

作者：洪骞

来源：暨南大学硕士学位论文

发表时间：2016 年 5 月

摘要：云端数字教材是一种包含“教材内容 + 教学活动 + 学习工具”的新型教学资源，学习工具是数字教材不可缺少的关键要素之一。文章立足移动互联网时代下华文数字教材及数字化学习工具的发展现状与趋势，结合相关学习理论和华文学习规律，从结构要素、呈现形式以及服务功能三个角度分析华文数字教材学习工具的知识表达、人机交互以及用户体验，并对数字教材学习工具用户体验进行问卷调查，提出数字教材学习工具的改进建议。

15. 海外华文初中教材写作练习设计分析

作者：卢艳

来源：暨南大学硕士学位论文

发表时间：2016 年 5 月

摘要：写作练习是训练学生写作能力的方式，也是教材练习的重要组成部分。文章以《中文》《汉语》《马来西亚华文独中初中教科书·华文》《菲律宾华语课本》（含其写作分册）4 套海外华文初中教材的写作练习为研究对象，采用理论法、定量分析法、对比分析法和抽样分析法，对它们的题型、题量和分布进行对比分析，发现问题，并针对问题提出海外华文初中教材写作练习设计的建议。

16. 《初级华文》编写研究

作者：周海莎

来源：暨南大学硕士学位论文

发表时间：2016 年 5 月

摘要：教材的编写是否具有针对性和科学性，会直接影响到教学效果。文章以 2015 年在暨南大学华文学院试用的华裔教材《初级华文》为研究对象，从字词、功能项目、话题、文化项目几个方面探讨它的编写特色，并结合调查结果，分析教材在这几个方面的选择编排是否合理科学，是否适合华裔学习者使用，进而针对教材存在的问题提出相应的意见与建议。

17. 海外华文教材课文研究——以初中版《中文》《汉语》为例

作者：王丹阳

来源：暨南大学硕士学位论文

发表时间：2016 年 5 月

摘要：文章以初中版《中文》《汉语》两套海外华文教材为研究对象，采用定量统计、对比分析等方法，对两套教材课文题材、体裁、文本长度、生词、语法项目的选编进行对比，探讨它们在这些项目选编上的优点和不足，提出海外华文教材课文选编的具体建议。

18. 马来幼儿汉语教材特点分析——《乐乐语文列车华文课本》(1－4) 为例

作者：诺苏哈娜

来源：北京外国语大学硕士学位论文

发表时间：2016 年 6 月

摘要：在全球汉语热的背景下，马来西亚非华裔学习华语的人数也日益增加，开办汉语课程的学校如雨后春笋般涌现。马来西亚华文教育体系明确规定，非华裔如果要上华文小学，首先要入华文幼儿园学习。华文幼儿园的汉语教学需要针对幼儿二语习得的特点而进行，同时也需要有相应的适合幼儿汉语教学的教材。然而，目前在马来西亚，专门针对幼儿的汉语教材还不多，相关研究也比较缺乏。文章以《乐乐语文列车华文课本》这套幼儿汉语教材为分析对象，对其特点进行较为详细具体的分析，并结合自己的教材使用体会，指出教材的优劣所在。在此基础上，提出对这套教材进一步修改的建议，同时也对国别幼儿汉语教材的编写提出一些初步思考。

19. 《成功之路》与《中文课本》中泰初级汉语综合教材比较研究

作者：刘玉屏

来源：四川师范大学硕士学位论文

发表时间：2016 年 6 月

摘要：初级综合课是汉语教学的核心课程，其目的主要是为了培养初级阶段学习者的综合应用能力。教材是教学的基础之一，也是影响教学效果的重要因素。文章对比研究了《成功之路》和《中文课本》在语音教学、词汇教学、语法教学、汉字教学等教学设计方面的异同点以及课文设计对比、练习设计对比、文化教学项目对比等方面的异同点，并通过设计问卷调查、分析调查结果，了解使用者对这两套教材的看法。最后，总结两部教材在编写上的得失，提出编写泰国汉语教学初级综合教材的思考及建议。

20. 柬埔寨华校小学教材练习设计考察分析——以《华文》为例

作者：秦柳青

来源：云南师范大学硕士学位论文

发表时间：2016 年 6 月

摘要：中国的发展，中柬交流合作的加强，使柬埔寨学习汉语的热潮再次掀起。作为课堂教学主要依据的教材，对教学质量好坏有着很大影响，因此有一部适合当地华校的教材对提高整体教学质量至关重要。文章以柬埔寨华校中运用最广泛的小学教材《华文》为研究对象，综合考察教材中的练习设计和编排，以教材编写理论为基础，结合相关教育理论进行分析，配合教材使用群体的调查与访谈，将理论分析与实证考察相结合，提出小学《华文》教材在教学设计与编排方面存在的问题，对构成教材的各要素进行统计分析，探讨练习题量、形式、内容等对语言教学的不同作用。

21. 两岸初级教材《新版实用视听华语》和《汉语教程》中文化词语的对比研究

作者：季明燕

来源：鲁东大学硕士学位论文

发表时间：2016 年 6 月

摘要：对外汉语教材是外国人学习汉语和了解中国文化的重要途径，教材的质量对他们的汉语学习有重要的影响。文章从海峡两岸各选取了一套比较有代表性的汉语教材，分别是《新版实用视听华语》和《汉语教程》，对这两本教材中的文化词语进行了具体的对比，包括：课文中文化词语数量、类型、分布、排名等的对比，练习中文化词语重复率的对比，与《词汇等级大纲》中的文化词语的对比，并且通过这些详细的对比，找出教材中文化词语编写的许多问题。在此基础上，写出《汉语教程》中的一篇课文的优化模式，以推动教材编写的完善与优化。

22. 越南学生汉越词典使用情况调查研究——以胡志明市国家大学所属人文社科大学中文系学生为例

作者：杜氏清顺

来源：广西民族大学硕士学位论文

发表时间：2016 年 6 月

摘要：随着全世界掀起汉语热，学习汉语的越南学生越来越多。在学习汉语过程中，汉越词典一直陪伴学习者，成为他们的好帮手。目前，词典使用的研究已经逐渐发展，但研究对象主要集中在国外的学习者以及研究汉语词典的应用性，而针对越南学生汉越词典使用情况的研究则较为缺乏。因此，这一方面的研究需求十分迫切。该研究主要目的是为了帮助越南学生、对外汉语教师、汉越词典编纂者和出版社能够了解目前越南学生汉越词典使用的实际情况，从而对汉越词典有正确的看法和态度。文章对国内外典型汉越词典作了简单介绍，并分析了这些词典的特点。同时，通过问卷调查，分析学生使用汉越词典的情况，总结、归纳出学生使用汉越词典的特征以及学生使用词典时存在的问题。

23. 华文教育中华文化常用词表的研制

作者：马琳娜

来源：华侨大学硕士学位论文

发表时间：2016 年 6 月

摘要：词汇系统在语言系统中有着非常重要的价值，而汉语词汇中的文化词语包含着丰富的中华文化内容，是呈现中华文化的重要载体之一。研制面向华文教育的文化常用词汇表对华文教育的发展有着重要的指导意义。文章在相关理论指导的基础上，对文化词语进行一定的概念界定，并以此为标准，选择合适的词库来源，依照一定的原则提取文化词汇，并将提取到的文化词在北京语言大学 BCC 汉语语料库中进行频次检验，排除低频词，确定最终的文化词表的范围。词表基本定型后参考频率因素和文化现象类型等对文化词进行分级。

（五）华文教师发展研究

1. 从职业化到专业化——印度尼西亚本土华语师资培育路径

作者：汪敏锋

期刊名称：《福建师范大学学报》（哲学社会科学版）

刊期：2016 年第 1 期

摘要：印度尼西亚本土华语师资专业化是一个动态的发展过程。根据印度尼西亚本土华语师资的历史和现状，应区分职业与专业两个概念，一方面要着眼于职业化，深化在职华语教师的培训，根据经验学习周期，突出认知规律，强调培训对在职华语教师认知层面的作用，将培训效果有效地落实在教学行为目标上；另一方面要加强新生代本土华语师资的培养，在构建有效的管理体系的基础上，将非定向型培养体系和定向型培养体系结合起来，实现新生代本土华语教师的学历化和专业化。

2. 越南高校汉语师资现状分析

作者：阮文清、曾小燕

期刊名称：《华文教学与研究》

刊期：2016 年 3 月

摘要：立足于宏观与微观的视角，从教师的基本信息（包括年龄、性别、数量和学历）、高校相关政策制度（包括教师的工作时间、科研要求和薪酬待遇）、教育部对高校开设汉语专业点的相关政策（包括开设专、本、硕、博汉语专业点的规定）三个方面，对越南高校汉语教师的现状进行调查分析。作者总结了 8 种越南高校师资存在的问题，并为改善高校汉语教师的现状提出相应的解决建议。

3. 赴泰汉语教师志愿者的条件性知识及其表现分析

作者：冯丽萍

期刊名称：《民族教育研究》

刊期：2016 年第 4 期

摘要：文章以泰国中学生的汉语学习兴趣与难点、对教材的评价为例，采用问卷、访谈、观察的方法收集材料，对赴泰汉语教师志愿者的条件性知识进行了分析，发现：志愿者教师大多具有关注学习者的意识，但是对学生的汉语学习兴趣和难点存在一定的误判；教师的条件性知识是区分优秀和普通志愿者的特征之一，两种志愿者都具有关注学习者的意识，但优秀志愿者教师更多地关注学生在汉语学习中的成就感和个体差异，其方法和策略更加多样、有效。

4. 基于学生需求视角下的国别化汉语教师培养探索——以匈牙利为例

作者：张志远

期刊名称：《教师教育论坛》

刊期：2016 年第 11 期

摘要：汉语教师培训国别化问题是在分析国别化汉语教师培养的必要性、培训现状及调查匈牙利汉语学习者对教师综合素质需求的基础上提出来的。进行基于学生需求视角下的国别化汉语教师培养探索，文章从高校和国家汉办两个角度为国别化汉语教师的培养提出了四点建议。

5. 马来西亚独中华文教师职业倦怠与教学效能感的调查研究

作者：陈素琴

来源：华东师范大学硕士学位论文

发表时间：2016 年 5 月

摘要：近年来有关教师职业倦怠和教学效能感的课题一直是研究热点之一，但是缺少有关马来西亚独中华文教师的职业倦怠和教学效能感方面的研究。因此，该研究采用问卷调查的方式，调查研究马来西亚独中华文教师职业倦怠与教学效能感的现状，分析影响华文教师职业倦怠的因素，探讨华文教师职业倦怠与其教学效能感之间的关系，并为缓解华文教师的职业倦怠现象和提升华文教师教学效能感给予建议。

6. 蒙古国私立中文学校师资现状调查研究——以乌兰巴托市 10 所私立中文学校为例

作者：严佳

来源：山东大学硕士学位论文

发表时间：2016 年 5 月

摘要：近年来，蒙古国的汉语教育迅速发展。在蒙古国，私立中文学校是汉语教育的主力军，据统计，蒙古国有 3804 名少年儿童在学习汉语，其中约 3200 名少年儿童在私立中文学校学习汉语，占学习汉语少年儿童人数的 84%，并且私立中文学校汉语教学的质量与完备性高于公立学校。因此，对蒙古国私立中文学校汉语师资的研究是推动蒙古国汉语教育发展的重点。因此，文章对能够代表蒙古国私立中文学校师资整体状况的 10 所乌兰巴托市私立中文学校的师资状况进行深入探究，对私立中文学校汉语师资来源与构成、汉语教师对工作现状的评价以及校方对汉语教师的评价进行调查与分析，并针对存在的问题提出改进思路与建议。

7. 华文教育师范生培养方案实证研究——以华侨大学为个案

作者：周东杰

来源：华侨大学硕士学位论文

发表时间：2016 年 6 月

摘要：华文教育事业的大发展对华文教师提出了更高的要求，而高素质的华文教师依赖于有效的职前培养，对华文教师进行更为系统的职前学历化教育已经成为必然趋势，因此关于华文教育师范生培养的研究就显得非常紧迫和有必要。文章应用教师专业发展理论和相关课程理论，采用个案研究法，以华侨大学华文教育师范生培养方案为例，通过实证的方法，对其培养方案的四个层面展开研究，这四个层面分别是：培养方案是什么、如何培养、培养的反馈如何、培养方案存在的问题及建议。

8. 泰国华文学校汉语教师课堂管理行为研究——以佛丕府光中公学为例

作者：梁员萍

来源：广西大学硕士学位论文

发表时间：2016 年 6 月

摘要：近年来，随着赴泰汉语教师志愿者人数的不断增加，越来越多的志愿者反映在泰国课堂管理方面存在很大的困难，但关于泰国华文学校汉语教师课堂管理的研究学术界关注的并不多。作者选取泰国西部华文学校佛丕府光中公学四种教师来源的课堂，对其课堂管理行为进行教学视频的录制，并将其编写成案例，进行分析，然后通过学生问卷调查和教师访谈的研究方法，发现国务院侨办外派汉语教师、汉办汉语教师志愿者、本土经验型汉语教师和本土新手汉语教师在课堂管理的四大主要内容中存在各自的问题。因此，文章在借鉴国内外课堂有效管理策略的基础上，结合泰国华文学校课堂管理的方法以及对光中公学教师调查的结果，提出五点教学管理的策略。

（六）跨文化传播及华文传媒研究

1. 秘鲁第三代华裔的价值观与土生性质

作者：帕德利西亚·卡斯特罗·奥万多、蓝博

期刊名称：《江苏师范大学学报》（哲学社会科学版）

刊期：2016 年第 2 期

摘要：该研究所指的秘鲁华裔群体包括第三代（或第四代）土生者，以及 1980 年以后在秘鲁出生的土生者。受时空影响，土生者与其中国之根（祖辈或曾祖辈）的联系几近断裂，但中国遗传在他们身上不仅得到了继承，甚至还得到了加强。这主要有两个因素所致，包括外部原因和内部原因。在秘鲁华裔家庭中，中国价值观延续了 160 多年，历经时空而不变并得到历次华人移民潮的巩固。基于对家庭的回忆，土生年轻人赞同他们从家庭获得的对自己成长具有决定性作用的一些价值观，源自他们的中国人遗传。在第三代和第四代土生者的观念中，传承自中国的因素主要有教育、金钱和家庭观念。这些中国遗产在土生者身上根深蒂固，而其他中国传统和联系则大部分不复存在。土生性质中较为明显的特征还有：对中国血统感到自豪、对当代中国特别关注、主动与中国和中国文化重建联系等。

2. 印度尼西亚华裔新生代的族群认同、族群关系及对华认知

作者：胡安琪、代帆

期刊名称：《东南亚纵横》

刊期：2016 年第 4 期

摘要：文章基于在印度尼西亚和中国的问卷调查，旨在考察印度尼西亚华裔新生代的族群认同、族群关系及对华认知。研究发现，印度尼西亚华裔新生代在政治上已

经完全效忠当地，但在文化上，他们对祖籍国仍有一定的情感向往，并保留着一定程度的中华文化的烙印。在族群关系上，印度尼西亚华人与本土族群的隔阂仍然存在，本土族群对华人的政治效忠仍然持怀疑态度。不过，经过印度尼西亚政府十多年来的积极改善，华人与当地族群的关系将朝着良好的方向发展。整体而言，印度尼西亚华裔新生代对中国有较为积极的认知，对中国文化和语言有较强的求知欲。此外，是否有到过中国的经历也影响着他们对中国的认知程度。

3. 东南亚华人身份认同变化对汉语传播的影响及前瞻

作者：韩晓明

期刊名称：《语言文字应用》

刊期：2016 年第 4 期

摘要：人的身份认同会影响语言选择，从而影响语言的保持和传播。东南亚的汉语传播随着华人移民产生和发展，也随着华人身份认同的变化发生转变。在汉语国际传播的新形势下，有必要重新审视华人移民对东南亚汉语传播的影响，把握华人身份认同的变化趋势，充分利用华人资源，构建星状传播模式。

4. 东南亚各国政策对汉语传播影响的历时国别比较研究

作者：吴应辉、何洪霞

期刊名称：《语言文字应用》

刊期：2016 年第 4 期

摘要：对 20 世纪以来东南亚国家汉语传播发展历程进行国别比较研究后发现，东南亚多数国家华文教育发展轨迹都经历了三起两落，呈现出波段共振性，同时又具有明显的国别差异性；20 世纪华语华文在东南亚各国传播中遭受打压的相似历史告诉我们，汉语国际传播应避免意识形态冲突，海外华人华侨的语言文化传承应在所在国法律法规允许的范围内进行；国家政策是语言传播的重要决定因素之一，往往受国际政治经济及国家间外交关系的影响。因此，中国应将推动语言文化国际合作交流纳入国家外交工作，推动签署语言文化国际交流协定，建立需求导向的东南亚汉语传播服务体系，以促进汉语和中华文化国际传播，提升中国软实力。

5. 中国现当代文学作品在马来西亚华文教育中的传播

作者：荀忱忱

来源：浙江师范大学硕士学位论文

发表时间：2016 年 5 月

摘要：马来西亚华人是海外华人非常重要的族群之一，马来西亚华人文化，也随着时间的脚步逐渐积累深厚。特别是马来西亚华人建立的独立的华文教育系统，倍受海内外关注。文章考察马来西亚华文独中华文课本选取的中国现当代文学作品，并结合中国人民教教育出版社、江苏教育出版社出版的中学语文课本中的重复选文做相关研究分析，根据其华文教育目标、重点，分析其传播的主要内容和侧重点，对其传播的现状做分析评价。

（七）海外华语特点与使用现状研究

1. 东南亚华人的语言使用特征及其发展趋势

作者：郭熙、李春风

期刊名称：《双语教育研究》

刊期：2016 年第 2 期

摘要：近年来，东南亚的华人华侨比例有所下降，海外华人也正在形成新的分布格局。这种变化对东南亚华人的语言使用产生了一定的影响。文章希望通过调查来认识东南亚华人语言使用情况的总体特征，对其进行成因分析和趋势预测，并就寻找经济、有效的华语教学和传播途径，为华人后代自然习得母语进行初步的思考，也希望这些思考能对中国国内的双语教育有所启发。

2. 印度尼西亚棉兰华裔青少年语言使用状况调查

作者：郑军

期刊名称：《海外华文教育》

刊期：2016 年第 4 期

摘要：文章运用社会语言学的方法，对印度尼西亚棉兰华裔青少年的语言使用状况进行了调查分析。研究发现，随着华语在印度尼西亚棉兰的传播，印度尼西亚华裔青少年华语使用低势走升，但汉语方言的使用并没有出现明显的衰弱现象，并将在一段时间内仍保持强劲势头。

3. 东南亚特色华语词汇的区域和国别比较研究

作者：宋飞

期刊名称：《语言文字应用》

刊期：2016 年第 4 期

摘要：文章基于《全球华语词典》建立数据库，界定并提取出东南亚特色华语词 2734 个、东南亚特有华语词 1183 个、东南亚各国特有华语词 691 个以及同形异义词 174 个，从词类、词长、语言接触三个维度对前三类词进行量化的比较研究。此外，基于向量空间模型，以算法实现了东南亚华语词汇区的划分，划分结果显示，词汇分区和地理分区存在显著差别。

4. 认同转向之下菲律宾华人家庭民族语言文字使用研究——基于 500 多名新生代华裔的调查分析

作者：沈玲

期刊名称：《华侨华人历史研究》

刊期：2016 年第 4 期

摘要：论文结合对 500 多名菲律宾新生代华裔的问卷调查，对华人家庭成员几种主要语言文字的掌握程度、使用现状和华人家庭三代人民族语言文字使用现状及其形成原因进行分析阐述。文章认为，菲律宾华人家庭各成员普遍具备多语种的听说读写能力。菲律宾华人家庭中仍有包括汉语方言在内的语言环境，不过，家庭成员间的日常交际用语和家庭成员对外的主要用语、民族文字应用与阅读喜好等方面略有不同。大多数华人家庭中都能较为熟练地运用菲律宾语和英语进行交际，这表明他们与菲律宾主流社会、英语社会的语言交流障碍已基本去除。菲律宾政府各时期对华文教育的不同政策导致了华人家庭三代人不同的民族语言文字掌握与使用水平。新生代华裔在本民族语言传承方面较为坚持，只是他们的民族语言文字水平在未来有很大的提升空间，这一群体对民族语言文字的掌握情况不容乐观。

5. 泰国华语与汉语普通话书面语差异研究

作者：秀莲（ChanichaKidprasert）

来源：黑龙江大学博士学位论文

发表时间：2016 年 3 月

摘要：泰国华语是现代汉语在海外的变体。文章以泰国华语书面语为研究对象，在社会语言学变异理论的视角下，力求探讨泰国华语与普通话的各种差异以及形成差异的原因。研究从大量泰国华文报纸和华文网络媒体中选取与普通话有差异的语料，形成一定规模的语料库，再从词汇、语法和风格三大方面，将泰国华语与普通话进行比较。

6. 泰国中东部地区华裔青少年汉语使用情况的调查与分析

作者：袁婉秋

来源：郑州大学硕士学位论文

发表时间：2016 年 4 月

摘要：泰国作为“海上丝绸之路”的重要节点国家，需要大量能够和中国沟通交流的人才。泰国华裔青少年有着先天的身份优势，要了解他们汉语的使用情况，对这一群体进行相关的调查和分析是很有必要的。然而，仅仅调查语言使用情况是不够的，还要全面了解制约他们语言使用的语言态度和语言能力的情况。身份认同是影响语言态度的一个重要的方面，作者在调查中发现，由于长期受泰国社会自然同化的影响，泰国华裔青少年的华人身份认同普遍较低，再加上家庭、学校、社会的汉语环境并不十分理想，因此汉语使用情况一般。作者还从汉语推广的角度，从家庭、学校和社会三个方面，为改善泰国华裔青少年汉语使用环境、引导他们更好地学习汉语提出具体的建议。

7. 海外中学生汉语文化综合水平调查分析——以第八届“汉语桥”世界中学生中文比赛为例

作者：李懋

来源：云南师范大学大学硕士学位论文

发表时间：2016 年 5 月

摘要：文章以 2015 年举办的第八届“汉语桥”世界中学生参赛选手为考察对象，选取该大赛笔试测试成绩作为调查内容，从测试试题构成的听力技能、语法知识、中国国情、中华文化四个方面进行调查统计，每部分内容进一步从试题构成情况、洲际国别以及选手成绩三个角度作进一步的对比分析，以此了解各测试模块的难易程度和答题情况，据此反映并掌握洲际间、国家间、选手间的水平差异，进而从海外中学生汉语文化综合水平和“汉语桥”世界中学生中文比赛两方面提出提升对策和改进措施。

8. 胡志明市的华人语言使用情况调查分析——以第五郡 10 坊和第十一郡 8 坊为例

作者：阮氏贤

来源：广西大学硕士学位论文

发表时间：2016 年 5 月

摘要：汉语在现代越南经济、社会和文化中都有着重要的地位，被称为“第二大外语”。胡志明市是越南南方经济、文化、科技、旅游和国际贸易的中心。该研究对胡志明市华人汉语使用情况进行研究，其目的是通过在越华人汉语使用情况的研究，探索影响华人汉语使用情况的因素，探寻目前越南华人对汉语的态度以及对汉语的传承情况，使更多的越南华人进一步重视汉语的学习与使用，也对在学习和使用汉语时可能出现的问题提前做出预测，使得越南华人能够把汉语更好地传承下去。

9. 基于书面语料的马来西亚华语特色词语研究

作者：程浩兵

来源：暨南大学硕士学位论文

发表时间：2016 年 5 月

摘要：当前，华语研究的主要任务之一就是对各区域华语特征的研究。与现代汉语普通话相比，区域华语的一个明显特征就是拥有大量的特色词语。文章以马来西亚华文新闻语料为基础，对前人已经研究过的一些马来西亚华语词语进行重新考察；对前人疏于研究的一些马来西亚华语词语进行列举和分析；在对词语进行归类之后，总结出四个特征，并从语言、社会、文化三者之间的关系分析产生以上特征的原因。在普通话与马来西亚华语词语的协调问题上，作者主张应把现代汉语普通话作为全球华语的主体，基于此，提出四点协调原则和五种协调方法，并对特色词语在华文教学中的处理方法提出建议。

三　著作选介

1.《对外汉语教材开发与研究纵览》

编者：刘冬青

出版社：华语教学出版社

出版时间：2016 年 1 月

内容摘要：该书分为上、中、下三篇共 16 章，系统阐述了对外汉语教材、理论以及技能类教材和专门用途教材的历史与现状，各个部分具有较好的逻辑联系，对于对外汉语研究者的理论创新、对外汉语教学者的教材选择和教材使用方法的科学规范，具有理论指导意义。

2.《汉语国际教育跨文化交流理论与实践》

编者：亓华

出版社：北京师范大学出版社

出版时间：2016 年 3 月

内容摘要：该书从教学实际出发，对汉语国际教学中外国学生对中国社会文化的解读与误解进行剖析与疏解；从汉语语用功能及交际策略的角度，对外国学生的跨文化语用失误以及一些文化冲突，进行阐述与分析。

3.《国际汉语教师非言语行为与规范》

编者：亓华、陈振艳

出版社：北京师范大学出版社

出版时间：2016 年 4 月

内容摘要：该书通过对北京师范大学汉语文化学院 60 位会话课教师的实况录像，不仅记录下对外汉语课堂上出现较多、具有典型性和认识模糊性的教师非言语交际行为，还针对教师课堂体态行为、服饰仪表形象、副言语和环境语的种种表现，进行问卷调查。该书首先研究目前对外汉语教师课堂非言语行为的使用现状，再运用社会学统计方法获取数据验证与支撑，进而依据中国教育学科有关教师形象塑造以及人际交往、体态仪表的行为规范，兼顾不同国家留学生的特殊要求，为汉语国际教师制定了一套课堂非言语行为的规范和标准。

4.《面向中亚留学生的汉语国际教育研究》

编者：刘宏宇

出版社：社会科学文献出版社

出版时间：2016 年 4 月

内容摘要：该书基于大量的第一手教学、管理材料，对就读新疆高校的中亚留学生群体的汉语学习情况进行多维度、多视角研究，就面向中亚留学生群体的汉语国际教育提出有针对性的策略。

5.《对外汉语教学论丛》（第三辑）

编者：刘荣

出版社：四川大学出版社

出版时间：2016 年 4 月

内容摘要：该书是对外国人进行中文教学的论文集。作者是四川大学海外教育学院从事一线教学的教师们。论文集论文涉及对外汉语教学宏观理论、对外汉语教学法、对外汉语语法研究等方面，在当今全球汉语热中，为汉语国际推广工作、汉语研究提供了新角度、新思考。

6.《近代来华传教士汉语教材研究》

编者：王澧华、吴颖

出版社：广西师范大学出版社

出版时间：2016 年 5 月

内容摘要：该书主要围绕 19 世纪来华传教士的汉语研究展开。选取马礼逊等 14 名著名传教士汉学家的汉语教材，从第二语言教学、西方人自编汉语教材的视角，做专人专书研究。主要内容包括马礼逊《通用汉言之法》研究、麦都思《汉英对话、问答与例句》研究、艾约瑟《汉语官话口语语法》中的语音研究、窦乐安《汉语语法自学》研究和鲍康宁《日日新》研究等。

7.《对外汉语教学与研究》

编者：程爱民

出版社：南京大学出版社

出版时间：2016 年 5 月

内容摘要：该书分“教学理论研究”“语料库建设研究”“课堂教学研究”“教材教法研究”栏目，收录了《人文主义教育理念与文化教学》《汉语中介语动态追踪有声数据库建设的基本设想》《存现句的特征及教学对策》等文章。

8.《实用汉语教学语法》

编者：吴勇毅、吴中伟、李劲荣

出版社：北京大学出版社

出版时间：2016 年 5 月

内容摘要：该书在内容上与初中级汉语教材的语法教学内容相呼应，根据语法项目内在关联性组织章节内容，突出汉语语法的概貌和基本特点，针对汉语作为第二语言教学中的重点和难点。

9.《一个对外汉语教师的手记》

作者：刘志刚

出版社：世界图书出版公司

出版时间：2016 年 7 月

内容摘要：这是一本图文并茂的对外汉语教学手记，作者通过 9 个班级的教学回顾和 17 名外国学生的个人特写描写了一个妙趣横生的汉语小世界。书中有让人忍俊不禁的师生对话、“歪果仁”造出来的奇文佳句，还有来自世界各地小伙伴们的深情互动。

10.《华语与华文教育“走出去”研究》

编者：郭奇军、钱伟

出版社：北京大学出版社

出版时间：2016 年 7 月

内容摘要：该书由两编构成。第一编重点阐述了华语教育的性质、华文教育的研究重点及其方向、华文教育的特征、华文教育在海外的发展、华文教育师资建设、华语传承与语言认同、华文教育与普通话推广等方面的研究问题。第二编研究内容涉及华语教学理论探讨、华语习得研究、华语测试的开发与设计、海外华语教材调查、华语教学模式及教学方法的讨论等诸多方面。

11.《国际汉语课堂活动设计与应用》

作者：宋安琪、孙丹

出版社：暨南大学出版社

出版时间：2016 年 7 月

内容摘要：该书以汉语教学理论、现代教育教学理论等理论为指导，结合《国际汉语教学通用课程大纲》《国际汉语能力标准》，阐述了汉语课堂活动设计的理论基础、汉语课堂活动设计的种类和原则、汉语课堂活动设计的步骤和方法，理论联系实际，从语音、汉字、词汇、语法、话题、文化等方面展示了具体实用、富有趣味性、易于操作的课堂活动案例和活动素材。

12.《任务型教学法新理念与国际汉语教学（英汉对照）》

作者：〔新西兰〕罗德·埃利斯（Rod Ellis）

出版社：外语教学与研究出版社

出版时间：2016 年 7 月

内容摘要：该书选取了 Rod Ellis 教授在世界汉语教学学会举办的“国际主流语言教学法高级讲习班”中的 4 篇讲座文章，内容包括任务型教学的基本概念和要素、如何以输入和互动促进语言教学、显性和隐性语法教学、语法教学中的意识培养型任务等最新教学理念。

13.《汉语语法点教学案例研究——多媒体课件设计运用》

编者：卢福波

出版社：商务印书馆

出版时间：2016 年 7 月

内容摘要：该书包括 52 个汉语语法点教学多媒体课件、6 个教学示范录像和 1 本纸质本教学案例研究说明。多媒体课件精选了使用频率高、有类型典型性、偏误率高、有教学难度和可操作性的语法点 52 个，设计制作多媒体教学课件。根据语法点本身的难度和教学处理的难易度分为初中高不同水平层次，包括初级 26 个、中级 20 个、高级 6 个。课件的设计既保证了与课堂教学步骤、习得顺序过程的一致性，汉语语法知识系统的科学严谨性，又尤其体现了教学的智慧与策略，设计的艺术与时尚，具有引人入胜的趣味性和鲜明显著的实效性。教学录像选取了其中 6 个教学课件，由教学经验丰富的教师做课堂教学实录，给使用者以形象具体的参考与借鉴。纸质版汉语语法点教学案例研究包括相关语法知识、学习者的主要偏误类型、教学设计的主要目的、主要教学环节步骤的设计、练习等内容。

14.《看图学最有用的汉语》（第2版）

编者：韩国能率教育有限公司

出版社：旅游教育出版社

出版时间：2016年7月

内容摘要：该书设有62个主题情境，展现最生活化、最有用的动感汉语。全书以图带文，图文彰显，一目了然，适合利用零星闲暇时间翻阅学习，具有实用性。书中的图片动感、逼真，让文字在读者的头脑中活跃起来，有一定的动感性。书中的漫画卡通，给读者轻松愉悦的阅读享受，趣味性强。全书文、图、音三维立体化设计，激发读者的图像思维，有利于强化记忆效果。

15.《东盟留学生实用汉语入门》

编者：吴焱

出版社：西南交通大学出版社

出版时间：2016年7月

内容摘要：该书为对外汉语教材，采用中文、英文、柬埔寨文、老挝文4种语言对照，针对零基础的留学生讲授汉语语言的基本知识，并在此基础上训练学生的口语表达能力。内容涵盖了汉语语言中的语音、文字、词汇、语法、句型五个方面，选取基本的功能表达和常见的情景表达所需句型，帮助留学生尽快掌握规范的口语基本表达方式，初步训练成段表达能力，了解和掌握一些特定场合和语境中的习惯表达方式，实用性较强。

16.《汉语应用语言学研究》

编者：北京语言大学对外汉语研究中心

出版社：商务印书馆

出版时间：2016年7月

内容摘要：该书收录论文20篇，内容涉及面向第二语言教学的汉语本体研究、第二语言教学研究、汉语作为第二语言习得研究等，包括齐沪扬《对外汉语教学研究的发展概况和学术进展（2013—2014）》、王建勤《对外汉语语法教学的认知视角》、孙德金《教育学视野下的对外汉语教学语法》等具有较高学术价值的研究性文章。

17.《汉语教师应有的素质与基本功》

作者：陆俭明、马真

出版社：外语教学与研究出版社

出版时间：2016 年 8 月

内容摘要：该书主要从汉语教师应有的认识与理念，汉语教师应有的知识结构、能力结构和思想心理素质，汉语教师应有的研究意识与研究能力，汉语教师应该掌握的基本的语言学理论等几个方面讨论汉语教师应有的素质与基本功。此外，两位作者结合自己的教学、治学经验谈到了汉语语法教学中的 100 多个语法方面的问题，并给以一定的阐释与解说。这些语法教学实例都是作者在教学中碰到的或者学生提出来的，在汉语教学中具有很强的实用价值。

18.《汉语速成教学研究》

编者：迟兰英

出版社：北京语言大学出版社

出版时间：2016 年 8 月

内容摘要：该书是北京语言大学汉语速成学院科研成果之一，共收录了对外汉语教学研究方面的论文 44 篇。内容涉及汉语国际教育学科建设、汉语国际教育教师发展、特殊目的和短期强化汉语教学模式研究、教学课程体系研究、针对汉语教材的专题研究、教学方式方法及教学技能研究、汉语习得、教育管理等方面。

19.《汉语阅读教学研究》

编者：刘颂浩

出版社：北京语言大学出版社

出版时间：2016 年 8 月

内容摘要：该书内容具有学术含量，能够反映学科的本质和发展状况。在写法上，文笔力求简洁活泼，避免枯燥灌输；注意章节之间的联系，在重要的地方提供前后文互参信息；为较长的章节撰写小结，帮助读者对内容进行整理；练习题目富有趣味，问题具有挑战性，能够培养学生的思维能力与动手能力。

20.《语篇知识建构与对外汉语写作教学研究》

作者：周红

出版社：上海人民出版社（上海世纪出版集团）

出版时间：2016 年 8 月

内容摘要：汉语语篇知识建构是对外汉语写作教学领域亟须突破的瓶颈，是研究热点，也是难点。前人研究相对零散，研究内容有待深化。该书以系统功能语言学理论和建构主义学习理论为指导，以“语篇知识”为主线，围绕其理论背景、概念界定、学习偏误、编排与渗透、教学模式等方面展开系统分析，试图在提高教学深度、提高留学生语篇写作能力方面有所突破。

21.《华文听说教学研究》（华文教学研究丛书）

编者：张锦玉

出版社：商务印书馆

出版时间：2016 年 8 月

内容摘要：该书梳理、展示了近 30 年来华文教学领域中听说教学的实践经验和研究成果。先是从宏观的高度对听说教学的基本概念、作用以及现状和问题进行总结反思，并着重从多媒体听说教学的视角切入，探讨、总结听说教学的成功经验和发展方向。随后从更加具体的角度，如教学原则、教学难点、教学中的主客体因素、教学方法和策略等，分别对当前海内外听力、口语教学的实践与研究实况进行评介和剖析，揭示华文听说教学的独特规律及方法论。在此基础上，针对华文听说教学中存在的主要问题以及未来的教学和研究方向进行深入探讨。

22.《汉语语法教学课件设计 100 例》

编者：赵俊峰

出版社：商务印书馆

出版时间：2016 年 8 月

内容摘要：该书以《国际汉语教学通用课程大纲》为基本依据，将其中较为重要的语法点制作成教学课件，并配以具体的使用指导，旨在为汉语国际教育提供适当的资源。课件涵盖了《国际汉语教学通用课程大纲》中的《常用汉语语法项目分级表》的 6 个级别中 100 余个（将相近的语法点合并后，共 93 个）重要语法点，每个语法点都由教学课件和指导用书两部分构成。课件包括导入例示、知识演练、偏误纠正、综合强化、课后任务、相关扩展等部分，指导用书对课件使用给予具体的说明。

该书适用于海内外的华文教师、对外汉语教师、国际汉语教师以及志愿者教师等从事汉语教育事业的工作者。此外，该课件与指导用书亦可作为学生深入学习理解汉语语法的自学教材。

23.《国际汉语综合课教材引论》

作者：倪明亮

出版社：北京语言大学出版社

出版时间：2016 年 9 月

内容摘要：该书是北京语言大学出版社“汉语国际教育教材研究系列”之三，分绪论篇、教材篇、结语篇，共 10 章，每章设有导读、思考与练习。该书论述了汉语综合课教材的发展现状与特点，并分析了未来汉语教材发展的新特点以及面临的新挑战，重点分析了汉语综合课教材、儿童及青少年汉语教材、本土化汉语教材、商务汉语教材、旅游汉语教材、科技汉语教材、医学汉语教材等教材的发展现状与特点，并对重点教材进行语音、词汇、语法、文化、编排等各种项点的具体分析。

24.《国际汉语课堂教学参考案例　初级综合课》

编者：国际汉语课堂教学研究课题组

出版社：北京语言大学出版社

出版时间：2016 年 9 月

内容摘要：该书是国内首套基于 HTML5 技术开发、全媒体形式呈现的初级汉语综合课教学实景案例。先期推出的线下产品为“U 盘 + 图书”形式。

U 盘内为驱动程序，包含三大模块：（1）课堂教学案例：根据语言水平，将初级综合课分为 3 个阶段，从简单对话到语段、语篇，呈现为 3 个不同的案例。每个案例均包含教学视频、教材解读、课文文本、参考教案、教学课件和教学对话 6 个栏目。其中，“教学视频”为课堂教学实录，真实、凝练、直观。“教学对话”为教学指导专家与主讲教师一对一的教学设计对话，挖掘优秀课堂背后的教学理念、设计技巧等。（2）课型点评：包含总论、以学生为中心、精讲多练、循序渐进、教材分析及教学环节 6 个栏目。教学专家基于 3 个课堂教学案例，对综合课尤其是初级综合课的课型特点、教学原则等进行全面而深入的探讨、分析，帮助教师全方位了解综合课，上好初级综合课，助力教师构建综合课教学的知识体系与能力架构。（3）教学环节点评：包含组织教学、复习检查、生词教学、语法教学、课文教学、综合练习、课堂小结和布置作业 8 个栏目。教学专家基于 3 个课堂教学案例，重点对综合课尤其是初级综合课的主要教学环节进行深入的探讨、分析，帮助教师把握课堂节奏、教学步骤、教学方法等，提高教学效率，完美实现教学目标。

图书呈现了课堂教学案例中的教材解读、课文、教学对话、参考教案以及课型点评、教学环节点评的文本，每页留白，方便教师观摩视频、教学备课时进行浏览、参考、记录心得。

25.《韩国人学汉语常见语法错误释疑》

作者：杨德峰、姚骏

出版社：商务印书馆

出版时间：2016 年 9 月

内容摘要：该书立足于北京大学对外汉语教育学院开发的“韩国学生汉语中介语语料库”，对韩国学生学习汉语语法出现的错误分别从词语、句法成分、句子和篇章四个方面进行梳理和总结，对典型错误进行描写和分析，着重挖掘出现错误的原因。

26.《汉语报刊课研究》

作者：吴成年

出版社：北京大学出版社

出版时间：2016 年 9 月

内容摘要：报刊课作为一门以阅读能力为核心，多种语言技能训练兼顾的综合技能训练课，目标是训练学习者的报刊阅读能力。该书结合大量的教学实例，围绕报刊教学的宏观理论、国外重要教学理论的应用、教学内容、技能培养、学习者、教师、教案编写、现代技术应用、教学技巧、评估测试、教学管理模式、资源库建设、教学录像分析等方面，对报刊教学进行多维度多层面的研究，对已有的报刊教学研究在广度与深度上都有很大突破，对广大的一线教师的报刊教学实践具有很强的针对性与参考价值。

27.《对外汉语教学课堂教案设计》

编者：陈宏、吴勇毅

出版社：华语教学出版社

出版时间：2016 年 9 月

内容摘要：该书包含 20 多个教案设计的案例，每个教案分别依据不同的教材。教案所设计的课型包括精读课（综合课）、口语课、听力课、阅读课、写作课、汉字课、视听说课以及多媒体辅助口语教学课等；教案针对的学生水平，有初级、中高级，但以初中级为主。每个教案后面均有来自赵金铭、范开泰、施光亨等对外汉语教学界泰斗的点评。这些点评不仅指出教案设计的优缺点，还涉及教学原则、教学法、教师素养以及教材编写等诸多问题。

28.《不同母语背景的汉语学习者词语混淆分布特征及其成因研究》

作者：张博等

出版社：北京大学出版社

出版时间：2016 年 11 月

内容摘要：词语混淆是具有普遍性、严重性和持久性的第二语言词汇错误。该书基于大规模汉语中介语语料库和自行采集的语料，全面考察母语为英语、日语、韩语、蒙古语、印度尼西亚语的汉语学习者的词语混淆现象，对比分析不同母语背景学习者易混淆词在分布上的共通性和特异性，从而使汉语二语者词语混淆的语内、语际探因方向更为明确，为揭示和验证学习者一语词汇知识对二语词汇学习的影响因素及其作用力提供了新的研究思路和分析模式；定量研究所发现的凸显性词语混淆问题以及研编语别版易混淆词辨析词典的理论探讨，还为汉语二语课堂教学及学习词典编纂中如何处理易混淆词提供了有价值的参考依据。

29.《面向中亚的中华文化传播研究》

编者：周珊、郭卫东

出版社：社会科学文献出版社

出版时间：2016 年 11 月

内容摘要：该书收录了近年来新疆师范大学面向中亚留学生群体的中华文化传播和汉语国际教育研究的部分科研成果。所收论文以大量的第一手教学、管理材料，对就读新疆高校的中亚留学生群体的中华文化学习情况进行多维度、多视角研究，就面向中亚留学生群体的中华文化传播和汉语国际教育提出有针对性的策略。

30.《“黑脚”的汉语之路：法国汉语总督学白乐桑口述》

作者：孔寒冰

出版社：北京大学出版社

出版时间：2016 年 12 月

内容摘要：该书是“北京大学新中国留华校友口述实录”丛书中的一本，记述了法国教育部汉语总督学、法国国家东方语言文化学院博士生导师、法国汉语教师协会创始人及首任会长、世界汉语教学学会副会长白乐桑教授作为一名法国人的汉语、汉学之路，深刻地展现了其对中国文化、对汉语、对汉字的结识之缘和深厚的感情。

31.《词语搭配研究与对外汉语教学》

作者：周新玲

出版社：上海大学出版社

出版时间：2016 年 12 月

内容摘要：该书从对外汉语教学的角度出发，同时考虑短语结构是否固定，提出了词语搭配的分类：自由搭配、半固定搭配、固定搭配及离合词。该书研究的视角定位在句法层面上，不涉及 Halliday 等人研究的篇章范围内的词语共现现象。研究对象为本科二年级的日本和韩国籍留学生，研究方法为问卷调查法和分析法，研究语料来自教材《桥梁——实用汉语中级教程》（上、下）、问卷调查试题以及学生试卷、日常谈话和作文中的错误。搭配的实质是词语的意义之间的搭配，除了最基本的语法意义之外，主要是词汇意义、修辞意义能否搭配。该书从语法意义、词汇意义及修辞意义三个方面全面探讨了词语搭配，其中还涉及语音对词语搭配的协调作用。

32.《对外汉语课堂用语手册》

作者：胡明晓、陈智樑

出版社：学林出版社

出版时间：2016 年 12 月

内容摘要：该书囊括了汉语教学中常见的情景，同时也适用于社会交际中的不同场景。第一部分为教学准备；第二部分为课堂教学；第三部分为效果评价，紧扣课堂教学内容与环节；第四部分为课外活动，延伸至社会生活。该书适用于汉语初学者或汉语中高级学习者。

33.《对外汉语学习词典学》

作者：蔡永强

出版社：学林出版社

出版时间：2016 年 12 月

内容摘要：该书在系统分析对外汉语学习词典编纂史及已有研究成果基础上，结合基于五大英语学习词典领域内的理论研究及编纂实践，紧扣汉语特点及学习群体的特殊性，首次尝试从理论上搭建体现“编纂者－词典文本－用户”互动的“对外汉语学习词典学”。全书主要围绕对外汉语学习词典的内涵特质界定、外部及内部结构剖析（外部结构、宏观结构、微观结构）、评价与批评体系构建、未来发展与趋势预测等方面搭建对外汉语学习词典学，推动本学科的理论研究与编纂实践。

第七部分

华教天地

一　华文教育基地

为了适应海外华文教育快速发展的形势，中国国务院侨办自2000年开始陆续在国内遴选实力雄厚、独具特色的高校和部分中学作为“华文教育基地”，为海外华文学校编写教材、培训师资，并承接海外华裔青少年的“寻根之旅”及冬（夏）令营等活动。有的基地还定期选派一些教师赴海外任教，这些活动的积极推广取得了良好效果，在一定程度上缓解了海外华文教育的教材与师资问题，推动了华文教育事业健康有序的发展。继前四辑年鉴之后，《世界华文教育年鉴（2017）》继续选择3个国务院侨办挂牌的“华文教育基地”，以及侨务大省（市）的10个省级“华文教育基地”进行介绍。这13所院校中，既有传统高校，也有优质中学。在中国国务院侨办的领导下，这些华文教育基地与其他华文教育基地一起，从高处着眼、细处入手，为留住华夏儿女“共同的根”、延续“共同的魂”、实现“共同的梦”而贡献力量。

（一）华文教育基地名录

表7－1　华文教育基地一览

序号	基地院校名称	所在省（自治区/直辖市）	所在城市
1	暨南大学[#]	广东省	广州市
2	华侨大学[#]	福建省	泉州市/厦门市
3	北京华文学院[#]	北京市	北京市
4	广西华侨学校[#]	广西壮族自治区	南宁市
5	昆明华文学校[#]	云南省	昆明市
6	安徽大学[☆]	安徽省	合肥市
7	安徽师范大学[△]	安徽省	芜湖市
8	东北师范大学[☆]	吉林省	长春市
9	海南大学[*]	海南省	海口市

续表

序号	基地院校名称	所在省（自治区/直辖市）	所在城市
10	海南师范大学☆	海南省	海口市
11	河南大学☆	河南省	开封市
12	湖南师范大学#	湖南省	长沙市
13	华东师范大学#	上海市	上海市
14	华中师范大学*	湖北省	武汉市
15	九江学院☆	江西省	九江市
16	辽宁师范大学*	辽宁省	大连市
17	南京师范大学☆	江苏省	南京市
18	青岛大学*	山东省	青岛市
19	山西大学☆	山西省	太原市
20	陕西师范大学*	陕西省	西安市
21	上海师范大学*	上海市	上海市
22	四川大学*	四川省	成都市
23	泰山学院△	山东省	泰安市
24	天津大学*	天津市	天津市
25	温州大学*	浙江省	温州市
26	西北师范大学△	甘肃省	兰州市
27	厦门大学#	福建省	厦门市
28	延边大学△	吉林省	延吉市
29	浙江大学*	浙江省	杭州市
30	郑州大学△	河南省	郑州市
31	重庆师范大学△	重庆市	重庆市
32	北京海淀进修实验学校☆	北京市	北京市
33	成都树德中学☆	四川省	成都市
34	重庆市暨华中学#	重庆市	重庆市
35	哈尔滨外语学校☆	黑龙江省	哈尔滨市
36	杭州学军中学△	浙江省	杭州市
37	河南省实验中学△	河南省	郑州市
38	山东泰安艺术学校△	山东省	泰安市
39	深圳耀华学校△	广东省	深圳市
40	温州市少年艺术学校#	浙江省	温州市
41	温州体育运动学校**	浙江省	温州市
42	张家口市第六中学**	河北省	张家口市
43	贵州师范学院**	贵州省	贵阳市

注：带**号者为《世界华文教育年鉴（2017）》重点介绍基地；
带△号者为《世界华文教育年鉴（2016）》重点介绍基地；
带☆号者为《世界华文教育年鉴（2015）》重点介绍基地；
带*号者为《世界华文教育年鉴（2014）》重点介绍基地；
带#号者为《世界华文教育年鉴（2013）》重点介绍基地。

表 7－2 《世界华文教育年鉴（2017）》推介省级华文教育基地一览

序号	基地院校名称	所在省（自治区/直辖市）	所在城市
1	福建师范大学	福建省	福州市
2	广东省华侨职业技术学校	广东省	广州市
3	广西师范大学	广西壮族自治区	桂林市
4	玉溪师范学院	云南省	玉溪市
5	济南大学	山东省	济南市
6	温州华侨职业中等专业学校	浙江省	温州市
7	南京大学	江苏省	南京市
8	北京语言大学	北京市	北京市
9	同济大学	上海市	上海市
10	天津市华夏未来少儿艺术中心	天津市	天津市

（二）华文教育基地院校风采

1. 温州体育运动学校（浙江温州）

温州体育运动学校于 1987 年经浙江省人民政府批准建立，是浙江省 5 所重点体校之一，也是浙南地区唯一的全日制中等体育专业学校。学校培养德、智、体全面发展，具有一定专业运动技术和文化知识的优秀体育人才，为大专院校输送高质量学生，并与浙江省体育职业技术学院联合招收部分“3＋2”五年制运动训练专业学生。

学校现设有中专部（6 个班）、业余部（包括小学一至六年级 11 个班，初一至初三年级 6 个班），共有全日制在读学生 877 人。学校共设田径、游泳、篮球、排球、乒乓球、羽毛球、体操、艺术体操、蹦床、柔道、跆拳道、摔跤、举重、射击、射箭、皮划艇、拳击、武术、航模 19 个项目，其中奥运项目 17 个。

学校注重学生个性发展，努力探索以较强的体育技能和良好素质为内容的“读训并重”的人才培养模式。在加强体育训练的同时，注重文化课学习质量的提高。学校还分别和济南市体育运动学校、上海体育学院附属竞技体校友好结对办学，加强交流、共享资源。

近几年来，学校办学条件不断改善，办学水平和综合实力不断提高，新建学生宿舍楼将于本学期投入使用，现该校正积极筹建体育类高校，学校朝着“创人民满意的教育，办人民满意的学校，做人民满意的教师”这一目标不断努力，2000 年学校被国务院侨办授予“华文教育基地”称号，2005 年 2 月学校被国家体育总局命名为“国家高水平体育后备人才基地”。

2. 张家口市第六中学（河北张家口）

张家口市第六中学是一所市直完全中学，省级示范性高中。学校创建于 1952 年秋，前身为张家口女子中学，1960 年更名为张家口市第六中学，校址为晋察冀军区司令部旧址。

张家口市第六中学以“打特色，保重点，求进位，做精品”为学校办学理念，奉行“臻于至善”的校训，倡导“和谐、务实、严谨、创新”的校风，积极构建“德育系列化教育和外语特色化教学”校园文化，努力拓展学校可持续发展和跨越式发展道路。学校设施完善，校风优良，教风严谨，学风浓郁，德育工作全国领先，教育教学成果突出。1998 年，经河北省教育厅批准，创办“河北省第四外国语高中”，后由河北省教育厅统一更名为“河北张家口外国语学校”。1999 年，被列入河北省重点中学。2000 年，开办外国语高中初中部，经河北省教育厅同意试行“公办民助”办学体制。2004 年 4 月，学校经河北省教育厅正式批准成为省级示范性高中。学校高中在 12 个班以上，初中 6 个班，全部为外语班。

2000 年 4 月，国务院侨办批准学校为首批华文教育基地之一。开办外国语高中“初中部”，试行“公办民助”办学体制。学校成为河北省教育厅首批教育科研先导型学校，被教育部授予“全国中小学德育工作先进集体”称号。

3. 贵州师范学院（贵州贵阳）

贵州师范学院地处贵阳市乌当区，是经国家教育部批准的省属公办全日制普通本科院校，学校为中西部高校基础能力建设工程入选高校。学校前身系创建于 1978 年的贵州教育学院，经国家教育部批准，2009 年 3 月改制为全日制普通本科高校。

截至 2016 年 4 月，学校校区占地 1169 亩，共 13 个教学单位，设有普通本科专业 34 个，有全日制在校生 12693 人，教职工 1133 人，享受国务院、贵州省政府特殊津贴的专家 9 人，“千人计划”“长江学者”“青年千人计划”5 人。

学校先后荣获贵州省高校第一所（批）“绿色大学”“节能示范校园”“贵州省优秀校园文化育人基地”等荣誉称号。与美国、加拿大、泰国、中国台湾等国家和地区的 48 所高校和教育机构建立友好合作关系，并加入“国际教育联盟”；与华中师范大学等高校建立对口帮扶关系。

2015 年 10 月，贵州师范学院被增补为“国务院侨务办公室华文教育基地”。2014 至 2016 年，贵州师范学院协助贵州省侨务办公室进行了 8 次华裔青少年“寻根之旅”“中国文化行”等特色夏令营、秋令营、冬令营的文化授课活动。接待了“海外红烛故乡行——中国华文教育基金会东南亚华校校董贵州文化行”代表团，开办了“2016 年海外华文教师培训班贵州班”，受到海外华文教育者好评。学校还与泰国教育部签署合作框架协议，每年派出汉语国际教育专业学生赴泰国华文学校实习。

（三）地方侨办华文教育基地院校风采

1. 福建师范大学（福建福州）

2009 年 2 月 11 日，福建省正式给福建师范大学授牌，福建师范大学成为福建省首批海外华文教育基地之一。福建师范大学坐落于中国东南名城——福州市，由福建省人民政府与中华人民共和国教育部共建，入选中国“2011 计划”，为中国建校最早的师范大学之一、福建省重点建设三所高水平大学之一，以及面向东南亚开展对外汉语教学培训基地。

学校积极开展国际合作与交流活动，从 1978 年开始，先后聘请美国、澳大利亚、俄罗斯等国的 100 多名文教专家到校任教，200 多名专家学者到校作短期讲学。在国际交流和合作中，先后与美国、澳大利亚、德国、英国、芬兰、匈牙利、日本等国家的 40 多所大学和科研机构，以及联合国教科文组织建立了正式友好的合作交流关系。学校还先后派出数百名教师出国留学、访问和参加学术会议，近年来还成功举办了 50 多次国际性或全国性学术会议，并聘请 400 多位国内外知名专家为学校顾问、名誉教授、客座教授或兼职教授。

福建师范大学从 1984 年开始接受美国、日本、韩国等 30 多个国家和地区的留学生到校学习汉语，并为东南亚和周边国家培训大量的汉语教师。此外，每年都有大批外国留学生到校学习。1992 年，福建师范大学被国家教育部指定为国家面向东南亚开展对外汉语教学的四大基地之一，2001 年被国家汉办确定为支持周边国家汉语教学重点学校。2004 年被国家汉办指定为“国际汉语教师中国志愿者计划”培训基地之一。

2. 广东省华侨职业技术学校（广东广州）

2004 年 10 月 30 日，广东省华侨职业技术学校挂牌成为广东省首家华文教育基地。广东省华侨职业技术学校创办于 1979 年，是广东省教育厅直属省级重点学校，是国务院侨办“功夫龙狮”培训基地、广东省侨办“华文教育基地”和广东省“中华文化传承基地”，2013 年 10 月，经广东省人民政府批准，学校挂牌成立“广东省华文教育培训学院”，承担着职业教育、海外华文教育和文化传承三大教育服务职能。学校拥有高素质“双师型”的教师队伍、先进的实训场所和实训设备、融会贯通的中外文化、和谐隽秀的校园环境，国内外在校学生达 4500 多人，毕业生就业、升学率达 98% 以上。

学校坚持“以职业教育为中心，以华文教育和文化传承为特色”的办学方向，坚持“职教创品牌、华教突特色、文化谋未来”的办学思路，以“禅心育人、德育为先”作为育人理念，始终坚持“以人为本”的服务宗旨，大力实施品牌带动发展战略、差异化发展战略和文化育人战略，构建学校发展的多层次多元化的办学模式，目前，学校正朝着创建一流“品牌学校、国际学校、文化学校”的目标不断前进。

学校办学立足国内，拓展海外，是广东省重要的对外文化、教育交流基地。自 2001 年以来，学校招收了来自 30 多个国家和地区的外国留学生、接待来自世界各地的海外华裔寻根之旅夏（冬）令营团和交流考察团年均 1000 多人次，现在校海外留学生达到 200 多人；禅武中心现已举办了 8 期禅武文化培训班和狮艺培训班，共有来自世界各地 20 余个国家 300 多名学员参加培训，禅武文化专业队应邀出访印尼、越南、马来西亚等国家并进行交流、表演。学校还先后获广东省教育厅、公安厅授予“安全文明校园”称号，广东省直机关工委授予“文明单位”称号，广州市天河区授予“安全文明小区”称号。

3. 广西师范大学（广西桂林）

2011 年 7 月，广西师范大学成为广西壮族自治区华文教育基地。它坐落于世界著名山水旅游名城、首批国家历史文化名城桂林市，是教育部和广西壮族自治区人民政府共建综合性省属重点大学、国家“中西部高校基础能力建设工程”“卓越教师培养计划”“首批广西地方立法服务基地”“来华留学示范基地”建设高校、具有“推荐免试研究生”资格入选高校、中国政府奖学金来华留学生接收院校，以及全国唯一获评“优秀”的地方大学中国语言文学文科基地。

学校创办于 1932 年，是广西高等师范教育的开端，也是中国最早的高等师范学校，彼时全中国仅有的 6 所国立师范学院之一。抗战时期，学校成为抗日大后方著名的高等学府，并被誉为“西南民主堡垒”。1950 年学校并入广西大学，1953 年在全国高校院系调整中广西大学停办，以原广西大学文、理各系留下的部分教师及师范专修科全体学生为基础，在广西大学原址组建广西师范大学。

学校国际交流广泛，与 40 多个国家和地区的 200 多所高校及机构建立了合作交流关系，在海外设有 3 所孔子学院。学校是广西唯一的教育部来华留学示范基地、国务院侨办广西华文教育基地，是教育部“中国政府奖学金”、国家汉办“孔子学院奖学金”、广西政府“东盟奖学金”留学生接收单位。学校王城校区和育才校区曾是越南学校的办学点，从这里走出了10多位越南国家领导人，40多位越南省部级领导，近30位越南人民军将军，是国内目前接收和培养越南留学生最多的高校，也是全国唯一在越南建立孔子学院的高校。近10年来，学校共接收了来自60多个国家的长期、短期留学生15000余名，留学生规模居全国高校前30位。

4. 玉溪师范学院（云南玉溪）

2012年4月6日，玉溪师范学院成为云南省首批华文教育基地之一。玉溪师范学院是云南省属全日制普通本科院校，学校创建于1978年，是一所以师范专业为基础，经济学、法学、教育学、文学、理学、工学、农学、管理学、艺术学等多学科共同发展的综合性大学。2007年学校顺利通过教育部本科教学工作水平评估，获得“良好”成绩，先后荣获“全国精神文明建设工作先进单位”“全国学校艺术教育先进单位”“云南省文明学校”“全国文明单位”“国家级节约型公共机构示范单位”“全国高校美育工作先进单位”等荣誉称号。

学校坐落于云南省玉溪市，占地面积1014亩，教学实验楼、演播厅、标准田径场、运动馆等教学硬件设施齐全，藏书84.142万余册，电子图书70.8万余种，中外文数据库20个，校园网现已覆盖全校学习、生活、工作场所。

学校坚持国际化办学，先后与美国奥本大学，澳大利亚墨尔本大学，拉特罗布大学，韩国三育大学，缅甸仰光外国语大学，老挝国立大学，泰国清莱皇家大学、呵叻皇家大学、华侨崇圣大学、蒙福学院、南邦学院，以及台湾地区东方设计学院、昆山大学、屏东教育大学等多所学校积极开展多种形式的联合办学、互派师生、学术文化交流。学校建有国内实习基地77个，国外实习基地25个，国外汉语言文化中心3个，并成为云南省华文教育基地和国家汉办汉语水平考试（HSK）考点。

5. 济南大学（山东济南）

2015年9月，经山东省人民政府侨务办公室批准，济南大学正式成为山东省华文教育基地。济南大学是山东省人民政府和中华人民共和国教育部共建高校，山东省重点建设大学，教育部卓越计划高校，国家级工程实践教育中心共建高校，山东特色名校工程首批应用型特色名校之一，拥有学士、硕士、博士学位授予权和硕士研究生免试推荐权，面向全国招生。

济南大学坚持开放式办学，积极、全方位地开展国际和区域教育交流与合作，已先后与美国、加拿大、英国、德国、法国、澳大利亚、日本、韩国等国家和港澳台地区的37所高校建立校际合作关系，并与众多的研究机构建立交流与合作机制。学校通过中外合作办学，不仅借鉴吸收国外先进的课程设置、教学内容和教学方式，促进学科和专业建设的国际化发展，同时培养了一批具有良好的国际沟通能力和国际竞争能力的创新型人才。

学校积极推动双向留学事业的发展。学校为中国政府来华留学奖学金项目、国家汉办孔子学院奖学金项目、山东省政府来华留学奖学金项目、济南市政府国际友城来华留学奖学金项目接收院校，接收了来自美国、韩国、印度尼西亚、加纳、巴基斯坦、西班牙、澳大利亚、英国、法国等国的留学生到校进修、交流或学习深造，构建起项目多元、类别完备、特色发展的来华留学教育体系。2015年，学校在校长期留学生610余人，涵盖学士、硕士、博士等各类培养层次。同时，学校坚持“走出去”的国际化教育理念，积极促进在校学生国际化视野的培养以及国际化竞争能力的提高，每年派出在校生200余人赴国外知名高校交流、合作培养等。

6. 温州华侨职业中等专业学校（浙江温州）

2009年3月，浙江温州华侨职业中等专业学校被浙江省侨办和浙江省教育厅列为浙江省华文教育基地。学校创建于1957年，1984年开始创办职业高中，是一所拥有世界各地华侨校友和国内外技能人才的市直属公办学校。学校拥有在校生3000多人，教职工223人。

2003年温州华侨职业中等专业学校迁入新校址且逐渐形成三大办学特色：烹饪专业建设有特色、“侨”字金牌工作有特色、德育模式突破有特色。这是学校独特的精神风貌和品格，也是学校办学历史的沉淀。

近年来，温州华侨职业中等专业学校紧紧依托地方经济特点和市场需求办学，取得了显著成效。学校现已发展壮大成为一所拥有烹饪管理、旅游管理与商务、中西烹饪、饭店管理、双语国际贸易、电脑装潢设计、计算机应用、金融财会等10余个专业的国家级重点职业学校，其中烹饪专业为浙江省示范性专业，双语国际贸易专业、电脑装潢专业、文秘专业为温州市示范性专业。

温州华侨职业中等专业学校占地面积为6.8万平方米，建筑面积近3.4万平方米，可容纳在校学生4000多人，已建立稳定的校外实习基地30多个。学校实行“产学结合，校企联姻”的办学机制，大力推行“订单式”人才培养模式，毕业生可由学校包分配或自主择业。学校还拥有“侨”字金牌，每年均有大批毕业生出国创业。另外，学校设有瓯菜研究所、职业技能鉴定站和瓯侨培训中心，强化学生专业技能的培训和鉴定认证工作。学校还做到了管理人性化、专业建设特色化、师资培训校本化、办学方向市场化、学生活动主体化。温州华侨职业中等专业学校创办职业教育

20多年来，已向社会输送大量专业实用人才，很多毕业生已成为当地第三产业的骨干力量。

近年来，温州华侨职业中等专业学校利用自身资源优势，开展了内容丰富、形式多样的华文教育工作，不仅为学生提供了施展才艺的舞台，也为校园增添了生机和活力。学校于2010年主办了温州市首届华裔青少年的中文朗诵比赛，学校还参与温州市侨办、《温州都市报》携手举办海内外华裔青少年大联欢暨圣诞晚会，并与韩国全南技术科学高等学校、意大利普拉托达蒂尼学校缔结为友好学校。

7. 南京大学（江苏南京）

2014年12月30日，南京大学成为江苏省华文教育基地。南京大学坐落于南京，是一所历史悠久、声誉卓著的百年名校。南京大学办学质量高，各项办学指标和综合实力均位居全国高校前列。1994年，南京大学被确定为国家“211工程”重点支持的大学；1999年，南京大学进入国家“985工程”首批重点建设的高水平大学行列；2006年，教育部和江苏省再次签订重点共建南京大学的协议；2011年，教育部和江苏省签署协议继续重点共建南京大学。

在对外教育方面，南京大学海外教育学院是专门从事对外汉语教学和研究，以培养国际学生和国内对外汉语教学、中国语言文化传播人才为办学目标的学院。海外教育学院目前设有汉语言系、对外汉语系、中外文化研究所、研究生教研室、短期培训部和对外汉语教学研究与教材研发中心等机构，且每年在国内外招收汉语言本科（国际学生）、对外汉语本科及汉语国际教育硕士研究生，同时也招收世界各地的汉语进修生。经过近半个世纪的发展，该院已先后接收了来自120多个国家和地区2万余名国际学生，培养、造就了一批具有高深汉语水平及中国文化素养的国际人才，其中有的已成为国外政界、商界、外交界、新闻界的名人，有的已成为世界知名汉学专家、学者。

在多年实践和探索的基础上，学院已经形成了学历教育和非学历教育相结合的多类型、多层次的对外汉语教学体系，在留学生汉语教学方面积累了丰富的经验，教学体系和质量得到国内外普遍好评，在本学科领域居于全国领先地位。近年来，南京大学海外教育学院利用自身资源优势，开展了丰富多彩的华文教育活动，为学生提供了广阔参与、互动与学习的平台。比如举办中国流行文化讲堂、外国文化讲堂、汉语短期班、汉语演讲比赛、中华才艺选拔赛等，并与釜山外国语大学、谢菲尔德大学等学校签署合作协议。

8. 北京语言大学（北京）

2016年7月31日，北京语言大学成为北京市首批华文教育基地之一。北京语言大学是中国教育部直属高等学校，创办于1962年。1964年6月定名为北京语言学院，1996年6月更名为北京语言文化大学，2002年定校名为北京语言大学。北京语言大学是中国唯一以对来华留学生进行汉语、中华文化教育为主要任务的国际型大学，素有“小联合国”之称；该校对中国学生进行外语、中文、信息科学、金融等专业教育，同时承担着培养汉语师资、出国留学预备人员出国前的外语培训工作等任务。经过50多年的发展，北京语言大学已经发展成为一所以语言教学与研究为特色和优势，中文、外语及相关学科协同发展的多科性大学，已成为中国中外语言、文化研究的学术重镇和培养涉外高级人才的摇篮。2014年，北京语言大学明确了建设世界一流语言大学的奋斗目标和构筑四大学术方阵的战略构想。

北京语言大学保持着自己在汉语国际教育领域的特色和优势，并于2009年4月成立北京语言大学国际汉语教学研究基地，它是国家汉办首批建立的汉语国际推广十大研究基地之一。基地以主攻“汉语难学”为目标，总结北京语言大学在教学模式、教材编写、教师培训等方面既有的成果和经验，创新教学理念，运用现代信息技术手段和市场优势，研发适应新形势下海外汉语教学发展需要的教学方法、教材资源和教师培训模式等。

2013年10月，北京语言大学成立汉语国际教育学部，下设汉语学院、汉语进修学院、汉语速成学院、汉语预科学院、孔子学院事业部以及国际汉语教学研究基地6个单位。重新组建后的国际汉语教学研究基地以汉语国际教育学部为依托，学科优势更加集中，教学资源更加丰富，研发队伍更加壮大，综合实力更加雄厚。基地力争通过3~5年的建设，打造出在国际第二语言教学领域具有一流水平，在汉语作为第二语言教学领域具有世界领先水平，能够进行研究、实验、教学和文化传播的产学研一体化核心基地，为汉语国际教育事业做出新贡献。

9. 同济大学（上海）

2016年3月9日，同济大学成为上海华文教育基地。同济大学历史悠久、声誉卓著，是中国最早的国立大学之一，是教育部直属并与上海市共建的全国重点大学。经过110年的发展，同济大学已经成为一所特色鲜明、具有国际影响力的综合性、研究型、国际化大学，综合实力位居国内高校前列。同济大学国际文化交流学院成立于1998年，是专门从事对外汉语教学和科研的二级学院。目前共有600多名外国留学生在院学习汉语，其中汉语言本科留学生近100名。该学院拥有一支年龄结构、学科结构较为合理的师资队伍。同济大学开展对外汉语教学的历史始于20世纪70年代，且在同济大学恢复招收外国留学生以后，即专门安排汉语教师为进入专业学习的外国留学生开设专业汉语课。1987年起，开设汉语言短训班，招收汉语言短期生；1993

年起，同济大学开始自行承担外国留学生进入专业前的汉语培训任务；2002年起，同济大学国际文化交流学院招收汉语言专业本科留学生，2006年7月首届本科生顺利毕业。在长达30多年的对外汉语教学实践中，学校依托城市建设、建筑历史、旅游文化、经济管理等学科优势，走对外汉语教学与专业交融之路，受到外国留学生的欢迎。

同济大学国际文化交流学院的另一特色是"外国留学生新生院"，为进入专业学习的本科生提供更具针对性的公共基础课程与专业汉语的教学（初设经济贸易与建筑学两个方向）。该院形成一种虚拟的教学组织模式，是同济大学在本科留学生教学模式上的一次改革探索。运作几年来，收到了良好的效果，受到了国内许多院校留学生管理部门的重视。

同济大学国际文化交流学院高度重视学生身心的同步健康成长，开展了许多适合留学生特点的文体活动。由多国留学生组成的学院足球队经过奋力拼搏，连续两次夺得学校足球联赛冠军。该学院留学生积极参与上海市和学校组织的各类活动，在学校文艺会演中多名留学生表演了具有本国特色的节目，受到广大师生的好评和欢迎。

10. 天津市华夏未来少儿艺术中心（天津）

天津市华夏未来少儿艺术中心坐落在天津市河西区体院北环湖中道3号，包括15048平方米的一期大厦、19000平方米的二期大厦和53200平方米的华夏未来儿童公园。华夏未来少儿艺术中心奉行先进的管理理念，运用先进的方法和设施，面向全市百万少年儿童进行艺术、语言、认知、科学、社会、运动等多领域的少儿教育和校外服务，是面向少年儿童进行校外文化艺术教育与校外活动、国际文化艺术交流的重要基地。

华夏未来少儿艺术中心自成立以来，进一步完善了教育教学研究、管理机制和业务职能体系，下设华夏未来国际保育院、双语幼儿园、特长预备班以及小学和亲子、外语、科技、文学、体育、美术、音乐、舞蹈、表演、拓展十大品牌中心，近30个艺术教育基地遍及天津市18个区县，每年开设音乐、舞蹈、绘画等艺术门类的50余个科目的艺术培训班，年培训学员已达10万人次，培训学员在国际和全国的各类艺术比赛中多次获奖。

作为天津市对外文化交流的窗口，华夏未来少儿艺术中心先后主办、承办了全国少儿小提琴比赛、全国少儿歌手大赛、"小荷杯"全国少儿舞蹈比赛、第六届国际童声合唱节、天津国际少儿艺术节、世界儿童绘画大赛暨展览等大型国内外少儿艺术活动。华夏未来少儿艺术中心充分发挥全国青少年校外活动示范基地的作用，坚持办好华夏未来双周免费音乐会、艺术精品进校园活动、中小学生第二课堂、天津市少儿艺术大赛、天津市健康活力宝宝大赛、残疾儿童艺术节、敬老节、农村艺术教师免费培训班以及开展全国的“华夏大地行”演出交流等活动，受到社会各界的称赞。中心曾先后被评为全国文化先进单位、全国青少年校外活动示范基地、天津市“十五”立功先进集体、天津市爱国主义教育基地等。

二　华文教育示范学校

建设海外华文教育示范学校是国务院侨办为推动新时期海外华文教育发展而采取的一项新举措，首批示范学校建设于2008年启动，并取得了一定成绩，积累了经验。在此基础上，本着“成熟一批，评选一批，建设一批，成功一批”的基本原则，国务院侨办于2011年初再行启动第二批评选活动，在众多候选学校中确定了15个国家的46所学校作为第二批“华文教育示范学校（单位）”。“华文教育示范学校（单位）”的评选得到广大海外华校的热烈响应，2013年有27个国家的88所海外华文学校入选第三批“华文教育示范学校（单位）”，2014年有7个国家的18所华校入选第四批“华文教育示范学校（单位）”。目前的华文教育示范学校总数已增至207所，覆盖五大洲35个国家。

从2010年起，国务院侨办在教材编写与提供、教师培训与培养和华裔学生活动等方面加大对示范学校的支持力度。目前，示范学校的办学水平、办学规模和办学影响均得到了明显的提升，带动了当地其他华校提升办学水平，进一步促进了所在国家和地区的华文教育发展。继前四辑年鉴之后，《世界华文教育年鉴（2017）》继续选择20所遍布海外的“华文教育示范学校（单位）”进行介绍。

（一）国务院侨办华文教育示范学校

表7-3　2009年首批“华文教育示范学校（单位）”入选名单（58所）

国家	入选学校（单位）名称
菲律宾	1. 菲律宾中正学院*
	2. 菲律宾侨中学院#
	3. 宿务耶稣会圣心学校*

续表

国家	入选学校（单位）名称
菲律宾	4. 描戈律大同中学☆
老挝	5. 万象寮都公学#
	6. 沙湾拿吉崇德学校*
	7. 百细华侨公学*
蒙古国	8. 旅蒙华侨友谊学校#
日本	9. 横滨山手中华学校*
	10. 神户中华同文学校#
泰国	11. 北榄公立培华学校*
	12. 国光慈善中学*
	13. 育华学校*
	14. 智民学校#
缅甸	15. 东方语言与商业中心△
	16. 福星语言与电脑学苑#
	17. 福庆学校*
文莱	18. 文莱中华中学#
韩国	19. 首尔华侨小学#
	20. 韩国大邱华侨小学☆
奥地利	21. 维也纳中文学校#
	22. 维也纳中文教育中心*
丹麦	23. 丹麦华人总会中文学校#
	24. 美人鱼中华文化学校*
荷兰	25. 旅荷华侨总会乌特勒支中文学校#
	26. 安多芬中文学校*
西班牙	27. 马德里华侨华人中文学校#
英国	28. 伯明翰华联社中文学校*
	29. 伦敦普通话简体字学校#
	30. 华夏中文学校☆
意大利	31. 意大利普拉托华人华侨联谊会中文学校*
	32. 米兰华侨中文学校#
加拿大	33. 蒙特利尔佳华学校#
	34. 亚省中文学校☆
	35. 侨文中文学校☆
	36. 湾景周六中文学校△
	37. 温哥华北京中文学校*
美国	38. 希望中文学校#

续表

国家	入选学校（单位）名称
美国	39. 南侨学校*
	40. 圣地亚哥华夏中文学校☆
	41. 尔湾中文学校☆
	42. 休斯敦华夏中文学校☆
	43. 亚特兰大现代中文学校*
	44. 华夏中文学校△
	45. 希林亚裔社区中心△
澳大利亚	46. 澳大利亚汉语国际推广中心#
	47. 南澳中华会中文学校☆
	48. 苗苗中文学校*
	49. 神州中文学校☆
新西兰	50. 基督城路易·艾黎中文学校#
	51. 奥克兰现代中文学校☆
毛里求斯	52. 新华学校#
巴西	53. 圣保罗华侨天主堂中文学校*
	54. 袁爱平中巴文化中心☆
苏里南	55. 广义堂中文学校#
法国	56. 法国华侨华人会中文学校#
	57. 法国潮州会馆中文学校*
	58. 法国欧洲时报文化中心中文学校☆

注：带△号者为《世界华文教育年鉴（2016）》重点介绍学校；
带☆号者为《世界华文教育年鉴（2015）》重点介绍学校；
带＊号者为《世界华文教育年鉴（2014）》重点介绍学校；
带#号者为《世界华文教育年鉴（2013）》重点介绍学校。

表 7－4　第二批“华文教育示范学校（单位）”入选名单（46 所）

国家	入选学校（单位）名称
菲律宾	1. 菲律宾中西学院☆
	2. 菲律宾华教中心△
	3. 怡朗新华学院**
	4. 三宝颜中华中学**
柬埔寨	5. 金边端华学校☆
	6. 崇正学校△
	7. 福建会馆民生中学**
缅甸	8. 缅甸东枝东华语言与电脑学校☆
	9. 缅北腊戍果文中学△

续表

国家	入选学校（单位）名称
泰国	10. 泰京培英学校☆
	11. 罗勇府公立光华学校△
	12. 龙仔厝府三才公学△
	13. 呵叻府磨艾县公立育侨学校**
	14. 帕府中兴学校**
	15. 泰南勿洞中华学校**
澳大利亚	16. 悉尼大同中文学校△
	17. 丰华中文学校**
	18. 悉尼中文学校**
	19. 中华会馆黎明中文学校
阿根廷	20. 富兰克林中文学校☆
德国	21. 柏林华德中文学校☆
	22. 巴伐利亚中文中心学校△
	23. 不来梅华威中文学校**
	24. 汉堡汉华中文学校☆
	25. 斯图加特汉语学校**
荷兰	26. 丹华文化教育中心△
加拿大	27. 渥太华欣华中文学校
	28. 大温哥华中华文化中心李树坤书院 - 中文学校**
	29. 卡尔加里育丰中文学校**
美国	30. 哈维中文学校△
	31. 美中实验学校**
	32. 剑桥中国文化中心**
	33. 瑞华中文学校**
葡萄牙	34. 里斯本中文学校△
瑞典	35. 瑞青中文学校△
	36. 瑞京中文学校**
比利时	37. 布鲁塞尔中文学校△
西班牙	38. 马德里爱华中文学校△
	39. ESERP 孔子文化学校**
	40. 中国文化学校**
	41. 中加西友好学校
意大利	42. 基督教罗马中文学校△
	43. 意大利佛罗伦萨中文学校△
	44. 米兰第一中文学校**

续表

国家	入选学校（单位）名称
意大利	45. 意大利金龙学校
	46. 罗马中华语言学校**

注：带**号者为《世界华文教育年鉴（2017）》重点介绍学校；
带△号者为《世界华文教育年鉴（2016）》重点介绍学校；
带☆号者为《世界华文教育年鉴（2015）》重点介绍学校。

表7-5　第三批“华文教育示范学校（单位）”入选名单（88所）

国家	华文学校（单位）名称
菲律宾	1. 罗申那同和中学暨附小
	2. 红奚礼示立人中学
	3. 菲律宾怡省毓侨中学
	4. 怡朗华商中学
	5. 宿务中华中学
	6. 碧瑶爱国中学
	7. 仙朝峨中华中学
韩国	8. 光州全南中国侨民学院中国华侨学校
柬埔寨	9. 公立广肇中学
	10. 暹粒中山中学
	11. 西哈努克省公立港华学校
	12. 立群学校
老挝	13. 老挝琅勃拉邦新华学校
缅甸	14. 缅甸仰光九龙堂天后华文补校
	15. 八莫佛经学校
	16. 曼沾勐稳学校
	17. 抹谷千佛寺学校
	18. 景栋中文培训中心
日本	19. 同源中国语学校
	20. 九州中国人学者技术人员联谊会附设习悦中文学校
泰国	21. 曼谷培知公学
	22. 芭提雅明满学校
	23. 大城强华学校
	24. 网銮公立建华学校
	25. 清迈崇华新生华立学校
	26. 彭世洛醒民学校
	27. 清莱网攀公立中华学校
	28. 泰国坤敬公立华侨学校

续表

国家	华文学校（单位）名称
泰国	29. 乌汶华侨学校 2
	30. 德教树强学校
	31. 泰国合艾陶华教育慈善中学
	32. 东盟普及泰华学校
爱尔兰	33. 爱尔兰华协会中文学校
波兰	34. 华沙汉语中心
	35. 华沙中文学校
比利时	36. 安特卫普中文学校
德国	37. 德国柏林益智中华文化学校
	38. 德国华达中文学校
	39. 杜塞尔多夫汉园中文学校
	40. 纽伦堡中文学校
法国	41. 法国语言文化国际交流协会附属精英中文学校
	42. 法国中华学校
捷克	43. 布拉格中华国际学校
挪威	44. 挪威中文学校
葡萄牙	45. 维拉贡德中文学校
瑞典	46. 斯德哥尔摩新星中文学校
	47. 哥德堡第一中文学校
瑞士	48. 日内瓦中文学校
西班牙	49. 塞维亚中文学校
	50. 巴塞罗那中国学校
英国	51. 英国共和协会中文学校
	52. 英国依岭中文学校
	53. 英国格林威治中文学校
	54. 苏格兰华夏中文学校
	55. 曼城侨联社华人子弟学校
意大利	56. 米兰龙甲中文学校
哥斯达黎加	57. 中哥文化教育中心
加拿大	58. 蒙特利尔孔子学校
	59. 孟尝会中文学校
	60. 怀尔逊中文学校
	61. 侨道中文学校
美国	62. 特拉华州春晖中文学校
	63. 美洲中华中学校

续表

国家	华文学校（单位）名称
美国	64. 美国夏威夷明伦学校
	65. 得克萨斯达拉斯现代语文学校
	66. 底特律中文学校
	67. 西北中文学校
	68. 克利夫兰当代中文学校
	69. 亚省现代中文学校
	70. 圣路易现代中文学校
	71. 长城中文学校
	72. 密歇根州新世纪中文学校
	73. 俄亥俄州现代中文学校
	74. 亚省希望中文学校
	75. 安华中文学校
	76. 大辛辛那提中文学校
牙买加	77. 牙买加中华会馆中文班
阿根廷	78. 阿根廷侨联中文学校
澳大利亚	79. 悉尼实验中文学校（原大同中文学校）
	80. 樱桃小溪华人协会中文学校
	81. 布里斯班中文学校
	82. 同心中文学校
	83. 亚洲语文学校
	84. 新金山中文学校
	85. 新金山文化学校
新西兰	86. 惠灵顿中文学校
	87. 新西兰华人社区服务中心文化学院
	88. 奥克兰华新中文学校

表 7－6 第四批“华文教育示范学校（单位）”入选名单（18 所）

国家	华文学校（单位）名称
柬埔寨	1. 贡布省禄山市公立华侨学校
	2. 逢咋叻县觉群学校
缅甸	3. 曼德勒云华师范学院
	4. 大其力大华佛经学校
泰国	5. 泰国春府大众学校
	6. 光明华侨公立学校
	7. 横色令县公立敬德学校

续表

国家	华文学校（单位）名称
泰国	8. 武哩喃公立华侨学校
	9. 陶公复兴学校
英国	10. 伦敦哈劳中文学校
	11. 曼彻斯特中国教育文化社区协助中心中文学校
加拿大	12. 萨城中文学校
	13. 环球中文学校
澳大利亚	14. 澳华公会中文学校
美国	15. 光华中文学校
	16. 明尼苏达明华中文学校
	17. 凯瑞中文学校
	18. 匹兹堡中文学校

（二）海外华文教育示范学校风采

1. 菲律宾怡朗新华学院（菲律宾）

菲律宾怡朗新华学院位于菲律宾怡朗市，怡朗新华学院董事会于 2003 年 10 月 1 日成立，这一天也成为新华学院建校纪念日。张德志为怡朗新华学院主席，陈贻赞为第一任董事长。2004 年 4 月初，菲律宾教育部给学院颁发办学许可证，学院当局随即着手招收暑期班学生；4 月中旬开办第一期暑期班，学员有 130 多名；6 月，学院开办从幼儿班到初一的英文与华文课程。2004 年 10 月 1 日，新华学院庆祝建校一周年。经申请，新华学院成为菲律宾华文学校联合会正式成员和米沙鄢地区华文教育协会的正式成员。

由于菲律宾教育部规定不能把华文课作为必修课，因此新华学院从 2004 年成立伊始，就把华文课程作为一门限选课。从幼儿园到中学四年级，主要课程有词汇、阅读、会话、作文、算术、音乐等。校方主张“华文教育要从娃娃抓起”，因此从幼儿园小班便设立华文课。

自 2004 年招收第一批学生以来，新华学院每年学生大幅增加。办学之初，学校分别设立幼儿园部（托儿所、小班、中班、大班）、小学部（小学一至六年级）、中学部（仅设立初中一年级）。到 2008 年，学校形成了完整的规模，即幼儿园 4 年制，小学 6 年制，中学 4 年制。学校严格控制每个班级的学生数量，多年级采用分班制。

学校非常重视华文课程，每个年级都开设华文课。

2. 菲律宾三宝颜中华中学（菲律宾）

菲律宾三宝颜中华中学位于菲律宾三宝颜市，是一所私立的非宗派中学。1917年初，三宝颜市华人社区快速增长，来自中国大陆的部分人士创立了名为“中国民族主义学校”的学习机构，希望他们的孩子能够接受正规的中国教育。该机构的成立得到了美国学校院长 EM Moyer 的许可，他授予该机构提供免费正规中文教育的权力。该学习机构后来被改造成一个社区学校，得到当地华人社区的支持。此后，在社区居民的财政支持和热烈响应下，学校获得了积极的发展。20 世纪初，就在华文教育在三宝颜日益低落时期，学校聘任菲律宾著名数学家蔡双杰博士为校长，开始进行教学改革，十年下来，成绩斐然。学校不时就教学问题组织教师与其他华校交流切磋，组织教师参加国内外各种形式的教研活动和培训，教师素质不断提高，学生华语水平也有明显提高。此外，为提高菲律宾学生数学水平，蔡双杰校长与志同道合之士创办了菲律宾数学研究会（MTG），以该校为实验基地，从此，三宝颜中华中学在英文、数学、科学等重要领域教育水平迅速提高，学生在各项比赛中成绩突出，屡获国际大奖，足迹遍中国大陆及港台地区、印度、马来西亚、新加坡。2008 年，学校被菲律宾国家教育部评为第九区最优学校。

学校与菲律宾第九区教育局、菲律宾华教中心、菲律宾华校联合会、三宝颜市政府、三宝颜半岛地区的大中小学，以及三宝颜其他华校建立良好的互动关系，经常主办或承办各种比赛和活动。

如今，三宝颜中华中学在各方面取得了令人瞩目的成绩，办学有特色，管理规范化，校风良好，声誉远播，成为棉兰老地区颇具规模的华校。

3. 柬埔寨福建会馆民生中学（柬埔寨）

柬埔寨福建会馆民生中学位于柬埔寨金边市，是福建籍华侨郑修华、林麒麟于1927 年创办的公立侨校。学校最初以金边巴黎街租屋为临时校址，聘张徇为校长，学生免费入学，施行普通话教学，成为柬埔寨侨校实施免费教育的开端。开学未及 1 个月，学生由 70 人增至 100 余人。随后学生日增，校舍不敷。1930 年商业不景气，募捐困难，未能筹建新校。1935 年在中国政府侨委会立案，获得补助。1937 年抗日战争爆发，津贴中止。后多次筹划建校，因时局动荡，终未果。1941 年增设初中部。1947 年一度停办，直至 1950 年，在福建会馆空地才建起校舍。1953 年复办，学生人数曾达 1000 名。

今日的民生中学已是一所集幼儿园、小学和初中三个教育层次于一身的学校，初步形成了较为连贯的学制系统。学校现有三座教学楼，环境优美，绿化率高，曾被评为“绿色学校”；有篮球场、音乐室、乒乓球室等设施供师生休闲娱乐。2009 年重新装修后，教师人手一台电脑，办公室内装有无线网络。2011 年还新修建了一间保健室，可为患病学生提供一般护理和休息床位。2011 年 8 月，民生中学被中国国务院侨务办公室和海外交流协会评选为“华文教育示范学校”。

民生中学以“忠孝仁爱，礼义廉耻”作为校训。校长洪群先生为东南亚著名华文教育家，其父洪睦民先生亦曾是该校校长，一家人世代为柬埔寨华人教育倾注了毕生心力。与金边其他华校有所不同的是，民生中学开办了独特的成人华语进修班，即速成班，并分为两个年级。速成班是民生中学突破传统陈规，学习中国对外汉语教学模式进行改革创新的重要成果，在整个金边市乃至全柬埔寨独具特色。

4. 泰国呵叻府磨艾县公立育侨学校（泰国）

泰国呵叻府磨艾县公立育侨学校位于泰国呵叻府磨艾县，为泰国东北部华文民校联谊会理事学校之一，至今已有 70 余年历史。学校由育侨教育基金会主办，卢淑珍女士任总经理兼泰文校长，李镇扬任中文校长。

1998 年，学校被泰国教育部评为全泰国第一所“标准华文学校”，2011 年获评“华文教育示范学校”，是泰国东北部唯一获此殊荣的学校。卢淑珍总经理还荣获泰国教育部教育院 2002 年度“模范行政人员”优秀奖及中国国务院侨办授予的“终身成就奖”。

在华文教育方面，学校一直秉持着开放进取、积极务实的态度，积累了多方经验。第一，将语言教育与文化教育并举。海外华文教育根植于深厚的中国文化，学校以泰国华文民校协会为依托，在中国国务院侨办和国家汉办的大力支持下，以“走出去”的形式多次访问中国内地，交流办学经验，浸润中华文化。师生多次参加中国各省市侨办合作举办的夏（冬）令营活动，加深了对中国的了解。同时，积极聘请中国专业教师。学校聘请中国国家汉办志愿者教师已有 7 年，2011 年有志愿者教师 5 位。第二，多向度的切磋琢磨、合作交流。学校与中国华文教育基地在师资培训等方面有效互动，畅通联系，并以东北部华文民校联谊会为纽带，与各理事学校进行校际合作，互通有无。第三，以老带新，稳健更新。学校利用本土老教师的经验优势与管理能力，以及外派教师的掌控能力，与年轻教师的创新与活力优势互补，并积极物色本校学生到中国学习深造，令其学成之后返回本校从事华文教学工作，保证华文教师师资力量的稳定性。第四，将学生的学习兴趣放在首位，丰富教学手段，开创个性化教学方式，提高教学质量和效果。学校鼓励老师们多元创新，进行个性化教学。

5. 泰国帕府中兴学校（泰国）

泰国帕府公立中兴学校原名为华兴学校，位于泰国帕府直辖县，是泰国少数有着悠久历史的华校之一。学校成立于公元 1948 年，由詹采卿先生倡导，众侨胞出资建成，1951 年迁至新址并改名为“中兴学校”，一直沿用至今。学校现任董事会主席为黄仲华先生。

学校于 2002 年荣获泰国教育部私立学校厅颁发的“标准学校”称号；于 2011 年荣获中国国务院侨办和海外交流协会颁布的“华文教育示范学校”荣誉称号，是泰北地区第 3 所荣获此殊荣的学校。学校占地总面积约 22400 平方米，分幼儿园部和小学部，建有中兴教学楼、中兴幼儿园、教务办公楼、中兴大礼堂和多功能教学楼，配备图书室、计算机室、视听室、科学思维中心，并设有儿童游乐场、篮球场、足球场等学生活动场所。目前有在校学生 931 人，教职员工 70 人，其中中文教师 11 人，包括 5 位中国国家汉办志愿者和 1 位国务院侨办志愿者。

2001 年起，中兴学校采用中国国务院侨办主持编写的《汉语》系列教科书，是泰北第一个使用这套教材的学校。泰国帕府中兴学校对学生的考查分为五科——抄写科、口语科、拼音科、造句科、汉语科，全方位培养学生中文听、说、读、写能力。学校同时开设中国儿童歌谣、中国舞蹈、中国剪纸等课程，并组织了中文演讲比赛、抄书比赛等丰富的活动，旨在通过文化的熏陶培养孩子学习中文的兴趣。

6. 泰南勿洞中华学校（泰国）

勿洞中华学校位于泰国南部也拉府勿洞市，创办于 1923 年。其前身是附设在华侨月报社的私塾，当时华人移民中的一些有识之士为了能让华裔子女接受中文教育、继承中华文化，便发起筹办学校的倡议，获得各界人士的热烈响应与支持。1941 年，日军南侵，勿洞中华学校停办，1946 年正式复课。1950 年，由于学生人数逐年增加，学校原有校舍已不能满足日常教学活动的需求，学校迁到现址，并建起新校舍。新校舍的落成，是中华学校发展史上的又一个里程碑，它摆脱了原先场地的束缚，使得学校有能力招收更多的学生，并让各种教学活动更方便地开展，为之后中华学校成为泰南首屈一指的华校奠定坚实的基础。

从 1923 年中华学校创办到 2016 年，全校拥有从幼儿园到高中的完整教育体系，拥有 100 多位教职员工，46 个教学班级，在校学生人数近 1000 人。

在 90 多年的历史中，勿洞中华学校为传承和发扬中华文化做出了杰出的贡献。学校发展至今，面对不断变化的时代，也结合自身实际情况不断更新和改进自身的教学和管理理念。改校训为“德才兼备，语言精通”，秉承“语文强、道德好、学问高”的汉语教学宗旨，强调对学生道德素质的培养，同时也号召学生学好外语，特别是提高汉语水平。

7. 澳大利亚丰华中文学校（澳大利亚）

丰华中文学校位于澳大利亚悉尼市，创办于 1998 年，现有学生近 400 人，教师 23 人。从 2006 年开始，丰华中文学校隶属于澳大利亚中文教育促进会，是一所非营利的社团学校。学校主要教授汉语普通话，提倡学习中文简体字和汉语拼音，并进一步推广中华文化教育，学校也是“新南威尔士州民族语言学校联合会”和“澳大利亚中文学校联合会”的会员学校，得到新南威尔士州教育部社区语言教育计划的资助。

丰华中文学校的教育目标是基于《中文》教材的教学，使学生具备汉语普通话听、说、读、写的基本能力，并进一步推广中华文化教育，培养学生的完整人格、创新意识和实践能力，使之成为全面发展的高素质双语人才和不同文化之间的交流使者。

丰华中文学校建校多年来一直在提高文化教育和教学质量上不断努力探索。学校在聘用教师方面，除了要求老师具有相关学历和教学经验以外，还考察教师是否具有爱心、耐心和责任心。丰华中文学校大部分现任教师都来自中国大陆重点院校和重点中学、小学，具有较高的教学水准。该校优良的教学质量得到了家长和学生的广泛好评。

8. 悉尼中文学校（澳大利亚）

悉尼中文学校位于澳大利亚悉尼市，创立于 1974 年，是一所历史悠久、规模较大的中文学校。学校初期在一家破旧的会所内教授广东话，学生只有 6 名，现今学生超过 400 名。学校具有从幼儿班至十年级的完整学制，划分华语班和粤语班，并开展文化课教育，开设历史课和音乐舞蹈课，以促进学生的全面发展。学校拥有教师 30 位，鼓励和支持他们参与培训学习，以促进其专业发展。

2011 年，学校被中国国务院侨办评选为“海外示范华文学校”。2013 年，中国国务院侨办领导率“2013 中华文化大乐园优秀学生才艺交流团”到学校交流。中国 18 名优秀才艺青少年学生走进“2013 中华文化大乐园——澳大利亚悉尼营”课堂，与当地华裔青少年一起学习剪纸、草编、腰鼓、舞狮、民乐、国画、书法、版画、民间舞蹈等，并为悉尼营的营员进行专场表演，进一步激发了华裔青少年学习中华文化的兴趣。

为进一步支持并促进悉尼地区汉语教育事业的发展，提高教学质量，特别是加强在非华裔背景下儿童和成人汉语教学方面的技术力量，2014 年 3 月 27 日，悉尼中文学校与新南威尔士大学孔子学院签订关于合作建设联合汉语教学基地的协议。

9. 德国不来梅华威中文学校（德国）

德国不来梅华威中文学校位于德国不来梅市，成立于 2002 年 12 月，由陈雪芳女士创办并担任校长。

学校目前拥有注册学生 116 人，分为两类：中文作为母语（华裔）及中文作为外语（非华裔）学习的学生，并按照年龄与中文程度分为 8 个班：5 个中文作为母语学习的班；1 个中文作为外语学习的青少年班；2 个中文作为外语学习的成人班。学校以中文教学为主，另开设了两个书法绘画班和舞蹈形体培训班。

华威中文学校不时组织开展各种中华文化体验活动。如组织学生到中国亲身接触中文书中提到的故宫、都江堰等中华文明遗迹。学校办学宗旨是教育好华裔的后代，为对汉语感兴趣的德国人提供优质汉语教学，为中德之间的文化交往做出应有的贡献。

10. 德国斯图加特汉语学校（德国）

斯图加特汉语学校位于德国斯图加特市，是一所公益性质的学校，成立于 1997 年。学校致力于推广海外汉语学习，弘扬中华文化，目前已经发展成为一个立足斯图加特、辐射广大周边地区的汉语及中华文化学习平台。

斯图加特汉语学校从幼儿园开始到中学，设有完整的中文课程，有青少年汉语班、成人班和课外兴趣班。其中，青少年汉语班又分为爬爬班、幼儿班、学前班和汉语班。课外兴趣班分为国画班、绘画班、舞蹈班和象棋班。上课时间都是在周末。

2011 年，斯图加特汉语学校被中国国务院侨办评为“海外华文教育示范学校”。2012 年 10 月 28 日，斯图加特汉语学校举办校庆活动。中国驻法兰克福总领事郭金秋、当地市政府有关官员以及多所中文学校代表及学生、家长等 500 余人参加庆祝活动。

11. 大温哥华中华文化中心李树坤中文学校（加拿大）

大温哥华中华文化中心位于温哥华市区东部唐人街中，于 1973 年在当地政府、53 个居民社区和许多热心人士的支持下建成，是一个非营利慈善团体。该中心有博物馆、档案馆、图书馆、会议厅等多个部分对外开放，还有李树坤中文学校为当地的华裔和想学习中文的非华裔人士提供高质量的中文学习服务。2011 年 11 月 23 日，李树坤中文学校荣获中国国务院侨办颁发的“华文教育示范学校”称号。

大温哥华中华文化中心致力于弘扬文化艺术，推广中文教育。中心于 1975 年开办中文课程，并在1981年正式成立文化中心中文学校。多年来中文学校努力推广语文教育，培训学生听、说、读和写中文的能力，同时注重中华伦理道德的熏陶和传统文化的学习，现已成为一所颇具规模、拥有优良师资的教育机构。

2012年，本着“中华文化，我们的根，弘扬海外，薪火相传”的理念，大温哥华中华文化中心举办了多项青少年教育项目，包括：开办“课余中国传统体育运动”项目，提供免费武术、踢毽子、乒乓球等训练；新春期间举办有关教导中国传统习俗的项目，如“写挥春”“剪纸示范”等；夏季在本地及海外举办文化交流、领袖培训等活动。该校还多次举办中文朗诵比赛和才艺表演等活动。

2015年，“加拿大150社区基础设施项目”启动，政府共提供1.5亿加元拨款用于资助150个社区基础组织，大温哥华中华文化中心是不列颠哥伦比亚省唯一获得资助的华人机构。这也是该中心有史以来获得的最大一笔联邦拨款，用于改善中心的硬件设施和设备。

12. 卡尔加里育丰中文学校（加拿大）

卡尔加里育丰中文学校由前任校长董守良和李少毅创建于1997年，位于加拿大卡尔加里市，是一所非营利周末制族裔语言学校。学校拥有西北和西南两个校区，均租用当地公立学校的校舍进行教学。

卡尔加里育丰中文学校根据艾伯塔省教育厅对于中文作为第二语言教学的课程设置要求，结合学生的特点，采用多种适合该课程设置要求的教材教授中文。目前学校教师全部来自中国大陆，许多教师具有良好的专业背景，并有多年的国内外教学经验。学校以普通话为主要教学语言，主要招生对象为具有一定中文家庭背景的海外华人子女。目前学校面向1~12年级的学生开设中文语言班，具有40多个班，另设有成人太极、少年武术、围棋和羽毛球、英文阅读和写作、数学、西班牙语等多个兴趣班。学校10~12年级为艾伯塔省教育厅认可的高中学分班，凡学满一学年，成绩合格者，每年可获得5个学分，成绩记入学生档案。

卡尔加里育丰中文学校积极开展各项活动并组织学生参加各种中文比赛，如汉字文化节演讲比赛、“枫华杯”中文比赛、“汉语桥”世界中小学生中文比赛、海外华裔青少年中华文化大赛等，旨在通过比赛，为本地区学习汉语的中小学生提供展示汉语语言技巧和文化才艺能力的机会，创造互相学习和交流的平台，激发其学习汉语的热情和兴趣，并促进下一代对中国语言和中华文化的理解和传承。

13. 美中实验学校（美国）

美中实验学校成立于2004年，位于美国马里兰州洛克菲勒市，是曾任华盛顿大专院校校友会联合会会长的王耀辉与其校友一起主持开办的非营利性组织。学校办学宗旨是“服务校友、服务社区，弘扬中华文化，培养能适应美、中社会的优秀华裔后代”。学校由校委会管理，还成立了家长委员会协助开展工作。

美中实验学校积极贯彻为华人社区服务的宗旨，同时也重视教师队伍建设和教学质量的提升，重视学生德、智、体全面发展并与美国学校接轨。学校采取小班制，推行“寓教于乐”的教学理念。2007 年春季有学生 260 余名，使用暨南大学所编教材《中文》的有 12 个班，使用《马立平中文》的有 6 个班；还有 1 个双语班。此外，学校还开设了绘画、舞蹈、泥塑、书法、电子琴、小提琴、武术、篮球、网球、羽毛球、国际象棋、趣味数学等副课，以及家长的瑜伽、舞蹈、网球、羽毛球班。目前学校有中文老师 21 人，副课老师 17 人。

美中实验学校还开办丰富的夏令营活动。为了让老师们根据营员年龄有针对性地备课教学，取得更好效果，同时也便于孩子们相互交流，夏令营按营员的大、中、小年龄段开设 4 个班，针对不同年龄段的营员开设不同的课程，而不是混合式设班教学。此外，学校还开设专题班、特色班，家长可以根据孩子的实际年龄和需求选择适合的班级报名。美中实验学校夏令营自 2012 年开办以来，办营绩效得到社会大众的认可，已成为当地优质夏令营之一，具有广泛的影响和良好的信誉。

美中实验学校不仅是中国国务院侨务办公室授牌的“海外华文教育示范学校”，也是国务院侨办“中华文化大乐园”夏令营合作基地之一。

14. 剑桥中国文化中心（美国）

剑桥中国文化中心成立于 1991 年，位于美国波士顿，其下属的中文学校是由中国大陆学人在美东地区创办的第一所教简化字、汉语拼音的中文学校，由最初只有 7 个学生发展到如今近千名学生，办学成绩杰出。

剑桥中国文化中心设有课后班、周末班、暑期班和幼儿早期教育中心。中文学校和幼儿早期教育中心均在美国马萨诸塞州教育部门注册。中文学校规模不大，但项目齐全，开设了 40 多门课程，全年开课 1000 多个小时。

剑桥中国文化中心办学之初即确立了“四个坚持”的教育理念：坚持引进中国中小学教育的教材和教法，坚持汉语拼音教学，坚持简化字教学，坚持高标准、认真办学。经过 20 多年的经营，剑桥中国文化中心教育成果累累。例如，学生在每年的世界华人青少年作文大赛中屡屡获奖；2010 年全美华裔青少年中华文化知识竞赛中，波士顿赛区获得优秀奖的 16 名学生中，剑桥中国文化中心学生有 11 名；毕业生更是不乏进入哈佛大学、麻省理工学院、普林斯顿大学、耶鲁大学等顶尖学府者。早期的剑桥中国文化中心学子，现已分布世界各地，活跃在不同职场。

剑桥中国文化中心将提高师资素质放在教务管理的首位。早在2003年，剑桥中国文化中心与中国国务院侨办华文教育基地北京市海淀教师进修实验学校进行学术交流，邀请北京的专家为中心培训师资。

在运营模式上，剑桥中国文化中心无论从机构、管理还是法律的层面上，都以平等的身份迈进主流社会，并与之建立起互利合作的关系。中心是社区多元文化生活中的华裔代表，是社区公共事务不可或缺的成员，是全美为数不多的得到当地政府支持的中文学校，组织和参与多项重大文化交流活动，赢得了当地主流社会的尊重。

15. 瑞华中文学校（美国）

瑞华中文学校创建于1992年，位于美国芝加哥西郊，是一个在美国州政府注册的非营利性组织，宗旨是通过教授中文和传授中国文学、绘画、舞蹈、音乐、棋类和武术等传统文化和艺术，丰富学生的多元文化生活。

瑞华中文学校为各年龄段的华人孩子开设中文基础学习班和高级学习班，为非华裔的孩子开设特别的中文班，还为家长开设健身、舞蹈、篮球等兴趣班，让孩子在上课的同时，家长也参与有意义、健康的活动。

瑞华中文学校是美中地区规模最大的中文学校，现有注册学生1000多名，除了中文课，学校还为高年级学生开设补习班。针对华人子女的弱势项目，开设写作与演讲、逻辑性思考和应用计算机编程等课程，以提高他们的社会竞争力与适应力。

瑞华中文学校经过20多年的发展，积累了丰富的教学经验，师资力量日益雄厚。它以优异的教学成绩，赢得了广大家长的普遍赞誉，也深受学生们的喜爱。

16. 瑞京中文学校（瑞典）

瑞京中文学校位于瑞典斯德哥尔摩，是当地最早创办、各类课程班最多、教学设备最完善、师资力量最强大的中文学校，至今已有30多年历史。学校以推进汉语教育、弘扬中华文化为宗旨。学校的建立获得瑞典华人社区的广泛响应和积极支持，各项教学工作得到中国驻瑞典大使馆、中国国务院侨办和国家汉办瑞典孔子学院的支持和帮助。

作为瑞典唯一同时教授普通话和广东话的中文学校，学校根据华人子女的认知过程，探索出了一套既适合瑞典国情，又符合中文母语教学要求的中文教学理念和教学方式。学校教授简体汉字和汉语拼音，采用《幼儿汉语》的1～4册，《拼音》《中文》的1～12册以及一些自编课本教材。这些教材是专门为海外华人儿童和青少年编写的，结合国外教育特点，趣味性和知识性并重，内容严谨且循序渐进，具有较强的实用性。

为了丰富学生的课外生活，从2009年秋季学期开始，瑞京中文学校在常规的中文学习班之外，增设了多个兴趣提高班，例如绘画班、舞蹈班、写作提高班、口语提高班等。考虑到在校等候学生下课的家长，学校还开设了成人太极班和瑜伽班。此外，为调动母语为非汉语的当地人士的学习热情，瑞京中文学校还特别增设了成人汉语班。

在师资方面，瑞京中文学校的不少老师有丰富的国内语文教学经验，还有不少老师通过了在瑞典的教师培训，获得瑞典的教师资格证。教师们还常利用各类培训，互相学习，交流教学经验，分享教学案例，集体备课。

瑞京中文学校几十年来一直不间断地给孩子们传授知识，为中文教育和中华文化传播贡献力量。如今，瑞京中文学校已经成长为瑞典最有影响力的中文学校。

17. 巴塞罗那 ESERP 孔子文化学校（西班牙）

巴塞罗那 ESERP 孔子文化学校地处西班牙巴塞罗那，创办于2004年9月，前身为“中国语言学校”。学校董事长麻卓民、校长许乙兵从1995年开始从事华文教育，他们是巴塞罗那第一所华文学校——巴塞罗那华侨子弟学校的主要发起人。

巴塞罗那 ESERP 孔子文化学校是西班牙唯一一所华人与当地主流大学合作的华文学校。高起点带来了高要求，学校发展成为制度健全、管理规范的华文学校。为了确保教学质量，学校对教师一直都实行严格的考试和考核制度。得益于优秀的教师队伍，学校发展快速。办校12年，学校从最初的3个班级、30多个学生，已经发展成为拥有4个校区、9个年级、79个班级、80多名老师且学生数超过2000人的大规模华文学校，一跃成为中国海外最大的华文学校之一。

巴塞罗那 ESERP 孔子文化学校是西班牙唯一经过当地政府正式批准的华文语言学校，也是巴塞罗那唯一拥有华人独立产权的华文学校。学校先后2次承办中国国务院侨办主办的“中华文化大乐园”夏令营活动，连续3年举办中国中文教育基金会主办、华侨大学承办的“中国节庆文化走进巴塞罗那”活动，连续5年协助中国国务院侨办在西班牙开办“师资培训班”。

“弘扬祖德，学贯中西”是巴塞罗那 ESERP 孔子文化学校的校训。多年来，秉承办学宗旨，学校始终十分注重祖国文化的传承。书法、绘画、武术、民族舞蹈、葫芦丝、珠算、写作等各种特长班的活动大大增加了孩子们学习祖国文化的兴趣。学校的学生舞龙队、舞狮队和武术队已经成为巴塞罗那华人社会的品牌，先后多次受邀参加当地大学演出，并受中国驻西班牙大使邀请，参加庆祝中国春节的活动。近年来，学校连续举办了“庆六一”“迎新春”“诗歌朗诵”等大型文化活动。2011年，巴塞罗那 ESERP 孔子文化学校被中国国务院侨办授予“海外华文教育示范学校”称号；

2015年，成为中国华侨大学“海外华文教育基地”。

18. 巴塞罗那中国文化学校（西班牙）

西班牙巴塞罗那中国文化学校具有10多年的办学历史，学生人数由20余名发展到200多名。学校教师大多毕业于中国的师范学校，受过正规的师范教育，是学校教学质量的重要保证。学校硬件设备齐全，外有足球场、花园，内有剧场、教室。学校采用小班教学制，尽量让每个学生有和教师直接沟通的机会。

在教学方面，学校规定，教师每个学期都要制定教学计划并写好教案；对学生要进行阶段性的单元测验、期中考试和期末考试，以检验学生的学习成绩和教师的教学成果。除了教授中文课之外，学校还开设美术课、奥数课、武术课、才艺课等；放假期间开设假期补习班和假期速成班，为有需要的学生进行专门教学。学校的教学宗旨是要让每一位学生经过学习之后懂得更多的中华文化，学习中华伦理道德，尤其是尊老爱幼、孝敬父母、尊师重道。

在教学管理方面，学校要求每个班级制定“班级公约”，公约内容由学生参与讨论、确定，每个学生都签字承诺遵守。同时，学校还制定“值日教师”和“值日学生”制度，在课间休息时间“值日教师”和“值日学生”要负责管理好其他学生的安全和学校的清洁工作。

2011年10月，巴塞罗那中国文化学校被中国国务院侨办评为“海外华文教育示范学校”，邢波校长和沈美丽老师获评“优秀海外华文教师”，邢波校长同时获得“热心海外华文教育杰出人士奖”。

19. 米兰第一中文学校（意大利）

米兰第一中文学校地处意大利米兰，是当地规模最大、师资力量最强、教学设施最齐全、社会影响最广泛、历史最悠久的一所中文学校，也是米兰第一所开办华人教育的学校。米兰第一中文学校于1998年由米兰工商总会投资开办，2007年现任校长胡光绍正式接任，并于同年暑假以米兰华文教育的中心名义向米兰市申请在当地一所公立学校开办暑期中文班，顺利获批。随后学校师生规模日益扩大，从2007年至今，已由十来名学生、五六名教师发展到15个班级、400多学生、20余名专业教师。

近年来，学校树立“以师生发展为本，办华侨人民满意教育”的办学理念，在积极开展华文教育事业的同时，全面实施素质教育，取得了突出的办学成绩，也成为米兰华文教育的佼佼者。2011年，米兰第一中文学校入选中国国务院侨办第二批“海外华文教育示范学校”，胡光绍校长及2名教师被评为“海外华文教育杰出人士”及“优秀海外华文教师”。

米兰第一中文学校于周末、暑期办学，学校一直提倡德、智、体、美、劳共同发展。在最关键的汉语学习中，老师辛勤工作，孜孜不倦地教导学生，从学校毕业的学生均通过了中国国家汉办在米兰举行的汉语水平考试，并且都达到了五级、六级的水平。此外，学校还为学生安排了音乐课，聘请专业音乐教师教学生精心挑选的中文歌曲，增加中文学习的趣味性，又在歌词中传授中华文化。

20. 罗马中华语言学校（意大利）

罗马中华语言学校创办于2006年9月，是由毕业于中国浙江省温州师院中文教育专业的蒋忠华女士在意大利政府机构的支持下，经罗马市第一区政府正式批准，并在意大利税务局注册成立的中文学校，也是罗马地区学生人数最多、规模最大、发展最快、最具影响力的中文学校。学校共有3个校区，包括1个总校、2个分校。总校有教学大楼1幢，标准教室11间。

罗马中华语言学校现有30个教学班，在校学生500余人，拥有一支热爱教育事业、经验丰富、富有爱心与责任心的专业教师队伍，拥有教职工20人，其中专职教师14人。

罗马中华语言学校坚守“发扬中华文化，传播中华语言”的办学宗旨，以“让每个孩子学好中文”为己任，以“打造高质量品牌学校”为目标，不断完善教学机制及自我管理，注重基础教学，激发学习兴趣，因材施教，积极营造浓厚的中华文化学习氛围。

与中国国内九年制义务教育同步是罗马中华语言学校的一大特点。学校选用与国内儿童同步的人民教育出版社出版的教科书，并配以同步练习、课堂作业本，及单元、期中、期末测试卷，教学效果显著。

在教学方面，罗马中华语言学校注重培养学生学习的兴趣和良好习惯，注重口语、写字、朗读、写作教学。以学生为中心，采用小班化教学，每班20人左右。入学前进行汉语水平测试，作为分班依据，实行分层教学，初学者采用中意文双语教学，同时大龄学生独立编班，按年龄采取相应教学措施。

学校经常组织学生参加各种社会活动，通过社会活动展示新一代中国移民的形象，让学生们时刻有一种责任感和使命感。学校还经常在各重大节日中参加歌舞表演及文化交流系列活动，积极促进中意国际文化交流。

罗马中华语言学校一方面致力于中文教学质量提高，另一方面还为中意文化交流事业做贡献。创办以来，学校就重视和罗马市政府之间的沟通，由此得到了罗马市教育局的关注，所取得的办学成就亦获肯定，学校也因此得到了官方的支持而发展迅速。

三　华文教育人物

海外华文教育的蓬勃发展离不开广大华人华侨的鼎力支持。在近半个世纪的历史洪流中，他们栉风沐雨、砥砺歌行，或是为了争取华人华侨的华文学习权利与当局者进行顽强抗争；或是艰苦创业，为改善海外华文教育条件慷慨解囊、倾资助学；或是默默坚守在不同国家的华文教育一线，实践着在海外播撒中华文化种子、传承华夏文明的伟大使命。正是有了他们的舍身奉献，才有了如今海外华文教育蒸蒸日上的局面。《世界华文教育年鉴（2017）》继续推出"华文教育人物"板块，介绍6名世界范围内对华文教育做出贡献的杰出人物，以彰显他们实现海外华人华侨"华文教育梦"的动人事迹。

表7-7　华文教育人物一览

姓名	国籍	职业/身份
蔡昌杰	印度尼西亚	雅加达华文教育协调机构执行主席 印尼阿拉扎大学孔子学院外方院长
陈瑞平	阿根廷	阿根廷中华工商企业联合总会主席 阿根廷华侨华人联合总会主席 中国和平统一促进会理事
陈晓红（女）	葡萄牙	里斯本中文学校校长
陈之权	新加坡	新加坡华文教研中心学术顾问兼特聘首席讲师 新加坡教育部华文课程顾问 新加坡华文研究会副会长
陈志成	马来西亚	马来西亚丹斯里拿督 马来西亚留华同学会前会长
徐松华	西班牙	中华海外联合会常务理事 中国海外交流协会常务理事 中国和平统一促进会常务理事

注：本表人名按姓氏拼音排序。

1. 蔡昌杰

蔡昌杰，现任雅加达华文教育协调机构执行主席、印尼国民教育部青年与校外教育总司华文教育综合统筹处考试部主任、中国汉语水平考试印尼全国委员会主席、印尼阿拉扎大学孔子学院外方院长。蔡昌杰1947年出生于苏门答腊岛占碑省，祖籍中国海南，是第二代华人。其在一个知识分子家庭中长大，从小就读于当地华校，14岁初中毕业后进入当地一所华校任教。几十年来，印尼华文教学从被禁到解禁，艰难前行。为让学生能够继续接触、学习汉语与中华文化，蔡昌杰坚持奋斗在华文教育一线。

雅加达华文教育协调机构是印尼全国第一个成立的华文教育协调机构，也是蔡昌杰服务华文教育、奉献华文教育的重要平台。在蔡昌杰任执行主席期间，该机构已经成为影响力覆盖全国的协调管理机构和印尼教育部处理华文教育事务的重要合作伙伴，在协调、组织印尼全国汉语水平考试，编制国民教育华文教学大纲，推动中国外派汉语教师赴印尼执教，推动印尼与中国在华文教育方面的合作，推动在印尼的孔子学院建设等方面做出重要贡献。

印尼华文教育历经曲折，一度中断30多年，20世纪末方才恢复。1999年，蔡昌杰着手筹备汉语考试工作，并最终于2000年11月促成印尼国民教育部访华团访问中国教育部和中国国家汉办。双方就在印尼举办汉语水平考试进行了磋商。在当时的历史背景下，经费紧缺，这次访华可谓取得了阶段性的胜利，也为后续签署协议奠定了良好的基础。2001年5月13日，在蔡昌杰等人的多次协调和安排下，印中两国教育部正式签署了关于在印尼举办中国汉语水平考试（HSK）的合作协议——《汉考协议》。它是印尼民主政治改革之后，印尼教育部和中国方面签署的第一个跟汉语相关的官方协议，对推动印尼全国华文教育的发展具有深远的影响。长期以来，蔡昌杰积极致力于到全国各地推广汉语水平考试工作，取得了可喜的成绩。2001年，印尼全国仅有4个汉语水平考试考点，如今有19个笔考考点、10个网考考点，考生人数从最初的1200人，发展到13000余人。

华文教学的开展，离不开教学大纲的指导。2002年，蔡昌杰协助印尼国民教育部评估中心为开设高中语言班的学校拟定华文考试大纲，并于2004年正式编制完成国民教育华文教学大纲。从此，高中华文教育被纳入印尼国民教育体系，成为国民教育正规学校的合法学科。

由于印尼华文教育断层多年，师资同样出现断层。蔡昌杰大胆提出向中国申请中文老师到印尼支教。这一提议在与印尼教育部交流后，赢得认可，并由雅加达华文教育协调机构正式向中国国家汉办提出关于印尼教育部与中国国家汉办签署师资合作协议事宜，最终获派20名来自中国暨南大学的汉语教师志愿者，对彼时印尼华文教育的复兴、发展起到重要作用。这也成为中国汉语教师外派印尼的开端。目前印尼共有895名汉语教师志愿者，分布在全国21个省，受惠学生达15.4万人。中国汉语教师志愿者项目在印尼各地的正规学校掀起了一股学习汉语的热潮，同时越来越多的印尼人希望认识中国、走进中国，无形中架起印中两国交流的友谊之桥。

蔡昌杰一直致力于推动印尼与中国在华文教学领域的合作。在蔡昌杰的多方奔走之下，2011年4月29日，印尼教育部与中国外交部共同签署《中华人民共和国国家汉办与印度尼西亚共和国国民教育部关于开展汉语教学的合作协议》。该协议是两国关于汉语教学的首次部长级协议。

在印尼，蔡昌杰最早提出开设孔子学院的想法，并见证了孔子学院建设的整个过程。2004年底，蔡昌杰向中国国家汉办提议在印尼开设孔子学院，得到中国国家汉办领导的赞同。2006年，时任中国国家汉办副主任马箭飞考察印尼教育部指定准备建设孔子学院的地点，后因相关政策调整无果。蔡昌杰内心的使命感和责任感，让他愈发坚持寻求建设孔子学院的良机。2008年，时任中国国家汉办主任许琳访问印尼，蔡昌杰牵线许琳主任与印尼教育部长会谈。双方就印尼开设孔子学院的工作初步达成共识，可“孔子学院”这个名称，在印尼容易涉及敏感的宗教问题。在蔡昌杰的提议下，孔子学院在印尼的名称定为Pusat Bahasa Mandarin（Kongzi Xueyuan）。2010年6月，蔡昌杰陪同印尼教育部法斯理副部长和6所大学的校长及其他负责人一行16人拜访中国国家汉办商讨签署开设孔子学院协议的相关事宜。双方经过交涉，求同存异，克服困难，签署了在印尼开设6所孔子学院的协议。截至2011年11月26日，6所大学孔子学院已先后举行揭牌仪式。但令人遗憾的是，当初好不容易争取到的孔子学院的拼音名称在真正揭牌时未能出现，蔡昌杰本人亦深感遗憾。

提及孔子学院在印尼的建设和发展，蔡昌杰希望孔子学院在印尼能发展得越来越好，脚踏实地，实事求是，与当地文教单位一起携手共进，为印尼的华文教育注入更多的新鲜血液，为印中两国培养更多优秀的华人人才，成为印中两国友好交流的桥梁。

蔡昌杰用他的一言一行，影响着印尼的华文教育工作者，为华文教育和华族文化在这个千岛之国上薪火相传而拼付心力。其在印尼华文教育领域的贡献，得到印尼教育部、中国国家汉办、中国驻印尼大使馆及各省协调机构的认可与赞赏。

2. 陈瑞平

陈瑞平1955年1月1日出生于福建福清，1974年高中毕业，1974年11月应征入伍参加中国人民解放军，1976年加入中国共产党，服役5年6次立功受奖。1979

年12月退役，入选福建省供销合作社工作，多次被评为“先进工作者”。1990年在福建福州创办“福州市闽侨交通电器厂”，1994年为了拓展工厂国际市场，移居阿根廷首都布宜诺斯艾利斯。现任阿根廷中华工商企业联合总会主席、阿根廷华侨华人联合总会主席、阿根廷中国和平统一促进会永久荣誉会长、中国和平统一促进会（全国政协主席任会长）理事等多个社会职务。

陈瑞平在团结旅阿侨胞、维护其生命与财产安全方面做出重要贡献，是广大旅阿侨胞的精神领袖。1995年底，巴西、巴拉圭黑社会潜入阿根廷，组织中国境内犯罪潜逃不法分子向侨胞敲诈勒索，收取保护费。为了维护华商正当权益，1996年1月27日陈瑞平在阿根廷侨界创建了阿根廷三福企业商会，在风口浪尖上陈瑞平高票当选会长，组织华商遏制黑势力。1999年2月，陈瑞平出任世界福清同乡联谊会副主席（著名华商林绍良先生任主席）。随着阿根廷侨胞队伍尤其是福清乡亲队伍的日益壮大，1999年12月27日，陈瑞平倡导以三福企业商会为依托创立阿根廷福清同乡会，任创会会长。2000年1月初，力荐新人出任三福商会和福清同乡会两会会长，随后多次向侨界公告退居二线，担任两会名誉会长。2001年10月6日，发起成立阿根廷中国和平统一促进会，让贤担任常务副会长。2002年5月，出任“中南美洲中国和平统一促进会”副会长。2002年8月，在乡亲们的强烈恳请下，组织乡亲有知、有志之士建立阿中福清会馆，并担任筹建组组长。历经半年的选址、筹措、融资的大量工作，2003年4月21日，一栋3000多平方米、坐落于阿根廷中心地段、拥有合法房产所有权的多功能大厦，原阿根廷共和国工人之家，改变成为旅阿福清乡亲的欢乐家园。购置会馆后他主张会馆底层和地下室近1900平方米出租创办中餐馆，以租金保障“两会一馆”会务开支，以馆养会，促进“两会一馆”规范化、规模化管理。2003年6月22日，他倡导成立“阿中福清会馆董事局”和“阿根廷福清同乡联谊总会”，以全票当选为首届董事主席和联谊总会主席，并连任第二、第三届主席。2004年至2006年初，侨界社团组织层出、华侨社会声音杂乱。为凝聚全侨各社团，陈瑞平向阿根廷政府登记注册成立全侨性社团组织——阿根廷华侨华人联合总会和阿根廷中华工商企业联合总会，获得依法批复，并当选“两总会”主席。2011年4月，全票当选“会馆”永久主席。2011年6月22日，当选阿根廷中国和平统一促进会会长。

2005年，新任阿根廷总统基什奈尔先生宣布大赦令，侨界有近3万名侨胞长期以来无合法居留权，但是阿根廷政府要求在180天内提供应有的材料。而当时祖国政府相关部门对海外侨胞的出生、未刑、结婚等公证手续十分严谨，为了让3万多名侨胞取得合法居留权，陈瑞平放下自己生意，专程回国与中国外交部、国务院侨办、地方司法等相关部门协调，恳请有关部门酌情简化手续，感动了广大侨胞。

为维护阿根廷侨胞的生命与财产安全，在2011年10月18日中共中央统战部陈喜庆副部长率团访问阿根廷的侨界座谈会上，陈瑞平请求代表团向中央政府反映阿根廷侨社恶劣治安信息，恳请祖国政府派遣警察到阿根廷，配合阿根廷警方严厉打击黑社会，并亲自执笔向中央政府呈诉报告，由陈喜庆副部长带回祖国。2011 年 12 月 16 日，中国公安部阿根廷工作组抵达阿根廷，开展打击有组织犯罪，挽救了广大旅阿侨胞。

旅阿多年，但陈瑞平先生深爱祖国，始终把中华民族的尊严放在心上。自从 2004 年 11 月 16 日时任国家主席胡锦涛访问阿根廷至 2014 年 7 月 17 日国家主席习近平访问阿根廷，历次祖国中央政府领导人访问阿根廷都受到不法分子的疯狂干扰和破坏。为了确保祖国领导人访问阿根廷顺利进行，中国驻阿根廷大使馆历次委任陈瑞平为华侨华人防治工作总指挥，他都圆满完成任务，得到国家领导人的高度赞誉。

2008 年 4 月 11 日，阿根廷首都成为北京奥运火炬境外 22 个城市传递的第七站。在此前的巴黎、伦敦、旧金山站传递中屡遭“东突”“藏独”“台独”分子干扰、破坏的情况下，国际奥委会表示，假如第七站阿根廷再出问题，即要取消境外余下 15 个城市的传递。中国驻阿根廷大使馆、北京奥组委会都面临着巨大压力。陈瑞平接受中国驻阿根廷大使馆委命担任北京奥运会火炬传递开幕式、闭幕式防治工作总指挥，组织了 3000 多名爱国侨胞参与，取得北京奥运火炬在阿根廷传递的全面胜利。

秉持中华民族“一方有难，八方支援”的优良传统和乐善好施的精神，陈瑞平在捐资助学、推动教育发展方面做出卓越贡献。1991 年，回乡欢度春节的陈瑞平看到家乡小学艰难的学习条件，建议迁址，并牵头发动华侨、企业家，以捐赠教室的形式资助办学，得到乡亲的强烈认同。陈瑞平与父亲共同组织融资，征用土地，设施齐全的新学校很快落成并投入使用。2006 年，因城兴中学设施建设不达标，校长陈凤忠先生请陈瑞平支持，先生二话不说，捐建教学楼一栋。其父亲更以 73 岁高龄，组织周围热心人士，做了两年义务工作，完善了科研大楼、教学楼、体育场、礼堂等设施建设。2008 年，中国南方遭受百年一遇的严重冰雪灾害，作为阿根廷华侨华人联合总会主席的陈瑞平，第一时间向全侨发起捐赈倡议，通过中国国务院侨办分别向江西省吉安金坪华侨子弟学校和湖北省神农架林区下谷中心小学捐献 15 万、20 万元，帮助灾区希望工程灾后重建。

同时，陈瑞平于 2008 年与五大洲 10 位侨领代表 1580 万全球海外闽籍乡亲荣任福建省第十届政协委员，2013 年荣获连任。10 年的参政议政，建实言，献良策。每次“两会”都提出可行性提案。其在第十届福建省政协会议期间提交的《解决新侨子女回国就学有关问题的建议》提案还被评为“2008 至 2009 年度优秀提案”。

20 多年侨领生涯中，陈瑞平为平安侨界、和谐侨社，为祖国的和平统一大业，为维护侨民权益做出巨大贡献，得到祖国政府、中国驻阿根廷大使馆的充分肯定。他应邀出席中华人民共和国成立五十周年、六十周年国庆观礼，出席2016年纪念“中国人民抗日战争胜利”和“世界反法西斯战争胜利”七十周年的“9·3”大阅兵观礼，出席每年的国庆招待会，出席中国国务院侨办举办的历届世界华侨华人社团联谊大会、世界华商领袖圆桌会，列席全国政协会议等活动。2004年9月4日，阿根廷政府授予其“杰出移民”奖；2014年9月30日，荣获中国国务院侨办授予的“服务华社荣誉人士”称号。

3. 陈晓红（女）

陈晓红出生于1963年，祖籍湖南，毕业于北京联合大学师范学院中文系，1995年6月到葡萄牙发展。2000年5月，应葡萄牙华人社会的实际需求，葡萄牙侨领陈坚先生和《葡华报》及华人社会有识之士在里斯本成立了葡萄牙第一所中文学校——里斯本中文学校。办校不久就由陈晓红校长负责管理工作。凭借过人的智慧和坚毅的性格，陈晓红校长带领里斯本中文学校走过了艰辛而灿烂的17年历程。

随着办学规模的扩大，教学校址不断搬迁。2005年5月，学校借用华人聚集区一个简陋的教室教学，不久搬迁到里斯本高等中医学校上课。2006年11月，在里斯本市政厅的协助下，迁至当地一所小学上课，现在仍然租用该小学的教室上课。在这过程中，陈晓红校长积极协调，寻求解决办法。她坚信，中文学校是旅葡华人共有的财富，在全体葡萄牙华侨华人的支持和帮助下，教学场地问题一定能在未来得到解决。

教材是开展教学的基础。面对学校缺少适用教材的困难，陈晓红校长及其教师团队从中国购买相关教学资料作为参照，结合自身近20年的教学经验，自行编写教材。到如今，学校教材编写组已经编写了从幼儿班到10年级的全部教材，而且编写工作还在继续。陈晓红校长表示，要逐步使教材循序渐进，相互衔接，减少错误，提高使用效果，争取为学生编写一系列实用、有趣的教材。

学生管理工作是陈晓红校长治校的重点。她非常注重培养孩子良好的行为习惯。每学期伊始，学校会对学生在校表现予以评定。学校还建立了微信平台，通过该平台，老师、家长、学生之间可以直接沟通联系，实现三者互动，使学校在教学和管理工作方面获得更为直接的宝贵建议。多年来，学校与家长之间建立了良好的家校关系，及时获取家长们的反馈，改进教学方式，提高教育质量。陈晓红校长从严治校，对自己也严格要求，在各方面都能以身作则，热爱学生，热爱教学，勤俭办校，为教师团队做了榜样。对学校里的事情，她总是亲力亲为，细致入微抓好每一个环节；对反映上来的每件小事都了然于心，并力求完美解决；对老师家中发生的事情，总是牵挂在心并及时提供最大可能的帮助。她对学习成绩好与差的学生平等对待，用最大的耐心帮助孩子，解决学习上的问题，真正做到有教无类。对中国派来的外教老师，陈晓红校长怕他们生活不习惯，直接把他们带到自己家里居住。在里斯本中文学校的师生眼里，陈晓红校长是一个极具人格魅力的领导和老师。

在陈晓红校长的带领下，里斯本中文学校获得了长足发展。2007 年，中文学校在原来只教授华人子弟学中文的情况下，开设“快乐汉语”课程，向想学中文的葡萄牙儿童和中文爱好者开放，受到葡萄牙本国民众的欢迎。中文学校还向那些由于距离远不能来学校上课的葡萄牙学生开设远程教育课程。只要打开电脑，老师就能与学生一对一上课，为华人孩子和爱中文的葡萄牙学生增加了一个学习中文的窗口。到目前为止，有 170 多名葡萄牙本国学生在中文学校就读。陈晓红校长为中国“一带一路”倡议的顺利实施，贡献着一己之力。

陈晓红校长还十分重视学校与相关单位的交流合作。里斯本中文学校与中国侨务部门、教育界等相关单位建立了长期的友好合作关系，多次组织学生回祖籍国参加寻根之旅等活动。2011 年 9 月，葡萄牙里斯本中文学校被中国国务院侨办和中国海外交流协会评选为“华文教育示范学校”；2013 年、2014 年，承办了中国华文教育基金会主办的“中国文化海外行”葡萄牙营；2015 年，承办了中国国务院侨办的“中华文化大乐园”葡萄牙营；2016 年 5 月 22 日，里斯本中文学校在 ALAMEDE 五一广场，成功举办了“拥抱春天、放飞希望”风筝节，在户外中华文化活动中，潜移默化地培养孩子对中华文化的了解和热爱。

里斯本中文学校从起初的 14 名学生发展到如今的 900 多名在校生。这个成绩的取得与陈晓红校长兢兢业业的工作密不可分。陈晓红校长多年如一日辛勤工作，以传承、推广中华文化为己任，为葡萄牙华人后代掌握母族语言与文化、为汉语和中华文化在葡萄牙的推广做出重要贡献。

4. 陈之权

陈之权 1956 年出生于新加坡，祖籍中国广东省大埔县，是南洋大学学士、英国谢菲尔德大学硕士、中国华中师范大学博士，同时拥有新加坡劳动力发展局培训与评估高级证书、新加坡国立大学教育专业文凭、教育学院教育专业高级文凭以及义安理工学院多媒体高级文凭。

陈之权有非常丰富的教学、研究和管理经验，历任中学华文教师、母语部门主任、高才教育专任教师、新加坡课程发展署专科编写员、教育部课程规划与发展司专科督学、南洋理工大学国立教育学院助理教授等。2008 年，陈之权受委任为新加坡共和国设立的新加坡华文教研中心创院院长（2008 ~ 2017 年）。目前为新加坡华文教研中心学术顾问暨特聘首席讲师。

在陈之权的领导下，新加坡华文教研中心已经发展成集师资培训、教育科研、教育出版于一体的国内外重要学术单位。教研中心秉持“先研－后证－再教”的理念，积极发展创新教学法、研发教学资源与平台。教研中心每年均培训上万人次的国内外华文老师，其所开发的教学资源如自动化写作评改系统、文本分级系统、新加坡学生日常华文书面语语料库等科研成果，受到了国际华文教学界的瞩目。教研中心亦出版了多套教学配套教材和多部学术与教学专著。在陈之权先生担任院长期间，新加坡华文教研中心还积极地和中国大陆及港台地区的优秀高校建立联系，开展合作，促进了华文教学与研究的国际交流。由新加坡华文教研中心创办，始于 2009 年、每两年举办一次的“华文作为第二语言之教与学国际研讨会”，已经发展成为国际上以华语为会议语言的规模最大的会议之一，每届参与会众逾千人。

陈之权亦担任国内外多个机构和组织的学术与专业职务，现任新加坡教育部华文课程顾问、新加坡华文研究会副会长、香港大学教育学院荣誉副教授，历任新加坡劳动力发展局中文职业素养方案审查小组咨询专家、中山大学国际汉语教材研发与培训基地专家委员会委员、台湾师范大学咨询专家、新加坡特许科技学院教学法与项目结构顾问等，并担任国内外多所大学硕博士论文海外考委。陈之权亦活跃于新加坡华文教学专业社群，曾担任新加坡最大的华文教师职工会暨专业组织新加坡华文教师总会的秘书长，目前担任该总会的咨询。在他担任新加坡华文教师总会秘书长期间（2001～2006 年），他积极推动多元会务，使教总会员人数每年均显著增长。他于 2003 年领导教总理事和会员，创办了“华文教学国际论坛”，为本区域从事华文教学的前线老师和教研人员提供了一个分享教学经验和课堂教学实践成果的平台。此论坛每两年轮流在中国大陆、中国香港、中国台湾、中国澳门等地的著名大学举行，至今已举办 8 届，堪称本区域主办期稳定、规模较大、水平较高的华文教学专业交流平台。

陈之权同时也是学术刊物《华文学刊》的创刊人和主编。此学刊由新加坡华文教师总会和新加坡华文教研中心联合出版，面向国际征稿，主要刊发以华语文教育与教学为主题的学术性文章，已获收录为“中文社会科学引文索引”（CSSCI）海外版来源期刊（2014～2017 年）。

陈之权主要从事华文课程与教学法、教育资讯技术与华文教学、主体性教育、校本课程发展与行动研究、教师专业发展、语言与文化等方面的教学与研究，经常受邀担任华文教学国际会议和研讨会的主题演讲人和特邀演讲人，至今已出版专著 5 部、大学教材 1 部，发表论文 100 余篇。其论文曾获浙江大学主办的“2014 年国际学术研讨会——理解与对话：全球化语境下语言与文学教育”荣誉奖、“第 10 届世界移动与情境学习大会”（10th World Conference on Mobile and Contextual Learning）最佳论文奖（与黄龙翔、蔡敬新等合著）、台湾师范大学举办的“第十三届全球华人计算机教育应用大会”（GCCCE2009）优秀论文奖（与黄龙翔、陈文莉等合著）等。陈之权也于2007年获新加坡全国职工总会颁发的“工运宿将奖”（Veteran of Labour），以表彰他在推动华文教师总会的会务发展上做出的贡献。

5. 陈志成

陈志成先生出生于马来西亚霹雳州的一个小农村，祖籍福建古田，自幼接受华文教育。中学毕业后，负笈台湾，在成功大学完成学业。毕业后即服务于马来西亚驻台北领事馆以及马来西亚驻香港最高公署，开始为社会大众服务，开启了社会工作生涯。回到马来西亚后，他积极参与马来西亚本地社团组织，热诚推动各项文教活动。其间，他一方面推动中小学学生华文征文比赛，并把优胜作品出版成册，销售数万本；另一方面，领导马来西亚乡联亲联合工委会，集合乡青团的力量推动文艺创作事业，连续9年主办小说征文比赛，首奖奖金高达马来西亚币1万林吉特，并将优胜作品汇编成册，广为流传。此举鼓励并激励年轻作家进行文学创作，成为后期《星洲日报》“花踪”征文比赛之滥觞。

在推广中华文化方面，陈志成先生与其他社团一起合作，组织全国性挥春比赛，邀请中国大陆及港台地区、韩国、日本的著名书法家到马来西亚参与国际书法论坛。同时，致力推动全国中小学生书法比赛，鼓励马来西亚华裔子弟学习书法，体验中华文化之精髓。

多年来，陈志成在华社诸多乡团与社团组织中担任要职，历任福州会馆会长、成功大学马来西亚校友会会长、隆雪中华大会堂会长与马来西亚留台校友会联合总会会长。值得一提的是，他率先把台湾知名文学家高信疆、教育家洪冬桂女士等人请到马来西亚主持文化教育讲座；出任隆雪中华大会堂会长期间，大力推动各项文化建设，针砭时弊，为民喉舌，积极争取民族权益平等。

陈志成始终心系马来西亚华文教育的发展，1980年初加入董总，积极参与各项活动，从基层工作做起，于体育组、升学辅导、奖贷学金、考试局、财务局等方面付出不少心力，服务长达30余年。工作期间，他长期到处奔跑，走访各地华文独中，建立密切联系，也因此深谙全国华文教育情况。

为解决马来西亚华裔子弟留学中国遭遇的困难，陈志成邀约一些志同道合之士筹组留华同学会，为在籍旅华同学排除困扰，维护学生权益。马来西亚留华同学会成立后，随即开展各项文教活动，他主掌会长一职逾11年，将其打造成为马来西亚八大华团之一。留华同学会深受中国国侨办重托，每年主办各项文教工作。“中华文化知识竞赛”就是其中的品牌项目，至今已经连续主办9届，从当初5000多名参加者发展到现在接近2.2万人，每年都获得全国独中、国民型中学及国中等300多所中学的热烈响应，每年同时在全马来西亚各地百余个考场，组织所有学生同步考试，是参赛人数最多的国家，培养出来的学生也多次获奖。在他担任马来西亚留华同学会会长期间，每年都恳请中国国侨办赞助并选派优秀教师到马来西亚开展师资培训，以提升各地中小学华文教师专业技能；每年也组织在籍华文教师到中国各大学参加短期师资培训，聆听专家授课，并参观各地中小学，实地考察商科情况，并与当地教师深入交流。到访之地包括东北、北京、上海、湖南、青岛、天津、福建、江苏等地。这一举措为马来西亚华教师资培养做出了积极的贡献。

陈志成也积极争取主办夏（冬）令营活动，每年均带领超过 300 名 12 岁以上的华人子弟到中国学习剪纸、武术、制作中国结等中华文化课程，到各地名胜参观游学，深入了解各地民风民俗，体验中华文化。

此外，陈志成曾担任马来西亚曼绒南华独立中学董事长、吉隆坡尊孔独立中学董事以及吉隆坡循人中学董事。在任董事期间，他努力发展华文独中教育，提出了许多有利于学校发展的建议，让这三所独立中学在他领导时都有好的表现与成绩。同时，为了促进中马两国文化交流，他也曾组织马来西亚教育部官员与师范大学官员团到中国参访各相关大学、组织开展交流合作。

中国“一带一路”倡议的实施为沿线国家带来了发展机遇。陈志成看准了这项利惠双方的政策，认为需要大量储备人才。鉴于此，他决定于 2016 年 12 月在马来西亚成立“留学中国中心”，与中国留学预科联盟合作，希望通过中心的力量，开拓学生到中国留学的各种渠道；同时也希望可以鼓励与带领更多马来西亚的华裔子弟赴华学习更先进的技能，培养更多知华、友华人士，在增强中国软实力的同时，推动马来西亚华文教育的进一步发展，为马来西亚华裔子弟的美好未来铺路搭桥。

6. 徐松华

徐松华 1948 年 10 月出生于浙江著名侨乡青田，毕业于浙江美术学院（现中国美术学院）国画系，出国前任青田文化馆美术干部。1986 年定居西班牙。

20 世纪 90 年代，随着旅西华侨华人迅速增加，中文学习的需求日益迫切。作为西班牙最早、最有影响力的华人侨团之一——西班牙华侨华人协会副会长兼秘书长的徐松华，经过与协会会长叶碎友的探讨，决定创办一所由协会主导的中文学校。协会骨干和一些留学生开始准备学校的前期工作，兼任《欧洲华声报》总编的徐松华通过报纸宣传中华文化，为创办学校造势。1996 年 10 月上旬，欧洲华文教育研讨会在荷兰召开，中国国侨办文化司丘进向各国代表提议，尚未开办中文学校的国家要克服困难尽力办校。徐松华与叶碎友会长通电话后在会上表态：回西班牙之后尽快创办中文学校，争取年内开学。1996 年 10 月下旬，协会召开理事会，马德里中文学校筹委会成立，并落实分工。经过多次交涉，最终确定在西班牙广场附近借用西班牙小学办学。12 月 26 日，马德里华侨华人中文学校在 COLEGIOPORTUGAL 举行开学典礼，协会全体成员与第一批 70 名学生、4 位老师及众多家长出席典礼。彼时，中文学校每周六上课，叶碎友与徐松华、叶玉兰等总是站在学校门口迎接学生们步入校门。2 个月后，协会专门举行会议，就中文学校校舍、教师、教材、学生问题进行研究。由于协会重视，老师认真负责，家长支持，学校发展很快。

徐松华认为，学习中华文化和传承中华优良传统是相连的。为了拓展小朋友的视野，培养爱国主义情操，他提议在香港回归前的六一儿童节组织“颂祖国，迎回归，庆‘六一’”普通话比赛，组织学生参加庆香港回归大型庆祝活动。1998 年 11 月中旬，组织学生参观《可爱的中国》图片展；组织学生参加国庆庆祝活动和春节演出，加深爱国主义教育。2001 年 8 月，徐松华接任协会主席和中文学校董事长。他始终把中文学校作为协会的重要工作来抓，校舍、教材、师资等都亲自过问。在叶玉兰校长，陈秀玉、毛峰副校长，教导主任黄小捷、刘芸及老师们的努力下，学生人数迅速增加到 300 余人，老师增加到 18 人，学生积极性空前提高，参加全球中文学生作文比赛屡获佳绩。2004 年，马德里中文学校成为被中国国务院侨办表彰的全球 4 所中文学校之一。2009 年，学生增加到 700 人，被中国国务院侨办评为首批“海外华文教育示范学校”之一。为了增强学生们对中华文化的自豪感，每当组织六一儿童节、学生毕业等活动，徐松华都邀请中国驻西班牙大使一起出席，鼓励学生学习中文的自觉性。为增强华人年青一代的民族自豪感，组织学校参加各种活动，如 2007 年的台湾图片展，2009 年、2010 年的《西藏今昔》图片展和西藏文化展，2015 年的“纪念抗日战争胜利 70 周年”抗日战争歌曲比赛，台湾光复 70 周年“两岸同胞书画展”等等。此外，还组织学生参加春节联欢会、春节彩妆游行等活动，在潜移默化中培养学生的爱国情怀。随着华社的发展，华侨子弟和外国人学中文的需求日益增加。中文学校缺乏固定校舍，频繁更换校址，阻碍了华文教育事业的发展。为此，马德里中文学校决定建一所属于自己的学校。徐松华与马德里各级政府多次交涉未果。直到 2011 年 6 月，徐松华与叶玉兰校长带头，协会骨干刘光新、高平、陈胜利、毛峰等 20 多位有识之士大力支持，集资 300 多万欧元，并向银行贷款 180 万欧元，同时得到中国国务院侨办 25 万欧元、全国侨联 20 万欧元的支持，购买了马德里市中心面积 6000 平方米的 5 层大楼。按照规划，一个有 31 间教室，礼堂、图书馆等设施齐全的中文学校即将诞生。但受欧债危机等多重因素影响，学校装修搁浅，耽搁至今，让徐松华一直牵挂在心。作为文化人，徐松华以弘扬中华文化为己任，不仅办校，还办报纸、开书店、办书展、办画展。华人社团举办春节活动，从春节茶话会、春节联欢会、春节团拜会、春节庙会到春节彩妆游行，无不出自他的创意。他被人们称为

“旅西侨界的智囊文胆”。2002 年 5 月，西班牙国王卡洛斯曾经在马德里书展接见他，并赞赏他为中西文化交流做出的贡献。徐松华先后受邀于 2001 年世界华商文化论坛（山东曲阜）、2005 年中华海联会高级论坛（北京）、2007 年浙江乡贤聚会（浙江湖州）、2009 年北京大学“名人名家高级论坛”等场合进行演讲。2013 年马德里大区政府鉴于徐松华在维护华侨的合法权益、维护华人社会的安定团结、弘扬中华文化、推动中西友好方面做出的贡献，授予他“华人杰出贡献奖”。徐松华作为从事侨团工作 30 余年的老侨领，有思想、有创意，干实事，敢担当。作为“两个维护”的提出者，他带领西班牙华侨界就 2004 年“烧鞋”事件、2012 年“帝王行动”进行维权活动，被誉为“维权斗牛士”“欧华劲松”。1999 年应邀出席中华人民共和国建国五十周年观礼，2008 年受邀出席北京奥运会开幕式，2009 年出席中华人民共和国建国六十周年观礼并作为“我的中国心”彩车 9 位代表之一，2015 年出席观摩纪念抗战胜利七十周年大阅兵。徐松华虽年近七十，但爱中华的赤子之心依旧，他维护祖国核心利益的意志愈坚。他不仅是西班牙华侨华人协会等多个侨团的名誉主席，还担任由他于 2000 年创立的“西班牙祖国和平统一促进会”主席，他带领促进会开展反“台独”、反“藏独”、反“疆独”活动，支持《反国家分裂法》，撰写百余篇促进祖国统一的文章，于 2012 年在马德里牵头举办“全球华侨华人促进中国和平统一大会”。徐松华先生被聘为中华海外联合会常务理事、中国海外交流协会常务理事、中国和平统一促进会常务理事、全国侨联顾问、中国西藏文化保护发展协会常务理事、中国华侨大学董事、浙江省政协常委等，列席全国政协会议，并在全国多个省市担任社会公职。

图书在版编目(CIP)数据

世界华文教育年鉴. 2017 / 贾益民主编. -- 北京：社会科学文献出版社，2017.12

ISBN 978-7-5201-1693-0

Ⅰ.①世… Ⅱ.①贾… Ⅲ.①华文教育-世界-2017-年鉴 Ⅳ.①G749.1-54

中国版本图书馆 CIP 数据核字(2017)第 267734 号

世界华文教育年鉴（2017）

主　　编 / 贾益民
副 主 编 / 胡培安　胡建刚

出 版 人 / 谢寿光
项目统筹 / 王　绯　单远举
责任编辑 / 单远举

出　　版 / 社会科学文献出版社 · 社会政法分社(010)59367156
地址：北京市北三环中路甲 29 号院华龙大厦　邮编：100029
网址：www.ssap.com.cn
发　　行 / 市场营销中心（010）59367081　59367018
印　　装 / 三河市东方印刷有限公司

规　　格 / 开　本：787mm × 1092mm　1/16
印　张：29.75　插　页：0.5　字　数：578 千字
版　　次 / 2017 年 12 月第 1 版　2017 年 12 月第 1 次印刷
书　　号 / ISBN 978-7-5201-1693-0
定　　价 / 168.00 元

本书如有印装质量问题，请与读者服务中心（010-59367028）联系